KB153122

韓國精神文化硏究院

譯註 三國遺事

Ⅲ

姜仁求 金杜珍 金相鉉 張忠植 黃浿江

以會文化社

序 文

三國遺事는 三國史記와 함께 韓民族 최고의 古典이며 歷史書이다. 三國遺事는 官撰의 正史인 三國史記와는 달리, 고승 一然이 高麗 후기 영남지방 여러 寺刹에 주석하면서 당시까지 남아 있는 자료들을 망라하여 편찬한 野史이다. 그 속에는 古朝鮮부터 高麗까지 고대사회에서 이룩된 신화·전설·사상·문학·풍속 등과 불교의 傳來·盛衰 樣相이 原形 그대로 담겨져 있다. 더욱이 檀君古事와 駕洛國記·新羅 鄕歌 등은 三國史記에도 들어 있지 않은 유일한 기사들로서 천만금의 가치를 지니고 있다고 하겠다.

三國遺事에 대한 飜譯·註釋書는 일찍이 국내·외에서 간행되어 현재는 20여 종에 이른다. 이들 譯註本들은 대부분 飜譯에 중점을 두었거나, 註釋을 병행한 경우도 그 내용이 간략하여 거의가 국어사전적 주석이거나 한자해석정도에 그치고 있다. 그리고 외국에서 간행된 것도 우리 학계의 연구결과를 반영하는 데에는 소홀히 한 면이 보이고, 그렇지 않으면 자국의 입장에서 자국 학계의 결과에만 치중하여 해석한 부분이 있었다. 어느 경우이든 민족 최고의 고전 역주서로서 후세에 전하기에는 만족스럽지 못하였다.

이에 본 연구원에서는 三國遺事를 만들어낸 민족문화의 기반 위에서 자국의 역사나 언어를 해석하고 다듬어 나가듯이, 三國遺事에 담겨진 모든 자구문장의 뜻을 바르고 정확하게 해석한 역주본의 正本이 어느 사서보다 그 간행보급이 시급하다고 판단하였다.

정본을 출간하여 안으로는 새로운 민족문화창달의 밑바탕을 삼게 하고, 국외의 이해자들을 위해서는 史實에 입각한 바른 해석을 전달하여 민족문화의 보급에 새로운 전기를 마련하고자 三國遺事의 주석번역을 새롭게 계획하였다. 물론 본 三國遺事의 역주사업도 이미 1988년부터 착수하여 간행을 본 三國史記의 역주사업에 이어지는 큰 계획의 하나이기도 하다.

본 역주사업은 본원의 연구과제로 채택되어 1995·1996·1997·1998년의 4개년에 걸쳐 수행되고, 1999년 이후 2002년까지 4개년은 비예산사업으로 진행되었다. 이 역주사업에는 최근까지의 학계연구결과를 검토하여 반영하는 문제가 가장 중요한 일로 여겨졌다. 그래서 三國遺事를 오랫동안 연구해온 斯界의 전문가를 동원하게 되었다. 연구는 金杜珍·金相鉉·張忠植·黃浿江·姜仁求 등 5인이 공동으로 담당하였다.

역주작업을 위해 正德本을 底本으로 하고, 기왕에 간행된 六堂崔南善本·斗溪李丙燾本·民族文化推進會本·李載浩本·북한의 리상호본·日本의 三品彰英本 등을 주요 비교대상본으로 하여 분석검토하였다.

校勘은 원본인 正德本(서울大學校 奎章閣所藏)을 최대한으로 살렸다. 그러나 一然禪師의 원문과 木板印刷시 변경된 한자를 구분하기는 지난한 일이었다. 高麗 후기 당시 사용한 것으로 보이는 약자는 현재도 韓國과 日本·中國에서 사용되므로 각주에 일부분을 반영하기로 하였다.

史實과 年代 등에서 三國史記와 차이가 있는 경우는 三國史記의 내용을 비교자료로 제시하였다. 고유명사나 특수용어는 三國史記와 상이하더라도 正德本의 원문을 택하고, 가급적이면 원문을 보전하려고 노력하였다. 그리고 어느 경우에나 三國史記와의 상이한 부분은 주석에 근거와 설명을 달았다.

飜譯과 註釋은 고등학교 3학년의 수준이면 충분히 읽고 이해할 수 있는 문장으로 하고, 장차 영어번역을 유념하여 교과서적 문장을 사용하였다. 그러나 가장 어려웠던 일은 각 연구자의 문장을 통일하는 일과 주석의 범위와 깊이에서 균형을 맞추는 일이었다. 이 일을 위하여 연구보조원인 趙景徹 · 文銀順 · 尹琇姬 등이 다년간 진력하였으며, 또 일시적으로 全鍾國 · 金善珠 등도 협력하였다. 공동연구자 여러분과 연구보조원 여러분께 깊은 감사의 인사를 드린다.

끝으로, 본 譯註三國遺事는 의욕과 기대와는 달리, 여러 면에서 부족하다고 생각한다. 그러나 2002년까지의 새로운 연구를 수록 반영하였다는 의미에서 이후 더 잘된 역주본이 간행될 때까지만이라도 正本의 구실을 하였으면 하는 마음 간절하다. 앞으로도 계속하여 수정보완해 나갈 것을 약속드리며, 학계 제현의 질정을 바란다.

2002년 7월

공동연구 책임자 姜 仁求 근서

凡 例

• 본서의 原本은 朝鮮 中宗 7년(正德 壬申年: 1512)에 간행된 木版本 『三國遺事』(正德本: 서울대학교 奎章閣소장, 民族文化推進會 간행)를 기본으로 하였다.

• 본서는 正德本(이하 [正]으로 약칭함)의 편제를 재편하여 Ⅰ(卷第一), Ⅱ(卷第二), Ⅲ(卷第三), Ⅳ(卷第四 · 卷第五), Ⅴ(硏究論文 · 索引)의 총 5권으로 재구성하였다.

• 본서 각 권의 구성은 항목별로 原文校勘, 飜譯註釋 순으로 하고, 각 권의 맨 뒷편에 해당 항목의 影印原文을 실었다.

• 본서는 독자의 편의를 위해 각권 내의 항목에 일련번호를 추가하였다.

• 본서는 독자의 편의를 위해 縱書로 되어 있는 원본을 橫書로 조판하였다.

Ⅰ. 原文校勘

1. 원문은 내용에 따라 문단을 나누고 띄어쓰기를 하였다.
2. 원본의 原註는 〈 〉 안에 작은 글자로 표기하였다.
3. 교감은 [正]을 저본으로 하고, 이미 출간된 三國遺事 板本과 活字本(飜譯本 포함) 등을 비교대상으로 하였다. 이 외에 필요한 경우 史書·地理書·金石文 등의 여러 자료를 참고로 하였다. 자료의 목록과 약호는 다음과 같다.

三國遺事관계자료				기타 자료	
晩松文庫本	[晩]	東京大本	[東]	『三國史記』	[史]
順菴手澤本	[順]	朝鮮光文會本	[光]	『高麗史』	[麗史]
石南筆寫本	[石]	朝鮮史學會本	[會]	『新增東國輿地勝覽』	[勝覽]
鶴山筆寫本	[鶴]	大日本續藏經本	[續]	『世宗實錄』 地理志	
神田本 德川本	[神]	大正新修大藏經本	[修]	『史記』	
		斗溪李丙燾本	[斗]	『漢書』	
		六堂崔南善本	[六]	『三國志』	
		李載浩本	[浩]	金石文	
		民族文化推進會本	[民]		
		三品彰英本	[品]		
		리상호본	[리]		
		權相老本	[相]		
		李東歡本	[歡]		
		曉星女大本	[曉]		
		韓國佛敎全書本	[全]		
		李民樹本	[樹]		

4. 위의 자료 중에서 기본적인 교감비교대상본의 범위는 원본인 [正]을 포함하여 [斗], [六], [浩], [民], [品] 등 6서로 하되, 최근 개정판을 대상으로 하였다. 위 6서의 출판사항은 다음과 같다.

[正]	서울대학교 奎章閣소장; 『三國遺事』(民族文化推進會 간행), 景仁文化社, 1973.
[斗]	『譯註・原文三國遺事』, 明文堂, 2000.
[六]	『三國遺事』, 瑞文文化社, 1996.
[浩]	『삼국유사』, 솔출판사, 1997.
[民]	『三國遺事』, 景仁文化社, 1973.
[品]	『三國遺事考証』, 塙書房, 1975.

그러나 卷第一의 王曆의 경우 위의 6서 중 [浩]와 [民]은 교감대상자료에서 제외하였다. 그 이유는 왕력부분이 최근 개정판 [浩]에는 원문이 없이 한글번역문만 실려 있고, [民]에는 [六]의 내용을 그대로 전재하여 중복되기 때문이다.

5. 원문은 원본의 내용을 최대한 존중하여 싣되, 잘못된 부분은 바로잡아 원문에 표기하고, 각주에서 원본의 글자와 앞에 제시한 교감대상자료 중 본서와 다르게 판독한 경우를 밝혔다.

6. 同字・古字・本字・俗字의 경우는 正字로 바로잡아 원문에 표기한 뒤 따로 각주에서 밝히지 않았다. 그러나 다음의 예와 같이 字形으로 보아 正字를 쉽게 파악하기 어렵다고 판단되는 글자는 이해를 돕기 위해 각주에서 밝히고 正字와의 관계를 (　) 안에 덧붙였다.

예) 塤(壎과 동자), 饍(膳과 동자), 厸(隣의 고자), 伱(爾의 속자),
蚍(蛇의 속자)

7. 고유명사에 있어서 避諱하거나 음이 相通하는 경우에는 한 가지로 일치시키지 않고 원본대로 표기하고 각주에서 설명하였다.

예) 顯慶과 現慶, 鴻嘉와 鴻佳, 漢岐部와 漢歧部

8. 高麗朝 왕의 이름을 避諱하기 위해 다른 글자로 바꿔 쓴 경우에는 원본의 표기대로 두고 각주에서 설명하였다. 단, 缺劃法을 사용한 경우에는 正字로 교감한 뒤 각주에서 밝혔다.

예) 虎 : 고려 惠宗의 이름 '武'의 피휘.
武 : [正] [illegible]. 고려 惠宗의 이름 '武'의 결획피휘.

9. '干' · '于'와 '己' · '已' · '巳' 등의 글자는 文理로 보아 문제가 되지 않을 경우에는 교감한 뒤 각주를 붙이지 않았다.

10. 원본에서는 '大'와 '太'를 음과 뜻이 유사하여 혼용하였는데, 수정할 사항은 바로 잡은 후 각주에서 밝혔다.

예) 大宗→太宗, 大子→太子

11. 원본의 상태를 나타내는 기호와 용어는 다음과 같다.
'□' : 원본의 여백에 예상되는 글자수가 한 글자인 경우
'□…□' : 원본의 여백에 예상되는 글자수가 정확하지 않은 경우
'없음' : 원본에 여백 없이 글자가 생략되어 없는 경우
'판독미상' : 원본의 글자를 판독할 수 없는 경우
'파손' : 원본이 파손되어 글자를 읽을 수 없는 경우

Ⅱ. 飜譯註釋

1. 한글로 번역하는 것을 원칙으로 하고, 번역은 평이한 문장으로 원 뜻에 충실하게 하고, 일부는 의역하기도 하였다.
2. 고유명사는 한자를 ( ) 안에 표기하였다. 번역한 한글과 원문의 한자가 다를 경우에는 그 한자를 [ ] 안에 표기하였다.

   예) 예악(禮樂), 제왕의 지위[大器]

3. 원문에는 없으나 이해를 돕기 위해 필요한 단어나 문장을 추가한 경우에는 [ ] 안에 표기하였다.
4. 年號와 干支는 해당 연대를 ( ) 안에 표기하였다.
5. 왕의 이름을 피휘한 경우 본래대로 번역하고 원문을 [ ] 안에 표기하였다.

   예) 무령왕[虎寧王], 문무왕[文虎王]

6. 인용문은 「 」로, 인용문 안에서의 대화체는 " "로, 그 안에서 다시 인용된 부분은 ' '로 표기하였다.
7. 수량의 표기는 1에서 10까지는 아라비아 숫자로, 100 이상은 백, 천, 만 등의 단위로 하였다. 그러나 일부는 이해를 돕기 위해 우리말의 셈수로 표기하였다.

   예) 1만 2천 3백 45명, 다섯 명

8. 두, 세 가지의 내용을 포함하고 있는 제목의 경우, 그 내용이 동격을 이룰 때는 '과(와)'로, 그 내용이 공통성이 있으나 '과(와)'보다 약하게 연결될 때는 '·'로 표기하였다.

예) 말갈과 발해, 변한・백제

9. 주석의 표제어는 번역의 해당 부분을 원문의 한자로 표기하였다. 표제어의 해당 원문이 긴 경우에는 앞과 뒤의 글자를 표시하고 그 사이에 중략된 부분을 '…'로 표기하였다. 그리고 표제어의 해당 원문이 짧으면서 그 한자의 독음이 일반적인 독음과 다르거나 어려운 경우에는 독음을 ( ) 안에 표기하였다.

예) 國史云…來投, 兜率歌(도솔가), 蓁首(진수)

譯註三國遺事 內容

譯註三國遺事 I	三國遺事 卷第一	王曆 第一
		紀異 第二
譯註三國遺事 II	三國遺事 卷第二	(紀異 第二)
譯註三國遺事 III	三國遺事 卷第三	興法 第三
		塔像 第四
譯註三國遺事 IV	三國遺事 卷第四	義解 第五
	三國遺事 卷第五	神呪 第六
		感通 第七
		避隱 第八
		孝善 第九
譯註三國遺事 V	研究論文	
	索引	

目 次

三國遺事 卷第三

興法 第三

影印原文

塔像 第四

〈譯註三國遺事Ⅰ 目次〉

〈譯註三國遺事Ⅱ 目次〉

〈譯註三國遺事Ⅳ 目次〉

三國遺事 卷第四

義解 第五

三國遺事 卷第五

神呪 第六

感通 第七

避隱 第八

〈譯註三國遺事Ⅴ 目次〉

三國遺事 卷第三

興法 第三

三國遺事 卷第三

興法 第三

61. 順道肇麗〈道公之次 亦有法深 義淵曇嚴之流 相繼而興教 然古傳無文 今亦不敢編次 詳見僧傳〉

高麗本記云 小獸林王卽位二年壬申 乃東晉咸安二年 孝武帝卽位之年也 前秦符[1]堅 遣使及僧順[2]道 送佛像經文〈時堅都關中 卽長安〉 又四年甲戌 阿道來自晉 明年乙亥二月 創肖[3]門寺 以置順道 又創伊弗蘭寺 以置阿道 此高麗佛法之始

僧傳作二道來自魏云者 誤矣 實自前秦而來 又云肖門寺今興國 伊弗蘭寺今興福者 亦誤 按麗時都安市城 一名安丁忽 在遼水之北 遼水一名[4]鴨淥[5] 今云安民江 豈有松京之興國寺名

讚曰 鴨淥[6]春深渚草鮮 白沙鷗鷺等閑眠 忽驚柔櫓一聲遠 何處漁舟客到烟

---

1) 符 : [品][浩] 苻. 中國史書에는 '苻'로 되어 있다.
2) 順 : [斗] 없음.
3) 肖 : 『海東高僧傳』 省.
4) 名 : [正] 판독미상. [品][斗][浩][六][民] 名.
5) 淥 : [品] 綠.
6) 淥 : 주 5)와 같음.

삼국유사 권제3

흥법 제3

순도가 고구려에 불교를 전하다〈순도[道公][1] 다음에 또 법심(法深),[2] 의연(義淵),[3] 담엄(曇嚴)[4]의 무리가 서로 계속 불교를 일으켰다. 그러나 고전(古傳)에는 기록이 없으므로 지금 여기서는 함부로 순서에 넣어 편찬하지 않는다. 승전(僧傳)[5]에 자세히 나타나 있다.〉

고구려본기[高麗本記][6]에 다음과 같은 기록이 있다.

---

1) 道公 : 順道. 생몰년 미상. 고구려에 불교를 처음으로 전한 승려. 小獸林王 2년(372) 6월 秦王 苻堅이 順道를 시켜 불상과 불경을 고구려에 전하게 하였다. 소수림왕 5년(375) 왕은 순도를 머물게 하기 위하여 肖門寺(省門寺)를 창건하였다. 순도의 국적은 사료마다 다르게 기록되어 있다. 본조와 [史] 卷18 高句麗本紀 小獸林王 2年條, 『海東高僧傳』 釋順道傳에서는 前秦에서 왔다고 하고, 『海東高僧傳』에 있는 '一說'에서는 東晉에서 왔다고 하고, [遺]에서 인용한 '僧傳'에서는 魏에서 왔다고 한다.
2) 法深 : 생몰년 미상. 여기 외에 다른 기록은 찾아볼 수 없다.
3) 義淵 : 생몰년 미상. 고구려 平原王 때의 승려. 평원왕 18년(576)에 陳의 鄴에 파견되어 불법을 배워 전한 바 있다. 『海東高僧傳』 권1에 釋義淵傳이 있다.
4) 曇嚴 : 생몰년 미상. 여기 외에 다른 기록은 찾아볼 수 없다.
5) 僧傳 : 覺訓의 『海東高僧傳』을 가리킨다. [遺]에는 『僧傳』, 『海東僧傳』, 『高僧傳』 등의 서명이 보이는데, 대개 『海東高僧傳』의 인용이고 한두 차례 『大唐西域求法高僧傳』을 인용하기도 하였다.
6) 高麗本記 : 「高麗本記云…此高麗佛法之始」는 대체로 [史] 卷18 高句麗本紀 小獸林王條의 인용이다. [史]의 「此海東佛法之始」가 여기서는 「此高麗佛法之始」로 바뀌어 있다.

「소수림왕(小獸林王)[7] 즉위 2년 임신(壬申, 372), 즉 동진(東晉)의 함안(咸安)[8] 2년이고, 효무제(孝武帝) 즉위년에 전진(前秦)의 부견(符堅)[9]이 사신과 승려 순도(順道)를 시켜 불상과 경문을 보내왔다.〈당시에 부견은 관중(關中),[10] 즉 장안(長安)에 도읍하였다.〉

또 [동왕 즉위] 4년 갑술(甲戌, 374)에 아도(阿道)[11]가 진(晉)에서 왔다. 이듬해 을해(乙亥) 2월에 초문사(肖門寺)[12]를 창건하여 순도를 머물게 하고, 또 이불란사(伊弗蘭寺)[13]를 창건하여 아도를 있게 하였다. 이것이 고구려[高麗] 불교의 시작이다.」

『승전』에 순도와 아도가 위(魏)나라에서 왔다고 한 것은 잘못이다.

---

7) 小獸林王 : 고구려의 제17대 왕. 재위 371-384. 小解朱留王 또는 解味留王이라고도 하며, 이름은 丘夫이다. 불교를 수용하고, 太學을 설립했으며, 율령을 반포하였다. 대외관계에 있어서는 374·375·376년에 백제를 공격하였고, 372·377년에 前秦과 외교사절을 교환하고 우호관계를 유지하였다.([史] 卷18 高句麗本紀 小獸林王條 참조)

8) 咸安 : 중국 東晋 簡文帝의 연호(371-372).

9) 符堅 : 중국의 역사책에는 '苻堅'으로 되어 있다. 5胡의 제일 강국이었던 前秦의 제3대 왕. 재위 357-385. 자는 英固, 이름은 文玉. 雄의 아들로 前燕과 前涼을 항복시킨 후 拓跋郡을 합쳤으며 江北을 통일하였다. 비수싸움에서 晋의 謝玄에게 크게 패하여 돌아왔다. 뒤에 後秦의 姚萇에게 살해되었다.

10) 關中 : 중국 陝西省의 渭水 분지 일대.

11) 阿道 : 생몰년 미상. 小獸林王 4년(374)에 東晉에서 돌아왔고, 이듬해 왕은 伊弗蘭寺를 지어 그를 그곳에 있게 하였다. 阿道는 順道와 같이 고구려 불교의 시초이다. [遺] 卷3 興法 阿道基羅條의 阿道와 같은 이름이기는 하나 양자는 약 120년 정도의 시간적인 차이가 있으므로 동일인물로 보기는 어렵다.([史] 卷18 高句麗本紀 小獸林王條) 阿道의 국적은 사료마다 다르게 기록되어 있다. [遺]에서 인용한 '高麗本紀'에서는 東晉에서 왔다고 하고, [遺]에서 인용한 '僧傳'과 『海東高僧傳』 順道條에서는 魏에서 왔다고 한다.

12) 肖門寺 : 고구려 小獸林王 2년(372)에 前秦에서 順道가 돌아오자 375년에 이 절을 짓고 그를 머물게 했다는 기록이 있다. 『海東高僧傳』에는 후인이 省門寺를 잘못 기록한 것이라고 하였다.

13) 伊弗蘭寺 : 본조에 의하면, 小獸林王 4년(374)에 阿道가 東晉으로부터 오자 이 절에 그를 머무르게 하였다고 한다. 그뒤의 역사는 전하지 않고 있다.

확실히 그들은 전진(前晉)에서 왔다. 또 초문사는 지금의 홍국사[興國],[14] 이불란사는 지금의 홍복사[興福][15]라고 한 것도 역시 잘못이다.

살펴보면, 고구려 때의 도읍은 안시성(安市城), 일명 안정홀(安丁忽)로서 요수(遼水)의 북쪽에 위치해 있었고,[16] 요수는 일명 압록(鴨淥)으로 지금은 안민강(安民江)이라고 한다. 송경(松京)의 홍국사의 이름이 어찌 [이곳에] 있을 수 있겠는가?

찬한다.

> 압록강에 봄 깊어 물가의 풀빛 고운데
> 백사장에 갈매기 한가롭게[17] 졸다가
> 노젓는 소리에 깜짝 놀라 한 소리 길게 우네
> 어느 곳 고깃배가 손님 싣고 오는가

---

14) 興國 : 興國寺. 절터는 지금의 개성 북부 兵部橋의 서남쪽 민가에 있다. 고려 太祖 7년(924)에 창건하여, 1046년 문무백관이 이 절에 모여 국가의 안녕을 비는 대법회를 가진 이래, 고려시대에 가장 중요했던 國刹 중의 하나였다. 폐사 시기는 전해지지 않고 있다. 현재 석탑 1기가 남아 있다.

15) 興福 : 興福寺. 開城에 있었다고 하나 위치를 알 수 없다.

16) 麗時都安市城 一名安丁忽 在遼水之北 : [史] 卷37 地理志에 「安市城 舊守寸城 或云丸都城」이라고 한 기사가 있다. 一然은 아마도 이 기록에 의해서 安市城을 丸都城과 동일시했던 것 같다([品] 下之一, p.22).

17) 等閒 : 유의하지 않는다는 말이다. 여기서는 한가하다는 의미로 쓰였다.

62. 難陁闢濟

百濟本記云 第十五〈僧傳云十四誤〉枕[1]流王卽位甲申〈東晉孝武帝太[2]元九年〉 胡僧摩羅難陁至自晉 迎置宮中禮敬 明年乙酉 創佛寺於新都漢山州 度僧十人 此百濟佛法之始 又阿莘王卽位太[3]元十七年二月 下敎崇信佛法求福 摩羅難陁 譯云童學〈其異迹詳見僧傳〉

讚曰 天造從來草昧間 大都爲伎也應難 翁翁自解呈歌舞 引得旁[4]人借眼看

1) 枕 : [斗][六] 沈.
2) 太 : [正][斗][六] 大. [品][浩] 太.
3) 太 : 주 2)와 같음.
4) 旁 : [晩][順] 傍(가필).

난타가 백제 불교를 열다

백제본기(百濟本記)[1]에 다음과 같은 기록이 있다.

「제15대〈『승전(僧傳)』[2]에서는 14대라고 했으나 잘못이다.〉 침류왕(枕流王)[3] 즉위 갑신(甲申, 384)〈동진(東晉)의 효무제(孝武帝) 태원(太元)[4] 9년(384)〉에 호승(胡僧) 마라난타(摩羅難陁)[5]가 진(晉)에서 왔는데, [그를] 맞이하여 궁중으로 맞아들이고 예우하였다. 이듬해 을유(乙酉, 385)에 절을 새 서울 한산주(漢山州)[6]에 세우고, 승려 열 명을 두었으니, 이것

---

1) 百濟本記 : [史] 卷24 百濟本紀 枕流王條에서의 인용이다.

2) 僧傳 : 『海東高僧傳』을 말한다.

3) 枕流王 : 백제의 제15대 왕. 재위 384-385. 近仇首王의 元子이고, 어머니는 阿尒夫人이며, 384년에 즉위하였다. 枕流王 1년(384) 9월에 東晉에서 온 胡僧 摩羅難陁를 맞아 들이니 백제에서의 불법은 이로부터 시작되었다. 이듬해 2월에는 漢山에 불교사원을 짓고 10명의 승려를 두었다. 나라를 다스린지 2년만인 385년에 돌아갔다.([史] 卷24 百濟本紀 枕流王條)

4) 太元 : 중국 東晉 孝武帝 때의 연호(376-396).

5) 摩羅難陁 : 생몰년 미상. 백제에 최초로 불교를 전래한 인도의 승려. 枕流王 원년(384) 9월에 胡僧 摩羅難陀가 와서 왕이 예의로써 맞았다는 기록은 [史]로부터 인용했는데, 「이로부터 불법이 비롯되었다」는 구절은 일연이 덧붙인 것이다. 『海東高僧傳』에는 釋摩羅難陁傳이 있는데, 고기를 인용하여, 그는 본래 竺乾으로부터 중국에 들어왔다고 하였다. 胡僧의 胡는 서역의 제민족에 대한 호칭으로 사용되었다.

6) 漢山州 : 신라시대 지방통치구역. 삼국통일 직후에 완성된 9州의 하나이다. 신라는 553년 7월에 백제로부터 한강유역을 빼앗아 新州를 설치하였는데, 757년 12월에 9주의 이름을 모두 고칠 때 漢山州로 되었다. 漢山, 즉 漢城은 백제의 세번째 도읍지였다. 近肖古王 26년(371)에 도읍을 漢山에 옮겼고, 蓋鹵王 21

이 백제 불교의 시초이다. 또 아신왕(阿莘王)[7]이 즉위한 태원 17년 (392) 2월에 교령을 내려서 불법을 신봉하여 복을 구하라.」[8]

마라난타는 번역하면 동학(童學)이라고 한다.〈그의 특이한 행적은 『승전』에 자세히 나타나 있다.〉

찬한다.

천지가 개벽할 때는[9]
대개 재주 부리기가 어려운 것인데
차근차근 스스로 알면 노래와 춤 절로 나와
옆사람 끌어들여 보도록 하였다

년(475)에 고구려 長壽王에게 피습되어 함락되었다. 한산의 위치에 대해서는 南漢山, 北漢山, 廣州, 濃山, 二聖山城, 뚝섬지구 등 여러 설이 있다.

7) 阿莘王 : 백제의 제17대 왕. 阿芳王 또는 阿花王이라도 한다. 재위 392-405. 제15대 枕流王의 맏아들로 392년에 즉위하여 치세가 14년이다. 阿莘王 때의 가장 큰 문제는 고구려 廣開土王의 남침정책이었다. 아신왕 즉위 직전(392)과 아신왕 4년(395)에 고구려의 대대적인 침공을 받아 반격하고자 하는 노력이 거듭되었으나 모두 실패하고 말았다. 고구려세력에 대처하기 위해 아신왕 6년(397)에 倭國과 동맹을 맺고 태자 腆支를 볼모로 보냈다.([史] 卷25 百濟本紀 阿莘王條)

8) 下教崇信佛法求福 : [史]에는 阿莘王이 불법을 믿어 복을 구하게 했다는 내용이 없다.

9) 天造從來草昧間 : 자연의 기운이 미개한 때, 모든 것이 혼란스러운 상태. 「天造草昧」(『易經』).

63. 阿道基羅〈一作我道 又阿頭〉

新羅本記第四云 第十九訥祗[1]王時 沙門墨胡子 自高麗至一善郡 郡人毛禮〈或作毛祿〉 於家中作堀室安置 時梁遣使賜衣著香物〈高得相詠史詩云 梁遣使僧曰元表 宣送溟檀及經像〉 君臣不知其香名與其所用 遣人齎香 遍問國中 墨胡子見之曰 此之謂香也 焚之則香氣芬馥 所以達誠於神聖 神聖未有過於三寶 若燒此發願 則必有[2]靈應〈訥祗[3]在晉宋之世 而云梁遣使 恐誤〉 時王女病革 使召墨胡子 焚香表誓 王女之病尋愈 王喜 厚加賚[4]貺 俄而不知所歸

又至二十一毗處王時 有我道和尙 與侍者[5]三人 亦來毛禮家 儀表似墨胡子 住數年 無疾而終 其侍者三人留住 講讀經律 往往有信奉者〈有注云 與本碑及諸傳記殊異 又高僧傳云西[6]竺人 或云從吳來〉

按我道本碑云 我道高麗人也 母高道寧 正始間 曹魏人我〈姓我也〉崛[7]摩奉使句麗 私之而還 因而有娠 師生五歲 其母令出家 年十六 歸魏 省覲崛摩 投[8]玄彰和尙講下就業 年十九 又歸寧於母 母

1) 祗 : [品] 祇.
2) 有 : [浩][六] 없음.
3) 祗 : [品][斗] 祇.
4) 賚 : [正] 판독미상. [品][民] 賫. [斗][浩][六] 賚.
5) 者 : [正] 판독미상. [晩][順][品][斗][浩][六] 者.
6) 西 : [品] 天.
7) 崛 : [六] 堀.

謂曰 此國于今不知佛法 爾後三千[9]餘月 雞林有聖王出 大興佛敎 其京都內有七處伽藍之墟 一曰 金橋東天鏡林〈今興輪寺 金橋謂西川之橋 俗訛呼云 松橋也 寺自我道始基 而中廢 至法興王丁未草創 乙卯大開 眞興王畢成〉 二曰 三川歧[10]〈今永興寺 與興輪開同代〉 三曰 龍宮南〈今皇[11]龍寺 眞興王癸酉始開〉 四曰 龍宮北〈今芬皇寺 善德[12]甲午始開〉 五曰 沙川尾〈今靈妙寺 善德王乙未始開〉 六曰 神遊林〈今天王寺 文武王己卯開〉 七曰 婿請田〈今曇嚴寺〉 皆前佛時伽藍之墟 法水長流之地 爾歸彼而播揚大敎 當東嚮於釋祀矣

道稟敎至雞林 寓止[13]王城西里 今嚴莊寺 于時未[14]雛王卽位二年癸未也 詣闕請行敎法 世以前所未見爲嫌 至有將殺之者 乃逃隱于續林〈今一善縣〉 毛祿家〈祿與禮形近之訛 古記云 法師初來毛祿家時天地震驚 時人不知僧名 而云阿頭彡麽 彡麽者 乃鄕言之稱僧也 猶言沙彌也〉

三年 時成國公主疾 巫醫不效[15] 勅使 四方求醫 師率[16]然赴闕 其疾遂理 王大悅 問其所須 對曰 貧道百無所求 但願創佛寺於天鏡[17]林 大興佛敎 奉福邦家爾 王許之 命興工 俗方質儉 編茅葺屋住而講[18]演 時或天花落地 號興輪寺

---

8) 投 : [正] 投. [品][斗][浩][六] 投.
9) 千 : [斗] 阡.
10) 歧 : [品][斗] 岐.
11) 皇 : [浩][六] 黃.
12) 善德 : [浩][民] 善德王.
13) 止 : [順] 正(가필).
14) 未 : [正][六] 末. [品][斗][浩] 未.
15) 效 : [正] 劾(効는 效의 속자). [順] 效(가필). [品][斗][浩][六] 效.
16) 率 : [正] 𡠉. [品][斗][浩][六] 率.
17) 鏡 : [正][品] 境. [斗][浩][六] 鏡. '境'은 '鏡'의 잘못. 본조의 앞부분에서도 '鏡'이라고 하였고, [遺] 卷3 興法 原宗興法 厭髑滅身條 및 『海東高僧傳』 卷1 阿道條에서도 '鏡'이라고 하였다.

毛祿之妹名史氏 投師爲尼 亦於三川歧[19] 創寺而居 名永興寺 未幾 未[20]雛王卽世 國人將害之 師還毛祿家 自作塚 閉戶自絶 遂不復現 因[21]此大敎亦廢 至二十三法興大王 以蕭梁天監十三年甲午登位 乃興釋氏 距未[22]雛王癸未之歲 二百五十二年 道寧所言三千餘月驗矣

據此 本記與本碑 二說相戾 不同如此 嘗試論之 梁唐二僧傳 及三國本史皆載 麗濟二國佛敎之始 在晉末太[23]元之間 則二道法師以小獸林甲戌 到高麗明矣 此傳不誤 若以毗處王時方始到羅 則是阿道留高麗百餘歲乃來也 雖大聖行止出沒不常 未必皆爾 抑亦新羅奉佛 非晩甚如此 又若在未[24]雛之世 則却超先於到麗甲戌 百餘年矣

于時雞林未有文物禮敎 國號猶未定 何暇阿道來請奉佛之事 又不合高麗未到而越至于羅也 設使暫興還廢 何其間寂寥無聞 而尙不識香名哉 一何大後 一何大先 揆夫東漸之勢 必始[25]于麗濟而終乎羅 則訥祗[26]旣與獸林世相接也 阿道之辭麗抵羅 宜在訥祗[27]之世

又王女救病 皆傳爲阿道之事 則所謂墨胡者非眞名也 乃指目之

18) 講 : [正] 판독미상. [晩][順][品][斗][浩][六][民] 講.
19) 歧 : 주 10)과 같음.
20) 未 : 주 14)와 같음.
21) 因 : [正] 판독미상. [晩][順][品][斗][浩][六][民] 因.
22) 未 : 주 14)와 같음.
23) 太 : [正][斗][六] 大. [品][浩] 太.
24) 未 : 주 14)와 같음.
25) 始 : [正] 판독미상. [晩][順][品][斗][浩][六] 始.
26) 祗 : 주 1)과 같음.
27) 祗 : 주 1)과 같음.

辭 如梁人指達摩 爲碧眼胡 晉調釋道安 爲柒[28]道人類也 乃阿道危行避[29]諱 而不言名姓故也 蓋國人隨其所聞 以墨胡 阿道二名分作二人爲傳爾 況云阿道儀表似墨胡 則以此可驗其一人也

道寧之序七處 直以創開先後預言之 兩[30]傳失之 故今以沙川尾躋於五次 三千餘月 未必盡信 蓋[31]自訥祇[32]之世 抵乎丁未 无[33]慮一百餘年 若日一千餘月 則殆幾矣 姓我單名 疑贋[34]難詳

又按元魏釋曇始〈一云惠始〉傳云 始關中人 自出家已後 多有異迹 晉孝武太[35]元年[36]末 賷[37]經律數十部 往遼東宣化 現授三乘 立以歸戒 蓋高麗聞道之始也 義熙初復還關[38]中 開導三輔 始足白於面 雖涉泥水 未嘗沾濕 天下咸稱白足和尙云

晉[39]末 朔方凶奴赫連勃勃 破獲關中 斬戮無數 時始亦遇害 刀[40]不能傷 勃勃嗟嘆之 普赦沙門 悉皆不殺 始於是潛遁山澤 修頭陁行 拓拔[41]燾復剋長安 擅威關洛 時有博陵崔皓[42] 小習左道 猜嫉釋敎 旣位居僞[43]輔 爲燾所信 乃與天師寇謙之說燾 佛敎無益 有

28) 柒 : [正] 판독미상. [品][斗][浩][六][民] 柒.
29) 避 : [品] 遐.
30) 兩 : [正][晩][品][浩] 而. [斗][六] 兩.
31) 蓋 : [正][六] 書. [品][斗][浩] 蓋.
32) 祇 : 주 1)과 같음.
33) 无 : [正] 旡. [品][斗][浩][六] 无.
34) 贋 : [品][斗][六] 贗(贋의 와자).
35) 太 : 주 23)과 같음.
36) 年 : [浩][六] 九年.
37) 賷 : [浩] 齎.
38) 關 : [正] 開. [品][斗][浩][六] 關.
39) 晉 : [正] 판독미상. [晩][順][品][斗][浩][六] 晉.
40) 刀 : [正] 刁. [品][斗][浩][六] 刀.
41) 拔 : [品][浩] 跋.
42) 皓 : [品][浩] 浩.

傷民利 勸令廢之云云

太[44]平之末 始方知燾將化時至 乃以元會之日 忽杖錫到宮門 燾聞令斬之 屢不傷 燾自斬之亦無傷 飼北園所養虎 亦不敢近 燾大生慙[45]懼 遂感癘疾 崔寇二人 相次發惡病 燾以過由於彼 於是誅滅二家門族 宣[46]下國中 大弘[47]佛法 始後不知所終

議曰 曇始以太[48]元末到海東 義熙初還關中 則留此十餘年 何東史無文 始旣恢詭不測之人 而與阿道 墨胡 難陁 年事相同 三人中疑一必其變諱也

讚曰 雪擁金橋凍不開 雞林春色未全廻 可怜青帝多才思 先著[49]毛郎宅裏梅

---

43) 僞 : [斗] 爲.
44) 太 : 주 23)과 같음.
45) 慙 : [斗][六] 慚(慙과 동자).
46) 宣 : [正] 宜. [品][斗][浩][六][民] 宣.
47) 弘 : [正] 癿. [六] 張. [品][斗][浩][民] 弘.
48) 太 : 주 23)과 같음.
49) 著 : [六] 着.

아도가 신라 불교의 기초를 닦다〈혹은 아도(我道) 또는 아두(阿頭)라고도 한다.〉

신라본기(新羅本記) 제4[1]에 다음과 같은 기록이 있다.

「제19대 눌지왕(訥祗王)[2] 때 사문(沙門)[3] 묵호자(墨胡子)[4]가 고구려[高麗]로부터 일선군(一善郡)[5]에 이르렀다. [그] 군사람인 모

1) 新羅本記第四…往往有信奉者 : 이 부분은 [史] 卷4 新羅本紀 法興王 15年條의 인용으로 얼마간의 가감이 있고, 또한 글자가 다른 것도 있다.
2) 訥祗王 : 訥祗麻立干. 신라의 제19대 왕. 재위 417-458. [遺] 卷1 王曆에는 '內只王'이라고도 하였고, 迎日冷水里碑에는 '乃智王'으로 기록하고 있다. 實聖王을 시해하고 왕위에 올랐으며, 고구려의 군사적 압박에서 벗어나고자 백제와 동맹을 맺었다.([史] 卷3 新羅本紀 訥祗麻立干條 참조) 이 왕 때 신라의 왕호 尼師今이 麻立干으로 바뀌었고, 왕위가 부자세습제로 확립되었다고 한다.(李基東, 「新羅 奈勿王系의 血緣意識」, 『新羅骨品制社會와 花郎徒』, 1984, p.74)
3) 沙門 : 梵語의 śramana. 선을 행하고 악을 없애는 사람이란 뜻으로, 머리를 깎고 불문에 들어가서 도를 닦는 사람, 즉 출가승을 가리킨다.
4) 墨胡子 : 一然의 해석에 의하면, 墨胡子란 실제의 이름이 아니고 서역승에 대한 指目之辭라고 한다. 또는 전법승의 의표와 형모에 의해서 黑衣의 외국인 또는 검은 胡子의 의미로 쓰인 것으로 보기도 한다.(金煐泰, 「新羅佛敎 初傳者考」, 『東大論文集』 17, 1978, p.250) 『海東高僧傳』 卷1 阿道傳에 '黑胡子'로 기록된 것이 참고가 된다.
5) 一善郡 : 지금의 경상북도 구미시 善山邑. [勝覽]에 의하면, 墨胡子가 이르렀던 곳은 府東二十里 道開部曲이다.(卷29 善山都護府 桃李寺條) 이곳에는 현재에도 桃李寺와 阿道和尙事蹟碑를 위시하여 관련 유물과 전설이 남아 있다. 이때 묵호자와 阿道가 一善郡에 정착한 것은 당시 신라의 북쪽 교통로인 鷄立嶺과 竹嶺이 모두 선산지역을 거쳤기 때문인 것으로 생각된다. 선산지역은 이후에도 계속 중요시되어 조선시대 영남대로가 통과하였으며, 현재에도 상주에서 칠곡을 거쳐 대구로 통하는 도로가 지나고 있다. 현재의 선산이란 이름은 조선시대 太宗代의 명칭이다. 선산지역의 불교적 배경과 불교전래경로에 대해

례(毛禮)[6]〈혹은 모록(毛祿)이라고도 한다.〉가 [자기] 집 안에 굴을 파서 [그를] 편히 있게 하였다. 그때 양(梁)나라에서 사신을 보내[7] 의복과 향을 전해왔다.〈고득상(高得相)[8]의 영사시(詠史詩)[9]에는 양나라에서 원표(元表)

서는 다음 논문을 참조. 姜仁求, 「善山鳳漢二洞出土 金銅如來・菩薩立像 發見始來」, 『考古美術』 129・130, 한국미술사학회, 1976, pp.87-99. 서영일, 「佛敎傳來經路」, 『新羅 陸上交通路 硏究』, 학연문화사, 1999, pp.315-327. 참고로 一善郡의 연혁에 대해서는 다음을 참조. [史] 卷34 地理志 尙州條. [麗史] 卷57 尙州牧 一善縣條. [勝覽] 卷29 善山都護府 建置沿革條.

6) 毛禮 : 또는 毛祿. 毛禮와 毛祿이라는 이름에 관해 본문 뒷부분에 그 모양이 비슷해서 유래된 것으로 서술되었으나, 그보다는 음이 비슷해서 유래된 것이 아닌가 생각된다. 한편, 毛禮의 집으로 전해지는 집터가 지금도 善山지방에 전해지고 있으며 그에 관한 여러 가지 전승도 전해진다.(鄭永鎬, 『善山地域古蹟調査報告書』, 단국대출판부, 1968) 毛禮는 '토례' 혹은 '톨'로 불리는데, '절'이란 말과 일본어의 '테라(てら)' 그리고 이곳에 세워진 桃李寺의 명칭이 모두 毛禮에서 유래하였다는 설도 있다.(權相老, 『朝鮮佛敎史概說』, 불교시보사, 1939. 鄭永鎬, 「구미・선산 지역의 불교」, 『韓國學論集』 24, 啓明大學校韓國學硏究所, 1997, pp.7-30) 모례의 出自에 관한 연구로는 모례를 순흥고분 피장자와 연결시켜 '高句麗系 氏族'이라는 주장도 있다.(田村圓澄, 「新羅の彌勒信仰」, p.242)

7) 時梁遣使 : 訥祇王(417-458) 때는 晋宋시대(420-487)에 해당한다. 따라서 梁(502-557)에서 사신을 파견했다고 한 것은 잘못이다. 이러한 잘못된 내용은 [史] 卷4 新羅本紀 法興王 15年(528)條에서도 그대로이다. 이러한 연대상의 모순에 대하여 이를 사료상의 약점으로 해석하기도 하고, 후대의 역사적 사실을 조작한 편린으로 이해하기도 한다.(都甲玄卿, 「佛法の新羅流傳と其の採用說(中)」, 『朝鮮』 1933年 1月號, pp.149-154. 末松保和, 「新羅佛敎傳來傳說考」, 『新羅史の諸問題』, 東洋文庫, 1954) 그러나 오히려 이 기사를 신라에 불교가 전해진 경위가 시대를 달리하여 두 경로가 있었다는 사실을 판단하는 단서로 이해하는 견해가 있다. 즉, 눌지왕대에 있은 민간에의 불교전래(고구려를 통한 북조불교)와 이와는 별도로 외교관계를 통한 왕실에의 불교전래(백제를 통한 남조불교)가 뒤이어 있었던 사실을 말하고 있다고 한다.(辛鍾遠, 「新羅 佛敎傳來의 諸樣相」, 『新羅初期佛敎史硏究』, 民族社, 1992, pp.154-155)

8) 高得相 : 생몰년 미상. 고려 전기의 인물. 『海東三國通曆』 12권을 지었다.(『宋史』 卷203 藝文志)

9) 詠史詩 : 『海東高僧傳』 卷1 阿道傳에 高得相의 詩史가 전하는데, 그 내용은 대체로 비슷하다. 詠史詩(또는 詩史)가 어떠한 책인지 잘 알 수 없으나, 현재 삼국시대 역사에 대해 詩를 쓰고 註를 붙인 책으로 추정되고 있다.(辛鍾遠, 앞

[10]라는 사승(使僧)[11]을 시켜 명단향[溟檀][12]과 불경・불상을 보내왔다고 한다.〉 군신(群臣)[13]은 그 향의 이름과 용도를 몰라서 사람을 시켜 향을 싸들고 전국을 다니면서 묻게 하였다. 묵호자가 그것을 보고 말하기를, "이것은 향이라고 하는데, 이를 사르면 향기가 매우 강하여 신성(神聖)에게 정성을 통하게 하는데 쓰인다. 신성은 3보(三寶)[14]보다 나은 것이 없으니, 만약 이것을 사르며 발원하면 반드시 영험이 있을 것이다"고 하였다.〈눌지왕은 진송(晉宋)시대에 해당되니 양나라에서 사신을 보냈다고 한 것은 잘못인 듯하다.〉

이때 왕녀(王女)가 몹시 위독했는데, 묵호자를 불러들여 향을 사르며 서원을 표하게 하니 왕녀의 병이 곧 나았다. 왕이 기뻐하며 예물을 후하게 주었는데, 얼마 후에 [그의] 간 곳을 알 수 없었다.

또 21대 비처왕(毗處王)[15] 때 아도(我道)[16] 화상(和尙)[17]이 시자

의 논문, p.139)

10) 元表 : 元表는 여러 중국사서에 입전된 인물이다. 『宋高僧傳』 卷16 梁京兆西明寺慧則傳의 付傳으로 元表傳이 실려 있고, 『六學僧傳』 卷28에도 高麗人으로서 天寶연간(742-756) 중국에 유학간 인물로 元表傳이 있는데 모두 唐代人이다. 한편, 「新羅國武州迦智山寶林寺事蹟」에 의하면, 이 절을 창건한 元表禪師는 月氏國으로부터 중국을 거쳐왔다고 한다.

11) 使僧 : 『海東高僧傳』에는 '使'로 기록되어 차이가 있다.

12) 溟檀 : 고귀한 향목의 명칭. 『海東高僧傳』에는 '沈檀'으로 기록되어 있다.

13) 君臣 : [史]와 『海東高僧傳』에는 '群臣'으로 기록되어 있다.

14) 三寶 : 불교에서 말하는 佛寶・法寶・僧寶를 가리킨다. [史] 卷4 新羅本紀 法興王條에는 '一曰佛陀, 二曰達摩, 三曰僧伽'를 덧붙여 서술하고 있다. 본문에서의 이러한 三寶에 대한 설명은 종래의 神聖관념을 벗어난 것으로서, 神聖이란 것이 곧 高遠하거나 怪力亂神의 그 무엇이 아니라 인간이 직접 보고 듣고 이해할 수 있는 것으로 변화하였다고 한다.(辛鍾遠, 앞의 논문, p.151) 三寶와 新羅三寶와의 관계에 대한 연구성과는 다음 논문을 참조. 김상현, 「新羅三寶의 불교사상적 의미」, 『신라의 사상과 문화』, 一志社, 1999.

15) 毗處王 : 炤知麻立干. 신라의 제21대 왕. 재위 479-499. 炤知, 昭知, 照知(이상 [史]), 炤智, 毗處(이상 [遺])로도 불렸다. 이 왕대에 神宮과 郵驛을 처음으로

(侍者) 세 명과 함께 역시 모례의 집에 왔는데, [그] 의표가 묵호자와 비슷하였다. 수년간 머물다가 병도 없이 죽고, 그 시자 세 명은 남아 있으면서 경율(經律)[18]을 강독하니, 왕왕 신봉자가 있었다.〈주(注)에서 「본비(本碑)[19] 및 모든 전기와는 전혀 다르다」고 하였다. 또 『고승전(高僧傳)』에서는 「서천축[西竺][20] 사람이다」고 했고, 혹은 「오(吳)나라에서 왔다」고도 하였다.[21]〉」

아도본비(我道本碑)[22]를 살펴보면 다음과 같다.

설치하고, 백제와 혼인을 맺어 동맹을 더욱 공고히 하였다. [史] 卷3 新羅本紀 炤知麻立干條 참조.

16) 我道 : 생몰년 미상. 신라불교의 전래자. 阿道, 阿頭, 阿度 등으로도 표기된다. 아도의 출자에 대해서 『海東高僧傳』 釋阿道傳에는 「或云本天竺人 或云從吳來 或云自高句麗入魏 後歸新羅 未知孰是」라고 하였다. 아도는 고구려에 불교를 전한 승려와 같은 이름인데, 양자를 동일인물로 보기 어려운 것은 서로 약 120년 정도의 차이가 있기 때문이다.(李丙燾, 「新羅佛教의 浸透過程과 異次頓殉教問題의 新考案」, 『韓國古代史研究』, 1976, p.652. 金煐泰, 앞의 논문; 『三國遺事 所傳의 新羅佛教思想研究』, 1979, p.244) [遺] 卷3 興法 阿道肇麗條 참조.

17) 和尙 : 덕이 높은 스님에 대한 존칭. 그런데 和尙의 '尙'자를 '上'으로 고쳐야 한다는 견해에 의하면, 신라 통일기까지는 和尙이라고 할 때 '尙'자가 아닌 '上'자로 쓰는 것이 옳다고 한다.(金煐泰, 「我道和尙碑」, 『三國新羅時代 佛教金石文考證』, 民族社, 1992, p.29)

18) 經律 : 經은 부처의 말씀과 설법을 기록한 책이고, 律은 불교 승려와 신도가 지켜야할 계율.

19) 本碑 : 신라시대의 金用行이 지은 「我道和尙碑」를 말한다.

20) 西竺 : 인도.

21) 高僧傳云西竺人或云從吳來 : 『海東高僧傳』 卷1 阿道傳 중의 「或云本天竺人 或云從吳來」를 가리킨다. '天竺'을 '西竺'으로 바꿔 썼다.

22) 我道本碑 : 阿道碑, 我道和尙碑라고도 한다. 金用行이 撰한 我道碑로, [遺] 卷3 興法 原宗興法 厭髑滅身條에는 이 비의 단편을 인용하였다. 그 내용은 대체로 아도가 고구려에서 신라에 불교를 전한 과정과 신라에서의 불교공인에 대한 사실이 수록된 것으로 보인다. 이 비의 연대에 관해 비문 중에 나오는 7處伽藍에 주목하여, 이 7곳의 절터가 개창의 선후를 예언한 것으로 이해한 一然의 견해에 유의하면 四天王寺가 세워진 후일 가능성이 있다고 한다.(김상현, 「신라 初傳佛教의 여러 문제」, 『신라의 사상과 문화』, 一志社, 1999, p.260)

「아도는 고구려 사람이다. 어머니는 고도령(高道寧)으로, 정시(正始)[23] 연간에 조위(曹魏)[24] 사람 아(我)〈성(姓)이 아(我)이다.〉굴마(崛摩)가 사신으로 고구려[句麗]에 왔다가 고도령을 사통하고 돌아갔는데, 이로 인해서 임신하게 되었다. 아도는 다섯 살에 그 어머니가 출가하게 하였다.[25] 열 여섯살에 위(魏)나라에 가서 굴마를 뵙고 현창(玄彰)[26] 화상의 강석에 나아가 배웠다. 열 아홉살에 때 또 돌아와 어머니를 뵈오니 어머니는 다음과 같이 일러주었다. "이 나라는 아직까지 불법(佛法)을 모르지만, 이후 3천여 월이 지나면 계림(雞林)[27]에 성왕(聖王)이 출현하여 불교를 크게 일으킬 것이다. 그 서울에는 일곱 곳에 옛 절터[28]가 있다. 첫째는 금교(金橋)[29] 동쪽의 천경림(天

---

23) 正始 : 중국 魏 齊王의 연호(240-248).

24) 曹魏 : 중국 華北지방에 曹操의 아들인 丕가 건국한 나라(220-264).

25) 師生五歲 其母令出家 : 이때 高道寧 자신이 이미 출가한 비구니였을 수도 있다는 견해가 있다.(尹榮玉, 「我道傳攷」, 『李箕永博士古稀紀念論叢 佛敎와 歷史』, 한국불교연구원, 1991, p.439)

26) 玄彰 : 『海東高僧傳』에 의하면, 玄彰(416-484)은 남북조시대의 고승으로, 경율에 밝고 선요에 깊이 통달하였으며, 諸子說을 두루 섭렵한 학승이다. 그러나 아도가 사사했다는 시기와는 약 200년이나 차이가 난다. 이에 현창이 생존한 시기에 맞춰 아도가 신라로 온 때를 500년 무렵으로 추정하는 견해도 있다.(金侖世, 「신라불교개조 아도이야기」, 『번역 동사열전』, 광제원, 1991, p.580)

27) 雞林 : 신라의 별칭. 유래에 대해서는 [遺] 卷1 紀異 新羅始祖 赫居世王條 참조.

28) 七處伽藍之墟 : 伽藍은 僧伽藍摩(Samgharama)의 음사로서 승려가 살면서 수행하는 사원을 말한다. 7처가람의 전설은 迦葉佛 때 신라 땅에 佛法이 크게 성했으므로 그 당시의 절터가 남아 있다는 것이다. 그러나 이것은 불교가 융성한 시기에 불교를 신봉하는 사람들이 현재 자신들이 조성한 사원에 대하여 神聖性을 부여하기 위하여 지어낸 전설이다. 또한 이들 지역은 불교전래 이전에 토착신앙의 靈地로 생각된다. 보다 자세한 사항은 다음 논문을 참조.(申東河, 「新羅 佛國土思想의 展開樣相과 歷史的 意義」, 서울大學校大學院 國史學科 博士學位論文, 2000)

29) 金橋 : 金橋가 위치한 西川의 하천 폭이 넓기 때문에 본문에서와 같이 西郊로 통하는 다리를 큰 다리라는 뜻으로 '金橋'라고 한 것 같다. 지금의 위치는 정확

鏡林)〈지금의 흥륜사(興輪寺)[30]이다. 금교는 서천(西川)[31]의 다리를 말하는데, 세간에서는 송교(松橋)[32]로 잘못 부르고 있다. [이] 절은 아도가 처음 터를 잡았으나 중간에 폐지되었다. 법흥왕(法興王)[33] 정미(丁未, 527)에 이르러 처음 창건되었고, 을묘(乙卯, 553)에 크게 공사를 벌여 진흥왕(眞興王)[34] 때 마쳤다.〉이요, 둘째는 삼천기(三川歧)[35]〈지금의 영흥사(永興寺)[36]이다. 흥륜사와 같은 시기에 창건되

하지 않으나, 대체로 경주 고속버스터미널 부근으로 생각된다.(박방룡, 「新增東國輿地勝覽 卷21 慶州府 譯註 山川-橋梁」, 『신라문화』 13, 1996, p.119)

30) 興輪寺 : 경상북도 慶州市 사정동에 있던 신라 최초의 절. 지금은 사적 제15호로 지정된 절터와 근래에 건립한 절이 남아 있다. 신라에 처음으로 들어온 阿道가 창건한 절로 전해지고 있다. 527년 異次頓이 순교하자 法興王이 크게 짓기 시작하여 544년 眞興王 5년에 완성되어 大興輪寺라고 하였다. 금당에는 新羅10聖의 소상이 있었다고 전하며, 금당의 좌우에는 행랑이 있고 남문과 탑, 좌경루 등의 당탑이 있었으나 신라 말에 灰盡되었다. 절터에 남아 있던 석조는 경주 최대의 규모이며, 발굴하여 수습된 인면문와당 등은 경주박물관에 보관되어 있다. [遺] 卷3 塔像 興輪寺壁畵普賢條 참조.

31) 西川 : [勝覽]에 의하면, 경주부의 서쪽 4리에 있다. 근원은 咽薄山, 墨匠山, 只火谷山 등 3곳이며 모두 兄山浦로 합류된다. 西川은 南川, 北川보다 수량이 많아 하천의 폭이 넓다.

32) 松橋 : 金橋의 다른 이름. 松橋는 솔다리.

33) 法興王 : 신라의 제23대 왕. 재위 514-540. [遺] 卷3 興法 原宗興法 厭髑滅身條 참조.

34) 眞興王 : 신라의 제24대 왕. 재위 540-576. [遺] 卷1 紀異 眞興王條 참조.

35) 三川歧 : 지금의 北川이 옛날에는 南川 가까이에서 西川과 합류했으므로 三川의 합류지점 부근으로 추정된다.

36) 永興寺 : 경상북도 경주시 황남동에 있던 신라 최초의 尼寺. 유물은 전하지 않는다. 위치와 폐사시기는 정확하지 않다. 1980년 문화재관리국에서 永興寺址로 추정되는 경상북도 경주시 西川邊의 건물지를 발굴하였으나 가람의 내용을 밝힐 수 있는 유구는 발견하지 못하였다.(申昌秀, 「中古期 王京의 寺刹과 都市計劃」, 『新羅文化祭學術發表會論文集』 16, 1995, pp.128-129) [勝覽]에는 「在府城南」이라고 하였다. 法興王 22년(535) 법흥왕비 保刀夫人이 창건했다고 전한다. 보도부인은 毛禮의 누이동생인 史氏의 유풍을 사모해 법명을 妙法이라고 하고 이 절에 출가하였다. 이어 眞興王妃 思道夫人도 572년 진흥왕이 출가하자, 법명을 妙住라 하고 이 절에 출가하였다. 또 이 절에는 成典이 설치되어 있었다. [史] 卷38 職官志(上)에 永興寺를 국가기구로 하였다는 기록이 있어 「永興寺成典은 神文王 4年(684)에 설치하였는데, 景德王 18年(759)에 監永興

었다.〉요, 셋째는 용궁(龍宮)[37] 남쪽〈지금의 황룡사(皇龍寺)[38]이다. 진흥왕 계유(癸酉, 553)에 처음 개창되었다.〉이요, 넷째는 용궁 북쪽〈지금의 분황사(芬皇寺)[39]이다. 선덕왕[善德][40] 갑오(甲午, 634)에 처음 개창되었다.〉이요, 다섯째

寺館으로 고쳤다. 大奈麻 1人을 두었다. 다시 景德王代에 史 3人을 두었다」고 하였다. 이때 成典을 설치한 사원은 永興寺 외에도 四天王寺·奉聖寺·感恩寺·奉德寺·奉思寺·靈廟寺 등이 있다.(李泳鎬, 「新羅中代 王室寺院의 官寺的 機能」, 『韓國史研究』 43, 1983. 蔡尙植, 「新羅統一期의 成典寺院의 構造와 機能」, 『釜山史學』 8, 釜山史學會, 1984) 영흥사의 문헌기록에 대해서는 [遺] 卷1 王曆 法興王條·卷3 興法 原宗興法 厭髑滅身條, [勝覽] 卷21 慶州府 古蹟條 참조.

37) 龍宮 : 龍宮이라는 기록은 [遺]에만 보이고 [史]에는 기록이 없다. 용궁의 위치는 [遺] 卷3 塔像 迦葉佛宴坐石條에 「月城東龍宮」이라고 하여 본문에서 이해되는 위치인 '皇龍寺의 북쪽'과 비교된다. 더욱이 황룡사 창건설화와 관련지워 이해할 때, 용궁은 지금의 황룡사지의 북쪽 근방으로 추정된다. 용궁의 성격에 관해서는 '宮'의 의미인 건물지로서는 이해될 수 없고, 본래 용이 사는 곳으로 인식되어온 넓은 늪지(大澤池)로 이해해야 한다는 견해가 있다.(강종훈, 「현재 발굴중인 황룡사의 위치는 재검토되어야 한다.」, 『역사비평』 6, 역사문제연구소, 1989, p.147, pp.155-156)

38) 皇龍寺 : 신라 때의 절. 眞興王 14년(553)에 창건공사를 시작하여 동왕 27년(566)에 마쳤다. [遺] 卷3 塔像 皇龍寺丈六條 참조.

39) 芬皇寺 : 지금의 경상북도 경주시 동쪽 九黃洞에 있는 신라 善德王 3년(634)에 창건된 절. 지금은 조계종의 작은 절이나 신라시대의 사격은 대단했던 것으로 추정된다. 절 앞쪽에서는 芬皇寺의 幢竿支柱로 생각되는 石柱가 발견되었다. 창건 당시의 분황사는 인접한 황룡사보다 더 넓은 寺域을 가지고 伽藍과 回廊 등이 모두 완비된 절이었던 것으로 생각된다. 이에 신라 도성의 방위를 가리킬 때 자주 그 중심지로 이용되고 있는 절이다. 慈藏과 元曉가 이 절에 머문 바 있고, 景德王 14년(755)에는 强古가 30만 6천 700근의 약사여래동상을 주성하기도 하였다. 또 고려 肅宗 6년(1101)에는 원효에게 大聖和諍國師라는 시호를 내리고 원효의 비를 그의 연고지에 세우게 하여 이 절에 그의 비가 세워졌다. 丁酉再亂에 약사동상과 9층탑이 불탔다. 현존하는 분황사 모전석탑(국보 제30호)은 본래는 9층이었으나 지금은 3층만 남아 있다. 약사여래입상은 보광전에 모셔져 있다. 화쟁국사비편(경상북도 유형문화재 제97호)은 지금도 가끔씩 발견되고 있다. 보다 자세한 사항은 다음을 참조. [史] 卷5 新羅本紀 善德王 3年條. 金正基, 「芬皇寺 伽藍配置推考」, 『考古美術』 136·137, 한국미술사학회, 1978, pp.179-183. 趙由典·南時鎭, 「芬皇寺發掘調査結果報告」, 『문화재』 25, 문화재관리국, 1992, pp.165-218. 李仁哲, 「芬皇寺 創建의 政治·經濟

는 사천미(沙川尾)[41]〈지금의 영묘사(靈妙寺)[42]이다. 선덕왕 을미(乙未, 635)에 처음 개창되었다.〉요, 여섯째는 신유림(神遊林[43])〈지금의 천왕사(天王寺)[44]이다. 문무왕(文武王)[45] 기묘(己卯, 679)에 개창되었다.〉이요, 일곱째는 서청전(婿請田)[46]〈지금의 담엄사(曇嚴寺)[47]〉으로서 모두 전불(前佛)시대[48]의

的 背景」, 『新羅文化祭學術發表會論文集』 20, 신라문화선양회, 1999. 李康根, 「芬皇寺의 伽藍配置와 三金堂 形式」, 『新羅文化祭學術發表會論文集』 20, 신라문화선양회, 1999. 申昌秀, 「芬皇寺의 沿革과 發掘調査」, 『新羅文化祭學術發表會論文集』 20, 신라문화선양회, 1999.

40) 善德 : 善德王. 신라의 제27대 왕. 재위 632-646. [遺] 卷1 紀異 善德王知幾三事條 참조.

41) 沙川尾 : 옛날 경주 중심부의 서쪽방향으로 생각되나 명확하지 않다. 朴寅亮의 『殊異傳』에서는 5번째가 神遊林으로 기록되어 있다. 그런데 [遺] 卷4 義解 元曉不羈條에는 「沙川은 민간에서는 牟川 또는 蚊川이라고 한다」고 되어 있다. 따라서 沙川은 지금의 南川 또는 蚊川으로 생각된다. 문천에는 日精橋・月精橋・楡橋 등 신라시대 교량이 있었으며, 南亭橋・大橋 등은 조선시대까지 있었던 것으로 생각된다. 月城의 天然垓字이다.

42) 靈妙寺 : 신라 善德王 때 창건된 절. 靈廟寺라고도 한다. [遺] 卷1 紀異 善德王知幾三事條, 卷3 塔像 靈妙寺丈六條 참조.

43) 神遊林 : 신라 7處伽藍址 중의 하나. 善德女王이 忉利天이 있는 곳이라고 하여 신성시하였던 곳이다. [遺] 卷2 紀異 文虎王法敏條에 法師 明朗의 말 중에 「狼山之南有神遊林」이라고 하였다. 狼山은 지금의 경상북도 경주시 普門洞・九黃洞・排盤洞에 걸쳐있는 산이다. 산 중에는 善德王陵, 皇福寺址, 四天王寺址 등이 있다.

44) 天王寺 : 四天王寺. 경상북도 경주시 배반동 낭산의 남록에 있던 절. 文武王 19년(679) 8월에 창건된 신라의 대표적인 호국사찰. 현재 절터에는 당간지주 1기와 귀부 2기 등이 남아 있을 뿐이고, 절터의 일부는 경주-울산간 철도가 지나가면서 파괴되었다.([史] 卷7 新羅本紀 文武王 19年條, [勝覽] 卷21 慶州府 古蹟條 참조) [遺]에는 이 절에 관한 기록이 卷1 紀異 善德王知幾三事條, 卷2 紀異 景明王條, 卷3 興法 阿道基羅條, 卷5 感通 月明師兜率歌條 등에 보인다. 보다 자세한 사항은 [遺] 卷2 紀異 文虎王法敏條 참조.

45) 文武王 : 신라의 제30대 왕. 재위 661-681. [遺] 卷2 紀異 文虎王法敏條 참조.

46) 婿請田 : 曇嚴寺址로 추정되는 始祖赫居世王陵 근방이 아닌가 생각된다.

47) 曇嚴寺 : 曇巖寺([史]) 또는 曇嚴寺([遺]). 경상북도 경주 塔里 五陵 남쪽에 있던 절. 지금의 五陵 부근 고속도로 진입로 근방으로 전한다. 7處伽藍 중의 하나로 신라의 대표적인 절이었다. 고려시대까지 존재했으나 조선 중기 이전에

절터이며, 불법의 물결이 길이 흐를 곳이다. 네가 그곳으로 가서 대교(大教)를 전파·선양하면 석존의 제사가 동방으로 향해올 것이다."

아도가 분부를 받들고 계림에 와서 왕성(王城)의 서쪽 마을에 우거했는데, [곧] 지금의 엄장사(嚴莊寺)[49]이고, 때는 미추왕(未雛王)[50] 즉위 2년 계미(癸未, 263)[51]였다.

이미 폐사되었으며, 현재는 절터마저도 보전되어 있지 않다. 다만 절터인 五陵 남쪽에 당간지주와 3층 석탑 1기, 초석 등이 있었으나, 일제시대 절터 중앙을 관통하는 길을 내면서 거의 파괴되었고 현재는 자취를 감추었다. 파손된 탑의 八部神衆은 국립경주박물관에 보관되어 있다. [遺] 卷1 紀異 新羅始祖 赫居世王條 참조.

48) 前佛時 : 불교 유포 이전 시기. 前佛은 석가모니 이전에 세상에 나타나서 成道하고 돌아가신 부처, 즉 迦葉佛을 말한다. 迦葉佛은 迦葉波·迦攝波·迦攝佛 등으로도 쓰고, 의역하여 飮光佛이라고도 한다. 이 불은 과거 7불 중의 제6불이고 또 현재 현겁 1000불 중의 제3불로서 석가여래의 바로 앞에 출현하였다는 불이다. 참고로 現佛은 석가세존, 後佛은 미륵불이라고 한다. 이러한 가섭불 때의 신라연기설은 [遺] 卷3 塔像 迦葉佛宴坐石條 참조.

49) 嚴莊寺 : 여기 외에는 다른 기록이 없다.

50) 未雛王 : 신라의 제13대 왕. 재위 262-284. 味鄒, 味照, 味炤, 未祖, 未召(이상 [史]) 未鄒, 未祖, 未古(이상 [遺])라고도 한다. 金閼智의 7세손으로 아버지는 仇道갈문왕이고 김씨로서는 처음 왕위에 오른 사람이다. 미추라는 명칭은 '元' '本'이란 뜻으로 시조왕의 의미라는 견해(前間恭作, 「新羅王の世次と其名に就いて」, 『東洋學報』 15-2, 1925)와 미추의 미조 또는 미소라는 독음은 일본어의 '溝'와 '水'를 뜻하므로 물과 관련되는 의미라는 견해가 있다.(姜仁求, 「昔脫解와 吐含山, 그리고 石窟庵」, 『정신문화연구』 통권82호, 2001, pp.122-123) 미추왕대에 일에 관해서는 다음을 참조. [遺] 卷1 紀異 味鄒王竹葉軍條. [史] 卷2 新羅本紀 味鄒尼師今條.

51) 未雛王二年癸未 : 신라에 있어서 불교의 초전시기에 관해 본문의 未鄒王 2년 계미(263)의 연대가 잘못되었다는 견해가 일반적이다. 이는 前秦의 符堅이 고구려에 불교를 전한 372년보다 100년 이상 앞서는 것이 되어 覺訓과 一然은 미추왕대의 아도 전교를 부정하였다. 李丙燾도 아도보다 먼저 온 묵호자의 입국연대가 눌지왕대로 되어 있다는 것을 이유로 미추왕대설을 부정하고 있다.(李丙燾, 앞의 논문, p.653) 그러나 불교초전시기로 미추왕대가 주목된 배경에는 제13대 미추왕이 金氏로서 최초로 왕위에 오른 사람이기 때문이다. 뒤에 제17대 奈勿王 이후로 김씨가 왕위를 계속 이어가는 과정에서 김씨왕권강화작업

대궐에 나아가 교법을 행하기를 청하니, 세상에서는 전에 보지 못하던 것이라고 하여 꺼리고 심지어는 그를 죽이려는 사람까지 있었다. 이에 속림(續林)[52]〈지금의 일선현(一善縣)〉 모록의 집〈록(祿)은 예(禮)와 [글자] 형태가 비슷하여 생긴 잘못이다. 고기(古記)에 말하기를, 「법사가 처음 모록의 집에 왔을 때 천지가 진동하였다. 그때 사람들은 승(僧)이라는 명칭을 모르므로 아두삼마(阿頭彡麽)라고 하였다. 삼마란 향언(鄕言)의 승을 가리키는 말이니, 사미(沙彌)라고 말하는 것과 같다」[53]고 하였다.〉으로 도망가서 숨어 있었다.

3년이 지났을 때 성국공주(成國公主)[54]가 병이 났는데, 무의(巫醫)도 효험이 없자[55] 사람을 사방으로 보내 의원을 구하게 하였다. 스님

이 진행되었다. 따라서 我道傳에 미추왕이 등장하는 것은 이와 관련된 것으로 해석할 수 있다고 한다.(尹榮玉, 앞의 논문, p.441) 또한 미추왕의 高祖父(金閼智의 孫) 이름이 '阿道'였다는 점도 불교초전과 관련되어 매우 흥미로운 사실이다. [史] 卷2 新羅本紀 味鄒王 元年條 참조.

52) 續林 : 一善郡, 즉 지금의 善山지방으로 추정되나 정확한 위치는 알 수 없다. 朴寅亮의 『殊異傳』에는 '續村'으로, 『海東高僧傳』에는 '續林'으로 기록되어 있다. 冷山에 있는 옛 桃李寺 터로 추정하는 견해도 있다.(辛鍾遠, 앞의 논문, p.150)

53) 彡麽者 乃鄕言之稱僧也 猶言沙彌也 : 僧은 梵語 samgha의 音寫인 僧伽의 약칭이다. 彡麽는 僧伽와 서로 음이 통하여 사용한 것 같다. 沙彌는 比丘가 되기 전의 修行僧을 가리키는 말이다. 한편, 彡麽를 沙彌로 본 일연의 견해와는 달리, 彡麽를 意譯하여 짧은 수염·민수염으로 풀이하여 불교초전자의 얼굴모습을 형용한 指目之辭였을 것으로 보거나(金煐泰, 앞의 논문, 1978; 앞의 책, 1979, pp.249-251), 어원상 전통신앙종사자(shaman)와 통하는 고유어로 보는 견해(辛鍾遠, 「古代의 日官과 巫」, 『新羅初期佛敎史硏究』, 民族社, 1992, pp.57-60)가 있다.

54) 成國公主 : 『海東高僧傳』 卷1 阿道傳에서는 '成國宮主'라고 하였다. 본문에서와 같이 未鄒王說을 그대로 취하면 성국공주는 미추왕의 딸에 해당하나, 학계에서 일반적으로 통용되고 있는 訥祗王說을 취한다면 성국공주는 눌지왕의 딸이 된다.

55) 巫醫不效 : 巫醫는 불교가 들어오기 전에 있었던 신라의 재래신앙을 대표하고 있다고 할 수 있다. 본래 巫醫는 상고시대 의료의 담당자였다. 질병의 원인을 惡靈의 침입으로 보는 원시사회 고대인에게 있어서 그 치료는 shaman이 전담하였다. 중국에서 醫자가 毉로도 쓰였음은 의사가 원래 巫였기 때문이다. 이와

이 급히 대궐로 들어가서 마침내 그 병을 고쳤다.[56] 왕은 크게 기뻐하며 그 소원을 물으니, [스님이] 대답하기를, "빈도(貧道)는 백에 [하나도] 구할 것이 없고, 다만 천경림에 절을 지어 불교를 크게 일으켜 나라의 복을 비는 것이 소원일 뿐입니다"고 하였다. 왕은 이를 허락하고 공사를 착수하도록 명령하였다. [당시] 풍속이 질박 검소하여 띠풀을 엮어 집을 엮었는데,[57] [아도는 여기에] 머물면서 강연하니 가끔 천화(天花)가 땅에 떨어졌다. 절이름을 홍륜사라고 하였다.

모록의 누이동생 사씨(史氏)[58]가 스님에게 귀의하여 비구니가 되었는데, 그도 역시 삼천기에 절을 짓고 살았다. 절이름은 영홍사라고 하였다. 오래지 않아 미추왕이 돌아가자 나라 사람들이 그를 해치려고 하여[59] 스님은 모록의 집으로 돌아와 스스로 무덤을 만들어 문을 닫

같은 巫醫가 효험이 없다는 것은 기존의 신앙이 새로운 불교에 의해 대체되어 가는 것을 시사한다.(辛鍾遠, 「古代의 日官과 巫」, 앞의 책, p.34)

56) 成國公主疾 巫醫不效…其疾遂理 : 왕녀의 치병기사를 통해서 볼 때, 신라초기 불교는 기존 재래신앙과의 큰 마찰을 피하는 면에서의 방법을 추구한 것 같다. 신라초기불교의 성격은 現世求福的인 지극히 현실적인 성격을 띠고 있었다. 불교가 신라 왕실에 포교하게 되는 계기를 말하는 것으로 볼 수 있다. 초기불교의 치병활동과 의학적 역할수행에 대해서는 다음 논문을 참조. 金在庚, 「新羅의 密教 受容과 그 性格」, 『大丘史學』 14, 대구사학회, 1978, pp.1-28. 또한 치병의 대상이 公主 또는 王女였다는 점에서 곧 이를 계기로 불교가 신라 궁중에 침투할 수 있었을 것이라고 보는 견해도 있다.(李丙燾, 앞의 논문, p.660)

57) 俗方質儉 編茅葺屋 : 『海東高僧傳』 卷1 阿道傳에서는 「世質民頑 不能歸向 乃以白屋爲寺」라고 하였다. 신라에서의 초기 절의 모습은 '編茅葺屋'과 '白屋爲寺'로써 화려하지 않은 '띠집'이었음을 알 수 있다.

58) 史氏 : 『海東高僧傳』 卷1 阿道傳에는 '史侍'로 기록되어 있다. [遺] 卷3 興法 原宗興法 厭髑滅身條에 인용된 『冊府元龜』에는 '史氏'로 기록되어 있다. 신라 최초의 여성 출가자로서 이 史氏의 행적을 검토한 연구는 다음 논문을 참조. 金煐泰, 「新羅의 女性出家와 尼僧職 고찰」, 『明星스님古稀紀念論文集-佛教學論文集』, 佛光出版社, 2000, pp.37-43.

59) 未鄒王卽世 國人將害之 : 여기서 未鄒王이 죽은 뒤 國人이 아도를 해치려 했

고 돌아갔으니, 마침내 [세상에] 다시 나타나지 않았다.[60] 이로 인하여 불교 또한 폐지되었다. 23대 법흥대왕(法興大王)[61]이 소량(蕭梁)[62] 천감(天監)[63] 13년 갑오(甲午, 514)에 왕위에 올라 불교[釋氏]를 일으켰다.[64] 미추왕 계미년으로부터 252년 뒤의 일이다. 고도령이 예언한 3천여 월은 들어맞았다.[65]」

이상에 의하면, 본기(本記)와 본비(本碑)의 두 설이 서로 어긋나서 같지 않음이 이와 같다. 이를 한 번 시론해본다. 양(梁)·당(唐) 두

다는 것은 불교를 사이에 둔 왕실과 귀족과의 갈등양상으로 볼 수 있다. 불교가 공인되기 전에 불교를 반대하는 기존세력이 존재하여 새로운 사상이 신라에 정착되기까지의 어려움을 읽을 수 있다. 참고로『海東高僧傳』卷1 阿道傳에서는「미추왕이 죽은 뒤, 다음 왕(嗣王)이 또한 불교를 공경하지 않고 장차 폐지하려고 하였으므로」라고 기록하고 있다.

60) 師還毛祿家 自作塚 閉戶自絶 遂不復現 : 이 부분은 신라불교 초전자의 순교사실을 전해 주고 있어서 매우 주목된다. 이 외에도 阿道가 毛禮의 집 堀室에 숨었다는 기록 등에서 신라불교 초전자의 전교활동은 매우 어려운 상황에서 제한적으로 행해졌다는 것을 알 수 있다.(김상현,「신라 初傳佛敎의 여러 문제」, 앞의 책, p.261)

61) 法興大王 : 신라의 제23대 왕. 재위 514-540. [遺] 卷3 興法 原宗興法 厭髑滅身條 참조.

62) 蕭梁 : 중국 남조의 梁나라(502-557). 건국주가 蕭衍(武帝)이므로 蕭씨의 성을 따서 蕭梁이라고 하였다. 참고로 중국에는 蕭梁 외에도 唐末 朱全忠이 건국한 朱梁이 있다.

63) 天監 : 중국 梁 武帝 때의 연호(502-519).

64) 乃興釋氏 : 法興王이 불교를 공인한 것은 법흥왕 즉위 14년인 527년이다.

65) 距未鄒王癸未之歲 二百五十二年 道寧所言三千餘月驗矣 : 본문의 '三千餘月' 부분이『海東高僧傳』卷1 阿道傳에는 '三十餘月'로 기록되어 있다. 그러나 앞에 나온 252년을 月數로 계산하면 三千餘月이 옳다. 또한 未鄒王 2년 계미(263)에서 法興王 원년 갑오(514)까지 계산하면 252년이 된다. 252년×12월 =3024월로서 高道寧의 예언대로라면 3천여 월 뒤에 大興佛敎할 聖王은 법흥왕이 된다. 그러나 이러한 고도령의 예언에 관하여 법흥왕에 의한 불교공인이 이미 3000여 달 이전에 예언되어 있었다는 이야기를 합리화시키기 위해서 법흥왕 때로부터 거슬러 계산한 결과일 것으로 보고 있다.(李丙燾, 앞의 논문, p.649. 김상현,「신라 初傳佛敎의 여러 문제」, 앞의 책, p.260)

『고승전』[66] 및 삼국본사(三國本史)[67]에는 모두 고구려와 백제 두 나라 불교의 시작이 진(晉)나라 말년 태원(太元)[68] 연간이라고 하였는데, 이도(二道)[69] 법사가 소수림왕[小獸林][70] 갑술(甲戌, 374)에 고구려에 온 것은 분명하므로 이 전은 틀리지 않았다. 만약 [아도가] 비처왕 때 비로소 신라에 왔다면, 이것은 고구려에서 백여 년이나 있다가 온 것이 된다. 아무리 대성(大聖)의 행동거지와 출몰이 보통 사람과 다르다고 하나 반드시 다 그렇지는 않을 것이다. 또한 신라에서의

---

66) 梁唐二僧傳 : 『梁高僧傳』과 『唐高僧傳』을 가리킨다. 『梁高僧傳』 14권은 519년에 양의 慧皎(437-557)가 지었고, 『續高僧傳』으로 불리기도 하는 『唐高僧傳』 30권은 道宣(596-667)이 지었다.

67) 三國本史 : 三國本史에 관한 기록은 [遺] 卷3 塔像 臺山五萬眞身條의 慈藏入唐기사의 細註에 「唐僧傳云十二年 今從三國本史」로 다시 나온다. 이 기록은 [史] 卷5 新羅本紀 善德王 5年條의 慈藏의 入唐기사와 그 연대가 일치하므로 三國本史란 바로 [史]의 各國史를 뜻하는 것으로 생각된다.(辛鍾遠, 「三國遺事 阿道基羅條 譯註」, 『宋甲鎬敎授停年退任紀念論叢』, 1993, p.568)

68) 太元 : 중국 東晋 孝武帝의 연호(376-396).

69) 二道 : 일반적으로 二道를 '順道와 阿道'로 해석하고 있으나 辛鍾遠은 二道를 阿道의 誤記로 보았다. 그는 阿道의 史蹟을 논하는 대목에서 順道를 아울러 거론한다는 것은 문맥상 어색하며 小獸林王 4年 甲戌(374)에 고구려에 온 승려는 阿道뿐이므로 二道는 我道를 잘못 쓴 것이라고 하였다. 이러한 착오는 [遺] 卷3 興法 順道肇麗條의 「僧傳作 二道來自魏云者 誤矣 實自前秦而來」에서도 보인다고 하였다. 이것은 順道에 관한 조항이며 前秦에서 왔다는 것으로 보아 二道는 順道가 아닐까 생각되지만, 『僧傳』에서 魏나라로부터 왔다는 전도승은 阿道이므로 二道는 阿道의 誤記가 된다는 것이다. 이 같은 본문의 誤記는 '阿道'와 '二道'가 音이 비슷한 것에서 생겨난 것으로 추측하였다.(辛鍾遠, 앞의 논문, 1993, p.568)

70) 小獸林 : 小獸林王. 고구려의 제17대 왕. 재위 371-384. 小解朱留王이라고도 한다. 이름은 丘夫이고 故國原王 25년에 태자가 되었다가 371년에 왕위에 올랐다. 前秦으로부터 불교를 수용하였고 율령을 반포하였으며 태학을 설립하는 등 고대국가의 기틀을 닦았다. [史]에 따르면, 소수림왕 2년에 順道가, 동왕 4년(374)에 我道가 고구려에 왔으며, 동왕 5년(375) 肖門寺에 順道를, 伊弗蘭寺에 我道를 두었다는 기록이 있는데 이를 불교의 시작으로 보았다.([史] 卷17 高句麗本紀 小獸林王條 참조)

불교신봉이 이처럼 늦지는 않을 것이다. 또 만약 미추왕 때였다고 하면, [아도가] 고구려에 온 갑술년보다 백여 년 전이 된다.

이때는 계림에 아직 문물(文物)과 예교(禮敎)도 없었고, 국호도 미처 정해지지 않았는데, 어느 겨를에 아도가 와서 불교를 받들자고 청하였겠는가? 또 고구려에도 오지 않은 채 신라로 넘어갔다는 것도 불합리하다. 설사 [미추왕 때] 잠깐 [불교가] 흥하였다가 곧 없어졌다고 하더라도 어찌 그 사이에 [그도록] 적막하여 소문이 없었을 것이며, 향의 이름조차도 알지 못했겠는가? 어찌하여 하나는 너무 뒤지고, 하나는 너무 앞서는가?

생각컨대, [불교] 동점(東漸)의 형세는 반드시 고구려·백제에서 시작되고 신라에는 나중에 들어왔을 것이다. 즉, 눌지왕대는 소수림왕대와 서로 근접해 있으니, 아도가 고구려를 하직하고 신라에 온 것은 마땅히 눌지왕 때였을 것이다.[71]

또 왕녀의 병을 고친 것도 모두 아도가 한 것이라고 전하고 있으니, 이른바 묵호자라는 것도 진짜 이름이 아니라 그저 지목한 말이다. 마치 양나라 사람들이 달마(達摩)[72]를 가리켜 벽안호(碧眼胡)라고 하

71) 阿道之辭麗…訥祗之世 : 一然이 제시한 阿道의 신라 입국시기를 訥祗王代로 보는 것에 대해 일반적으로 학자들의 견해가 일치하고 있으나, 李丙燾는 이에 대해 의문을 제시하였다. 그는 당시에 고구려와 백제가 상극관계에 있던 때 백제를 통과해서 一善郡에 들어올 수 있었을까라는 의문을 제기하였다. 또한 梁나라는 당시에 없었으므로 梁의 사신이 왔다는 것은 논리에 맞지 않으며, 사신에는 國書가 따르기 마련인데 香의 이름조차 몰랐다는 것은 이해가 되지 않는다고 하였다. 이러한 점에서 阿道의 신라 입국시기는 訥祗王代가 아닌 『鷄林雜傳』의 毗處王代(炤知王)로 보아야 한다고 주장하였다. 그리고 小獸林王代 고구려에 입국한 阿道와 毗處王대 신라에 입국한 阿道를 동일인으로 보는 일연의 주장에 대해서도 그 시기의 격차와 위의 이유를 들어서 전혀 별개의 인물로 보았다.(李丙燾, 앞의 논문)

고, 진(晉)나라에서 석(釋) 도안(道安)73)을 조롱하여 칠도인(柒道人)이라고 한 것과 같은 것이다. 즉, 아도가 위태로운 일을 하느라고 이름을 숨겨 성명을 말하지 않은 까닭이다. 아마 나라 사람들이 들은 바에 따라 묵호·아도 두 이름을 두 사람으로 구분하여 전한 것이다. 하물며 아도의 의표가 묵호와 비슷하다고 하였는데, 이것으로도 한 사람임을 알 수 있다.

고도령이 일곱 곳을 차례로 든 것은74) 곧 개창의 선후를 예언한 것

---

72) 達摩 : ?-528. 서천 28조의 제28. 중국 禪宗의 초조인 菩提達摩(Bodhi-Dharma의 音譯)의 약어. 남인도 香至國의 셋째 아들로 태어나 이후 대승불교의 승려가 되어 禪에 통달하였다. 중국으로 건너가 금릉에서 梁武帝를 만나 대화하였으나 양무제가 달마 대사의 언행을 알아듣지 못하자, 520년경에 양자강을 건너 魏나라로 갔다. 嵩山 少林寺에서 면벽좌선 9년만에 도를 깨달았다. 그는 이러한 闢觀의 수행법을 통해 사람의 마음이 본래 청정하다는 이치를 깨달아야 한다고 주장하여 이 禪法을 제자 慧可에게 전수하였다. 達摩에 대한 전설은 많이 언급되어 있으나 확실한 사실로서 알려진 것은 드물다.(『續高僧傳』 卷16) 최근 敦煌에서 출토된 자료에 따르면 그의 근본사상인 '二入四行'을 설교한 사실이 밝혀졌다.

73) 道安 : 314-385. 중국 前秦 때의 고승. 당시의 老佛習合的인 불교경향에서 벗어나 불교본연의 자주적 眞儀를 확고히 드러내고자 한 불교계의 지도적인 學僧이다. 12세에 출가하여 佛圖澄에게 사사했고, 前秦 符堅의 귀의를 받아 長安으로 옮겼다. 譯經目錄을 작성하고, 講經에 序·正宗·流通의 3分을 세워 經說의 진의를 밝히는데 힘썼으며, 日常 6時3禮의 制를 정하였고, 布薩法을 철저히 행하게 하였으며, 沙門의 姓을 釋으로 통일하였다. 특히, 玄學 예속의 도학적 격의불교를 지양하고 순수한 불교세계를 정리, 확립하였다.(金煐泰, 「高句麗 佛敎傳來의 諸問題」, 『佛敎學報』 23, 동국대불교문화연구원, 1986, pp.21-22)

74) 道寧之序七處 : 道寧이 든 7곳은 前佛時 7處伽藍에 대한 것이다. 7처가람은 천경림·신유림 등의 이름으로 미루어 고대신앙에 있어서의 신성지역, 삼한시대에 蘇塗로 불린 지역으로 추측하기도 한다.(李基白, 「三國時代의 佛敎傳來와 그 社會的 性格」, 『歷史學報』 6, 1954) 이에 반해 이들 모두가 후세의 절이었으며, 그 중 둘셋은 阿道의 생존시에 개창되었다는 [遺]의 기록에 더 주목해야 한다는 견해도 있다.(辛鍾遠, 「新羅의 佛敎傳來와 그 受容過程에 대한 再檢討」, 『白山學報』 22, 1977, p.145)

이나, 두 전이 잘못되었기에 이제 사천미를 다섯번째에 올려놓는다.[75] 3천여 월이란 것도 꼭 그대로 믿을 수는 없다. 대개 눌지왕 때로부터 [법흥왕] 정미년까지는 무려 1백여 년이 되므로 1천여 월이라고 하면 거의 비슷할 것이다. 성을 아(我)라고 하고 이름을 외글자로 한 것도 거짓인 듯하나 자세히 알 수 없다.

또 북위[元魏][76]의 석(釋) 담시(曇始)[77]〈혜시(惠始)라고도 한다.〉전(傳)을 살펴보면 다음과 같다.

「담시는 관중(關中)[78] 사람으로 출가한 뒤로 특이한 행적이 많았다. 진나라 효무제[孝武] 태원 연간 말에 경률(經律) 수십 부를 가지고 요동(遼東)에 가서 교화를 펴 3승(三乘)[79]을 가르쳐 곧 귀계(歸

---

75) 道寧之序…躋於五次 : 『海東高僧傳』 卷1 阿道傳에 인용된 朴寅亮의 『殊異傳』에는 7절터의 순서가 '五曰 神遊林 六曰 沙川尾'로 되어 있다. 四天王寺(神遊林)는 697년에, 靈妙寺(沙川尾)는 635년에 창건되었으므로 一然이 그 순서를 바로잡은 것이다. 그러므로 傳은 『海東高僧傳』 또는 『殊異傳』을 가리킨다.

76) 元魏 : 중국 北朝 後魏의 다른 이름. 後魏는 鮮卑族으로 본래 拓拔氏인데 孝文帝 때 姓을 元氏로 고쳤으므로 元魏라고 한다.(『魏書』 卷7 高祖孝文帝條 참조)

77) 曇始 : 『梁高僧傳』과 『法苑珠林』 안의 冥祥記에는 曇始로 나오고 『魏書』의 釋老志에는 惠始로 되어 있다. 曇始에 대한 아래 傳記의 내용은 『梁高僧傳』 卷10 紀異 下 釋曇始傳과 『法苑珠林』 卷31 冥祥記의 내용과 같다.

78) 關中 : 중국에서는 예로부터 陝西省의 渭水분지 일대를 關中이라고 하였다. 현재는 西安 函谷關內를 말한다. 關內·關은 같은 의미로 이를 말하는 것이다. 사방이 산으로 둘러싸인 천연의 요새인 동시에 中原에서 四川·甘肅 방면, 즉 西域으로 나아가는데 꼭 거쳐야 하는 교통의 요지이기도 하다. 더구나 이곳은 기름진 땅을 가지고 있으며 周·秦·前漢이 흥기한 장소로서 중국문명의 발상지이다.

79) 三乘 : 불교의 3가지 교법. 곧 聲聞乘, 緣覺乘, 菩薩乘을 말한다. 각각 사람의 소질과 능력에 맞게 깨달음으로 이끌어가는 가르침을 탈 것에 비유한 것으로 聲聞·緣覺·菩薩에게 적합한 가르침을 말한다.(『法華經』 方便品 등)

戒)하게 하였는데, 대개 이것이 고구려가 불도를 듣게 된 시초였다.[80]

의희(義熙)[81] 초년에 다시 관중으로 돌아와서 3보(三輔)[82]를 개도(開導)시켰다. 담시는 발이 얼굴보다도 희었으며, 비록 진흙탕물을 건너도 조금도 젖지 않았으므로 세상에서는 모두 [그를] 백족(白足) 화상이라고 불렀다고 한다.

진나라 말기에 북방의 흉노(匈奴) 혁련발발(赫連勃勃)[83]이 관중을

80) 蓋高麗聞道之始也 : 曇始가 고구려에 불교를 初傳하였다는 기록은 위의 기록 외에 崔致遠이 찬한 「新羅鳳嚴寺智證大師碑文」과 唐의 神淸이 撰한 『北山錄』이 있다. 이는 종래의 통설인 順道가 고구려에 불교를 初傳하였다는 것에 어긋나는 기록들이다. 위 기사에 의거하여 小獸林王代 順道에 의한 불교전래설을 부인하고 東晉代의 曇始傳來說을 주장하는 의견도 있다. 이에 따르면, 신라 말 崔致遠의 「智證大師碑文」이 順道의 불교전래설이 수록된 [史]보다 사료적 가치가 더 클뿐 아니라 『梁高僧傳』 등 당시의 중국측 사료에 의해서도 그 가능성을 검증받을 수 있으므로 동진대 담시에 의한 불교전래를 충분히 상정할 수 있다고 하였다. 또한 [史] 이전의 어떠한 史書에서도 順道傳法 사실을 볼 수 없다는 점에서 順道傳來說은 [史]의 編者에 의한 假作일 가능성을 제시하였다.(木村宣彰, 「曇始と高句麗佛教」, 『佛教學セミナー』 31, 大谷大學佛教學會, 1980. 5) 木村의 이러한 견해에 대해 金煐泰는 아무런 근거없이 正史인 [史]의 기록을 불신한다는 것은 바람직하지 못하며 「智證大師碑文」의 성격이 고구려의 전법사실을 구명하는 것과는 거리가 멀기 때문에 그것이 역사적 사실 그대로를 나타낸다고 보기 어려울 뿐 아니라 [史]의 編者들이 고구려의 傳法사실을 굳이 假作할 이유가 없다는 점을 들어 반박하였다.(金煐泰, 앞의 논문, 1986)

81) 義熙 : 중국 東晋 安帝 때의 연호(405-418).

82) 三輔 : 중국 漢나라 때 수도인 長安을 중심으로 행정구획을 셋으로 나눈 것을 총칭하는 말. 武帝의 태초 원년에 京兆尹(長安을 포함한 동부)·左馮翊(북부)·右扶風(서부)으로 칭하였고, 그 長官은 長安城 내에 거주하였다. 담당장관은 각각 京輔·左輔·右輔都尉로 칭하였고 경찰사무를 보았다.

83) 赫連勃勃 : 381-425. 晉나라 때 5胡16國 중의 하나인 夏나라의 초대 황제인 世祖 武烈帝. 흉노의 鐵弗部 劉衛辰의 셋째 아들. 자는 屈孑. 衛辰과 함께 北魏에게 대패한 뒤, 後秦의 도움을 받아 義熙 3년(407) 6월 독립하여 국호를 大夏라 하고 龍昇으로 건원하였다. 이어 413년 統萬城을 쌓아 수도로 삼고 赫連으로 성을 바꿨다. 劉裕의 북벌로 後秦이 멸망하고 長安에서 晋의 守將이 내부분란을 일으키자 재빨리 남하하여 長安을 취하고 關中을 차지하여 동쪽의 北

함락시키고 수많은 사람을 죽였다. 그때 담시도 화를 만나기는 했으나 칼이 [그를] 해치지 못하였다. 발발은 감탄하면서 널리 사문을 사면하고 모두 죽이지 않았다. 담시는 이에 몰래 산림으로 도망하여 두타(頭陁)[84]의 행(行)을 닦았다.

탁발도(拓拔燾)[85]가 다시 장안(長安)을 쳐서 이기고 관중과 낙양에 위세를 떨쳤다. 그때 박릉(博陵)[86]에 최호(崔皓)[87]란 자가 있어

魏와 대치하였다. 연호는 龍昇·昌武·眞興 등이 있고 謚號는 武烈이다.(『北史』卷93 列傳81 僭僞附庸 夏條 참조)

84) 頭陁 : 梵語 Dhuta(흔들어 떨어뜨린다는 뜻)의 음역. 번뇌와 의식주에 대한 탐욕을 버리고 清淨하게 불도를 닦는 수행. 후세에 산이나 들 그리고 세상을 편력하며 온갖 고행을 인내하는 雲水行脚의 수행이란 개념으로 변화되었다. 민간에서는 行脚하면서 걸식하는 중을 말한다. 또는 行者라고도 한다. 「或有山居蘭若 頭陀苦行」(『法苑珠林』).

85) 拓跋燾 : 408-452. 北朝 北魏의 제3대 황제인 太武帝. 재위 423-452. 明元帝의 長子로서 이름은 燾이고, 시호는 太武, 廟號는 世祖이다. 崔浩를 등용하여 南朝 宋과의 전쟁을 중지하고 화북통일에 노력하였다. 그 결과 赫連氏의 夏를 습격하여 427년 통만성을 취하고 이를 거점으로 하여 和龍城의 北燕을 멸하고 마지막으로 甘肅姑藏의 北涼을 멸함으로써 439년 5호16국시대의 종지부를 찍고 화북을 통일하였다. 초기에는 漢人姓族을 과감히 등용하고 국가체제를 중국식 율령체제로 정비하는 등 적극적인 漢化정책을 폈으나, 司徒·崔浩 등의 급격한 漢化정책과 南朝貴族制 도입에 반감을 품고 국사편찬의 실패를 구실로 삼아 그들을 주살하였다. 도교신앙이 두터워 불교에 대탄압을 가하였고 소위 三武一宗 法難의 하나로 환관 宗愛에게 살해되었다.(『魏書』卷4 世祖紀條 참조)

86) 博陵 : 지금의 河北省 安平縣지방. 後漢代에는 博陵郡으로 설치되었다가 晉에 와서는 博陵國으로 바뀌었다. 北魏의 博陵郡은 『魏書』 地形志에는 「領縣四 戶二萬七千八百二十一 口一三萬五千十七」이라고 하였다.(『魏書』 卷106 地形志 참조)

87) 崔皓 : 381-451. 중국 北魏의 정치가. 자는 伯淵. 山東省의 명문가인 白馬公玄伯의 長子로 태어나 어려서부터 博學으로 알려졌다. 道武帝·明元帝·太武帝의 3대에 걸쳐 재상으로 중용되었다. 明元帝를 받들어 국가의 樞機에 참여하고 柔然과 싸워 큰 공을 세웠으며 태무제가 즉위한 뒤에는 漢人관료를 대거 기용하였고 많은 계책을 내어 태무제의 화북통일에 공헌하였다. 한편, 道士 寇謙之를 태무제에게 소개하여 道教를 尊崇하게 하고 446년 廢佛을 단행하였다. 그러나 魏의 國史編纂에 즈음하여 鮮卑族의 감정을 자극하는 國史筆禍사건으

약간 좌도(左道)[88]를 조금 익혀 불교를 시기하고 미워하더니, 이미 벼슬이 위보(僞輔)[89]가 되어 탁발도의 신임을 얻었다. 이에 천사(天師)[90] 구겸지(寇謙之)[91]와 함께 탁발도에게 '불교는 무익하고 백성의 복리에 해만 준다'고 하여, 불교를 폐지하도록 권했다고 한다.

태평(太平)[92] 말년에 담시는 바야흐로 탁발도를 감화시킬 때가 온 것을 알고 이에 원회(元會)[93]일에 문득 지팡이를 짚고 궁궐 문 앞에 이르렀다. 탁발도가 [그 말을] 듣고 그를 죽이라고 명했으나 여러 번 베어도 상하지 않았고, 탁발도가 그를 직접 베어도 상하지 않았다. 북원(北園)에 기르고 있는 호랑이에게 물게 하려고 해도 [호랑이] 또한 감히 가까이 가지 못하였다. 탁발도는 크게 부끄러워하고 두려워하다가 드디어 지독한 병에 걸렸다. 최호와 구겸지 두 사람도 차례로 악질에 걸렸다. 탁발도는 [그] 죄과가 그들 때문이라고 하여 이에 두 집의

로 태무제에게 죽임을 당하였다.(『魏書』 卷35 列傳23 崔浩條 참조)

88) 左道 : 邪道. 여기서는 道敎를 가리킨다. 「執左道以亂政 殺」(『禮記』 王制第五).

89) 僞輔 : 僞朝의 재상. 중국의 남북조시대에 있어 南朝를 정통으로 치면 北朝는 僞朝가 된다.

90) 天師 : 도교의 교주의 칭호. 後漢의 五斗米道의 교주였던 張道陵이 天師라고 자칭했으므로 그 교를 天師道라고 하고 교주도 천사라고 불렀다. 天師는 제1대 張道陵으로부터 시작하여 36대까지 전해졌다.(吉岡義豊 著·최준식 譯, 『중국의 도교』, 민족사, 1991, p.45)

91) 寇謙之 : 363-448. 北魏의 道家. 자는 輔眞이고 河北省 上谷출신이다. 嵩山에서 수행하던 중 415년 天上老君으로부터 불로장생의 계시를 받았다고 자칭하면서 종래의 天師道를 개혁할 것을 주장하였다. 계율로서의 禮度와 복약법으로서의 服食, 명상법으로서 閉練을 강조하고 新天師道를 창립하였다. 특히, 太武帝의 두터운 신임을 받아 수도인 平城에 天師道場을 세우고 이곳에서 황제에게 太上老君으로부터 절대권을 위임받는 符籍을 하사하였다. 이러한 과정을 통해 그는 道敎를 北魏의 국교로 만들었고 끝내는 황제로 하여금 중국 역사상 최초의 廢佛을 단행하게 하였다.(『魏書』 卷114 釋老志 참조)

92) 太平 : 중국 南朝 梁 敬帝의 연호(556-557).

93) 元會 : 음력 元旦(1월 1일)에 갖는 朝會. 「元會設白獸尊於殿上」(『晉書』).

가족을 죽이고 국내에 선포하여 불법을 크게 일으켰다.」

담시는 그뒤로 종적을 모른다.

논의하여 말한다. 담시는 태원 말년에 해동(海東)에 왔다가 의희 초년에 관중으로 돌아갔다면 이곳에 체류한 것이 10여 년인데, 어찌 동국의 역사[東史]에는 기록이 없겠는가? 담시는 본래 괴이하기[94]가 헤아리기 어려운 사람으로 아도, 묵호자, 마라난타[難陁][95] 등과 연대 및 사적이 서로 같으니, 세 사람 중 한 사람이 반드시 그 이름을 바꾼 것이 아닌가 한다.

찬한다.

금교에 쌓인 눈 아직 녹지 않았고
계림에 봄빛이 돌아오지 않았을 제
어여쁘다. 봄의 신은 재사(才思)도 많아
모랑댁(毛郎宅) 매화꽃 먼저 피게 하였네

---

94) 恢詭 : 심히 괴이하다는 뜻이다. 「有時萬意筆硯間 鐵宕奔騰作恢詭」(『陸游』, 『草書歌』).

95) 難陁 : 摩羅難陀. 이에 관한 자세한 사항은 [遺] 卷3 興法 難陁闢濟條와 [史] 卷24 百濟本紀 枕流王條 참조.

64. 原宗興法〈距訥祗[1]世一百餘年〉 厭[2]髑滅身

新羅本記 法[3]興大王卽位十四年 小臣異次頓爲法滅身 卽蕭梁普通八年丁未 西竺達摩來金陵之歲也 是年朗智法師 亦始住靈鷲山開法 則[4]大教興衰 必遠近[5]相感一時 於此可信

元和中 南澗寺沙門一念 撰髑香墳禮佛結社文 載此事甚詳 其略曰[6] 昔在法興大王垂拱紫極之殿 俯察扶桑之域 以謂昔漢明感夢佛法東流 寡人自登位 願爲蒼生 欲造修福滅罪之處 於是朝臣〈鄕傳云 工目謁恭等〉 未測深意 唯遵理國之大義 不從建寺之神略 大王嘆曰 於戱 寡人以不德 丕承大業 上虧陰陽之造[7]化 下無黎庶之歡 萬機之暇 留心釋風 誰與爲伴

粤有內養者 姓朴字厭[8]髑〈或作異次 或云伊處 方音之別也 譯云厭[9]也 髑頓道覩獨等皆隨書者之便 乃助辭也 今譯上不譯下 故云厭[10]髑 又厭[11]覩等也〉

---

1) 祗 : [品][斗] 祇.
2) 厭 : [正][晩][順][斗] 猒. [品] 猒(厭과 동자). [浩][六] 厭.
3) 記 法 : [正][晩][順]에는 세주로 기재되어 있으나, [品][斗][浩][六]은 본문으로 보았다. 본문으로 보는 것이 옳다.
4) 則 : [品] 卽.
5) 近 : [品] 없음.
6) 曰 : [晩] 판독미상.
7) 造 : [正][晩] □. [浩] 없음. [順] 造(가필). [品][斗][六] 造.
8) 厭 : 주 2)와 같음.
9) 厭 : 주 2)와 같음.

其父未詳 祖阿珍宗 卽[12]習寶葛文王之子也〈新羅官爵凡十七級 其第四曰波珍喰[13] 亦云阿珍喰[14]也 宗其名也 習寶亦名也 羅人凡追封王者 皆稱葛文王 其實史臣亦云未詳 又按金用行撰阿道碑 舍人時年二十六 父吉升 祖功漢 曾祖乞解[15]大王〉

挺竹柏[16]而爲質 抱水鏡而爲志 積善曾孫 望宮內之爪[17]牙 聖朝忠臣 企河淸之登侍 時年二十二 當充舍人〈羅爵有大舍小舍等 蓋下士之秩〉 瞻仰龍顔 知情擊目 奏云 臣聞古人問[18]策芻蕘 願以危罪啓諮 王曰 非爾所爲 舍人曰 爲國亡身 臣之大節 爲君盡命 民之直義 以謬傳辭 刑臣斬首 則萬民咸伏 不敢違敎 王曰 解肉枰[19]軀將贖一鳥 洒血摧命 自怜七獸 朕意利人 何殺無罪 汝雖作功德 不如避罪 舍人曰 一切難捨 不過身命 然小臣夕死 大敎朝行 佛日再中 聖主長安 王曰 鸞鳳之子 幼有凌霄之心 鴻鵠之兒 生懷截波之勢 爾得如是 可謂大士之行乎

於焉大王權整威儀 風刁[20]東西 霜仗南北 以召群[21]臣 乃問卿等於我慾造精舍 故作留難〈鄕傳云 髑僞[22]以王命傳下興工創寺之意 群臣

10) 厭 : 주 2)와 같음.
11) 厭 : 주 2)와 같음.
12) 卽 : [順] 郎(가필). [品][斗] 郎.
13) 喰 : [品][斗][浩][六] 湌.
14) 喰 : 주 13)과 같음.
15) 解 : [正] 판독미상. [晩][順][品][斗][浩][六][民] 解.
16) 柏 : [正][品][浩] 栢(柏의 속자). [斗][六] 柏.
17) 爪 : [正] 瓜. [品][斗][浩][六] 爪.
18) 問 : [品] 間.
19) 枰 : [斗] 秤.
20) 刁 : [品][斗][浩] 刀.
21) 群 : [正] 郡. [鶴][品][斗][浩][六][民] 群.
22) 僞 : [正][晩][順][品][浩][六] 爲. [鶴][斗][民] 僞.

來諫 王乃責怒於髑 刑以僞傳王命〉 於是群臣戰戰兢懼 傯侗作誓 指手東西 王喚舍人而詰之 舍人失色 無辭以對 大王忿怒 勅令斬之 有司縛到衙下 舍人作誓 獄吏斬之 白乳湧出一丈〈鄕傳云 舍人誓曰 大聖法王 欲興佛教 不顧身命 多却結緣 天垂端祥 遍示人庶 於是其頭飛出 落於金剛山頂云云〉

天四黯黲[23] 斜景爲之晦明 地六震動 雨花爲之飄落 聖人哀戚 沾悲淚於龍衣 冢宰憂傷 流輕汗於蟬冕 甘泉忽渴 魚鼈爭躍 直木先折 猿猱群鳴 春宮連鑣[24]之侶 泣血相顧 月庭交袖之朋 斷腸惜別 望柩聞聲 如喪考妣 咸謂子推割股 未足比其[25]苦節 弘演刳腹 詎能方其壯烈 此乃扶丹墀之信力 成阿道之本心 聖者也 遂乃葬北山之西嶺〈卽金剛山也 傳云 頭飛落處 因葬其地 今不言何也〉 內人哀之 卜勝地 造蘭若 名曰刺楸寺 於是家家作禮 必獲世榮 人人行道 當曉法利

眞興大王卽位五年甲子 造大興輪寺〈按國史與鄕傳 實法興王十四年丁未始開 二十一[26]年乙卯大伐天鏡林 始興工 梁[27]棟[28]之材 皆於其林中取足 而階礎石龕皆有之 至眞興王五[29]年[30]甲子寺成 故云甲子 僧傳云七年誤〉 太[31]淸之初 梁使沈湖將舍利 天嘉[32]六年陳使劉思并僧明觀 奉內經并次 寺寺星張 塔塔鴈行 竪法幢 懸梵鍾[33] 龍象釋徒 爲寰中之福田 大

---

23) 黲 : [浩] 慘.
24) 鑣 : [正][斗] 鑣. [品][浩][六] 鑣.
25) 其 : [鶴] □.
26) 一 : [浩] 二.
27) 梁 : [晩] 판독미상.
28) 棟 : [晩] 판독미상.
29) 五 : [六] 없음.
30) 年 : [六] 없음.
31) 太 : [正][斗][浩][六] 大. [品] 太.
32) 嘉 : [正][六] 壽. [品][斗][浩][民] 嘉.

小乘法 爲京國之慈雲 他方菩薩出現於世〈謂芬皇之陳那浮石寶蓋 以至洛山五臺等是也〉 西域名僧降臨於境 由是併三韓而爲邦 掩四海而爲家 故書德名於天鎭[34]之樹 影神迹於星河之水 豈非三聖威之所致也〈謂我道法興厭[35]髑也〉

降有國統惠隆 法主孝圓[36] 金相郎 大統鹿風 大書省眞怒[37] 波珍喰[38]金嶷等 建舊塋 樹豊碑 元和十二年丁酉八月五日 卽第四十一憲德大王九年也 興輪寺永秀禪師〈于時瑜伽諸德皆稱禪師〉 結湊斯塚禮佛之香徒 每月五日 爲魂之妙願 營壇作梵

又鄕傳云 鄕老每當忌旦 設社會於興輪寺 則今月初五 乃舍人捐軀順法之晨也 嗚呼 無是君無是臣 無是臣無是功[39] 可謂劉葛魚水雲龍感會之美歟

法興王旣擧廢立[40]寺[41] 寺[42]成 謝冕旒披方袍 施宮戚爲寺隷〈寺隷至今稱王[43]孫[44] 後[45]至太[46]宗王時 宰輔金良圖信向佛法 有二女曰花寶 蓮寶捨身爲此寺婢 又以逆臣毛尺之族 沒寺爲隷 二族之裔至[47]今不絶〉 主住其寺

---

33) 鍾 : [正][六] 鏡. [品][浩] 鐘. [斗] 鍾.
34) 鎭 : [品] 鎭.
35) 厭 : 주 2)와 같음.
36) 圓 : [品][斗] 園.
37) 怒 : [斗][浩] 恕.
38) 喰 : [品][浩] 湌.
39) 功 : [正] 切. [品][斗][浩][六] 功.
40) 立 : [鶴] □.
41) 寺 : [鶴] □.
42) 寺 : 주 41)과 같음.
43) 王 : [鶴] □.
44) 孫 : [鶴] □.
45) 後 : [鶴] □.
46) 太 : [正] 大. [品][斗][浩][六] 太.
47) 至 : [斗] 없음.

躬任弘化 眞興乃繼德重聖 承袞職處九五 威率百僚 號令畢備 因賜額大王興輪寺

前王姓金氏 出家法雲 字法空〈僧傳與諸說亦以王妃出家名法雲 又眞興王爲法雲 又以爲眞興之妃名法雲 頗多疑混〉 冊府元龜云 姓募 名秦[48] 初興役之乙卯歲 王妃亦創永興寺 慕史氏之遺風 同王落彩爲尼 名妙法 亦住永興寺 有年而終 國史云 建福三十一年 永興寺塑像自壞未[49]幾[50]眞興王妃比丘尼卒 按眞興乃法興之姪子 妃思刀[51]夫人朴氏 牟梁里英失角干之女 亦出家爲尼 而非永興寺之創主也 則恐眞字當作法 謂法興之妃巴刁夫人爲尼者之卒也 乃創寺立像之主故也 二興捨位出家 史不書 非經世之訓也

又於大通元年丁未 爲梁帝創寺於熊川州 名大通寺〈熊川卽公州也 時屬新羅故也 然恐非丁未也 乃中大通元年己酉歲所創也 始創興輪之丁未 未暇及於他郡立寺也〉

讚曰 聖智從來萬世謀 區區輿議謾秋毫 法輪解逐金輪轉 舜日方將佛日高 右原宗

徇[52]義[53]輕生已足驚 天花白乳更多情 俄然一釰[54]身亡後 院院鍾[55]聲動帝京 右厭[56]髑

48) 秦 : [品] 恭.
49) 未 : [六] 없음.
50) 幾 : [六] 없음.
51) 刀 : [斗] 刁.
52) 徇 : [浩] 循.
53) 義 : [品] 僞.
54) 釰 : [斗] 劒(釰과 통용).
55) 鍾 : [品] 鐘.
56) 厭 : [正][晩][鶴][品] 猒(厭과 동자). [斗] 默. [浩][六] 厭.

원종은 불법을 일으키고〈눌지왕[1] 때와 1백여 년간 떨어졌다.[2]〉 염촉은 순교하다

신라본기(新羅本記)[3]에 이르기를, 「법흥대왕(法興大王)[4] 즉위 14년(527)에 소신(小臣) 이차돈(異次頓)[5]이 불법을 위하여 제몸을 없

1) 訥祗王 : ?-458. 신라의 제19대 왕. 재위 417-458. 성은 金氏이고, 아버지는 제17대 奈勿王이며, 제18대 實聖王의 딸을 妃로 맞았다. 실성왕을 제거하고 왕위에 올랐다. 418년에 고구려의 영향력에서 벗어나고자 볼모로 간 동생 卜好를 데려왔으며, 또 朴堤上을 일본에 보내 역시 볼모로 간 다른 아우 未斯欣을 탈출시켰다. 455년 고구려가 백제를 공격하자 백제에 원병을 보냈다. 재위기간에 고구려의 墨胡子가 처음으로 불교를 전파하기 시작하였다.([史] 卷3 新羅本紀 訥祗痲立干條)

2) 距訥祗之世一百餘年 : [遺] 卷3 興法 阿道基羅條에는 「自訥祗之世 抵乎丁未 無慮一百餘年」이라고 하였다. 아도가 신라에 왔던 때로부터 100여 년만에 불교가 일어나게 되었다는 뜻이다.

3) 新羅本記 : [史]에는 卷4 新羅本紀 法興王 15年條에 異次頓의 순교기사가 있다.

4) 法興大王 : 신라 제23대 왕. 재위 514-540. 이름은 原宗. 智證王의 아들로 어머니는 延帝夫人 朴氏이고 비는 保刀夫人 朴氏이다. 왕위에 오르자 謚法을 제정하고 517년에 兵部를 설치하였다. 520년에는 律令으로 百官의 公服을 제정하였고, 521년에 梁나라와 국교를 열었다. 특히, 527년에 처음으로 佛法을 공인하였으며, 531년 상대등 벼슬을 새로 두어 國事를 총괄하게 하였다. 532년 金官國을 병합하여 낙동강유역을 확보하였다. 536년 연호를 建元이라고 정하였다. 능은 哀公寺 북쪽 산봉우리에 있다.([史] 卷4 新羅本紀 法興王條)

5) 異次頓 : 506-527. 자는 厭髑. 習寶葛文王의 증손이며, 法興王의 近臣으로서 일찍부터 불교를 신봉하였으며, 벼슬은 內史舍人이었다. 법흥왕이 불교를 국교로 삼고자 하였으나 朝臣들의 반대로 뜻을 이루지 못하자, 불교의 公認을 위하여 527년 殉敎하였다. 北山의 西嶺에 장사지내고 그곳에 절이 창건되었

앴다」고 하였으니, 바로 소량(蕭梁)[6] 보통(普通)[7] 8년 정미(丁未, 527)로 서천축[西竺]의 달마(達摩)가 금릉(金陵)[8]에 왔던 해이다. 이 해에 낭지(朗智)[9] 법사가 역시 처음으로 영축산(靈鷲山)[10]에서 불법을 열었으니, 대교(大敎)의 흥하고 쇠하는 것은 반드시 원근(遠近)이 동시에 서로 감응한다는 것을 여기서 믿을 수 있다.

원화(元和)[11] 연간에 남간사(南澗寺)[12]의 사문(沙門) 일념(一念)[13]

다. 817년(憲德王 9년) 國統 惠隆 등이 그의 무덤을 만들고 비를 세웠다. 또한 栢栗寺址에 전하던 異次頓殉教碑가 현재 국립경주박물관에 소장되어 있다. ([史]·[遺]·『海東高僧傳』)

6) 蕭梁 : 蕭衍이 세운 중국 남조의 梁나라(502-557). [遺] 卷3 興法 阿道基羅條 참조.

7) 普通 : 중국 梁 武帝 때의 연호(520-526).

8) 金陵 : 중국 南京의 옛이름. 江蘇省의 省都이다. 南京은 吳·宋·梁 등의 도읍지였으며, 양쯔강 南岸에 위치한다. 일찍이 戰國時代에 楚나라의 金陵邑이었던 곳으로 三國時代인 229년에 吳나라의 孫權이 建業이라고 개칭하고 이곳에 도읍을 정한 뒤부터 江南의 중심지로 발전하였다.(劉鈞仁 原著, 『中國歷史地名大辭典』, 東京 凌雲書房, 1980)

9) 朗智 : 신라 때의 고승. 歃良州(梁州)의 靈鷲山에서 『蓮華經』을 강론하고, 신통력을 가졌다고 한다. 661년(文武王 1년) 智通을 가르쳤으며, 元曉가 磻古寺에 머무르자 그에게 『初章觀文』과 『安身事心論』을 저술하게 하였다. 신라 말기에 緣會가 靈鷲山에 들어와 朗智의 傳記를 썼다.([遺] 卷5 避隱 朗智乘雲普賢樹條)

10) 靈鷲山 : 경상남도 靈山 부근에 있는 산. 취서산·영취산이라고도 한다. 천화연, 신불산, 간월산에 걸친 산세의 총칭으로 보기도 한다.([勝覽] 卷27 靈山縣 山川條)

11) 元和 : 중국 唐 憲宗의 연호(806-820).

12) 南澗寺 : 경상북도 경주시 탑동 남산 서쪽 기슭에 있었던 절. [遺] 卷5 神呪 惠通降龍條에 의하면, 신라의 고승 惠通의 집이 있던 銀川洞에 있었다고 한다. 창건연대와 창건자는 알 수 없다. 다만 憲康王代에 이 절의 승려였던 一念이 『髑香墳禮佛結社文』을 지은 것으로 볼 때, 憲德王 이전에 창건된 것으로 추측된다. 현재 이 절터에는 당간지주(보물 제909호), 石井(경상북도 문화재자료 제13호), 8각대좌, 주춧돌 등이 남아 있다.

13) 一念 : 여기 외에는 기록이 없어 자세히 알 수 없다. 다만 [品]에서는 一然을 가리키는 것으로 추정하였으나([品] 下之一, p.85) 정확한 것은 알 수 없다.

이 촉향분예불결사문(髑香墳禮佛結社文)14)을 지었는데, 이 사실을 매우 자세히 실었다. 그 대략은 다음과 같다.

「옛날 법흥대왕이 자극전[紫極之殿]에서 즉위하고15) 동방[扶桑]16)의 땅을 굽어 살펴보고 말씀하시기를, "옛적 한(漢)나라 명제[明]17)가 꿈에 감응받아 불법이 동쪽으로 흘러왔다.18) 과인은 즉위하면서부터 창생(蒼生)을 위하여 복을 닦고 죄를 없앨 곳을 만들려고 염원해 왔다"고 하였다. 이에 조신(朝臣)들〈향선(鄕傳)19)에는 공목(工目), 알공(謁恭) 등20)이라고 하였다.〉은 [그] 깊은 뜻을 헤아리지 못하고 다만 나라를

---

14) 髑香墳禮佛結社文 : 憲德王 9년 沙門 一念이 異次頓을 기려 세운 비문이다. 더 자세한 기록이 없어 상세한 것은 알 수 없으나, 末松保和는 『海東高僧傳』의 金剛嶺의 孤墳短碑란 이것을 가리키는 것이 아닐까 추정하였다.(末松保和, 「三國遺事の経籍關係記事」, 『青丘史草』 2, 1966)

15) 垂拱 : 팔짱을 낀 채 아무 일도 하지 않아도 천하가 잘 다스려진다는 뜻이다. 여기서는 왕위에 오른다는 뜻으로 쓰였다.

16) 扶桑 : 본래는 동해 중에 해뜨는 곳에 있다는 큰 神木, 또는 그것이 있다는 나라. 흔히 일본을 가리키기도 하나 여기서는 해뜨는 동쪽의 의미로 쓰였다.

17) 明 : 明帝. 중국 後漢의 제2대 황제. 재위 57-75. 光武帝·陰皇后의 넷째 아들로 이름은 劉莊이다. 桓榮에게 師事하여 『春秋』·『尙書』에 통달하였으며, 즉위 후 禮敎主義에 힘쓰고 빈민구제, 농업진흥, 租賦·刑餘者의 감면에 힘써 내정의 충실을 꾀하였다. 또 班超를 서역에 보내 西域都護·戊己校尉를 부활시키는 등 외정에도 힘썼다.(難波常雄·早川純三郎·鈴木行三 共編, 『中國人名辭典』, 東京 日本圖書センタ, 1978) 또한 明帝가 꿈을 꾸고 불교를 구하는 사절을 서역에 파견하였다는 설화가 있다.(『魏書』 釋老志)

18) 漢明感夢 佛法東流 : 漢나라 明帝는 꿈에 金人을 보고 사신 蔡愔을 大月氏國에 보내 『四十二章經』을 베껴 오고, 불상을 조성하였으며, 伽葉摩騰·竺法蘭 등 고승을 맞이해와서 洛陽에 白馬寺를 세웠다. 이것이 중국에 불교가 전래된 시초라고 한다.

19) 鄕傳 : 이는 고유한 서적 명칭으로 추정할 수 있는 동시에, '지방문헌' 정도의 일반용어로도 볼 수 있기 때문에 정확히 어떤 것을 말하는지 알 수 없다. 물론 '鄕傳'이라는 고유서적도 기록에 보이는 것은 없다.

20) 工目謁恭等 : 『海東高僧傳』 卷1 釋法空傳에는 '大臣恭謁等'이라고 하였다. 이에 [斗]에서는 工目을 上臣의 잘못으로 보고 '上臣謁恭'이라고 하였다.

다스리는 대의(大義)만을 준수했을 뿐이고 절을 세우겠다는 신성한 계획은 따르지 않았다.

대왕이 탄식하면서 말하기를, "아아, 과인은 덕이 없이 왕업을 계승하니, 위로는 음양의 조화를 훼손하고, 아래로는 백성들의 즐거움이 없으므로 정무의 여가에 마음을 불도[釋風]에 두고자 하지만, 누구와 함께 동반할 것인가?"라고 하였다.

이에 내양한 자[內養者][21]가 있어 성은 박(朴),[22] 자는 염촉(厭髑)〈혹은 이차(異次)라고 하고, 혹은 이처(伊處)라고도 하니, 방언의 음이 다르기 때문이다. 번역하면 염(厭)이 된다. 촉(髑), 돈(頓), 도(道), 도(覩), 독(獨) 등은 모두 글 쓰는 사람의 편의에 따른 것으로, 곧 조사(助辭)이다. 이제 윗자만 번역하고 아랫자는 번역하지 않았으므로 염촉(厭髑) 또는 염도(厭覩) 등이라고 한 것이다.〉이었다. 그의 아버지는 자세하지 않으나, 할아버지는 아진(阿珍)[23] 종(宗)[24]으로, 곧 습보갈문왕(習寶葛文王)[25]의 아들이다.〈신라의 관작은 모두 17

---

21) 內養者 : 舍人으로 궐 안의 近侍職이다.(李基東, 『新羅骨品制社會와 花郞徒』, 一潮閣, 1984, p.238) [史] 卷4 新羅本紀 法興王 15年條에는 '近臣'이라고 했고, 『海東高僧傳』 卷1 釋法空條에는 '內史舍人'이라고 하였다.

22) 朴 : 異次頓의 가계에 대해서는 기록마다 차이를 보이고 있어 확실하지 않다. [遺]에 인용된 金用行의 阿道碑에 따르면, 異次頓의 아버지는 吉升, 할아버지는 功漢, 증조부는 乞解大王(乞解尼師今)으로 昔氏로 되어 있다. 또한 南澗寺의 사문 一念이 지은 『髑香墳禮佛結社文』에는 異次頓의 할아버지가 習寶葛文王의 아들인 阿珍宗으로 성은 朴氏로 되어 있다. 반면에 [史]에는 습보갈문왕이 金氏인 智證王의 아버지로 되어 있어 각 기록마다 내용이 전혀 다르다. 그러나 그가 신라 왕족일 것이라는 점에서는 모두 공통점을 보인다.

23) 阿珍 : 阿珍飡의 약칭으로 보인다.

24) 宗 : 異次頓의 아버지 이름. 여기 외에는 기록이 없어 자세한 것은 알 수 없다.

25) 習寶葛文王 : 부인은 訥祇王의 딸인 烏生夫人 김씨이다. 아들 智證王이 왕위에 오르자 갈문왕에 추봉되었다. [史]에 의하면, 習寶는 奈勿王의 孫이라고 하였다. 나물왕은 김씨이다.([史] 卷4 新羅本紀 智證麻立干條) 따라서 그 5대손 異次頓을 박씨라고 한 것은 잘못이라는 견해가 있다.(李丙燾, 「新羅佛敎의 浸透過程과 異次頓 殉敎問題의 新考察」, 『學術院論文集』 14, 1975, p.13)

등급인데, 그 네번째는 파진찬(波珍飡)[26] 또는 아진찬(阿珍飡)이라고도 한다. 종은 그 이름이고, 습보도 이름이다. 신라인은 대체로 추봉한 왕을 모두 갈문왕(葛文王)[27]이라고 했는데, 그 실상은 사신(史臣)도 역시 자세히 모른다고 하였다. 또 김용행(金用行)[28]이 지은 아도비(阿道碑)[29]를 살펴보면, 사인(舍人)[30]은 그때 나이가 스물

---

26) 波珍飡 : 신라 17관등 중의 제4관등. 眞骨만이 받을 수 있는 관등으로 공복은 紫色이었다. [史]에는 儒理尼師今 때 제정되었다고 하였으나 法興王 7년(520) 율령공포 때 제정된 것으로 생각된다. 그 명칭으로 미루어 바다와 관련된 수군사령관이나 해관으로 보는 견해가 있다.(李鍾恒, 「新羅 上古의 官位制에 대하여」, 『國民大學論文集』 7, 1974. 徐毅植, 「신라상대 '干'층의 형성·분화와 重位制」, 서울대학교박사학위논문, 1994)

27) 葛文王 : 대체적으로 신라시대에 혈통을 달리하여 왕위를 이은 왕의 생부나 왕의 장인, 또는 왕의 동생, 여왕의 남편 등 왕과 일정한 혈연관계를 가진 인물들에게 추봉하던 것으로 이해되고 있다. 또한 朴·昔·金과 같은 신라 최고 성씨집단의 씨족장 또는 성씨집단의 분화가 촉진되면서 새로운 사회단위로 부각되던 가계의 장의 지위를 가진 인물들도 추봉된 것으로 이해되고 있다. 葛文王은 왕과는 엄연히 구별되었으나 지배세력 내에서는 왕에 준하는 특수한 위치를 차지하였다. 下代에는 忠恭葛文王의 한 예만 나타나고 있어 中古 이후에 존재의의를 상실하게 된 것으로 보인다.(今西龍, 「新羅葛文王考」, 『新羅史研究』, 國書刊行會, 1970. 李基白, 「新羅時代의 葛文王」, 『歷史學報』 58, 1973)

28) 金用行 : [史] 卷4 新羅本紀 法興王條에 「此據金大問鷄林雜傳所記書之 與韓奈麻金用行所撰我道和尙碑所錄殊異」라는 기사로 볼 때 金用行이 大奈麻의 관위를 가지고 있었던 下古代의 사람이었던 것은 알 수 있으나, 그 외 자세한 것은 알 수 없다.

29) 金用行撰阿道碑 : [史] 卷4 新羅本紀 法興王 15年條에는 「韓奈麻金用行所撰我道和尙碑」, [遺] 卷3 興法 阿道基羅條에는 「我道本碑」라고 하였다. 韓奈麻는 곧 大奈麻로 제10관등이었다.

30) 舍人 : 궁중에서 국왕을 받드는 일을 맡은 직. 신분계층상 제5계층인 4두품의 上限 官階인 제12관등 大舍와 제13관등 舍知(小舍)를 총칭한 것이다. [遺]와 金石文에는 內養者로 표기되어 있으며, 眞興王巡狩碑 가운데 黃草嶺碑와 摩雲嶺碑에는 裏內從人이라는 기록이 나온다. 眞平王 때는 舍人職이 上舍人·下舍人으로 분화되었고, 沙梁宮에는 하급관리로서 사인이 여러 명 배치되어 말단 행정사무를 담당하였다. 신라통일기에는 중국제도의 영향을 받아 동궁 관속으로 中舍人을 두었다. 사인직을 지낸 사람으로는 異次頓이 있으며, 姚克一은 872년(景文王 12년) 중사인을 지냈다.(李基白, 「新羅 執事部의 成立」, 『震檀學報』 25·26·27合, 1964; 『新羅政治社會史研究』, 1974. 李基東, 「新羅中代의 官僚制와 骨品制」, 『震檀學報』 50, 1980)

여섯살이며, 아버지는 길승(吉升),[31] 할아버지는 공한(功漢),[32] 증조부는 걸해대왕(乞解大王)[33]이라고 하였다.〉

[그는] 죽백(竹伯)과 같이 [곧은] 자질을 드러내고 수경(水鏡)[34]과 같이 [맑은] 뜻을 품었으며, 적선(積善)한 이의 증손으로서 조정의 중심[爪牙][35]으로 촉망되고, 성조(聖朝)의 충신으로 태평성대[河淸][36]의 시종이 되기를 바랬다. 그때 나이 스물 두 살로 사인〈신라 관작에 대사(大舍), 소사(小舍) 등이 있었는데, 대개 하사(下士)의 등급이다.〉의 자리에 있었다.

용안(龍顔)을 우러러보고 [왕의] 뜻을 눈치채고 아뢰기를, "신이 들으니 옛사람은 비천한 사람[芻蕘][37]에게도 계책을 물었다고 하니, 중죄를 피하지 않고 [대왕의 뜻을] 여쭙기를 원합니다"고 하였다. 왕이 말하기를, "네가 할 바가 아니다"고 하였다. 사인이 말하기를, "나라를 위하여 몸을 희생하는 것은 신하의 큰 절개이며, 임금을 위하여 목숨을 바치는 것은 백성의 바른 의리입니다. 사령을 그릇되게 전했다고 하여 신을 형벌하여 머리를 벤다면 만민이 모두 복종하여 감히 지시를 어기지 못할 것입니다"고 하였다.

---

31) 吉升 : 異次頓 아버지의 또다른 이름. 자세한 것은 알 수 없다.
32) 功漢 : 異次頓 祖父의 또다른 이름. 자세히 알 수 없다.
33) 乞解大王 : 訖解尼師今을 말한다. 재위 310-356. 訖解尼師今과 異次頓(527)은 200여 년의 간격이 있다. 따라서 乞解王이 이차돈의 증조라는 설에는 문제가 있다.(李丙燾, 앞의 논문, p.14)
34) 水鏡 : 맑은 물이 거울처럼 그림자를 비추는 것. 사람의 마음이 맑아서 밝은 통찰력을 갖게 된 것을 말한다.
35) 爪牙 : 짐승과 새가 발톱과 어금니로 제 몸을 방어하는 무기로 삼으므로 궁궐을 호위하는 군사를 말한다.
36) 河淸 : 黃河가 맑아지면 세상이 태평해진다는 뜻으로 태평한 세상이라는 말.
37) 芻蕘 : 꼴을 베는 사람과 땔나무를 하는 사람. 곧 비천한 사람을 말한다.

왕이 말하기를, "살을 베어 저울에 달더라도[38] 한 마리 새를 살리려고 했고, 피를 뿌리고 목숨을 끊어서라도 일곱 마리의 짐승을 스스로 불쌍히 여겼다. 나의 뜻은 사람을 이롭게 하려는 것인데, 어찌 죄 없는 사람을 죽이겠느냐? 네가 비록 공덕을 짓는다고 할지라도 죄를 피하는 것만 못할 것이다"고 하였다. 사인이 말하기를, "일체를 버리기 어렵지만 제 목숨보다 더한 것이 없습니다. 그러나 소신이 저녁에 죽어 아침에 대교가 행해진다면, 불일(佛日)[39]이 다시 중천에 오르고 성주(聖主)께서는 길이 편안하실 것입니다"고 하였다. 왕이 말하기를, "난새와 봉새[40]의 새끼는 어려서도 하늘로 솟구칠 마음을 지니고, 기러기와 따오기[41]의 새끼는 나면서부터 바다를 건널 기세를 품었다고 하더니 네가 이와 같구나. 가히 대사(大士)[42]의 행이라고 할 만하다"고 하였다.

이에 대왕은 일부러 위의를 갖춰 바람같은 조두[風刁]를 동서로 늘이고 서릿발같은 무기를 남북에 벌여 놓고 여러 신하들을 불러 묻기를, "그대들은 내가 정사(精舍)[43]를 지으려고 하는데 고의로 지체시

---

38) 解肉枰軀 : 尸毗王이 자기 살을 베어 매에게 보시함으로써 매에게 쫓기고 있던 메추라기를 살렸다는 설화에서 인용한 것. 일찍이 시비왕이 고행을 행할 때다. 帝釋天은 시비왕의 자비행을 시험하기 위해서 자신은 매로 화하고, 신하는 메추라기로 화하였다. 매에게 쫓긴 메추라기가 시비왕의 품 속으로 들어왔다. 왕은 메추라기도 살려야 하겠고 매도 굶길 수 없었다. 그는 메추라기의 몸무게만큼 자신의 살을 베어내어 매에게 주려고 하다가 쓰러지고 말았다. 왕의 보시행에 감동한 帝釋天은 뉘우쳐 사과하고 천상의 묘약을 가져다 발라주니 상처가 아물었다고 한다.(『大智度論』卷35)

39) 佛日 : 해가 대지를 두루 비치듯 佛法의 광대무변함을 뜻한다.

40) 鸞鳳 : 난새와 봉황. 뛰어난 인물을 비유한 말.

41) 鴻鵠 : 큰 기러기와 고니. 큰 인물을 비유한 말.

42) 大士 : 大心을 개발한 人士라는 뜻으로 보살과 같은 의미이다.

43) 精舍 : 精練한 수행자가 거주하는 집, 곧 사원을 의미한다.

키는가?"〈향전에 이르기를, 「염촉이 왕명이라고 하면서 공사를 일으켜 절을 창건한다는 뜻을 전했더니 여러 신하들이 와서 간하였다. 왕은 이에 노하여 염촉을 책망하고, 왕명을 거짓으로 꾸며 전하였다고 하여 형벌을 가하였다」고 하였다.〉라고 하였다.

이에 여러 신하들이 전전긍긍하며 황급히 맹서하고 손가락으로 동서를 가리켰다. 왕이 사인을 불러 힐문하니, 사인은 얼굴빛이 변하면서 대답할 말이 없었다. 대왕이 분노하여 그의 목을 베라고 명령하니[44] 유사(有司)가 [그를] 묶어 관아로 끌고 왔다. 사인이 발원하고 옥리(獄吏)가 목을 베니 흰 젖이 한 길이나 솟아올랐다.[45]〈향전에는 「사

---

44) 以召群臣…勅令斬之 : 髑香墳禮佛結社文에는 法興王과 異次頓이 興法을 위해 서로 밀약한 것으로 되어 있다. 그러나 밀약설에 대해서는 여러 견해가 있다. 李丙燾는 법흥왕이 홍법의 의사는 있었으나 이차돈과 밀약하지는 않은 것으로 보았다. 즉 이차돈이 자의로 절을 지으려고 矯命하자 왕은 왕명을 거짓으로 전한 이차돈을 왕권을 침해하는 사건으로 인식해서 처단했는데, 이는 왕권 강화의 한 시위로 보았다.(李丙燾, 앞의 논문, p.18) 또 왕과 이차돈은 함께 創寺운동을 일으켰으나, 군신의 반발이 거세게 일자 이차돈이 모든 책임을 지게 된 것이라는 견해도 있다.(李基白, 『新羅思想史硏究』, 一潮閣, 1986, p.12) 그리고 이차돈의 순교를 고유신앙과 불교와의 갈등으로 설명하는 경우도 있다. 곧 왕과 이차돈은 홍법에 의견을 같이 하고 왕이 이차돈으로 하여금 절을 짓게 했는데, 이차돈은 왕의 허락없이 고유신앙의 성소인 天鏡林에 창사하려 했고, 이에 신하들의 반대에 부딪치자 이차돈은 교명죄로 처형된 것으로 보았다.(崔光植, 「異次頓 說話에 대한 新考察」, 『韓國傳統文化硏究』 1, 曉星女大 韓國傳統文化硏究所, 1985, p.238) 또한 이차돈이 모반혐의를 받고 죽음을 당한 것으로 이해하는 경우도 있다. 법흥왕은 처음에 홍법의 뜻이 없었으나 이차돈 처형 후에 改心했다는 것이다. 불교측에서는 초기에 자신들이 이단시되었던 점을 숨기고 법흥왕의 비호를 처음부터 받아왔던 것으로 하여 법흥왕에 대한 여러 사건을 훼조했는데, 이차돈의 죽음까지도 법흥왕이 불교 홍포를 위해 부득이 본인들끼리 사전에 밀약한 것이라고 설명했다는 것이다.(辛鍾遠, 『新羅初期佛教史硏究』, 民族社, 1992)

45) 白乳勇出一丈 : 『鷄林雜傳』에는 피의 색이 우유처럼 희었다고 하였다. 白乳譚은 불교설화의 영향으로 윤색된 것으로 생각된다. 『賢愚經』 권2 찬제파리품(『한글대장경』 15, pp.42-44 참조)에는 다음과 같은 이야기가 전한다. 「어느 때

인이 맹세하기를, "대성법왕(大聖法王)께서 불교를 일으키려고 하므로 [저는] 신명을 돌보지 않고 한없이 오랜 세월에 인연을 맺어오니 하늘에서는 상서를 내려 사람들에게 두루 보여주소서"라고 하니, 이에 그의 머리가 날아가서 금강산(金剛山)[46] 꼭대기에 떨어졌다」고 하였다.[47]〉

하늘은 사방이 침침해지고 사양(斜陽)이 빛을 감추고, 땅이 진동하면서 꽃비가 내렸다. 성왕[聖人]은 슬퍼하여 눈물이 곤룡포를 적시고, 재상은 근심하여 조관[蟬冕][48]에까지 땀이 흘렀다. 샘물이 갑자기 마르매 고기와 자라가 다투어 뛰고, 곧은 나무가 먼저 부러지니 원숭이가 떼를 지어 울었다. 춘궁(春宮)[49]에서 말고삐를 나란히 했던 친구들은 피눈물을 흘리며 서로 돌아보고, 월정(月庭)에서 소매를 맞잡던 친구들은 창자가 끊어지듯 이별을 애석해 하였다. 상여를 바라보며 장송곡을 듣는 이들은 마치 부모를 잃은 듯하였다. 모두들 말하기를,

---

부처님은 말씀하셨다. 오랜 과거에 바라나시라는 나라에 국왕 가리가 있고, 仙人 찬제파리는 숲속에서 인욕수행을 하였다. 왕이 산에 놀러갔는데 수행했던 궁녀들이 선인의 설법을 듣고 있었다. 왕은 그 선인의 인욕을 시험하였다. 두 손, 두 다리, 귀와 코를 차례로 끊었다. 선인은 말하였다. "만일 내가 욕을 참음이 진실이요 거짓이 아니라면 피는 젖이 되고 몸은 회복될 것이다." 말이 끝나자 피는 곧 젖이 되고 몸은 전과 같이 되었다. 왕은 참회하였다. 부처님은 말씀하였다. "그때 찬제파리는 곧 이 몸이다."」 또 『付法藏因緣經』 권6(『大正新修大藏經』 권50, p.321)에도 다음과 같은 이야기가 있다. 「계빈국에서 獅子比丘가 佛事를 크게 일으켰다. 당시 국왕은 미라굴로 사견이 많아 공경하고 믿는 바가 없었다. 이 나라에서 탑과 절을 무너뜨리고 뭇승려를 살해하였다. 칼로 사자비구를 참하자 머리에는 피가 없고 오직 젖이 흘러 나왔다.」

46) 金剛山 : 경상북도 경주시 동천동에 있는 산. 경주의 북쪽에 위치하므로 北山이라고도 한다. 이 산의 서록에 異次頓순교비가 있던 栢栗寺址가 있다.

47) 於是其頭飛出 落於金剛山頂 : 『海東高僧傳』 卷1 法空傳에도 「목을 베니 머리가 날아 금강산에 떨어지고 유체를 받들어 금강산에 장사하고 예배했다」는 기록이 있다.

48) 蟬冕 : 蟬冠. 신하들의 朝冠.

49) 春宮 : 東宮. 太子宮의 다른 이름.

"개자추[子推]50)가 다리살을 벤 것도 이 고절(苦節)에 비할 수 없고, 홍연(弘演)이 배를 가른 일51)인들 어찌 이 장렬함에 견주랴. 이는 임금님[丹墀]52)의 신앙력을 붙들어 아도(阿道)의 불심을 이룬 성자(聖者)다"고 하였다.

드디어 북산53)의 서쪽 고개〈즉, 금강산이다. 전(傳)에서는 「머리가 날아가 떨어진 곳에 장사지냈다」고 하였는데, 여기에 밝히지 않은 것은 무슨 까닭인지?〉에 장사지냈다. 나인[內人]들은 이를 슬퍼하여 좋은 터를 잡아서 난야(蘭若)54)를 짓고, 이름을 자추사(刺楸寺)55)라고 하였다. 이에 집집마

---

50) 子推 : 介子推. 중국 춘추시대 晉나라 사람. 진나라의 文公이 公子로 망명할 때 子推도 함께 따라가서 고난을 겪었는데, 문공이 굶주림에 자추는 자신의 다리살을 베어 그에게 먹였다고 한다. 뒤에 귀국하여 문공의 괄시를 받게 되자 綿山에 숨어 나오지 않았다. 문공이 잘못을 뉘우치고 그 산에 불을 질러 자추가 나오기를 바랬으나, 그는 끝내 나오지 않고 불타 죽었다고 한다. 절기 중의 寒食은 자추가 죽은 날인데, 이 날은 불을 때지 않고 찬밥을 먹었다고 한다.

51) 弘演刳腹 : 弘演은 중국 춘추시대 衛나라 懿公의 신하였다. 衛의 의공 때 狄人이 위나라를 공격하여 의공을 죽여 살은 다 먹고 간만 남겨놓았다. 사신으로 외국에 갔던 홍연이 돌아와서 의공의 간 앞에서 復命하고, 자신의 배를 갈라 의공의 간을 자기 뱃 속에 집어넣고 죽었다고 한다.(『呂氏春秋』 卷11 忠廉)

52) 丹墀 : 궁성에 한해서 바닥에 丹朱漆을 하였으므로 궁정을 뜻한다. 여기서는 法興王을 말한다.

53) 北山 : 金剛山을 말한다.

54) 蘭若 : 阿蘭若(Aranya)의 약칭. 森林, 原野의 뜻인데, 전하여 고요한 곳이란 뜻이 되고, 다시 사원을 의미하게 되었다.

55) 刺楸寺 : 異次頓을 위하여 세운 절로 지금의 栢栗寺로 생각된다. 잣[栢]과 楸를 의역한 것이 곧 栢栗寺라는 견해도 있다.(이하석, 『삼국유사의 현장기행』, 문예산책, 1995, p.239) 백률사는 상당히 번창한 큰 절이었을 것으로 짐작되나 임진왜란 때 폐허가 되었다. 그뒤 1600년경에 경주 府尹 尹承順이 중건하고 대웅전을 중창하였다는 기록이 있다. 현재 남아 있는 건물은 대웅전, 누봉단, 삼성각, 종각 등이다. 대웅전 내부에 봉안되었던 금동약사여래입상(국보 제28호)과 817년(憲德王 9년)에 세운 이차돈순교비는 1927년에 국립경주박물관으로 옮겨졌다. 절에 오르는 길 옆에는 掘佛寺址石佛像(보물 제121호)이 있는데, 자연암석에 불상이 조각되어 있다. 그 밖에 마애삼존좌상, 마애탑, 석탑, 석등재

다 예를 하면 반드시 대대로 영화를 얻고, 사람마다 도를 닦으면 마땅히 불법의 이익을 깨닫게 되었다.[56)]

진흥대왕(眞興大王)[57)] 즉위 5년 갑자(甲子, 544)에 대흥륜사(大興輪寺)[58)]를 지었다.〈『국사(國史)』와 향전에 의하면, 실은 법흥왕 14년 정미(丁未, 527)에 터를 잡고, 21년[59)] 을묘(乙卯, 535)에 천경림(天鏡林)[60)]을 크게 벌채하여 처음으로 공사를 일으키고, 서까래와 대들보를 모두 그 숲에서 취해 쓰기에 넉넉했고, 계단의 초석이나 석감도 모두 있었다. 진흥왕 5년 갑자(甲子, 544)에 절이 낙성되었으므로[61)] 갑자라고 한 것이다. 『승전(僧傳)』에 7년이라고 한 것은 잘못이다.〉

태청(太淸)[62)] 초년(547)에 양(梁)나라 사신 심호(沈湖)[63)]가 사리를 가져왔고,[64)] 천가(天嘉)[65)] 6년(565)에는 진(陳)나라 사신 유사

등이 있다.

56) 粤有內養者 姓朴字厭…於是家家作禮 必獲世榮 人人行道 當曉法利 : 異次頓의 순교와 신라의 불교전래에 관한 대표적인 논문은 다음과 같다. 李基白, 「三國時代의 佛敎傳來와 그 社會的 性格」, 『歷史學報』 6, 1954; 「新羅 初期 佛敎와 貴族勢力」, 『震檀學報』 40, 1975. 辛鍾遠, 「新羅의 佛敎傳來와 그 受容過程에 대한 再檢討」, 『白山學報』 22, 1977; 「新羅 佛敎傳來의 諸樣相」, 『新羅初期佛敎史硏究』, 民族社, 1992. 崔光植, 앞의 논문.

57) 眞興大王 : 신라의 제24대 왕. 재위 540-576. [遺] 卷1 紀異 眞興王條 참조.

58) 大興輪寺 : 경상북도 慶州市 사정동에 있던 신라 최초의 절. [遺] 卷3 興法 阿道基羅條, 塔像 興輪寺壁畵普賢條 참조.

59) 二十一年 : 즉위년칭원법에 의하면 法興王 22년이 된다.

60) 天鏡林 : 7處伽藍址의 하나로 金橋 동쪽의 興輪寺 터를 가리킨다. [遺] 卷3 興法 阿道基羅條의 주석 30) 참조.

61) 眞興王甲子寺成 : 본 기사와 관련하여 [史] 卷4 新羅本紀 眞興王 5年條에는 「봄 2월 興輪寺가 완성되었고, 3월에 사람들이 출가하여 승려가 되어 불교를 받드는 것을 허락하였다」는 기록이 있다.

62) 太淸 : 중국 梁 武帝 때의 연호(547-549).

63) 沈湖 : 자세한 것은 알 수 없다.

64) 梁使沈湖將舍利 : [史] 卷4 新羅本紀 眞興王 10年條에도 「梁나라에서 사신과 入學僧 覺德의 편에 불사리를 보내왔는데, 왕이 백관을 거느리고 興輪寺 앞길에서 맞들어 맞이했다」는 기록이 있다.

65) 天嘉 : [正]에는 '天壽'로 되어 있으나 이는 天嘉의 잘못이다. 天嘉는 중국 陳

(劉思)[66]가 승 명관(明觀)[67]과 함께 내경(內經)[68]을 받들고 왔다.[69]

절과 절들은 별처럼 벌여 있고, 탑과 탑들은 기러기 행렬인양 늘어섰다. 법당(法幢)[70]을 세우고 범종을 매어다니, 용상(龍象)[71]같은 승려의 무리가 세상의 복전(福田)[72]이 되고, 대소승(大小乘)의 불법이 서울의 자비로운 구름이 되었다. 타방(他方)의 보살이 세상에 출현하고〈분황(芬皇)의 진나(陳那)[73]와 부석(浮石)의 보개(寶蓋),[74] 그리고 낙산(洛山)

文帝 때의 연호(560-565). 그 6년은 565년으로 眞興王 26년에 해당된다.

66) 劉思 : 자세히 알 수 없다.

67) 明觀 : 생몰년 미상. 眞興王 때의 승려로 자세한 행장은 전하지 않으며, 565년 陳나라 文帝의 명을 받아 사신 劉思와 함께 불교 경론 1700권(『海東高僧傳』에는 2700권이라고 함)을 가지고 돌아왔다. 그가 언제 중국으로 갔는지는 알 수 없으나, 사료를 통해 볼 때 신라 승려로서 覺德 다음으로 중국에 유학한 두 번째 승려이며, 경론을 가지고 온 최초의 인물임을 알 수 있다(『海東高僧傳』 覺德傳, [史] 卷4 新羅本紀 眞興王 26年條 참조).

68) 內經 : 佛經. 불교에서는 유교나 도교 등의 경전은 外典이라고 하고, 불경은 內典 또는 內經이라고 한다.

69) 陳使劉思幷僧明觀奉內經 : [史] 卷4 新羅本紀 眞興王 26年 9月條에는 「陳遣使劉思與僧明觀來聘 送釋氏經論千七百餘卷」이라고 하였다. 『海東高僧傳』의 法雲傳과 覺德傳에도 明觀이 佛經을 가져온 기사가 있다.

70) 法幢 : 당간을 가리킨다.

71) 龍象 : 동물 중에서도 가장 용맹스러운 용과 코끼리에 비유하여 학덕이 높은 스님을 가리킨다. '보살의 세력은 비유하면 용상과 같다'는 『維摩經』의 귀절에서 유래하였다.

72) 福田 : 농부가 밭에 씨를 뿌려 수확하듯이 훌륭한 공덕은 복을 받게 된다는 뜻이다. 福田에는 敬田과 悲田 등이 있다. 부모와 스승과 수행자 등 공경해야할 분에게 공경하는 것이 경전이고, 곤궁한 사람이나 병든 자 등 어려운 사람에게 자비를 베푸는 것이 비전이다. 여기서는 공경받을 만한 고승을 말한다.

73) 芬皇之陳那 : 芬皇寺에 거주했던 元曉가 陳那菩薩(Dignaga, 480-540년경)의 後身이라는 의미다. 濟暹(1025-1115)은 『釋摩訶衍論決疑破難會釋抄』에서 「如元曉師者 是亦神人也 爲陳那菩薩之後身也」라고 하였다.(『大正新修大藏藏』 卷69, p.572) 元曉和上緣起에는 원효가 陳那菩薩의 後身이라는 설의 역사적 배경이 좀더 자세히 설명되고 있다. 藏俊(1104-1180)의 『因明大疏抄』 권15에 인용된 元曉和上緣起의 기록은 다음과 같다. 「元曉和上緣起云 玄奘三藏於西域中 欲學瑜伽論 時西域中在戒賢論師 欲涅槃時 天唱如是言 漢國之賢人爲學瑜

과 오대산[五臺]에 이르기까지가 이런 것이다.〉 서역(西域)의 명승들이 [이] 땅에 강림하니, 이로 인하여 삼한(三韓)을 병합하여 한 나라가 되고, 온 세상을 합하여 한 집안을 만들었다. 이 때문에 덕명(德名)을 천구(天鋸)의 나무에 새기고, 신성한 행적을 은하수물에 그림자로 남겼으니, [이] 어찌 세 성인의 위덕으로 이룬 것이 아니랴.〈[세 성인은] 아도, 법흥, 염촉을 말한다.〉

훗날 국통(國統)[75] 혜륭(惠隆),[76] 법주(法主)[77] 효원(孝圓)과 김상랑(金相郎)[78], 대통(大統)[79] 녹풍(鹿風)[80], 대서성(大書省)[81] 진

伽論故來 莫爲涅槃 爾時玄奘順付 往學瑜伽論 然後立眞故極成量 而破小乘執 時西域諸論師等 無釋此量 此諸論師皆言 不陳那不能是量釋 時玄奘還於漢國 而爲說是量 時無斥是量過 爾時造廣百論疏 文軌師誓願言 不陳那菩薩是量釋 若有是量過人 我爲其作臣也 爾時順師學是已 還於羅國申是量 時元曉菩薩云 此量有法差別相違過 爾順師如其自知通於唐國言 水土是易故 至於羅國知是量過 時論師等皆向東三禮尊重讚嘆 故道證師等章疏中 羅國元曉師等章疏中 羅國師所說 由是義故知 陳那菩薩云云」

74) 浮石寶蓋 : 浮石寺에 주석했던 義湘이 金山寶蓋如來의 後身이라는 뜻이다.

75) 國統 : 국가가 임명한 최고의 僧官. 眞興王 12년에 고구려의 惠亮을 처음으로 國統을 삼았다. [遺] 卷4 義解 慈藏定律條 참조.

76) 惠隆 : 생몰년 미상. 여기 외에 자세한 사실을 알 수 없다.

77) 法主 : 본래 절을 주재하는 직위로서 宋代의 宗主, 즉 한 종파의 승려들의 律을 관장하는 사람이다. 한편, 法主를 南朝나 唐의 영향을 받은 僧職일 것으로 풀이함으로서 당시의 중앙승관의 체계를 國統-法主-大統-大書省으로 이해하는 견해가 있다.(邊善雄, 「皇龍寺9層塔誌의 硏究-成典과 政法典 問題를 中心으로」, 『國會圖書館報』 10-10, 1973, pp.55-56)

78) 金相郎 : 생몰년 미상. 자세히 알 수 없다.

79) 大統 : 일국의 比丘를 통할하는 僧官. 大統이라는 명칭은 817년 異次頓의 비를 세운 데서 처음 보이고, 그후 「鳳巖寺智證大師寂照塔碑」와 「皇龍寺九層木塔刹柱本記」 등에 보인다.

80) 鹿風 : 생몰년 미상. 자세히 알 수 없다.

81) 大書省 : 신라의 僧官. 眞興王 11년(550)에 安藏法師를 大書省에 임명했다는 기록이 [遺] 卷4 義解 慈藏定律條에 보인다. 초기에는 정원이 1인이었으나 眞德王 원년에 1인을 더하여 2인이 되었다. 진흥왕 11년 安藏法師를 대서성으로

노(眞怒),[82] 파진찬(波珍喰) 김의(金嶷)[83] 등이 옛 무덤을 수축하고 큰 비를 세웠다. [이때가] 원화 12년 정유(丁酉, 817) 8월 5일, 즉 제41대 헌덕대왕(憲德大王) 9년이었다.

흥륜사의 영수(永秀)[84] 선사(禪師)〈이때는 유가(瑜伽)의 제덕(諸德)을 모두 선사라고 불렀다.〉가 이 무덤에 예불하는 향도(香徒)[85]를 모아서 매달 5일에 혼의 묘원(妙願)을 위해 단을 모으고 범패를 지었다.」

또 향전에 이르기를, 「향로(鄕老)들이 항상 그의 돌아간 날이 되면 사(社)를 만들어 흥륜사에서 모였다」고 하였는데, 즉 이 달 초닷새는 사인이 몸을 바쳐 불법에 귀순하던 날이다.[86] 아아! 이러한 임금이 없었으면 이러한 신하가 없었을 것이고, 이러한 신하가 없으면 이러한 공덕이 없었을 것이니, 유비[劉]와 제갈량[葛]이 물과 고기 같았던

삼고, 文武王 9년에는 信惠法師를 政官大書省으로 삼았다는 기록과 동왕 14년조에는 義安法師를 대서성으로 삼았다는 기록이 나온다. 이에 대해서 李弘稙은 [史] 卷40 職官志(下) 武官條와 [遺] 卷4 義解 慈藏定律條를 비교하여 元聖王代 初置하였다는 政官의 명칭이 [史] 卷6 新羅本紀 文武王 9年條에 '政官大書省'으로 나타나고 있는 점, '都唯那娘一人阿尼'에 대한 문제, '大書省·少書省·少年書省'의 문제, '州統·郡統'의 기사가 애매한 점에 대한 의문이 있다고 지적하였다.(李弘稙, 「新羅僧官制와 佛敎政策의 諸問題」, 『白性郁博士頌壽紀念佛敎學論文集』, 1959, pp.661-668)

82) 眞怒 : 생몰년 미상. 자세히 알 수 없다.

83) 金嶷 : 생몰년 미상. 자세히 알 수 없다.

84) 永秀 : 생몰년 미상. 신라 憲德王 때의 고승. 자세한 생애는 전하지 않으며, 興輪寺에 머물렀던 瑜伽宗의 승려이다.

85) 香徒 : 신라 때 있었던 불교신앙단체의 하나. 金庾信의 花郎徒를 龍華香徒라고 했으니, 화랑이 불교와 일반신앙을 믿었음을 알 수 있다.([史] 卷41-43 列傳 金庾信條 참조)

86) 今月初五 乃舍人捐軀順法之晨也 : 『海東高僧傳』 卷1 釋法空傳에는 다음과 같은 기록이 있다. 「내 일찌기 東都에 유람할 때 金剛嶺에 올라 孤墳과 短碑를 보고 개연함을 마지 아니하였다. 이날에 山人이 회식하고 있기에 그 까닭을 물으니, 즉 우리 사인의 忌日이라고 하였다.」

것[87]과 같고 구름과 용이 서로 감응한 아름다운 일이라고 하겠다.

법흥왕이 이미 폐지된 [불교를] 일으켜 절을 세우고, 절이 낙성됨에 면류관을 벗고 가사를 입었으며,[88] 궁중의 친척들을 내놓아 절의 종으로 삼았다.〈절의 종은 지금까지도 왕손이라고 한다. 그후 태종왕(太宗王) 때 재상 김양도(金良圖)[89]가 불법을 믿었다. [그에게는] 두 딸이 있어 화보(花寶)와 연보(蓮寶)라고 했는데, 사신(捨身)[90]하여 이 절의 종이 되었다. 또 역신(逆臣) 모척(毛尺)[91]의 가족을 [이] 절의 노예로 삼았는데, [이] 두 가족의 후손이 지금까지 끊어지지 않았다.〉 그 절의 주지가 되어 몸소 불교를 널리 폈다. 진흥왕이 [그의] 덕행을 이은 성군이었기에 왕위를 이어 임금의 자리[92]에 처하

---

87) 劉葛魚水 : 劉葛은 劉備와 諸葛亮을 말한다. 魚水는 물을 얻은 고기를 말한다. 따라서 이는 임금과 신하가 서로 마음이 합쳐짐을 비유한 것이다.

88) 法興王…謝冕旒披方袍 : 法興王이 帝王의 威儀를 벗고 승복을 입었다는 것을 捨身으로 이해하는 경우가 있다.(辛鍾遠, 앞의 책, p.189)

89) 金良圖 : ?-670. 신라통일기의 장군이며 문장가. 金庾信·金仁問 등을 도와 백제·고구려전에 큰 공을 세웠다. 660년 나당연합군의 김유신 부장으로 출전하였으며, 669년에는 각간 欽純과 함께 唐나라로 사신갔다가 670년 그곳에서 옥사하였다. 또 [史] 卷46 列傳 强首條 말미에 신라의 대표적인 문장가 6인의 한 사람으로 기록되어 있으나, 그의 시문이나 문장에 대해서는 전혀 알려져 있지 않다.([史] 卷6 新羅本紀 文武王 10年條·卷46 列傳 强首條 참조)

90) 捨身 : 본래 뜻은 燒身·自害 등 자신의 육신까지도 아끼지 않고 보시하는 것이다. 본문의 경우처럼 제왕·귀족의 捨身이란 자신을 三寶의 노예로 절에 바친다는 관념적이고 의례적인 것을 말한다. 이렇게 제왕이 사신하면 신하 또는 가족은 노예가 된 使臣者를 贖罪金을 주고 되찾아 오는데, 이 재원은 곧 절에 대한 財施가 된다. 한편, 절에 있는 동안에도 속죄하기 위해 법회를 여는데, 이것은 또 法施가 된다. 이러한 사신은 실제 오래 할 수 없으니 대개는 며칠로 끝난다.(辛鍾遠, 「三國遺事 原宗興法 厭髑滅身條 譯註」, 『가례문화』 10, 한국겨레문화연구원, 1996, p.10)

91) 毛尺 : 생몰년 미상. 본래 신라 사람으로서 백제에 도망한 자인데, 善德王 11년(642)에 백제가 大耶城을 함락했을 때 黔日과 함께 모의하여 백제를 도왔다. 신라는 백제를 멸망시킨 뒤에 곧 毛尺을 붙잡아 목베었다.([史] 卷5 新羅本紀 太宗武烈王 7年條 참조)

92) 九五 : 군왕의 자리. 『易經』 乾卦의 九五爻가 人君의 象이라고 해서 九五를 군주의 자리라고 한다.

여 위엄으로 백관을 통솔하니 호령이 다 갖추어졌으므로 대왕흥륜사(大王興輪寺)로 사액하였다.

전왕(前王)의 성은 김(金)씨인데, 출가하여 법운(法雲)이라고 했고, 자는 법공(法空)이다.[93]〈『승전』과 여러 설에서는 역시 왕비도 출가하여 이름을 법운이라고 하였고,[94] 또 진흥왕도 법운이라고 했고, 진흥왕의 비도 법운이라고 했다[95]고 하니 의심스럽고 혼동된 것이 매우 많다.〉

『책부원귀(冊府元龜)』[96]에는 「[법흥왕의] 성은 모(募)이고, 이름은 진(秦)이라고 하였다. 처음 역사를 일으켰던 을묘년에 왕비도 또한 영흥사(永興寺)[97]를 세우고 사씨(史氏)[98]의 유풍을 사모하여 왕과 함께 머리를 깎고 여승이 되어 법명을 묘법(妙法)이라고 하고 또한

---

93) 出家法雲 字法空 : 『海東高僧傳』 卷1 釋法空傳에는 「釋法空 新羅第二十三法興王也…王遜位爲僧 改名法空…按阿道碑 法興王出法名法雲 字法空 今按國史及殊異傳 分立二傳 諸好古者請詳檢焉」이라고 하였다. 이에 의하면, 法興王이 출가하여 法名을 法雲, 자를 法空이라고 한 것이 阿道碑에 근거한 것임을 알 수 있다. 그러나 법흥왕의 법명을 법운이라고 한 것은 眞興王의 법명과 혼동한 것이고, 법공은 법흥왕의 자가 아니라 법명일 것이다.

94) 王妃出家名法雲 : [遺] 卷1 王曆 法興王條에는 「妃日丑夫人 出家名法流 住永興寺」라고 하였다. 따라서 法興王妃의 법명은 法流일 것이다.

95) 眞興王爲法雲 : 『海東高僧傳』 卷1 釋法雲傳에는 「釋法雲 俗名公麥宗 諡日眞興 而法興王弟葛文王之子也…末年祝髮爲扶屠 被法服自號法雲」이라고 하였다. 그리고 [史] 卷4 新羅本紀 眞興王條 말미에도 「王幼年卽位 一心奉佛 至末年 祝髮被僧衣 自號法雲 以終其身 王妃亦效之爲尼 住永興寺 及其薨也國人以禮葬之」라고 하였다. 따라서 眞興王의 법명은 法雲임에 확실하다.

96) 冊府元龜 : 중국 宋나라의 王欽若·楊億 등이 칙명을 받들어 엮은 책. 총1000권이다. 1005년에 편찬을 시작하여 1013년에 완성한 이 책은 역대 君臣의 정치에 관한 사적을 31部 1115門으로 분류하였다. 『太平御覽』·『太平廣記』·『文苑英華』와 함께 宋代 4대 部書로 칭해진다.

97) 永興寺 : 경상북도 경주시 황남동에 있던 신라 최초의 尼寺. [遺] 卷3 興法 阿道基羅條 주석 36) 참조.

98) 史氏 : 毛禮의 누이로 阿道에게 귀의하여 三川歧에 永興寺를 짓고 산 신라 최초의 비구니.

영흥사에 살더니, 몇 해만에 세상을 떠났다」고 하였다.

『국사(國史)』에는 「건복(建福)[99] 31년(614)에 영흥사의 소상이 저절로 무너지더니 얼마 후 진흥왕비인 비구니가 죽었다」고 하였다.[100]

살펴보면, 진흥왕은 법흥왕의 조카이고, [그의] 비는 사도부인(思刀夫人)[101] 박씨이니 모량리(牟梁里) 영실(英失) 각간의 딸이다. 역시 출가하여 비구니가 되었지만 영흥사의 창건주는 아니다. 아마도 진(眞)자를 법(法)자로 써야 할 것 같다. [이는] 법흥왕의 비 파조부인(巴刁夫人)[102]이 여승이 되었다가 죽은 것을 말하니, [그가] 곧 절을 짓고 불상을 세운 주인이기 때문이다. 법흥과 진흥 두 왕이 왕위를 버리고 출가한 것[103]을 역사에 쓰지 않은 것은 세상을 다스리는 교훈이 아니여서였을까?

---

99) 建福 : 신라 眞平王 때의 연호(584-633).

100) 國史云…比丘尼卒 : 본 기사와 관련하여 [史] 卷4 新羅本紀 眞興王 37年條・眞平王 36年條의 기사가 참조된다.

101) 思刀夫人 : [史] 卷4 新羅本紀 眞興王條에는 「思道夫人」이라고 하였다. 刀와 道는 같은 음이기에 통한다. [遺] 卷1 王曆에서 眞興王의 어머니라고 한 息道夫人과 동일인이다. 또는 色刁夫人이라고도 하였다.

102) 巴刁夫人 : 法興王妃에 대해서는 [史] 卷4 新羅本紀 法興王條에 「朴氏保刀夫人」이라고 했고, [遺] 卷1 王曆에는 「巴刀夫人으로 출가한 법명은 法流이고 永興寺에 살았다」고 하였다. 한편 본조에서는 「영흥사를 세우고 여승이 되어 법명을 妙法이라고 하였다」고 하였고, 『海東高僧傳』 卷1 法雲傳에도 「법흥왕의 비가 중이 되어 영흥사에 머물렀다」고 한다. 「蔚州川前里書石」에 보이는 '夫乞支妃'가 곧 保刀夫人이라는 견해도 있다.(김용선, 「蔚州 川前里銘文의 檢討」, 『歷史學報』 81, 1979, p.19)

103) 二興捨位出家 : [史] 卷4 新羅本紀 眞興王 37年條에 「왕은 어려서 즉위하여 한결같은 마음으로 불교를 받들었고, 말년에는 머리를 깎고 승복을 입었으며 스스로 法雲이라고 칭하다가 죽었다. 왕비 또한 그것을 본받아 비구니가 되어 영흥사에 머물다가 죽으니, 나라 사람들이 예를 갖추어 장사를 지냈다」고 기록되어 있다. 法興王의 출가에 대해서 [史]에는 기록되어 있지 않으나 『海東高僧傳』 卷1 法空傳에 기록되어 있다.

또 대통(大通)[104] 원년 정미(丁未, 527)에는 양제(梁帝)를 위하여 웅천주(熊川州)에 절을 짓고 이름을 대통사(大通寺)[105]라고 하였다.〈웅천(熊川)은 곧 공주(公州)인데, 당시는 신라에 속하였기 때문이다. 그러나 아마도 정미년은 아닌 것 같다. 곧 중대통(中大通)[106] 원년 기유(己酉, 529)년에 세운 것이다. 흥륜사를 처음 세우던 정미년에는 미처 다른 곳에 절을 세울 겨를이 없었을 것이다.〉

찬한다.

거룩한 지혜는 만세를 꾀하나니
구구한 여론은 가을날 터럭같은 것일 뿐
법륜(法輪)이 금륜(金輪)을 좇아 구르니
태평세월에 불일은 빛나도다

이것은 원종(原宗)[107]을 [위한 찬이다.]

의를 좇아 죽는 일 놀랄 일인데

104) 大通 : 중국 梁 武帝 때의 연호(527-529). 그 원년은 527년으로 法興王 14년에 해당한다.

105) 大通寺 : 백제의 웅진시대 절조영에 대한 최초의 기록인 大通寺는 一然이 지금의 공주에 있었음을 지적하고, 창건연대가 중국의 中大通 元年에 해당하는 己酉年일 것으로 본 점을 지적하여, 백제 성왕에 의해 창건되었다고 보는 견해도 있다. 大通寺에 대해서 그 위치는 확실하지 않으나 공주시 班竹洞 일대에서 '大通'銘 기와의 출토, 당간지주와 石槽 등이 자리하고 있어 班竹洞 일대로 추정하고 있다.(『大通寺址』, 공주대학교박물관, 2000, pp.10-11) 그러나 아직까지 大通寺址에 대한 정밀조사가 이루어진 적이 없어 정확한 절의 규모, 구조 등은 밝혀지지 않고 있다.

106) 中大通 : 중국 梁 武帝 때의 연호(529-534). 中大通 元年은 法興王 16년에 해당한다.

107) 原宗 : 法興王의 이름.

하늘꽃 흰 젖은 더욱 다정하다

칼날이 한 번 번쩍, 몸을 마친 뒤로

절마다 종소리 서울을 흔든다

이것은 염촉을 [위한 찬이다.]

65. 法王禁殺

百濟第二十九主[1]法王諱宣 或云孝順 開皇十九[2]年己未卽位 是年冬 下詔禁殺生 放民家所養鷹鸇之類 焚漁獵之具 一切禁止 明年庚申 度僧三十人 創王興寺於時都泗沘[3]城〈今扶餘〉 始立栽[4]而升遐 武王繼統 父基子構 歷[5]數紀而畢成 其寺亦名彌勒寺 附山臨水 花木秀麗 四時之美具焉 王每命舟 沿河入寺 賞其形勝壯麗〈與古記所載小異 武王是貧母與池龍通交而所生 小名薯[6]蕷[7] 卽位後謚[8]號武王 初與王妃草創也〉

讚曰 詔寬狨[9]狘[10]千丘惠 澤洽豚魚四海仁 莫導[11]聖君輕下世 上方兜率正芳春

---

1) 主 : [浩][六] 없음.
2) 十九 : [正][斗][六] 十. [品][浩] 十九.
3) 沘 : [正][斗][六] 泚. [品][浩] 沘.
4) 栽 : [品] 裁.
5) 歷 : [正][晩] 曆. [順] 歷(가필). [鶴][品][斗][浩][六][民] 歷.
6) 薯 : [正] 판독미상. [品][斗][浩][六][民] 薯.
7) 蕷 : [正] 판독미상. [品][斗][浩][六][民] 蕷.
8) 謚 : [品][斗][六] 諡.
9) 狨 : [正] 판독미상. [品][斗] 翗. [浩][六][民] 狨.
10) 狘 : [正] 판독미상. [品][六] 狨. [斗][浩][民] 狘.
11) 導 : [浩] 道. [六] 辱.

법왕이 살생을 금하다

백제 제29대 왕 법왕(法王)[1]의 이름은 선(宣)인데, 혹은 효순(孝順)이라고도 한다. 개황(開皇) 19년 기미(己未, 599)에 즉위하였다.[2] 이 해 겨울에 조서를 내려 살생을 금하고 민가에서 기르던 매 등속을 놓아주게 하고 고기잡이나 사냥하는 도구를 불사르게 하여 일체 [살생을] 금지시켰다.[3]

이듬해 경신(庚申, 600)에는 승려 30명을 득도케 하고,[4] 당시의 서울인 사비성(泗沘城)〈지금의 부여(扶餘)〉에 왕흥사(王興寺)[5]를 세우게

---

1) 法王 : ?-600. 백제의 제29대 왕. 재위 599-600. 이름은 宣 또는 孝順으로 惠王의 장자이며 武王의 아버지이다. 『隋書』에는 昌王(威德王)의 아들이라고도 하였다. 불교를 신앙하여 살생을 금지하고 王興寺를 창건하였다. 즉위 2년만에 돌아갔다.([史] 卷27 百濟本紀 法王條 참조)

2) 開皇十九年己未卽位 : 開皇은 중국 隋 文帝 때의 연호(581-600). [正]에는 「開皇十年己未卽位」로 되어 있으나, 이는 「開皇十九年己未卽位」의 잘못이다. 開皇 10년은 己未가 아니라 庚戌(590)이다.

3) 是年冬…一切禁止 : [史]에는 「冬十二月 下令禁殺生 牧民家所養鷹鷂放之 漁獵之具焚之」라고 하였다.

4) 明年庚申 度僧三十人 : 庚申年(600)은 法王 2년에 해당하는데, [史]에는 「春正月 創王興寺 度僧三十人」이라고 하였다.

5) 王興寺 : 충청남도 부여군 규암면 신리에 있었던 法王 2년(600) 정월 法王이 창건한 것으로 전해지는 절. 근대에 이르기까지 정확한 위치조차 파악되지 않고 있다가 1934년 '王興'이라는 명문이 새겨진 고려시대 기와조각이 수습되면서 이 일대가 사지임이 밝혀졌다.(洪思俊, 「虎岩寺址와 王興寺址考」, 『百濟研究』 5, 忠南大學校 百濟研究所, 1974, pp.149-151) [史]에는 百濟本紀의 義慈王 20年條에 왕흥사의 여러 승려들 모두가 배의 돛과 같은 것이 큰 물을 따라

하여 겨우 [그] 기초를 세우다가 승하하였다.[6] 무왕(武王)[7]이 왕위를 계승하여 아버지가 닦은 터에 아들은 집을 지어 수십 년[8]을 지나서 완성했는데,[9] 그 절은 또한 미륵사(彌勒寺)[10]라고도 한다.[11] 산을

절 문으로 들어오는 것을 보았다는 기록과 함께 新羅本紀의 太宗武烈王 7年條에 660년의 백제 멸망 후, 이 절을 기점으로 하여 항거하던 백제 잔병이 武烈王에 의하여 7일만에 700명이 사살되었다는 기록이 있는 것으로 보아서 백제의 멸망과 함께 폐허화되었을 것으로 추정된다.

6) 升遐 : 昇遐와 같으며 임금이 세상을 떠난다는 뜻이다. [史]에 의하면, 法王은 2년 여름 5월에 돌아갔다고 한다.

7) 武王 : ?-641. 백제의 제30대 왕. 재위 600-641. 이름은 章 또는 武康·獻丙·一耆篩德이라고도 한다. 法王의 아들이며 義慈王의 아버지이다. [史] 卷27 百濟本紀 武王條 참조.

8) 數紀 : 1紀는 12년이다. 數紀는 수십 년이 된다.

9) 創王興寺…歷數紀而畢成 : 王興寺는 法王 2년(600)에 처음 짓기 시작했으나, 그 준공은 武王 35년(634)에 하였다. [遺] 卷2 紀異 武王條 참조.

10) 彌勒寺 : 전라북도 익산군 금마면 기양리에 있는 절. 창건연대는 東城王代(李丙燾, 「百濟彌勒寺의 創建年代에 대하여」, 『馬韓·百濟文化』 1, 圓光大學校 馬韓·百濟文化硏究所, 1975, pp.159-162) 혹은 武寧王代(史在東, 「'武康王傳說'의 硏究」, 『百濟硏究』 5, 忠南大學校 百濟硏究所, 1974, pp.94-101)로 보는 견해가 있으나 현재는 武王代에 이루어진 것으로 보는 견해가 지배적이다. 이에 대하여 彌勒寺는 무왕과 귀족세력의 타협 아래에서 이루어진 것이며 이 타협은 국왕이 미륵사 건립을 주도했던 만큼 국왕에게 유리한 입장에서 이루어졌을 것이라는 견해가 있다.(金周成, 「백제 무왕의 사찰건립과 권력강화」, 『韓國古代史硏究』 6, 韓國古代史硏究會編, 1992, pp.261-265) 미륵사의 창건설화는 [遺] 卷2 紀異 武王條에 자세히 나와 있는데 이를 보면, 龍華世界의 彌勒佛의 三會說法을 표시하여 佛殿·石塔·廊·廡·누각 등을 모두 三所로 배치하였다고 하며 이는 彌勒下生信仰의 귀결인 것으로 보인다.(金三龍, 「百濟佛敎와 彌勒信仰」, 『韓國彌勒信仰의 硏究』, 同和出版公社, 1983, p.83)

11) 其寺…彌勒寺 : 王興寺와 彌勒寺는 서로 다른 두 절로 미륵사는 왕홍사가 완공된 武王 35년 이전에 분명히 건립되어 있었으나, 왕홍사의 시공이 미륵사의 시공시기보다는 빨랐을 것으로 추측하는 견해도 있다. 한편 실제로 왕홍사가 건립된 후에 왕홍사를 미륵사라고도 불렀을 가능성이 있다고 한다.(金周成, 앞의 논문, 1992, pp.266-279) 한편, [史]의 法王 2년에 창건되었다는 王興寺는 부여의 왕홍사이고, 武王 35년에 완성하였다는 왕홍사는 益山 龍華山 아래의 미륵사로 삼국사기에서 미륵사를 잘못 왕홍사로 중복되게 기록하였다고 보는 견해도 있다.(金煐泰, 「彌勒寺 創建緣起說話考」, 『馬韓·百濟文化』 1, 圓光大

등지고 물에 임했으며 꽃나무가 수려하여 사시의 아름다움을 구비하였다. 왕은 항상 배를 타고 물을 따라 절에 가서12) 그 경치의 장려함을 구경하였다.〈고기(古記)의 기록과는 조금 다르다. 무왕은 가난한 어머니가 못의 용과 관계하여 낳았는데,13) 어릴 때의 이름은 서예(薯蕷)14)이고, 즉위한 후 시호를 무왕이라고 하였다.15) [절은] 처음에 왕비와 함께 창건하였다.〉

찬한다.

學校 馬韓·百濟文化硏究所, 1975, p.96)

12) 王每命舟 沿河入寺 : [史] 卷27 百濟本紀 武王 35年條에는 「봄 2월에 王興寺가 완성되었는데, 그 절은 물에 임했고, 채색으로 장식하여 장엄하고 화려하였다. 왕은 늘 배를 타고 절로 들어가서 분향했다」고 하였다.

13) 武王…所生 : 武王과 薯童, 그리고 王妃에 대해서는 [遺] 卷2 紀異 武王條의 미륵사 창건 연기설화 참조.

14) 薯蕷 : [遺] 卷2 紀異 武王條에 기재된 薯童說話의 주인공에 대해서는 다양한 견해들이 있다. 薯童은 東城王이고 武康王은 武寧王으로 보는 견해(李丙燾, 앞의 논문, pp.159-160), 薯童을 武王으로 보는 견해(盧重國, 「三國遺事 武王條의 再檢討-泗沘時代後期 百濟支配體制와 關聯하여-」, 『韓國傳統文化硏究』 2, 曉星女子大學校 韓國傳統文化硏究所, 1986, p.4), 서동과 무강왕을 모두 무령왕으로 보는 견해(史在東, 앞의 논문, pp.97-101) 등이 있다.

15) 與古記…武王 : 武王의 출자에 대하여 [史] 卷27 百濟本紀와 本條·『隋書』百濟傳·『翰苑』百濟條에서는 法王의 아들로 보고 있으며, 『北史』百濟傳에서는 威德王의 아들로, [遺]의 武王條와 本條에 인용된 古記에서는 池龍의 아들로, [遺]의 王曆에서는 혈통이 명기되지 않았다. 이에 대하여 무왕, 즉 薯童의 신이한 탄생을 고대인의 呪力觀이 지닌 토속신앙의 한 표현으로 보는 견해도 있고(洪石影, 「彌勒寺址의 緣起說話攷」, 『馬韓·百濟文化』 1, 圓光大學校 馬韓百濟硏究所, 1975, pp.70-73), 古記에 보이는 池龍을 法王으로 보고 寡女를 그의 첩으로 보아 무왕을 法王의 庶子로 파악한 견해도 있다(金煐泰, 앞의 논문, 1975, pp.89-90). 또한 무왕은 부여에서 태어났으나 익산에서 생활하였으며 法王의 아들이 아니고 상당히 유력한 지위의 왕족으로서 어떤 정치적 사건에 연루되어 가문이 몰락하였거나 그러한 사건 때문에 익산으로 피난한 인물로 보는 견해가 있다. 이에 의하면 薯童은 그가 신분을 감추고 마를 캔데서 붙여진 이름이었고 당시에 실권을 장악한 귀족세력에 의해서 보다 조종하기 쉬운 인물로서 후계자로 지목되었다고 보고 있다(盧重國, 앞의 논문, pp.9-11).

짐승들 보호하니 그 은혜 천 산에 미쳤고

가축이나 물고기[16]에까지 어진 덕택 흡족하네

덧없이 가신[17] 성군이라고 말하지 말라

상방(上方)[18] 도솔천[兜率]엔 꽃피는 봄 한창이라네

---

16) 豚魚 : 돼지나 물고기. 돼지와 물고기에까지 흐뭇하게 했다니 그 은택의 깊음을 뜻한다.

17) 輕下世 : 갑작스레 세상을 떠난다는 뜻이다. 백제의 法王은 재위 1년만에 세상을 떠났다.

18) 上方 : 天上이란 말.

66. 寶藏奉老 普德移庵

高麗本記云 麗季武德貞觀間 國人爭奉五斗米敎 唐高祖聞之 遣道士送天尊像 來講道德經 王與國人聽之 卽第二十七代榮留王卽位七年 武德七年甲申也 明年遣使往唐 求學佛老 唐帝〈謂高祖也〉許之 及寶藏王卽位〈貞觀十六年壬寅也〉 亦欲倂興三敎 時寵相盖蘇文 說王以儒釋弁熾 而黃冠未盛 特使於唐求道敎

時普德和尙住盤龍寺 憫左道匹正 國祚危矣 屢諫不聽 乃以神力飛方丈 南移于完山州〈今全州也〉孤大山而居焉 卽永徽元年庚戌六月也〈又本傳云 乾封二年丁卯三月三日也〉 未幾國滅〈以總[1]章元年戊辰國滅 則計距庚戌[2]十九年矣〉 今景福寺有飛來方丈是也云云〈已上國史〉 眞樂公留詩在堂 文烈公著傳行世

又按唐書云 先是隋煬帝征遼東 有裨將羊皿 不利於軍 將死有誓曰 必爲寵臣滅彼國矣 及盖氏擅朝 以盖爲氏 乃以羊皿是之應也

又按[3]高麗古記云 隋煬帝以大業八年壬申 領三十萬兵 渡海來征 十年甲戌十月 高麗王〈時第三十六代嬰陽王立二十[4]五年也〉 上表乞降 時有一人 密持小弩於懷中 隨持表使 到煬帝船中 帝奉表讀之 弩

---

1) 總 : [正][品][斗][六] 揔(總과 동자). [浩] 總.
2) 戌 : [斗] 戍.
3) 按 : [正][晩][順][鶴] 桉. [品][斗][浩][六] 按.
4) 十 : [正] 판독미상. [晩][順][鶴][品][斗][浩][六] 十.

發中帝胸[5] 帝將旋師 謂左右曰 朕爲天下之主 親征小國而不利 萬代之所嗤[6] 時右相羊皿奏曰 臣死爲高麗大臣 必滅國 報帝王之讎

帝崩後 生於高麗 十五聰明神武 時武陽王聞其賢〈國史榮留王名建武 或云建成 而此云武陽 未詳〉 徵入爲臣 自稱姓盖名金 位至蘇文 乃侍中職也〈唐書云 盖蘇文自謂莫離支[7] 猶中書令 又按神誌秘詞序云 蘇文大[8]英弘序幷注 則蘇文乃職名 有文證 而傳云文人蘇英弘序 未詳孰是〉

金奏曰 鼎有三足 國有三敎 臣見國中 唯有儒釋 無道敎 故國危矣 王然之 奏唐請之 太[9]宗遣敍[10]達等道士八人〈國史云 武德八年乙酉 遣使入唐求[11]佛老 唐帝許之 據此則羊皿[12]自甲戌[13]年死 而托[14]生于此 則才年十餘歲矣 而云寵宰說王[15]遣請 其年月必有一誤 今兩存〉

王喜以佛寺爲道館[16] 尊道士 坐儒士之上 道士等行鎭國內有名山川 古平壤城勢新月城也 道士等呪勅南河龍 加築爲滿月城 因名龍堰城 作讖曰 龍堰堵 且云千年寶藏堵 或鑿破靈石〈俗云都帝嵓 亦云朝天石 蓋昔聖帝騎此石朝上帝故也〉 盖金又奏築長城東北西南 時男役女耕 役至十六年乃畢

及寶藏王之世 唐太[17]宗親統以六軍來征 又不利而還 高宗總章

---

5) 胸 : [正][品] 胷(胸과 동자). [斗][浩][六] 胸.
6) 嗤 : [正][品] 喳. [斗] 蚩. [浩][六] 嗤.
7) 支 : [正][晩][順][鶴] 攴. [品][斗][浩][六] 支.
8) 大 : [品] 人.
9) 太 : [正][晩][鶴] 大. [順] 太(가필). [品][斗][浩][六][民] 太.
10) 敍 : [品][浩] 叔. [史] 卷21 高句麗本紀 寶臧王 2年條에는 '叔'.
11) 求 : [正][晩][順][鶴] 永. [品][斗][浩][六][民] 求.
12) 皿 : [正][晩][順] 血. [鶴][品][斗][浩][六][民] 皿.
13) 戌 : 주 2)와 같음.
14) 托 : [品] 託.
15) 王 : [正] 主. [晩][順][鶴][品][斗][浩][六] 王.
16) 館 : [正][品][斗][六] 舘(館의 속자). [浩] 館.

元年戊辰 右相劉仁軌 大將軍李勣 新羅金仁問等 攻破國滅 擒王歸唐 寶藏王庶子率[18]四千餘家 投于新羅〈與國史少[19]殊 故并錄〉

大安八年辛未 祐世僧統到孤大山景福寺飛來方丈 禮普聖師之眞有詩云 涅槃方等教 傳受自吾師云云 至可惜飛房後 東明古國危跋云 高麗藏王 惑[20]於道敎 不信佛法 師乃飛房 南至此山 後有神人 現於高麗馬嶺 告人云 汝國敗亡無日矣 具如國史 餘具載本傳與僧傳

師有高弟十一人 無上和尙與弟子金趣等 創金洞寺 寂滅義融二師 創珍丘寺 智藪創大乘寺 一乘與心正大原等 創大原寺 水淨創維摩寺 四大與契育等 創中臺寺 開原和尙創開原寺 明德創燕口寺開心與普明亦有傳 皆如本傳

讚曰 釋氏汪洋海不窮 百川儒老盡朝宗 麗王可笑封沮洳 不省滄溟徙[21]臥龍

17) 太 : 주 9)와 같음.
18) 率 : [正] 率.
19) 少 : [正][晩][順][鶴] 小. [品][斗][浩][六][民] 少.
20) 惑 : [正][晩][順][鶴][品] 感. [斗][浩][六] 惑.
21) 徙 : [正][斗][六] 徒. [品][浩][民] 徙.

보장왕이 도교를 신봉하니 보덕이 절을 옮기다

고구려본기[高麗本記]에 다음과 같은 기록이 있다.[1]

「고구려 말기 무덕(武德)[2]·정관(貞觀)[3] 연간에 나라 사람들이 오두미교(五斗米敎)[4]를 다투어 신봉하였다. 당(唐)나라 고조(高祖)[5]가 이 소문을 듣고 도사(道士)를 파견하여 천존상(天尊像)[6]을 보내고 와서 『도덕경(道德經)』[7]을 강의하니 왕이 나라 사람들과 함께 들

---

1) 高麗本記云 : 高麗本記에서 인용하고 있는 「麗季武德貞觀間 國人爭奉五斗米敎」라는 기록은 [史] 高句麗本紀에는 보이지 않는다. 따라서 여기의 高麗本記는 『舊三國史』로부터 인용했을 가능성이 있다.

2) 武德 : 중국 唐 高祖 때의 연호(618-626).

3) 貞觀 : 중국 唐 太宗 때의 연호(627-649).

4) 五斗米敎 : 도교를 말한다. 後漢 말에 張道陵이 張角, 張修 세 사람을 중심으로 도교의 미신을 고취하였다. 특히, 장도릉은 蜀의 鳴鶴山에 들어가 선술을 닦고 秘書를 노자로부터 받았다고 하면서 14편의 책을 저술하였다. 符水, 禁呪의 법으로 병을 치료한다고 민중을 유혹하였다. 각각 五斗의 쌀을 내면 생계가 안락하다고 하여 희사하게 하였다. 이 때문에 오두미교라고 하는데, 신도가 36만명을 헤아렸다.

5) 唐高祖 : 565-635. 唐朝의 창시자. 재위 618-626. 본명은 李淵이며 자는 叔德이다. 617년 내란이 격화되어 양제가 있는 江都(揚州)가 고립되자 그곳의 호족들을 집결하여 거병하였고, 突厥의 도움을 받아 長安을 점령하고 양제의 손자 侑를 恭帝로 옹립하였다. 이듬해 양제가 살해된 후, 스스로 제위로 올라 연호를 武德으로 개원하고 수도를 長安으로 옮겼으며, 626년 아들 李世民에게 보위를 물려주었다. 『舊唐書』 卷1 本紀 高祖, 『新唐書』 卷1 本紀 高祖皇帝 참조.

6) 天尊像 : 도교에서는 老子를 太上老君, 眞君 등으로 부르는데, 그의 모습을 조각하여 天尊像으로 숭배하였다.

7) 道德經 : 중국의 사상가이며 도가철학의 시조인 老子가 지었다고 전해지는

었다.[8] 곧 제27대 영류왕(榮留王)[9] 즉위 7년, 무덕 7년 갑신(甲申, 624)의 일이었다. 이듬해 사신을 당나라에 보내 불교와 도교를 배우고자 청하니 당나라 황제〈고조를 말한다.〉가 이를 허락하였다.[10]

보장왕(寶藏王)[11]이 즉위하여〈정관 16년 임인(壬寅, 462)이다.〉 역시 3교(三敎)를 함께 흥하게 하려고 하였다. 그때 신임받던 재상 개소문(盖

책. 『老子』 또는 『老子道德經』이라고도 한다. 약 5000자, 81장으로 되어 있으며, 상편 37장의 내용을 「道經」, 하편 44장의 내용을 「德經」이라고도 한다. 노자가 지었다고는 하나, 한 사람이 쓴 것이라기보다는 오랜 기간 많은 변형과정을 거쳐 BC 4세기경에 지금과 같은 형태로 고정되었을 것으로 추정된다. 최근에 湖南省 長沙漢墓에서 출토된 白書老子와 索紞寫本道德經은 도덕경의 옛 형태를 엿볼 수 있는 중요한 자료이다. 원래 도덕경은 상·하로만 나누어졌을 뿐이지만 漢代에 들어와서 장·절로 나누어진 것으로 보인다.(車柱環, 『韓國의 道敎思想』, 同和出版公社, 1984)

8) 唐高祖聞之…王與國人聽之 : [史] 卷20 高句麗本紀 榮留王 7年 春2月條에 「王遣使如唐 請班曆 遣刑部尙書沈叔安 策王爲上柱國遼東郡公高句麗王 命道士以天尊像及道法 往爲之講老子 王及國人聽之」라고 하였다.

9) 榮留王 : ?-642. 고구려의 제27대 왕. 재위 618-642. 嬰陽王의 이복동생으로 嬰陽王이 죽은 뒤에 왕위를 계승하였다. [遺] 卷1 王曆, [史] 卷20 高句麗本紀 榮留王條 참조.

10) 麗季武德…許之 : 榮留王代의 唐을 통한 道敎수입에 대한 내용은 [史] 卷20 高句麗本紀 榮留王 7年과 8年條에 나와 있다. 이때 들어온 도교의 성격은 확실하지 않으며 그에 관계된 사료 또한 충분하지 않으나 위의 내용을 통해 보았을 때 天尊像을 보내온 것은 도교의 의식적인 측면의 전래이고, 『道德經』 강론의 사실은 도교의 사상적 측면의 전래라고 할 수 있다. 따라서 이때 받아들인 도교는 그 형식과 내용이 모두 갖추어진 형태인 것으로 추정된다.(李乃沃, 「淵蓋蘇文의 執權과 道敎」, 『歷史學報』 99·100合, 1983, p.73)

11) 寶藏王 : ?-682. 고구려의 제28대 마지막 왕. 재위 642-668. 이름은 藏, 臧 또는 寶臧, 寶藏이다. 나라를 잃은 까닭에 시호는 없다. 榮留王의 동생인 太陽王의 아들로 영류왕 25년(642)에 淵蓋蘇文의 정변을 통해 옹립되었다. 668년 고구려의 멸망 후, 唐나라로 잡혀가 당나라로부터 司平大常伯員外同正에 임명되었다. 677년에는 요동지방 전체를 지배하는 요동도독조선군왕에 임명되었으나, 이 후 고구려 유민을 규합하고 말갈과 내통하여 고구려 부흥을 도모하다가 발각되어 681년 邛州(四川省 邛峽)로 유배되었으며, 682년경 사망 후 衛尉卿으로 추증되었다. [遺] 卷1 王曆, [史] 卷21 高句麗本紀 寶臧王條 참조.

蘇文)[12]이 왕에게 권고하기를 유교와 불교는 함께 성하나 도교[黃冠][13]는 성하지 못하니 특별히 당나라에 사신을 보내 도교를 구하자고 하였다.[14]

그때 보덕(普德)[15] 화상은 반룡사(盤龍寺)[16]에 있으면서 좌도(左道)[17]가 정도[正]에 맞서면 국운이 위태로울 것을 걱정하여 여러 차례 [왕에게] 간했으나 듣지 않았다. 이에 [그는] 신통력으로 방장(方丈)[18]을 날려 남쪽의 완산주(完山州)〈지금의 전주(全州)이다.〉 고대산(孤大山)[19]으로 옮겨가서 살았다. 곧 영휘(永徽)[20] 원년 경술(庚戌, 650) 6월이었다.〈또 본전(本傳)에서는 건봉(乾封)[21] 2년 정묘(丁卯, 667) 3월 3일이라

---

12) 盖蘇文 : 淵蓋蘇文. ?-665 혹은 666. 고구려 말기의 재상 및 장군. 蓋金, 盖金이라고도 하며, 『日本書紀』에는 伊梨柯須彌로 기록되어 있다. 그의 성씨에 대하여 중국측 기록에는 '泉' 또는 '錢'이라고 하였는데 이는 唐 高祖의 避諱인 것으로 추측된다. 642년 정변을 일으켜 榮留王을 시해하고 寶臧王을 세운 후, 스스로 大莫離支가 되어 대권을 장악한 후 독재정치를 시행하였다. 寶臧王 2년(642)에 당나라에 사자를 보내 도교를 받아들였다. [史] 卷49 列傳 蓋蘇文條 참조.

13) 黃冠 : 道士의 冠, 즉 道士를 말한다.

14) 時寵相蓋蘇文…唐求道教 : 이와 같은 내용이 [史] 卷21 高句麗本紀 寶臧王 2年條에 보인다.

15) 普德 : 생몰년 미상. 고구려 寶臧王 때의 승려. 자는 智法이며 龍岡縣에서 태어났다. 그에 대한 상세한 기록은 없으나 元曉와 義湘이 그에게서 『涅槃經』 등의 講經을 수강했다고 하는 것으로 보아 당시의 사상계에서 차지하는 비중이 상당했던 것으로 보인다. 그의 행적에 대한 기록은 [遺] 卷4 塔像 高麗靈塔寺條, 『東國李相國集』, 『大覺國師文集』에 있다.(盧鏞弼, 「普德의 思想과 生涯」, 『韓國上古史學報』 2, 1989, pp.119-120)

16) 盤龍寺 : 평안남도 용강군에 있는 절.

17) 左道 : 부정한 道, 邪道, 邪教를 가리킨다.

18) 方丈 : 維摩居士의 居室이 一丈四方이었음에 연유하여 寺院을 가리키는데 사용된다.

19) 孤大山 : 전라북도 완주군 구이면 평촌리에 있는 산. [勝覽]에는 '高達山'이라고 하였다.

20) 永徽 : 중국 唐 高宗 때의 연호(650-655).

고 하였다.〉 [그후] 얼마되지 않아 나라가 망하였다.〈총장(總章)22) 원년 무진(戊辰, 668)에 나라가 망했으니, 경술년과는 19년의 간격이 있다.〉 지금 경복사(景福寺)23)에 비래방장(飛來方丈)이 있다고 한 것이 이것이다.」〈이상은 『국사(國史)』이다.〉

진락공(眞樂公)24)이 남긴 시가 [그] 당(堂)에 남아 있고, 문열공(文烈公)25)은 [그의] 전기를 지어 세상에 전하였다.

또 『당시(唐書)』를 살펴보면 다음과 같다.

「이보다 먼저 수(隋)나라 양제(煬帝)26)가 요동(遼東)을 정벌할 때

---

21) 乾封 : 중국 唐 高宗 때의 연호(666-667).

22) 總章 : 중국 唐 高宗 때의 연호(668-669).

23) 景福寺 : 전라북도 완주군 구이면 평촌리 高達山에 있는 절. 백제 義慈王 10년(650)에 고구려의 普德和尙이 盤龍寺에서 옮겨왔다고 하여 飛來方丈이라고도 하였다. 창건 후 元曉와 義湘이 이곳에서 『涅槃經』과 『維摩經』을 배웠으며, 보덕의 진영이 고려 때까지 봉안되어 있었다. 1424년 4월 나라에서 사원에 대한 승려의 수와 토지의 결수를 결정할 때 이 절은 敎宗의 소속이 되었으며 폐사연대는 알 수 없다.

24) 眞樂公 : 고려 李資玄(1061-1125)의 시호. 李資玄의 본관은 仁州이고, 자는 眞靖이며, 호는 息庵·淸平居士·希夷子이다. 李子淵의 손자이며 李顗의 맏아들이다. 1089년 과거에 급제하여 大樂署丞이 되었으나 관직을 버리고 춘천의 淸平山에 들어가서 아버지가 세웠던 普賢院을 文殊院이라고 고치고 堂과 암자를 지어 생활하였다. [麗史] 列傳 卷8·40 참조.

25) 文烈公 : 고려 金富軾(1075-1151)의 시호. 金富軾의 본관은 경주이고, 자는 立之이며, 호는 雷川이다. 신라왕실의 후예로 신라 멸망기에 그의 증조부인 魏英이 太祖에게 귀의하여 경주지방의 행정을 담당하는 州長에 임명되었고, 그의 가문이 중앙정계에 진출하기 시작한 것은 그의 아버지 覲때부터였다. 1096년 과거에 급제하여 安西大都護府의 司祿과 參軍事를 거쳐 直翰林에 발탁된 후, 20여 년동안 한림원 등의 文翰職에 종사하였다. 정치가로서의 활동은 李資謙의 난을 거친 후 재상으로 승진한 때부터 은퇴한 1140년까지에 이루어졌다. 『睿宗實錄』·『仁宗實錄』과 [史]의 편찬을 주도하였다. 1153년에 中書令에 추증되었으며 인종 廟廷에 배향되었다.([麗史] 列傳 卷11)

26) 煬帝 : 569-618. 재위 604-616. 文帝의 둘째 아들. 성은 楊이고 諱는 廣이며 별명은 英이다. 581년 부친의 즉위와 함께 晋王이 되어 변방수비를 맡았으며 586

양명(羊皿)[27]이라는 비장(裨將)이 있었다. 전세가 불리하여 죽게 되자 [그는] 맹세하기를, "[내] 반드시 총신(寵臣)이 되어서 저 나라를 멸망시킬 것이다"고 하였다. 개(盖)씨가 조정을 전횡하게되자 개(盖)를 성으로 하였으니, 곧 양명(羊皿)이 이에 부합된다.[28]」

또 고구려고기[高麗古記]에는 다음과 같은 기록이 있다.

「수나라 양제가 대업(大業) 8년 임신(壬申, 612)에 30만 명의 군사를 거느리고 바다를 건너서 쳐들어왔다. 10년 갑술(甲戌, 614) 10월에 고구려왕〈이때는 제36대 영양왕(嬰陽王) 즉위 25년이었다.〉이 글을 올려 항복을 청하였다. 그때 어떤 한 사람이 몰래 작은 활을 가슴 속에 감추고 표문을 가져가는 사신을 따라 양제가 탄 배 안에 이르렀다. 양제가 표문을 들고 읽을 때 활을 쏘아 양제의 가슴을 맞혔다. 양제가 군사를 돌이켜 세우려 하다가 좌우에게 말하기를, "내가 천하의 주인으로서

년 陳을 쳐서 중국통일을 달성하였다. 604년 즉위 후, 洛陽에 東都를 건설하여 지방의 富商을 집결하였으며, 대운하를 건설하여 남과 북을 연결하였다. 609년 吐谷渾을 토벌하여 서역으로의 길을 열었고, 활발한 정복활동을 통해 남방으로도 진출하였다. 612년 이후 여러 차례 고구려 원정을 감행하였으나 모두 실패하였고, 613년 楊玄感의 반란을 계기로 전국이 혼란에 빠져 618년 宇文化及이 이끄는 병사에게 살해되었다. 『隋書』 卷3 帝紀3 · 卷4 帝紀4 참조.

27) 羊皿 : 淵蓋蘇文의 이름인 '盖'자를 염두에 두고 만들어진 가상의 인물로 추정된다.

28) 以盖爲氏…是之應也 : 淵蓋蘇文의 이름에 대하여 [史] 卷49 列傳 蓋蘇文條에서는 蓋蘇文 혹은 蓋金이며 성은 泉씨라고 하였는데, 『舊唐書』 · 『新唐書』 · 『資治通鑑』에서도 이러한 예를 볼 수 있다. 그의 성을 泉씨라고 한 것은 唐 高祖의 避諱때문인 것으로 보인다. 신라의 통일기에는 佛家와 陰陽家들 사이에서는 轉生說에 얽혀서 보복하는 설화를 잘 꾸며냈는데, 이러한 예는 [遺] 卷1 紀異 金庾信條에서도 볼 수 있다. 여기에서는 연개소문의 전생을 '唐書'와 '高麗古記'라는 애매한 전거로 밝히고 있다. 이는 연개소문을 흔히 盖金이라고 부른데서 '盖'를 姓으로 보고 이것을 '羊皿'의 두 글자로 풀이하여 지어낸 설화로서 고려시대의 소산인 듯하다는 견해가 있다.(李弘稙, 「高句麗秘記考」, 『韓國古代史의 硏究』, 신구문화사, 1971, p.272)

작은 나라를 친히 정벌하다가 이기지 못했으니 만대의 웃음거리가 되었구나!"라고 하였다. 이때 우상(右相) 양명이 아뢰기를, "신이 죽어 고구려의 대신이 되어서 반드시 [그] 나라를 멸망시켜 황제의 원수를 갚겠습니다"고 하였다.

황제가 죽은 후 [양명은] 고구려에 태어나서 15세에 총명하고 신무(神武)하였다.[29] 그때 무양왕(武陽王)[30]이 그가 현명하다는 소문을 듣고〈『국사』에는 영류왕의 이름이 건무(建武) 혹은 건성(建成)이라고도 하는데, 여기에서는 무양(武陽)이라고 하니 잘 알 수 없다.〉 불러들여 신하로 삼았다. [그는] 스스로 성을 개(盖)라고 하고 이름을 금(金)이라고 하였는데, 지위가 소문(蘇文)에 이르렀으니, 곧 시중(侍中)의 직이다.〈『당서』에는 「개소문이 스스로 막리지(莫離支)[31]라고 했으니, 중서령(中書令)과 같다」고 하였다. 또 『신지비사(神誌秘詞)』[32]의 서문에는 「소문(蘇文) 대영홍(大英弘)이 서문과 아울러 주석하다」고 했으니, 즉, 소문이 곧 직명인 것은 문헌으로 증명되지만, 전기에 이르기는 「문인(文人) 소영홍(蘇英弘)의 서문」이라고 하였으니, 어느 것이 옳은지 알

29) 神武 : 사람의 지혜로는 생각할 수 없는 武勇.

30) 武陽王 : 고구려의 榮留王을 말한다. [史]에는 영류왕의 이름이 建武 또는 建成이라고 하였을 뿐 이 이름은 보이지 않는다.

31) 莫離支 : 고구려의 최고관직. 6세기 후반경에 國事를 총괄하는 관직으로 성립되었으나, 淵蓋蘇文의 집권 이후 고구려의 정치·군사 양권을 장악하고 국정을 전담하는 최고의 관직이 되었다. 莫離支에 대한 최초의 기록은 貞觀 16년(642)에 연개소문이 榮留王을 시해하고 王弟의 아들을 옹립하여 고구려 정권을 장악한 후 스스로 막리지가 되었다는 『資治通鑑』 卷196 唐紀12의 내용이다. 막리지에 대해서는 당시 고구려 관위의 첫번째 서열에 해당하는 大對盧와 동일한 것으로 파악하는 견해(李弘稙, 「淵蓋蘇文에 對한 若干의 存疑」, 『李丙燾博士華甲記念論叢』, 1956, pp.85-87)와 2위인 太大兄으로 보는 견해(林起煥, 「6·7세기 高句麗 政治勢力의 動向」, 『韓國古代史硏究』 5, 1992, pp.31-32. 전경옥, 「淵蓋蘇文 執權期의 莫離支體制 硏究」, 『白山學報』 46, 1996, p.84)가 있다.

32) 神誌秘詞 : 어떠한 책인지 자세히 알 수 없다.

수 없다.〉

개금[金][33]이 [왕에게] 아뢰기를, "솥에는 세 발이 있고, 나라에는 3교가 있어야 합니다. 신이 보니 나라 안에 다만 유교와 불교가 있을 뿐 도교가 없으므로 나라가 위태롭습니다"[34]고 하였다. 왕이 이를 옳게 여겨 당나라에 요청하였더니 태종(太宗)이 서달(敍達)[35] 등 도사 여덟 명을 보냈다.〈『국사』에는 「무덕 8년 을유(乙酉, 625)에 사신을 당나라에 보내 불교와 도교를 청하니 당나라 황제가 이를 허락하였다」고 하였다. 여기에 의하면, 양명이 갑술년(甲戌年, 614)에 죽어서 이곳에 태어났다면, 나이가 겨우 10여 세일 것인데, 재상으로서 왕에게 권고하여 사신을 보내 청했다고 하였으니, 그 연월에 반드시 한 군데는 틀린 것이 있을 것이지만, 지금 두 기록을 다 남겨둔다.〉

왕이 기뻐하여 절을 도관(道館)으로 삼고, 도사를 높여 유사(儒士) 위에 앉게 하였다. 도사들은 국내의 유명한 산천을 다니면서 진압하였다. 옛 평양성(平壤城)의 지세는 신월성(新月城)이었는데, 도사들은 주문으로 남하(南河)의 용에게 명하여 [성을] 더 쌓게 하여 만월성(滿月城)으로 만들었다. 이로 인하여 이름을 용언성(龍堰城)이라고 하고,[36] 참서[讖]를 지어 용언도(龍堰堵)라고 하고, 또 천년보장도

---

33) 金 : 盖金. 淵蓋蘇文을 가리킨다.

34) 鼎有三足…故國危矣 : 삼국시대 말기의 삼국에서는 상류층 지식인 사회에서 儒佛仙사상이 똑같이 존중된 일종의 '三家兼修' 현상이 주목된다. 그 예로 신라 眞平王代의 고승 圓光이 도가와 유학을 섭렵했다([遺] 卷4 義解 圓光西學條)는 것과 金仁問은 유가와 함께 노장과 불가를 겸섭했다([史] 卷44 列傳 金仁問條)는 것을 들 수 있다.(鄭璟喜, 「三國時代 道敎의 硏究」, 『國史館論叢』 21, 1991, pp.134-135)

35) 敍達 : [史]에는 '叔達'이라고 하였다.([史] 卷21 高句麗本紀 寶臧王 2年條)

36) 古平壤城…名龍堰城 : 고려시대에 들어서 睿宗 11년경(1116)에 陰陽家들의 延基說에 의하여 平壤의 舊宮 일각에 龍堰宮 또는 龍德宮을 지었다는 것으로 보아 이 내용은 고려시대의 소산이라는 견해가 있다.(李弘稙, 앞의 논문, 1971, p.272)

(千年寶藏堵)라고도 하였으며, 혹은 영석(靈石)을 파서 깨뜨리기도 하였다.〈속설에 도제암(都帝嵓)이라고 하고, 또는 조천석(朝天石)이라고도 하는데, 대개 옛날에 성제(聖帝)가 이 돌을 타고 상제(上帝)에게 조회하였기 때문이다.〉

개금이 또 아뢰어 동북 서남에 장성(長城)[37]을 쌓게 했는데, 이때 남자들은 부역에 나가고 여자들은 농사를 지었다. 공사는 16년만에야 끝났다.

보장왕시대에 이르러 당나라 태종이 친히 6군을 거느리고 와서 치다가[38] 또 이기지 못하고 돌아갔다. 고종(高宗) 총장(總章) 원년 무진(戊辰, 668)에 우상(右相) 유인궤(劉仁軌)와 대장군(大將軍) 이적(李勣)과 신라 김인문(金仁問) 등이 침공하여 나라를 멸망시키고 왕을 사로잡아 당나라로 돌아가니 보장왕의 서자(庶子)[39]는 4천여 가

---

37) 長城 : 千里長城을 말한다. [史]에는 고구려 榮留王 14년에 왕이 민중을 동원하여 장성을 쌓았는데, 동북은 扶餘城(지금의 長春 부근)에서 동남은 해변에까지 천여 리나 되었다고 한다. 626년 唐太宗의 즉위와 함께 대당관계가 악화되자, 고구려는 당나라의 침략에 대비하기 위해 영류왕 14년(631)부터 천리장성을 축조하기 시작하여 寶臧王 6년(647)까지 16년동안 건설하였다. 본문에는 淵蓋蘇文의 주청으로 천리장성이 축조되었다고 하였으나, [史] 卷20 高句麗本紀 榮留王 25年條에는 영류왕의 명으로 연개소문이 그 공사를 감독하였다고 한다.

38) 唐太宗親統以六軍來征 : 唐 太宗은 재위 3년(644) 11월에 李勣을 遼道行軍大摠管으로, 張亮을 平壤道行軍大摠管으로 하여 고구려를 침공하였다.

39) 寶藏王庶子 : 安勝으로 추정된다. 報德國王 安舜이라고도 한다. 淵淨土의 아들, 또는 寶臧王의 서자 혹은 외손자라고도 한다. 고구려 멸망 후 서해의 史冶島에 피신하여 있다가 670년 고구려 부흥운동을 일으킨 劍牟岑에 의해 추대되어 漢城(황해도 재령 부근)에서 왕으로 즉위하였다. 唐軍의 압박을 받게 되자 이에 대처하는 방법을 둘러싸고 검모잠과 대립하게 되면서 그를 죽이고 무리를 이끌어 신라로 투항하였다. 이후 신라는 안승집단을 金馬渚(익산군 금마면)로 안치하고 文武王 14년(674) 報德國王으로 봉하였으며, 문무왕 20년(680)에는 문무왕의 질녀를 아내로 주었다. 문무왕 23년(683)에 경주로 초청되어 蘇判의 관등과 김씨 성을 부여받고 수도에 거주하게 되면서 그의 근거지인 보덕국

(家)를 거느리고 신라에 항복하였다.」〈『국사』와 조금 다르므로 아울러 기록한다.〉

대안(大安)[40] 8년 신미(辛未, 1091)에 우세승통(祐世僧統)[41]이 고대산 경복사 비래방장에 이르러 보덕 성사의 진영을 뵙고 시를 남겼는데, 「열반방등(涅槃方等)[42]의 교는 우리 스님으로부터 전수하였다」고 운운하다가 「애석하구나, 방장[房]을 날려온 후에는 동명왕[東明]의 옛나라 위태로와졌네」[라는 구절에] 와서 발문[跋]에 다음과 같이 말하였다.

「고구려의 보장왕이 도교에 혹하여 불법을 믿지 않으므로 스님은 방을 날려 남쪽으로 이 산에까지 왔다. 후에 신인(神人)이 고구려 마령(馬嶺)에 나타나서 사람들에게 "너희 나라가 망할 날이 며칠 남지 않았다"고 고하였다.」

[이것은] 모두 『국사』와 같고 [그] 나머지는 본전(本傳)과 『승전

과 격리된 채 신라의 중앙귀족이 되었다. 보덕국은 684년 그 주민들이 반란을 기도하다가 진압되어 소멸하였다.(盧泰敦, 「高句麗遺民史硏究」, 『韓沽劤博士停年紀念史學論叢』, 지식산업사, 1981)

40) 大安 : 중국 遼 道宗 때의 연호(1085-1094).

41) 祐世僧統 : 고려의 大覺國師 義天(1055-1101)의 僧號. 대각국사는 그의 시호이다. 그는 天台宗을 창종하였고, 성은 王氏이며, 이름은 煦, 호는 祐世, 시호는 大覺國師이다. 文宗의 넷째 아들로 태어나 1065년에 景德國師를 은사로 출가하여 靈通寺에서 공부하다가 佛日寺에서 具足戒를 받았다. 1067년 문종에게서 祐世라는 호와 함께 僧統의 직책을 수여받았다. 1085년 宋나라로 유학가 1086년 귀국한 뒤 興王寺의 주지가 되어 천태교학을 정리하였고 여기에서 『高麗續藏經』을 간행하였다. 1097년에 國淸寺가 완성되자 1대 주지가 되어 천태교학을 강의하였고, 천태종을 개립하였다. 그의 문하에서는 教雄·澄儼 등 160여 고승이 배출되어 고려불교의 발전에 큰 공헌을 하였다.(趙明基, 「高麗大覺國師와 天台思想」, 『朴吉眞博士華甲記念韓國佛教史』, 圓光大學校出版局, 1975)

42) 方等 : 大乘經典의 총칭. 方正, 平等의 뜻이다.

(僧傳)』에 자세히 기록되어 있다.

스님에게는 11명의 고명한 제자가 있었다. 무상(無上)[43] 화상은 자 김취(金趣)[44] 등과 함께 금동사(金洞寺)[45]를 세웠고, 적멸(寂滅)[46]과 의융(義融)[47] 두 스님은 진구사(珍丘寺)[48]를 세웠으며, 지수(智藪)[49]는 대승사(大乘寺)[50]를 세웠고, 일승(一乘)[51]은 심정(心正)[52]·대원(大原)[53] 등과 함께 대원사(大原寺)[54]를 세웠으며, 수정(水淨)[55]은 유마사(維摩寺)[56]를 세웠고, 사대(四大)[57]는 계육(契育)[58] 등과 함께 중대사(中臺寺)[59]를 세웠으며, 개원(開原)[60] 화상은 개원사(開原寺)[61]를 세웠고, 명덕(明德)[62]은 연구사(燕口寺)[63]를 세웠다. 개

---

43) 無上 : 普德의 11제자 중 한 사람. 자세한 事蹟은 알 수 없다.
44) 金趣 : 金洞寺의 창건을 도운 인물. 자세한 事蹟은 알 수 없다.
45) 金洞寺 : 평안남도 안주군 오도산에 있는 절.
46) 寂滅 : 普德의 11제자 중 한 사람. 자세한 事蹟은 알 수 없다.
47) 義融 : 普德의 11제자 중 한 사람. 자세한 事蹟은 알 수 없다.
48) 珍丘寺 : 전라북도 임실군에 있는 절.
49) 智藪 : 普德의 11제자 중 한 사람. 자세한 事蹟은 알 수 없다.
50) 大乘寺 : 경상북도 문경군 산북면 전두리 四佛山에 있는 절.
51) 一乘 : 普德의 11제자 중 한 사람. 자세한 事蹟은 알 수 없다.
52) 心正 : 大原寺의 창건을 도운 인물. 자세한 事蹟을 알 수 없다.
53) 大原 : 大原寺의 창건을 도운 인물. 자세한 事蹟은 알 수 없다.
54) 大原寺 : 전라북도 전주 서남쪽으로 30리 되는 무악산에 있던 절.
55) 水淨 : 普德의 11제자 중 한 사람. 자세한 事蹟은 알 수 없다.
56) 維摩寺 : 전라북도 정읍군 칠보산에 있던 절.
57) 四大 : 普德의 11제자 중 한 사람. 자세한 事蹟은 알 수 없다.
58) 契育 : 中臺寺의 창건을 도운 인물. 자세한 事蹟은 알 수 없다.
59) 中臺寺 : 전라북도 진안군 성산에 있던 절.
60) 開原 : 普德의 11제자 중 한 사람. 자세한 事蹟은 알 수 없다.
61) 開原寺 : 충청북도 단양군 금수산에 있던 절.
62) 明德 : 백제의 유민으로 보이며, 李奎報의 『東國李相國集』 卷23 南行月日記에 「弟子明德曰 全州高達山 是安住不動之地 乾封二年丁卯三月三日 弟子開戶出見 卽堂已移於高達山 距盤龍一千餘里也」라고 한 구절로 보아 舊百濟지

심(開心)[64]과 보명(普明)[65]도 전기가 있는데, 모두 본전과 같다.

찬한다.

불교는 넓고 넓어[66] 끝없는 바다
백 갈래 하천 같은 유교와 도교 이를 조종(朝宗)[67]삼는다
가소롭다. 고구려왕은 웅덩이[沮洳][68]만을 봉하고
와룡(臥龍)[69]이 바다로 옮길 줄을 몰랐구나

역인 고달산 경복사로 이주처를 정하고 주선한 제자로 추정된다.(盧鏞弼, 앞의 논문, p.133)

63) 燕口寺 : 明德이 지은 절로 전주 부근 또는 전라도 지방에 있을 것으로 추정되나, 자세한 위치는 알 수 없다.(盧鏞弼, 앞의 논문, p.135)

64) 開心 : 普德의 11제자 중 한 사람. 자세한 事蹟은 알 수 없다.

65) 普明 : 普德의 11제자 중 한 사람. 자세한 事蹟은 알 수 없다.

66) 汪洋 : 水勢가 넓고 큰 모양.

67) 朝宗 : 江河가 바다로 흐르는 것을 말하니 제후가 천자에게 朝見함을 비유하는 말이다.

68) 沮洳 : 沮澤과 같은 말. 水浸地, 下濕地를 가리킨다.

69) 臥龍 : 장차 風雲造化를 일으킬 초야에 숨은 큰 인물을 가리킨다.

67. 東京興輪寺金堂十聖

東壁坐庚向泥塑 我道 厭[1]髑 惠宿 安含 義湘 西壁[2]坐甲向泥塑 表訓 蛇[3]巴 元曉 惠空 慈藏

---

1) 厭 : [正][晩][斗] 猒. [鶴][品] 猒(厭과 동자). [浩][六] 厭.
2) 壁 : [六] 璧.
3) 蛇 : [正][品][斗][六] 虵(蛇의 속자). [浩] 蛇.

동경[1] 흥륜사 금당의 10성인[2]

동쪽 벽에 앉아 서쪽으로 향한[3] 소상은 아도(我道)[4]·염촉(厭

1) 東京 : 慶州를 말한다. 「東京留守官 慶州 本新羅古都」([麗史] 卷57 地理2). 「歌曰 東京明期月良…」([遺] 卷2 紀異 處容郎 望海寺條). 「禪師俗姓金氏 東京御里人也」(「神行禪師碑」, 『朝鮮金石總覽』 上, p.114).
2) 十聖 : 10명의 성자. 10명의 수는 佛陀의 10대 제자에 따른 것이라고 하였다. (金煐泰, 「新羅十聖攷」, 『한국학연구』 2, 동국대한국학연구소, 1977)
3) 庚向 : 庚은 서방을 말한다. 즉 陰陽五行說에 따르면 甲·乙은 木, 丙·丁은 火, 戊·己는 土, 庚·辛은 金, 壬·癸는 水에 해당됨으로 이는 東·南·中·西·北에 배대된다.
4) 我道 : 신라불교의 전래자. 阿道, 阿度, 阿頭 등으로도 표기된다. [遺] 卷3 興法 阿道基羅條 주석 16) 참조. [史]와 [遺] 등의 기록에 공통점이 있으면서도 그 연대 설정에 상반되는 점이 있다. 먼저 공통점은 고구려로부터 온 墨胡子와 我道의 행적과 그 행세가 거의 같다는 점이다. [史] 卷4 新羅本紀 法興王 15年(528)條의 내용을 약기하면 다음과 같다. 「처음으로 불법을 公行하도록 하였다. 이보다 먼저 訥祇王(417-458) 때 沙門 묵호자가 고구려로부터 一善郡(善山)에 이르러 郡人 毛禮의 집에 窟室을 만들어 있게 하였는데, 이때 梁나라에서 사신을 파견하여 의복과 香을 보내왔으나, 그 이름과 用處를 알지 못하여 널리 국내에 그 사용법을 물었더니 묵호자가 이를 보고 그 명칭과 용처를 알려주었으며, 마침 王女의 병을 고쳐주고 어디론가 사라졌다. 그리고 毘處王(炤知王, 479-500) 때도 아도 화상이 侍者 3인과 一善郡 毛禮의 집에 왔는데, 그 儀表가 묵호자와 같았다고 하였으며, 몇 해를 살다가 병도 없이 죽었다.」 이와 함께 [遺] 卷3 興法 阿道基羅條의 내용도 위의 내용을 인용한 후 다음과 같이 一然의 견해를 덧붙였다. 「아도가 고구려를 떠나 신라로 온 것은 마땅히 눌지왕 때였을 것이다. 또 王女의 병을 고친 것은 아도가 한 일이라고 전하니, 소위 墨胡란 것은 참 이름이 아니요, 그저 그를 지목해서 부른 말일 것이다. 이것은 梁나라 사람이 達磨를 가리켜 碧眼胡라 하고, 晉나라에서 스님 道安을 조롱하여 漆道人이라고 한 것과 같은 것이니, 아도는 높은 행동으로 세상을 피하면서 자기 성명을 말하지 않은 때문이다. 대개 나라 사람들은 들은 바에 따

髑)[5]・혜숙(惠宿)[6]・안함(安含)[7]・의상(義湘)[8]이요, 서쪽 벽에 앉아 동쪽으로 향한[9] 소상은 표훈(表訓)[10]・사파(蛇巴)[11]・원효(元曉)[12]・혜공(惠空)[13]・자장(慈藏)[14]이다.

라서 墨胡니 阿道니 하는 두 가지 이름을 만들어서 전했을 것이다. 더구나 아도는 겉모습이 묵호와 같다고 하니 이 말로도 한 사람임을 알 수가 있다.」

5) 厭髑 : 異次頓을 말한다. [遺] 卷3 興法 原宗興法 厭髑滅身條 참조.

6) 惠宿 : 신라 眞平王 때의 神僧. [遺] 卷4 義解 二惠同塵條 참조.

7) 安含 : 신라 때의 고승. 성은 김씨. 眞平王 22년(600) 惠宿과 함께 중국으로 가다가 풍랑을 만나 돌아왔으나, 재차 중국의 사신과 함께 들어가서 불교의 玄義를 5년간 배우고 605년 于闐國 사문 毘摩眞諦 등과 함께 귀국하였다.『海東高僧傳』卷2 釋安含條에 인용된 바와 같이 '崔致遠所撰義相傳'의 安弘이 胡僧 毘摩羅 등 2인과 眞興王 37년(576) 귀국하여『楞伽經』과『勝鬘經』, 그리고 불사리를 바치고 있으나 그 연대가 相距하여 의심을 표하였다. 따라서 안함과 안홍이 동일인인지는 아직 단정할 수 없다.(『海東高僧傳』卷2 釋安含條)

8) 義湘 : 625-702. 신라 때의 고승. 우리 나라 화엄종의 開祖. [遺] 卷4 義解 義湘傳敎條 참조.

9) 甲向 : 五行의 甲・乙인 東方 木에 해당된다.

10) 表訓 : 신라 華嚴宗의 고승. [遺] 卷2 紀異 景德王 忠談師 表訓大德條 참조.

11) 蛇巴 : 신라 때 이적을 남긴 성자. 蛇福, 蛇童, 蛇卜, 蛇伏이라고도 한다. [遺] 卷4 義解 蛇福不言條 참조.

12) 元曉 : 617-686. 신라 통일기인 7세기의 고승. [遺] 卷4 義解 元曉不羈條 참조.

13) 惠空 : 신라 善德王 때의 神僧. [遺] 卷4 義解 二惠同塵條 참조.

14) 慈藏 : 신라 때의 고승. [遺] 卷4 義解 慈藏定律條 참조.

三國遺事 卷第三

塔像 第四

塔像 第四[1)]

68. 迦葉佛宴坐石

玉龍集及慈藏傳 與諸家傳紀皆云 新羅月城東 龍宮南 有迦葉佛宴坐石 其地卽前佛時伽藍之墟也 今皇龍寺之地 卽七伽藍之一也 按國史 眞興王卽位十四 開國三年癸酉二月 築新宮於月城東 有皇龍現其地 王疑之 改爲皇龍寺 宴坐石在佛殿後面 嘗一謁焉 石之高可五六尺 來圍僅三肘 幢立而平頂 眞興創寺已來 再經災火 石有拆[2)]裂處 寺僧貼鐵爲護 乃有 讚曰 惠日沈輝不記年 唯餘宴坐石依然 桑田幾度成滄海 可惜巍然尙未遷 旣而西山大兵已後 殿塔煨燼 而此石亦夷沒 而僅與地平矣

按阿含經 迦[3)]葉佛是賢劫第三尊也 人壽二萬歲時 出現於世 據此以增減法計之 每成劫初 皆壽無量歲 漸減至壽八萬歲時 爲住劫之初 自此又百年減一歲 至壽十歲時 爲一減 又增至人壽八萬歲時 爲一增 如是二十減二十增 爲一住劫 此一住劫中 有千佛出世 今

---

1) 塔像 第四 : [正][晩][鶴] 塔像. [品][斗][浩][六][民] 塔像第四. 목판본 등 원문의 卷次에서는 三國遺事 卷第三 '興法第三'에 이어 三國遺事 卷第四 '義解第五'로 되어 있는 전후 관계로 볼 때 '塔像' 다음에 '第四' 2자가 결실된 것으로 짐작된다.

2) 拆 : [品][浩][民] 坼. '拆'과 '坼'은 동일.

3) 迦 : [正] 伽. [品][斗][浩][六] 迦.

本師釋迦是第四尊也 四尊皆現於第九減中 自釋尊百歲壽時 至迦葉佛二萬歲時 已得二百萬餘歲 若至賢劫初第一尊拘留孫佛時 又幾萬歲也 自拘留孫佛時 上至劫初無量歲壽時又幾何也 自釋尊下至于今至元十八年辛已歲 已得二千二百三十矣 自拘留孫佛 歷迦葉佛時 至于今 則直幾萬歲也

有本朝名士吳世文 作歷代歌 從大金貞祐七年已卯 逆數至四萬九千六百餘歲 爲盤古開闢戊寅 又延禧宮錄事金希寧所撰大一曆[4]法 自開闢上元甲子 至元豊甲子 一百九十三萬七千六百四十一歲 又纂古圖云 開闢至獲麟 二百七十六萬歲 按諸經 且以迦葉佛時至于今 爲此石之壽 尚距於劫初開闢時爲兒子矣 三家之說 尚不及玆兒石之年 其於開闢之說 疎[5]之遠矣

---

4) 曆 : [正][晩][順][斗][六] 歷. [鶴][品][浩][民] 曆.
5) 疎 : [正] 踈(疎의 와자).

탑상 제4

가섭불의 연좌석[1)]

『옥룡집(玉龍集)』[2)]과 자장전(慈藏傳)[3)]과 제가(諸家)의 전기에는 모두 이르기를, 「신라의 월성(月城) 동쪽 용궁의 남쪽에는 가섭불(迦葉佛)[4)]의 연좌석(宴坐石)[5)]이 있는데, 그곳은 곧 전불(前佛)시대의 절터이고, 지금 황룡사(皇龍寺)의 지역은 곧 일곱 가람[6)]의 하나이다」고 하였다.

『국사(國史)』[7)]에 의하면, 진흥왕(眞興王)[8)] 즉위 14년 개국(開

---

1) 迦葉佛宴坐石 : [遺] 塔像篇에 실린 내용 중 이 迦葉佛宴坐石條만이 塔像이 아닌 前佛伽藍에 대한 기록이므로 다소 이질적이다.
2) 玉龍集 : 道詵의 문집으로 추정되나 자세하지 않다.
3) 慈藏傳 : 현전하지 않는다. [遺] 卷3 塔像 皇龍寺九層塔條·卷4 義解 慈藏定律條, 道宣의 『續高僧傳』 참조.
4) 迦葉佛 : 過去7佛의 여섯번째 부처. 過去7佛은 第一毘婆尸佛, 第二尸棄佛, 第三毘舍浮佛, 第四拘留孫佛, 第五拘那含佛, 第六迦葉佛, 第七釋迦牟尼佛이다.
5) 宴坐石 : 宴坐는 坐禪을 말하므로 宴坐石은 곧 좌선하는 돌이다. 「舍利弗言 我昔曾於林中 宴坐樹下 時維摩詰來謂我言 唯舍利弗 不必是坐 爲宴坐也」(『維摩詰經』). 「戱宴坐石 宴坐何年說密嚴 一遭火刦上頭尖 未來若踞漸漸處 說法還應意不括」(『梅月堂詩集』 卷12 遊金鰲錄). 黃壽永, 「新羅 皇龍寺의 迦葉佛宴坐石」, 『佛敎와 美術』, 열화당, 1977.
6) 七伽藍 : 신라 都城 내에 있었다는 前佛時의 가람. [遺] 卷3 興法 阿道基羅條의 주석 28) 참조.
7) 國史 : [史] 卷4 新羅本紀 眞興王條의 「十四年 春二月 王命所司 築新宮於月

國)[9] 3년 계유(癸酉, 553) 2월에 월성 동쪽에 새 궁궐을 건축하는데, 그 터에 황룡(皇龍)이 나타나므로 왕은 이를 의아스럽게 여겨 고쳐서 황룡사로 삼았다.

연좌석은 불전 후면에 있는데, 전에 한 번 뵈었더니 돌의 높이는 5, 6자 정도요, 둘레는 겨우 3발이며,[10] 우뚝이 섰는데 위는 평평하였다.

진흥왕이 절을 세운 이래로 두 번이나 화재를 겪어 돌이 터져 갈라진[11] 곳이 있었으므로 절의 중이 쇠를 붙여 보호하였다.

이에 찬하였다.

불교의 성쇠는 기억할 수 없이 아득한데
오직 연좌석만 의연히 남았구나
상전(桑田)은 몇 번이나 벽해가 되었는가
애오라지 우뚝하여 그 자리에 남았구나

이윽고 서산(西山)의 대병란[大兵][12] 이후 불전과 불탑은 모두 타버리고, 이 돌도 또한 묻혀져서 거의 땅과 같이 평평해졌다.

『아함경(阿含經)』[13]을 보면, 가섭불은 현겁(賢劫)[14]의 세번째 부

城東 黃龍見其地 王疑之改爲佛寺 賜號曰皇龍」이라는 기사가 참조된다.

8) 眞興王 : 신라의 제24대 왕. 재위 540-576. [遺] 卷1 紀異 眞興王條 참조.

9) 開國 : 신라 眞興王의 연호(551-567).

10) 三肘 : 一肘는 가운데 손가락 끝에서 팔끝까지의 길이. 佛一肘는 3尺.

11) 拆裂 : 터져 갈라짐. 파열함.

12) 西山大兵 : 몽고의 병란. 고려 高宗 25년(1238) 潤4月 몽고군이 慶州 皇龍寺 塔을 불태웠다.

13) 阿含經 : 아함부에 속하는 小乘 경전.

14) 賢劫 : 3劫의 하나. 現劫이라고도 한다. 세계는 인간의 수명이 8만 4천세 때부

처이며, 사람의 나이로 쳐서 2만 세 때 세상에 나타났다고 한다. 이에 의거하여 증감법(增減法)으로 계산한다면, 언제나 성겁(成劫)15)의 처음에는 모두 무량세(無量歲)16)를 누렸는데, 점점 줄어 수명이 8만 세에 이르면 주겁(住劫)17)의 처음이 된다. 이때로부터 또 1백 년마다 1세씩 감하여 수명이 10세에 이르는 사이가 1감(一減)이며, 또 증가하여 수명이 8만 세에 이르는 사이가 1증(一增)이다. 이와 같이 20번 감하고 20번 더하면 1주겁이 된다.

이 한 주겁 중에 천불(千佛)이 세상에 출현하는데, 지금의 본사(本師) 석가모니불[釋迦]은 네번째의 부처이다. [이] 네 부처님이 모두 제 9감 중에 나타나게 된다. 석가세존[釋尊]이 1백 세의 수를 누린 때부터 가섭불이 2만 세를 누렸던 때까지는 이미 2백만여 세나 되니, 현

터 1백년을 지낼 때마다 1세씩을 감하여 人壽 10세에 이르러 다시 1백 년마다 1세씩을 더하여 8만 4천 세에 이른다. 이렇게 一增·一減하는 것을 20회 되풀이하는 동안, 즉 20增減하는 동안에 세계가 성립되고(成劫), 다음 20增減하는 동안에 머물러 있고(住劫), 다음 20增減하는 동안에 무너지고(壞劫), 다음 20增減하는 동안은 텅 비어 있다(空劫). 이렇게 세계는 成·住·壞·空을 되풀이한다. 이 성·주·괴·공의 4기를 大劫이라고 한다. 과거의 大劫을 莊嚴劫, 현재의 대겁을 賢劫, 미래의 대겁을 星宿劫이라고 한다. 이 현재의 大劫인 賢劫의 住劫에는 拘留孫佛, 拘那含佛, 迦葉佛, 釋迦牟尼佛 등의 1천 부처님이 출현하여 세상의 중생을 구제하는 것으로 되어 있다. 이렇게 많은 賢人(부처님)이 출현하는 시기이므로 賢劫이라고 한다.

15) 成劫 : 4劫의 하나. 세계가 성립하는 동안의 20中劫 동안. 세계가 괴멸한 뒤 20중겁의 空無한 기간을 지낸 다음, 중생의 業增上力에 의하여 微風을 일으켜 風輪이 되고, 다음은 풍륜 위에 水輪이 생기고, 수륜 위에 金輪이 생기고, 거기에 須彌山·七金山·四大洲가 성립되고, 다음에 夜摩天 등의 여러 天處를 이루는 것을 말한다.

16) 無量歲 : 無量壽. 한량이 없는 수명.

17) 住劫 : 4劫의 하나. 세계가 성립되었다가 파괴되어 空으로 돌아가는 동안의 오랜 시기를 넷으로 나눈 것의 하나. 즉 세계가 성립된 뒤부터 머물러 있는 동안의 20中劫을 말한다.

겁 처음의 첫째 부처인 구류손불(拘留孫佛)시대까지면 또 몇 만 세가 된다. 구류손불 때로부터 위로 올라가 겁초(劫初) 무량세의 수명을 누리던 때까지는 또 얼마나 되겠는가?

석가세존으로부터 내려와 지금의 지원(至元)[18] 18년 신사년[辛巳歲, 1281]까지는 벌써 2천 2백 30년이나 되었으니, 구류손불로부터 가섭불시대를 지나 지금에 이르기까지는 몇 만 년이나 될 것이다.

본조(本朝)의 명사(名士) 오세문(吳世文)[19]이 지은 『역대가(歷代歌)』에는 금나라[大金] 정우(貞祐)[20] 7년 기묘(己卯, 1219)에서 거슬러 4만 9천 6백여 세에 이르면, 반고(盤古)[21]씨의 [천지]개벽 무인(戊寅)이 된다고 하였다.

또 연희궁(延禧宮) 녹사(錄事) 김희령(金希寧)[22]이 지은 『대일역법(大一曆法)』에서는 [천지]개벽의 상원(上元)[23] 갑자(甲子)로부터 원풍(元豐)[24] 갑자(甲子, 1084)에 이르기까지가 1백 93만 7천 6백 41세라고 하였다.

---

18) 至元 : 중국 元 世祖의 연호(1264-1294). 至元 18년은 고려 忠烈王 7년(1281)에 해당한다.
19) 吳世文 : 고려 때의 유학자. 高敞縣 사람. 明宗 때 벼슬이 東閣侍學에 이르렀다.
20) 貞祐 : 중국 金 宣宗의 연호(1213-1217). 貞祐는 5년에 끝나므로 정우 7년은 興正 3년에 해당한다.
21) 盤古 : 중국에서 천지가 개벽할 때 처음으로 세상에 나왔다고 전하는 神. 「盤古氏 天地萬物之祖也」(『述異記』). 盤古의 이름은 秦漢 이전의 문헌에는 보이지 않고, 3세기의 吳나라 徐整의 『三五曆記』와 6세기의 梁 任昉의 『述異記』 등에 처음으로 나타난다. 이는 중국의 남방 부족의 신이었던 것으로 추정된다.
22) 金希寧 : 알 수 없다.
23) 上元 : 術數家들은 60甲子를 九宮에 분배할 때, 180년이면 도수가 다하여 근본에 돌아오므로 第一 甲子의 60년을 上元, 다음의 60년을 中元, 다음의 60년을 下元이라고 한다.
24) 元豐 : 중국 宋 神宗의 연호(1078-1085).

또 『찬고도(纂古圖)』[25]에는 [천지]개벽에서부터 획린(獲麟, BC 477)[26]까지 2백 76만 세라고 하였다. 여러 경을 보면, 또 가섭불 때로부터 지금에 이르기까지가 이 [연좌]석의 나이가 된다고 하였으니 오히려 겁초의 [천지가] 개벽한 때와 상거하기는 어린애가 될 정도이다. 3가(三家)의 말들이 오히려 이 어린애 돌의 나이에도 미치지 못하니 [천지]개벽의 설에 있어서는 매우 소홀했다고 하겠다.

25) 纂古圖 : 중국의 역사책.

26) 獲麟 : 중국 春秋時代 魯나라 哀公 14년(BC 477) 봄에 서쪽으로 사냥을 나갔다가 기린을 잡은(西狩獲麟) 때를 말한다.

69. 遼東城育王塔

三寶感通錄載 高麗遼東城傍塔者 古老傳云 昔高麗聖王 按行國界次 至此城 見五色雲覆地 往尋雲中 有僧執錫而立 旣至便滅 遠看還現 傍有土塔三重 上如覆釜 不知是何 更往覓僧 唯有荒草 掘尋一丈 得杖幷履 又掘得銘 上有梵書 侍臣識之 云是佛塔 王委曲問詰 答曰 漢國有之 彼名蒲圖[1]〈本作休屠[2]祭天金人〉 王[3]因生信 起木塔七重 後佛法始至 具知始末 今更損高 木[4]塔朽壞 育王所統一閻[5]浮提洲 處處立塔 不足可怪 又唐龍朔中 有事遼左 行[6]軍薛仁貴 行至隋主討遼古地 乃見山像 空曠蕭條 絶於行往 問古老 云是先代所現 便圖[7]寫來京師〈具在右[8]函〉

按西漢與三國地理志 遼東城在鴨綠之外屬漢幽州 高麗聖王未知何君 或云東明聖帝 疑非也 東明以前漢元帝建昭二年卽位 成帝鴻嘉壬寅升遐 于時漢亦未見貝[9]葉 何得海外陪臣 已能識梵書乎 然

---

1) 圖 : [正][晩][順] 啚(鄙와 동자, 圖의 속자). [品][斗][浩][六] 圖.
2) 休屠 : [正][品][斗][浩][六] 休屠王. 그러나 '王'은 衍文으로 추정됨.
3) 王 : 본래 [正]등 모든 판본과 번역본에는 '王'이 세주 앞에 있으나, 해석상 본문과 같이 세주 뒤로 가야 옳다.
4) 木 : [正][晩][順][品][斗][浩][六] 本. [리] 木.
5) 閻 : [正] 閻. [品][斗][浩][六] 閻.
6) 行 : [浩] 將.
7) 圖 : 주 1)과 같음.
8) 右 : [正][晩][順][品][斗][浩][六] 若. '若'은 '右'의 잘못.

稱佛爲蒲圖[10]王[11] 似在西漢之時 西域文字或有識之者 故云梵書爾

按古傳 育王命鬼徒 每於九億人居地 立一塔 如是起八萬四千於閻[12]浮界內 藏於巨石中 今處處有現瑞非一 蓋眞身舍利 感應難思矣

讚曰 育王寶塔遍塵寰 雨濕雲埋蘚纈斑[13] 想像當年行路眼 幾人指點祭神播

9) 貝 : [正][晚][順][鶴] 具. [品][斗][浩][六][民] 貝.
10) 圖 : 주 1)과 같음.
11) 王 : [正][晚][順] 王. '王'이 衍文인지 확실치 않다.
12) 閻 : 주 5)와 같음.
13) 斑 : [正][晚][鶴][會] 班. [品][斗][浩][六][民] 斑.

요동성의 육왕탑

『삼보감통록(三寶感通錄)』[1]에 다음과 같이 실려 있다.

「고구려[高麗] 요동성(遼東城)[2] 곁의 탑은 고로(古老)들이 전하여 말하기를, 옛날 고구려 성왕(聖王)[3]이 국경을 순행하다가 이 성에 이르러 오색구름이 땅을 덮는 것을 보고 가서 [그] 구름 속을 찾아보았더니 어떤 스님이 지팡이를 짚고 서있었다. [그런데] 가까이 가면 문득 없어지고, 멀리서 보면 다시 나타나는 것이었다. [그] 곁에는 3층의 토탑(土塔)이 있었는데, 위는 솥을 덮은 것 같으나 그것이 무엇인지 알 수 없었다. 다시 가서 스님을 찾아보았으나 다만 거친 풀만 있을 뿐이었다. [그곳을] 한 길쯤 파서 지팡이와 신발을 얻고, 또 파서 위에 범서(梵書)[4]가 있는 명문을 얻었다. 시종하던 신하가 이것을 알아보고 말하기를, "이것은 불탑입니다"고 하였다. 왕이 자세히 물으

---

1) 三寶感通錄 : 唐 道宣이 麟德 원년(664)에 찬한 佛·法·僧 三寶의 感通을 기록한 책. 갖춘 이름은 『集神州三寶感通錄』이며, 상중하 3권이다. 인용은 上卷의 '雜明神州山川藏寶等緣二十'과 中卷의 '唐遼口山崩自然出像緣五十'(『大正藏』 卷52 NO.2106, p.409 上中 및 p.423 上)이며, 내용은 동일하나 글자의 相異가 보인다.

2) 遼東城 : 지금의 중국 遼寧省 遼陽. 漢代 遼東郡의 郡治.

3) 聖王 : 왕명은 알 수 없고, 단순한 美稱.

4) 梵書 : 梵은 인도 Sanskrit語 brahman의 音寫로서, 이는 淸淨 또는 神聖의 의미가 있으므로 梵書란 Sanskrit語로 쓰여진 성스러운 문자라는 뜻이다.

니, 그가 대답하기를, "이것은 한나라[漢國][5]에 있었는데, 그 이름은 포도(蒲圖)[6]〈본래는 휴도(休屠)[7]라고 했는데, 하늘에 제사지내는 금인(金人)[8]이다.〉라고 합니다"고 하였다. 왕은 이로 인하여 신심이 생겨 7층 목탑을 세웠는데, 후에 불법이 비로소 전해오자 [그] 시말(始末)을 자세히 알게 되었다. 지금은 다시 [탑의] 높이가 줄어 목탑이 썩어 무너졌다. 아육왕[育王][9]이 통일했던 염부제주(閻浮提洲)[10]에는 곳곳에 탑을 세웠으니 괴이할 것이 없다.

---

5) 漢國 : 前漢·後漢에 한정되는 것이 아니고, 일반적인 중국을 가리키는 듯하다.
6) 蒲圖 : 浮屠를 뜻한다. [正]에는 「蒲圖王」이라고 하였으나 인용서인 앞의 『神州三寶感通錄』 上에는 「…彼名蒲圖王因生信云云」이라고 하였으므로 이를 蒲圖王이라고 하는 것은 잘못이다. 그리고 [正]의 一然의 注에도 이를 '休屠王'이라고 하였고, 또 뒤에도 '然稱蒲圖王'이라고 하였다. 이는 一然의 자의적 기술인지 또는 착오인지 단정하기 어려우나 이는 '休屠'라고 하는 것이 音寫에 더욱 가깝다. 즉 蒲圖 역시 Buddha의 音寫로서 일반적으로는 浮屠·佛圖로 표기하고, 浮頭·浮圖·佛圖 등으로도 기록되는 일련의 音寫이기 때문이다.
7) 休屠 : [正]에는 「休屠王」이라고 하였으며, 『史記』 匈奴傳(卷110 列傳 第50)에도 '休屠王'의 용례가 있기는 하다. 그러나 休屠은 浮屠와 같은 용어로 漢代의 기록에 자주 보인다. 즉 「收休屠祭天金人」(『漢書』 霍去病傳), 「金佛像是也」(顔注), 「哀帝元壽元年 博士弟子景憲 受大月氏王 使伊存口 傳休屠經」(魚豢 魏略西夷傳) 등이 있다. 따라서 '王'자는 衍文으로 추정된다. '休屠王'이라면 차라리 불상의 의미가 될 수도 있으나 불상의 의미로는 볼 수 없다.
8) 金人 : 부처를 말한다. 金像은 곧 불상.
9) 育王 : 阿育王. 곧 Aśoka왕을 말한다. 재위 BC 268-232경. 인도의 Maurya(摩由羅: 孔雀)왕조의 제3대 왕. 고대 인도 역사상 가장 위대한 통치자로 알려져 있으며, 理法(正法)에 의한 통치 철학을 구현하여 佛典에 등장되는 소위 轉輪聖王으로 호칭될 뿐만 아니라 인도 전체를 거의 통일한 최초의 대군주였다. 독실한 불교 신자였던 그는 외국에까지 布敎師를 파견하여 불교가 세계 종교로 되는데 기초를 다졌으며, 무엇보다 佛蹟을 순방하여 기념탑과 石柱를 세우는 등 불교를 크게 보호하였다. 특히 그가 세운 수많은 佛塔은 阿育王의 8만 4천탑이라고 칭할 정도로 유명하여 遼東城의 고탑을 阿育王塔이라고 한다.
10) 閻浮提洲 : Jambu-dvipa의 음사로서 須彌山의 남방에 있는 大洲. 또는 인도를 가리키기도 한다.

또 당(唐)나라 용삭(龍朔)[11] 연간에 요동의 좌변에 전쟁이 있을 때 행군(行軍) 설인귀(薛仁貴)[12]는 수주(隋主)[13]가 토벌한 요동의 옛땅에 이르러 산에 있는 불상 주위가 텅 비어 매우 쓸쓸하여[14] 사람의 왕래가 끊어진 것을 보고, 고로에게 물었더니, [그가] 말하기를, "이것은 옛날에 나타났던 그대로라"고 하므로 바로 그대로 그려가지고 서울로 돌아왔다.〈모두 우자함[右函][15]에 실려 있다.〉」

서한(西漢)과 삼국(三國)의 지리 기록[16]을 살펴보면, 요동성은 압

---

11) 龍朔 : 중국 唐 高宗의 연호(661-663).

12) 薛仁貴 : 중국 唐나라 사람. 당 太宗이 고구려를 칠 때 종군하여 공을 세웠고, 벼슬은 本衛大將軍에 이르렀다. 앞의 『三寶感通錄』에서는 「行軍將薛仁貴」(『大正藏』 卷52 p.423 上)라고 하였다.

13) 隋主 : 중국 隋의 임금, 즉 隋煬帝.

14) 蕭條 : 쓸쓸한 모양. 한적한 모양.

15) 右函 : 右字函. 大藏經은 상자 속에 분류하여 보관되므로 이를 헤아리는 차례는 千字文으로써 函次를 표시하고 있다. [正]에서는 「具在若函」이라고 하였는데, 이는 誤刻으로 짐작된다. 왜냐하면 『高麗大藏經』 千字文의 若函은 제283번의 函이고, 이곳에는 『佛說鴦崛髻經』(K.727) 등 32권이 실려 있으나 '集神州三寶感通錄'은 포함되어 있지 않기 때문이다.(『高麗大藏經』 제48 總目錄, 동국대역경원) 또한 [遺] 찬술시에는 이미 『高麗大藏經』이 雕造(1236-1251) 되었으므로 이 函次를 따르는 것이 자연스럽다. 『高麗大藏經』에서 集神州三寶感通錄(K.1069)은 천자문 제465번의 '右函'에 소속된다. 따라서 '若'과 '右'는 비슷하여 誤刻으로 판단됨으로 '右函'이 옳을 것으로 생각된다. 다만 근래 발견된 紺紙金字大寶積經卷第32(1009년)의 경우 천자문 76째 글자인 '帝'자의 函次를 적었으나 『高麗大藏經』 가운데 대보적경 제32권은 천자문 75째 글자인 '火'자이므로 여기에 1자의 차이가 있다.(張忠植, 「高麗金銀字大藏經」, 『韓國佛敎思想史』, 1992. 伽山李智冠스님華甲紀念論叢刊行會) 그러므로 당시 체제가 다른 대장경이 있었는지는 아직 알 수 없으나 이 경우와는 다르다. 初雕大藏經(1011-1031)과 義天(1055-1101)의 續藏經(추정 1091-1101), 그리고 현존 再雕大藏經(1236-1251)의 간행시기가 참조된다.

16) 西漢與三國地理志 : 西漢은 前漢이다. 三國地理志는 『漢書』에는 地理志가 있으나 『三國志』에는 地理志가 없으므로 삼국 역사에 등장되는 일반적인 지리 기록을 뜻한 것으로 생각된다.

록강[鴨綠]의 밖에 있어 한나라의 유주(幽州)[17]에 속하였으며, 고구려 성왕은 어느 임금인지 알 수 없다. 혹은 동명성제(東明聖帝)[18]라고 하나 그렇지 않은 것 같다.

동명왕은 전한(前漢) 원제(元帝) 건소(建昭) 2년(BC 37)에 즉위하여 성제(成帝) 홍가(鴻嘉) 임인(壬寅, BC 19)에 승하하였으니, 그때는 한나라에서도 아직 패엽(貝葉)[19]을 보지 못했는데, 어찌 해외의 배신(陪臣)[20]이 벌써 범서를 알 수 있을 것인가? 그러나 불(佛)을 포도왕(蒲圖王)이라고 했으니 아마 서한시대에도 서역(西域)[21] 문자를 혹 아는 이가 있었기에 범서라고 했을 것이다.

고전(古傳)을 살펴보면, 아육왕이 귀신의 무리에게 명하여 인구 9억 명이 사는 곳마다 탑 하나씩을 세웠다고 하니, 이렇게 하여 염부계(閻浮界)[22] 안에 8만 4천 개를 세워서 큰 돌 속에 감추어 두었던 바, 지금 곳곳에서 상서러운 조짐을 보이는 일이 한 둘이 아니니 대개 진신사리(眞身舍利)란 [그] 감응을 헤아리기 어렵다.

찬한다.

---

17) 幽州 : 幽州의 영역은 시대에 따라 다르나, 대략 山東·河北 두 省의 東半部와 遼寧省 西南部로 짐작된다. 前漢의 幽州는 遼東·樂浪·玄菟 등 10여 郡을 거느렸다. 요동군은 曹魏 이후 平州에 속하기도 하였다.

18) 東明聖帝 : 東明聖王, 곧 朱蒙.

19) 貝葉 : 貝多羅葉의 약칭. 貝多羅는 梵語 pattra의 음사로서 나뭇잎이라는 뜻이다. 즉, 인도에서 종이 대신 글자를 쓰는데 사용한 나뭇잎으로 삼장의 경전을 쓴 불경이다.

20) 陪臣 : 제후의 신하.

21) 西域 : 넓은 의미로는 중앙아시아와 인도지방을, 좁은 의미로는 대개 지금의 新疆省 천산남로의 지방을 말한다. 즉 중국 서쪽 葱嶺의 동서편에 있는 여러 나라의 총칭이다. 곧 葱嶺의 동쪽은 지금의 新疆地方이고, 서쪽은 지금의 중앙아시아다. 여기서는 인도를 가리킨 것이다.

22) 閻浮界 : 인도.

아육왕의 보탑(寶塔)은 세계 곳곳[23]에 퍼져서

비에 젖고 구름에 묻혀 이끼마저 아롱졌네

그때 길손들의 안목을 상상하면

몇 사람이나 신에 제사지내는 무덤[祭神墦]을 가리켰을까[24]

---

23) 塵寰 : 塵世, 곧 속세란 말.

24) 指點 : 손가락으로 가리키는 것. 「金鞭遙指點」(李白 詩). 즉 이는 당시 사람들이 阿育王塔인줄 알지 못했다는 뜻이다.

70. 金官城婆娑石塔

金官虎溪寺婆娑石塔者 昔此邑爲金官國時 世祖首露王之妃 許皇后名黃玉 以東漢建武二十四年戊[1]申 自西域阿踰陁國所載來 初公主承二親之命 泛海將指東 阻波神之怒 不克而還 白父王 父王命載玆塔 乃獲利涉來泊南涯 有緋帆茜旗珠玉[2]之美 今云主浦 初解綾袴於岡上處曰綾峴 茜旗初入海涯曰旗出邊

首露王聘迎之 同御國一百五十餘年 然于時海東未[3]有創寺奉法之事 蓋像教未至 而土人不信伏[4] 故本記無創寺之文 逮第八代銍知王二年壬辰 置寺於其地 又創王后寺〈在阿道訥祗[5]王之世 法興王之前〉至今奉福焉 兼以鎭南倭 具見本國本記

塔方四面五[6]層 其彫鏤甚奇 石微赤斑[7]色 其質良脆 非此方類也 本草所云點雞冠血爲驗者是也 金官國亦名駕洛國 具載本記

讚曰 載厭[8]緋帆茜旆輕 乞靈遮莫海濤驚 豈徒到岸扶黃玉 千古南倭遏怒鯨

---

1) 戊 : [正][晩][順][斗][六] 甲. [品][浩][民] 戊.
2) 玉 : [正][晩] 王. [順] 玉(가필). [鶴][品][斗][浩][六] 玉.
3) 未 : [正][晩][順] 末. [品][斗][浩][六][民] 未.
4) 伏 : [鶴] 伏.
5) 祗 : [品][斗] 祇.
6) 五 : [正] 판독미상. [晩][鶴][品][斗][浩][六] 五.
7) 斑 : [正][晩][順][鶴] 班. [品][斗][浩][六][民] 斑.
8) 厭 : [正][晩][鶴] 厭. [品][斗][浩][六] 厭.

금관성의 파사석탑

금관(金官)[1] 호계사(虎溪寺)[2]의 파사석탑(婆娑石塔)[3]은 옛날 이 고을이 금관국(金官國)일 때 시조[世祖] 수로왕(首露王)의 비 허황후(許皇后) 황옥(黃玉)이 동한(東漢)[4] 건무(建武)[5] 24년 무신(戊申, 48)[6]에 서역(西域) 아유타국(阿踰陁國)에서 싣고 온 것이다. 처음에 공주가 부모의 명령을 받들어 바다를 건너 동쪽으로 향하려다가 파신(波神)의 노여움을 만나 가지 못하고 돌아가서 부왕에게 아뢰니, 부왕은 이 탑을 싣고 가라고 하였다. 그제야 순조로이 바다를 건너[7]

1) 金官 : 金海. 「金海小京 古金官國〈一云伽落國 一云伽耶〉 自始祖首露王 至十世仇亥王 以梁中大通四年 新羅法興王十九年 率百姓來降 以其地爲金官郡 文武王二十年 永隆元年 爲小京 景德王改名金海京 今金州」([史] 卷34 地理志 良州條). [遺] 卷2 紀異 駕洛國記條 참조.

2) 虎溪寺 : 경상남도 김해부의 북쪽 鎭山의 虎溪에 있던 절로 짐작되나 폐사된 시기는 알 수 없다. 「虎溪 在府城中 源出盆山 南入江倉浦」, 「盆山 在府北三里 鎭山」([勝覽] 卷32 金海都護府 山川條).

3) 婆娑石塔 : 首露王妃가 된 許皇后가 인도에서 가지고 온 석탑. 항해의 안전을 기원하는 석탑으로 신앙되었다. 「婆娑石塔 在虎溪邊 凡五層 其色赤斑 其質良脆 雕鏤甚奇 世傳許后 自西域來時 船中載此塔 以鎭風濤」([勝覽] 卷32 金海都護府 古蹟條).

4) 東漢 : 後漢. 중국의 漢朝는 전후 약 400여 년에 걸쳐 존속하였다. 漢(BC 206-AD 25)은 國都가 長安이고, 後漢(25-219)은 국도가 洛陽이므로 국도의 위치에 따라 漢, 즉 前漢은 西漢, 後漢은 東漢이라고 하였다.

5) 建武 : 중국 後漢 光武帝의 연호(25-56).

6) 戊申 : [正]에는 '甲申'이라고 하였으나, 建武 24년은 48년 戊申이므로 甲申은 誤記이다.

[금관국의] 남쪽 해안에 와서 정박하였다. 배는 붉은 비단 돛과 붉은 깃발 및 주옥(珠玉)으로 아름답게 꾸몄는데, [그곳은] 지금 주포(主浦)[8]라고 하고, 처음 언덕 위에서 비단바지를 벗던 곳을 능현(綾峴)[9]이라고 하고, 붉은 기가 처음 해안에 들어온 곳을 기출변(旗出邊)이라고 한다.

수로왕이 그를 맞아들여 함께 나라를 다스린 지 1백 50여 년이나 되었다. 그러나 그때 해동(海東)에는 아직 절을 세우고 불법을 받드는 일이 없었다. 대개 상교(像敎)[10]가 아직 들어오지 않아서 그 지방 사람들이 [불교를] 믿지 않았으므로 본기(本記)[11]에도 절을 세웠다는 기록은 없다. 제8대 질지왕(銍知王)[12] 2년 임진(壬辰, 452)에 이르러 그곳에 절을 두었다. 또 왕후사(王后寺)[13]를 지어〈아도(阿道)와 눌지왕(訥祗王)의 시대요, 법흥왕(法興王)[14] 이전이다.〉 지금까지 명복을 빌고 있다. 겸해서 남쪽 왜(倭)국을 진압하는 것이 본국(本國)의 본기(本記)에

7) 利涉 : 순조로이 항해한다는 뜻이다.
8) 主浦 : 「主浦 在府南四十里 源出明月山 南流入海」([勝覽] 卷32 金海都護府 山川條).
9) 綾峴 : 「綾峴 在府南三十里」([勝覽] 卷32 金海都護府 山川條).
10) 像教 : 불교를 말한다. 곧 像法時代의 教란 의미. 또는 佛滅 후 正法 千年, 像法 千年, 末法 萬年을 말하나, 여기서는 형상을 만들어 교화하는 교란 뜻으로서 佛像과 教法을 가리킨다.
11) 本記 : 駕洛國記.
12) 銍知王 : 가야의 제8대 왕. 재위 450-492. [遺] 卷2 紀異 駕洛國記條에는 「元君八代孫 金銍王」이라고 하였다.
13) 王后寺 : 경상남도 김해 長遊山에 있던 절. [遺] 卷2 紀異 駕洛國記條 참조. 「王后寺 舊址在長遊山 首露王八代孫 銍知王 就幔殿合婚之地 建寺 名曰王后寺 後罷寺爲莊」([勝覽] 卷32 金海都護府 古蹟條).
14) 法興王 : 신라의 제23대 왕. 재위 514-540. [遺] 卷3 興法 原宗興法 厭髑滅身條 참조.

자세히 나타나 있다.

탑은 4면이 모가 나고 5층으로 그 조각은 매우 기이하며, 돌에는 조금씩 붉은 반점이 있고, 그 질은 매우 부드럽고 좋아서 이 지방 것이 아니다.[15) 『본초(本草)』[16)에서 말하는 닭의 벼슬 피를 찍어서 시험한다는 것이 이것이다. 금관국을 또한 가락국(駕洛國)이라고도 한다. 본기에 자세히 기재되어 있다.

찬한다.

탑[17)을 실은 붉은 돛대 깃발도 가벼운데
신령께 빌어 거친 바다 헤치고 왔네
어찌 황옥만을 도와 이 언덕에 왔으랴
천고에 두고 두고 왜국의 노경(怒鯨)[18) 막고자 함일세

---

15) 婆娑石塔 : 지금의 김해시 金首露王陵 앞에 이색적인 소형 석탑이 잔존해 있다. 그 석질은 일반적인 화강석과 다르고, 양식 또한 특이하여 이곳에 기록된 婆娑石塔으로 추정되고 있다.
16) 本草 : 神農本草로서 동·식·광물을 해설한 서적. 本草學의 기본이 되는 서적.
17) 厭 : 厭勝, 즉 주문을 말한다. 여기서는 탑을 가리킨다.
18) 怒鯨 : 鯨呑의 뜻이다. 고래가 작은 고기를 삼키는 것과 같이 강자가 약자를 병탄하는 침략자를 비유한 말이다.

71. 高麗靈塔寺

僧傳云 釋普德 字智法 前高麗龍岡縣人也 詳見下本傳 常居平壤城 有山方[1]老僧 來請講經 師固辭不免 赴講涅槃經四十餘卷 罷席 至城西大寶山嵓穴下禪觀 有神人來請 宜住此地 乃置錫杖於前 指其地曰 此下有八面七級石塔 掘之果然 因立精舍 曰靈塔寺 以居之

1) 方 : [品][浩][民] 房. '方'은 '房'과 통용됨.

고구려의 영탑사

『승전(僧傳)』[1]에 이르기를, 「석(釋) 보덕(普德)[2]의 자는 지법(智法)이며, 전 고구려[高麗] 용강현(龍岡縣) 사람이다」고 하였으니, 아래의 본전(本傳)에 자세히 나타나 있다. [그는] 항상 평양성(平壤城)에 살았는데, 산방의 노승이 와서 불경강의를 청하므로 보덕은 굳이 사양하다가 마지못해 가서 『열반경(涅槃經)』[3] 40여 권을 강의하였다. 법석을 마치고 성의 서쪽 대보산(大寶山)[4] 바위굴 아래에 이르러 선관(禪觀)[5]을 하니 신인(神人)이 와서 청하기를, "이곳에 사는 것이 좋겠다"고 하고, 지팡이[錫杖]를 [그의] 앞에 놓고 땅을 가리키면서 말하기를, "이 속에 8면 7층의 석탑이 있다"고 하므로 거기를 파보니 과연 그러하였다. 이로 인하여 정사(精舍)[6]를 세워 영탑사(靈塔寺)[7]라고 하고 그곳에서 살았다.

---

1) 僧傳 : 『海東高僧傳』으로 짐작되나 普德傳은 보이지 않는다.
2) 普德 : 고구려 寶臧王 때의 승려. [遺] 卷3 興法 寶藏奉老 普德移庵條 참조.
3) 涅槃經 : 『大般涅槃經』. 중인도의 曇無讖(Dharmaraksana · 385-433)이 번역하였다. 석가모니가 세상을 떠날 때의 說法을 기록한 불경으로서 大義는 「佛身常住 悉有佛性 闡提成佛」로 요약된다.(『高麗大藏經』 解題)
4) 大寶山 : 「大寶山 在府西三十七里」([勝覽] 卷51 平壤府 山川條).
5) 禪觀 : 參禪.
6) 精舍 : 수행자가 거주하는 집, 곧 절.
7) 靈塔寺 : 평안남도 평양시 서쪽 大寶山에 있던 절.

72. 皇龍寺丈六

新羅第二十四眞興王卽位十四年癸酉二月 將築紫宮於龍宮南 有黃龍現其地 乃改置爲佛寺 號黃[1]龍寺 至己丑年 周圍墻宇 至十七年方畢 未幾 海南有一巨舫 來泊於河曲縣之絲浦〈今蔚州谷浦也〉撿看有牒文云 西竺阿育王 聚黃鐵五萬七千斤 黃金三萬分〈別傳云鐵四十萬七千斤 金一千兩 恐誤 或云三萬七千斤〉將鑄釋迦三尊像 未就載船泛海而祝曰 願到有緣國土 成丈六尊容 并載模[2]樣[3]一佛二菩薩像

縣吏具狀上聞 勅使卜其縣之城東爽塏之地 創東竺寺 邀安其三尊 輸其金鐵於京師 以大建六年甲午三月〈寺中記云 癸巳十月十七日〉鑄成丈六尊像 一鼓而就 重三萬五千七斤 入黃金一萬一百九十八分 二菩薩入鐵一萬二千斤 黃金一萬一百三十六分 安於皇龍寺 明年像淚流至踵[4] 沃地一尺 大王升遐之兆 或云像成在眞平之世者謬也

別本云 阿育王在西竺大香華國 生佛後一百年間 恨不得供養眞身 歛化金鐵若干斤 三度鑄成無功 時王之太[5]子獨不預斯事 王使

1) 黃 : [品] 皇.
2) 模 : [正][品] 摸. [斗][浩][六] 模.
3) 樣 : [正][晚][順][鶴] 㨾. [品][斗][浩][六] 樣.
4) 踵 : [正][晚][順][鶴] 蹱. [品][斗][浩][六] 踵.

詰之 太[6]子奏云 獨力非功 曾知不就 王然之 乃載船泛海 南閻[7]浮提十六大國 五百中國 十千小國 八萬聚落 靡不周旋 皆鑄不成 最後到新羅國 眞興王鑄之於文仍林 像成 相好畢備 阿育此飜無憂 後大德慈藏西學到五臺山 感文殊現身授訣 仍囑云 汝國皇龍寺 乃釋迦與迦葉佛講演之地 宴坐石猶在 故天竺無憂王 聚黃鐵若干斤 泛海 歷一千三百餘年 然後乃到而國 成安其寺 蓋威緣使然也〈與別記所載符[8]同〉 像成後 東竺寺三尊亦移安寺中

寺記云 眞平[9]五[10]年甲辰 金堂造成 善德王代 寺初主眞骨歡喜師 第二主慈藏國統 次國統惠訓 次廂[11]律師云 今兵火已來 大像與二菩薩皆融沒 而小釋迦猶存焉

讚曰 塵方何處匪眞鄉 香火因緣最我邦 不是育王難下手 月城來訪舊行藏

---

5) 太 : [正][晩] 大. [品][斗][浩][六] 太.
6) 太 : 주 5)와 같음.
7) 閻 : [正] 闔. [品][斗][浩][六] 閻.
8) 符 : [品][浩][六] 不.
9) 眞平 : [浩][民] 眞平王.
10) 五 : [品][斗][浩][民] 六.
11) 廂 : [正][晩] 厢. [鶴] 一相. [品][浩] 相. [斗][六] 廂.

황룡사의 장륙존상

신라 제24대 진흥왕(眞興王)[1] 즉위 14년 계유(癸酉, 553) 2월에 궁궐[紫宮]을 용궁(龍宮)[2]의 남쪽에 지으려고 하는데, 황룡(黃龍)이 그곳에 나타났으므로 이를 고쳐서 절로 삼고 황룡사(黃龍寺)[3]라고 하였다. 기축년(己丑年, 569)에 주위의 담을 쌓고 17년만에 겨우 완성하였다.

[그후] 얼마 안되어 바다 남쪽에 큰 배 한 척이 나타나서 하곡현(河曲縣) 사포(絲浦)〈지금의 울주(蔚州) 곡포(谷浦)다.〉에 와 닿았다. [이 배를] 검사해보니 공문[牒文]이 있어 [거기에] 다음과 같이 써 있었다.

---

1) 眞興王 : 신라의 제24대 왕. 재위 540-576. [遺] 卷1 紀異 眞興王條 참조.

2) 龍宮 : 皇龍寺 북쪽에 있던 지명으로 추정된다. 또는 이를 大闕로 보는 견해([斗] 皇龍寺九層塔條)도 있으나 근거는 없다. 황룡사지의 발굴 결과 사지 북쪽에서 늪지가 확인된 것도 참조할 만하다.

3) 黃龍寺 : 곧 皇龍寺. 黃은 皇과 뜻이 같다. 경상북도 경주시 구황동에 있던 신라 최대의 국찰. 초창은 眞興王 14년(553) 2월에 시작하여 동왕 27년(566)에 완공되었다. 다시 동왕 35년(574) 本尊 丈六尊像이 주성되었고, 眞平王 6년(584)에 金堂이 완성되었다. 善德王 14년(645) 3월에 9층 목탑이 완성되는 등 무려 90여 년의 장구한 세월에 걸쳐 이룩되었다. 발굴결과 초창가람은 1塔1金堂式이었으나 이후 중창가람은 1塔3金堂式의 병렬형으로 알려졌다. 「十四年春二月 王命所司 築新宮於月城東 黃龍見其地 王疑之 改爲佛寺 賜號曰皇龍」, 「二十七年二月…皇龍寺畢功」, 「三十五年 春三月 鑄成皇龍寺丈六像 銅重三萬五千七斤 鍍金重一萬一百九十八分」([史] 卷4 新羅本紀 眞興王條). 「眞平王五年甲辰 金堂造成」([遺] 卷3 塔像 皇龍寺丈六條). 「十四年…三月 創造皇龍寺塔 從慈藏之請也」([史] 卷5 新羅本紀 善德王條).

「서천축[西竺][4]의 아육왕(阿育王)이 황철(黃鐵) 5만 7천 근과 황금 3만 푼을 모아서〈별전(別傳)에는 철 40만 7천 근, 금 1천 량이라고 했는데, 아마 잘못된 것 같고, 혹은 3만 7천 근이라고도 한다.〉 석가삼존상(釋迦三尊像)을 주조하려고 하다가 이루지 못하고 배에 실어 바다에 띄우면서 축원하기를, "부디 인연 있는 국토에 가서 장륙존상[丈六尊容]을 이루소서"라고 하고 아울러 한 부처와 두 보살의 상도 실었다.」

고을 관리가 문서를 갖춰 국왕에게 아뢰었더니, [왕은] 그 고을 성 동쪽의 높고 깨끗한[5] 땅을 골라 동축사(東竺寺)[6]를 세워 세 불상을 편안히 모시게 하고, 그 금과 철은 서울로 수송하여 대건(大建)[7] 6년 갑오(甲午, 574) 3월〈절의 기록에는 계사(癸巳, 573) 10월 17일이라고 하였다.〉에 장륙존상(丈六尊像)[8]을 주조했는데 단번에[9] 이루어졌다. [그] 무

---

4) 西竺 : 西天竺, 곧 인도를 말한다.

5) 爽塏(상개) : 高燥, 곧 높고 메마른 데란 말이니 높고 깨끗하다는 뜻이다. 「子之宅近市 湫隘囂塵 不可以居 請更諸爽塏者」(『左傳』).

6) 東竺寺 : 경상남도 울주군 방어진읍 동부리 마골산에 있는 절. 眞興王 34년(573)에 창건되었다.

7) 大建 : 중국 南朝 陣 宣帝의 연호(569-581).

8) 丈六尊像 : 一丈六尺의 불상이란 뜻이다. 또는 부처의 等身像을 말한다. 즉 16자(약 5m)의 立像을 말하며, 坐像의 경우는 입상의 3/5, 곧 9자 정도이나 이 역시 丈六像이라고 한다. 현장 遺構에 따르면 이 불상은 입상이다. 신라시대의 도량형은 周尺(일명 唐小尺 : 24.5cm)과 唐尺(일명 唐大尺 : 30cm)이 있어 전자를 周丈六(3.92m), 후자를 法丈六(4.8m)이라고 하였는데, 당시에는 일반적으로 唐尺이 통용되었다. 「丈六은 一丈六尺이다. 부처님 在世時 丈夫의 신장은 8자인데, 여래는 尊特한 相好를 나타내므로 8자를 더하는 까닭으로 一丈六尺이다」(『塵添壒囊鈔』 第15). 「大窣堵波石階 南面有畫佛像 高一丈六尺 云云」(『大唐西域記』 卷2). 「東晋太元二年 沙門支慧 護於吳郡紹靈寺 建釋迦文 丈六金像 於寺南傍 高鑿穴以啓鎔鑄 旣成將移…北凉河西王蒙遜 爲母造丈六石像 在于山寺 云云」(『法苑珠林』 卷13). 「丈六者一丈六尺 當用周尺 準唐代尺 云云」(『注無量義經』 卷1).

9) 一鼓 : 군사가 진군할 때 처음에 북을 한 번 친다는 말. 단번에라는 뜻이 있다.

게는 3만 5천 7근으로 황금 1만 1백 98푼이 들었으며, 두 보살에는 철 1만 2천 근과 황금 1만 1백 36푼이 들었다. [장륙존상을] 황룡사에 모셨더니 이듬해에 불상에서 눈물이 발꿈치까지 흘러내려 땅이 한 자나 젖었다.[10] [그것은] 대왕이 세상을 떠날 조짐이었다. 혹은 불상이 진평왕[眞平] 때 완성되었다고 하나 잘못이다.

별본(別本)에는 다음과 같은 글이 있다.

「아육왕은 인도 대향화국(大香華國)에서 부처님이 세상을 떠난 후 1백 년만에 태어났다. [그는] 부처님의 진신(眞身)에 공양하지 못한 것을 한스럽게 여겨 금과 철 약간 근을 모아 3번이나 불상을 주조했으나 성공하지 못하였다. 그때 왕의 태자만이 그 일에 참례하지 않았으므로 왕이 그 까닭을 물으니, 태자가 아뢰기를, "[그것은] 혼자 힘으로는 성공하지 못할 것입니다. 벌써 안될 줄 알고 있었습니다"고 하였다.

왕은 그 말을 옳게 여겨 이에 [그것을] 배에 실어 바다에 띄워 보냈다. [그 배는] 남염부제(南閻浮提)[11] 16대국(大國), 5백 중국(中國), 10천 소국(小國), 8만 취락(聚落)[12]을 두루 돌아다니지 않은 곳이 없으나 모두 주조에 성공하지 못하였다. 최후로 신라국에 이르러 진흥왕이 문잉림(文仍林)[13]에서 그것을 주조하여 불상을 완성하니 모습[14]

「一鼓作氣 再而衰 三而竭」(『左傳』).

10) 明年像淚流至踵 沃之一尺 : 明年은 眞興王 36年(575). 「春夏旱 皇龍寺丈六像 出淚至踵」([史] 卷4 新羅本紀 眞興王 36年條).

11) 南閻浮提 : 閻浮提(Jambu-dīpa)의 音寫로서 須彌四洲의 하나. 須彌山을 중심으로 인간세계를 동서남북 4洲로 구분하였는데, 閻浮提는 南洲에 해당되며 흔히 南贍浮洲라고 한다.

12) 十六大國…八萬聚落 : 十六 이하 五百, 十千, 八萬 등의 숫자는 실재라기 보다는 불경의 숫자를 인용한 것이고, 八萬 역시 大數를 의미하는 수이다.

이 다 갖추어졌다. [이에] 아육을 번역하여 무우(無憂)라고 한다.[15]

후에 대덕(大德)[16] 자장(慈藏)[17]이 서방으로 유학하여 오대산(五臺山)[18]에 이르렀더니 문수보살[文殊][19]이 현신(現身)으로 감응하여 비결을 주며 이에 부탁하기를, "너희 나라의 황룡사는 바로 석가불[釋迦]과 가섭불(迦葉佛)이 강연한 땅이므로 연좌석(宴坐石)이 아직도 있다. 그러므로 인도의 무우왕(無憂王)이 황철 약간을 모아 바다에 띄웠는데, 1천 3백여 년이나 지난 후에 너희 나라에 이르러 [불상이] 이루어지고 그 절에 모셔졌던 것이니 대개 위덕의 인연[威緣][20]이 그렇게 시킨 것이다[21]"〈별기(別記)의 기록과 부합된다.[22]〉라고 하였다.

---

13) 文仍林 : 지명. 위치를 알 수 없다.
14) 相好 : 모습. 즉 부처님의 32相과 80種好의 殊勝한 大人相을 가리킨다.
15) 阿育此翻無憂 : 阿育(Aśoka)을 번역하여 無憂라고 하는 것도 결국은 이 丈六尊像이 완성됨으로써 근심이 없어졌다(無憂)고 보는 듯하다.
16) 大德 : 지혜와 덕망이 높은 고승. 본래는 부처님을 가리키던 말인데, 후에 沙門의 존칭으로 되어 승려의 法階가 되었다.
17) 慈藏 : 신라 때의 고승. [遺] 卷4 義解 慈藏定律條 참조.
18) 五臺山 : 중국 山西省 五臺縣에 있는 산. 일명 淸凉山. 중국 불교 최대의 靈山.
19) 文殊 : 文殊菩薩. 석가모니의 左脇侍(補處)로서 지혜를 상징하는 보살이다.
20) 威緣 : 威德의 嘉緣.
21) 故天竺無憂王…蓋威緣使然也 : 阿育王 佛像의 경우는 아육왕의 八萬四千塔 설화와 함께 중국측 문헌에 자주 등장되고 있다. 특히 아육왕 불상에 대해서는 慧皎(497-554) 撰『高僧傳』, 道宣(596-667)의『廣弘明集』, 또는 앞의『三寶感通錄』등에서도 발견된다. 따라서 皇龍寺 丈六像에 대한 기록도 신라의 고유한 전설이라기보다 이와 비슷한 중국의 전설에서 유래된 것이라는 견해가 있다. 또 造像例로서는 중국 四川省 成都 萬佛寺址에서 발견된 560년대의 석조여래입상과 함께 신라의 불상으로는 7세기 전반의 경주 拜里 三尊石佛 등의 유형으로 보고 있다.(金理那,「皇龍寺의 丈六尊像과 新羅의 阿育王像系 佛像」,『震檀學報』46・47, 震檀學會, 1979.)
22) 符同 : 符合의 뜻. [六]을 비롯하여 대부분의 譯書에는 '符同'을 '不同'으로 표기하거나 추정하였으나, [品][리][相]에서는 符合의 의미로 기술하였다.「聖製符同 復在茲日」(『梁書』蕭子顯傳).

불상이 이루어진 후 동축사의 삼존불상도 [이] 절로 옮겨 안치하였다.」

절의 기록에는 「진평왕[眞平] 5년 갑진(甲辰, 584)에 [이 절의] 금당이 조성되었으며, 선덕왕(善德王)[23] 때 [이] 절의 첫 주지는 진골(眞骨) 환희(歡喜)[24]스님이고, 제2대 주지는 자장(慈藏) 국통(國統),[25] 다음은 혜훈(惠訓)[26] 국통, 다음은 상률(廂律)[27]스님이다」고 하였다.

이제 병화(兵火)[28]가 있은 후 큰 불상[29]과 두 보살상[30]은 모두 녹아 없어지고, 작은 석가상만이 아직 남아 있다.

찬한다.

티끌 세상 어느 곳인들 참 고향 아니랴만
향화(香火)의 인연[31]은 이 나라가 으뜸일세
그것은 아육왕이 착수 못한 것이 아니라
월성(月城) 옛터[32]를 찾아온 것일세

---

23) 善德王 : 신라의 제27대 왕. 재위 632-646. [遺] 卷1 紀異 善德王知幾三事條 참조.
24) 歡喜 : 皇龍寺의 초대와 2대 주지는 모두 진골이나, 歡喜는 여기에만 등장될 뿐 알 수 없다.
25) 國統 : 신라시대 최고의 승직. 또는 大國統. 善德王 때 慈藏律師로 대국통을 삼아 전국 僧尼의 규율을 통할하게 하였으며, 이 제도는 중국에도 있었다.
26) 惠訓 : 여기에만 등장될 뿐 알 수 없다.
27) 廂律 : 여기에만 등장될 뿐 알 수 없으나, 歡喜師의 歡喜와 마찬가지로 廂律師 역시 單字法名이 아니고 廂律 스님으로 볼 수 있다.
28) 兵火 : 고려 高宗 25년(1238) 몽고의 병란으로 殿塔이 災禍를 입은 것을 말한다.
29) 大像 : 本尊 석가여래상.
30) 二菩薩 : 兩大菩薩, 즉 文殊菩薩과 普賢菩薩로 추정된다.
31) 香火因緣 : 향불을 올려 부처님을 모시는 인연, 즉 불교의 인연.
32) 行藏 : 出處. 곧 세상에 나가는 일과 숨는 일을 가리키는 말.

73. 皇龍寺九層塔

新羅第二十七善德王卽位五年 貞觀十年丙申 慈藏法師西學 乃於五臺感文殊授法〈詳見本傳〉 文殊又云 汝國王是天竺刹利種王 預受佛記 故別有因緣 不同東夷共工之族 然以山川崎嶮故 人性麤[1]悖 多信邪見 而時或天神降禍 然有多聞比丘 在於國中 是以君臣安泰 萬庶和平矣

言已不現 藏知是大聖變化 泣血而退 經由中國太[2]和池邊 忽有神人出問 胡爲至此 藏答[3]曰 求菩提故 神人禮拜 又問 汝國有何留難 藏曰我國北連靺鞨 南接倭人 麗濟二國 迭犯封陲 隣寇縱橫 是爲民梗 神人云 今汝國以女爲王 有德而無威 故隣國謀之 宜速歸本國 藏問 歸鄕將何爲利益乎 神曰 皇龍寺護法龍 是吾長子 受梵王之命 來護是寺 歸本國 成九層塔於寺中 隣國降伏 九韓來貢 王祚永安矣 建塔之後 設八關會 赦罪人 則外賊不能爲害 更爲我於京畿南岸 置一精廬 共資予福 予亦報之德矣 言已 遂奉玉[4]而獻之 忽隱不現〈寺中記云 於終南山圓香禪師處 受建塔因由〉

貞觀十七年癸卯十六日 將唐帝所賜 經像袈裟幣帛 而還國 以建

---

1) 麤 : [正][晚][順] 麁(麤의 약자). [品][斗][浩][六] 麤.
2) 太 : [正][晚][鶴][斗] 大. [順] 太(가필). [品][浩][六] 太.
3) 答 : [正] 荅. [品][斗][浩][六] 答.
4) 玉 : [正][晚][順][鶴] 王. [品][斗][浩][六][民] 玉.

塔之事聞於上 善德王議於群臣 群臣曰 請工匠於百濟 然後方可 乃以寶帛請於百濟 匠名阿非知 受命而來 經營木石 伊干龍春〈一云[5]龍樹〉幹蠱率小匠二百人 初立刹柱[6]之日 匠夢本國百濟滅亡之狀 匠乃心疑停手 忽大地震動 晦冥之中 有一老僧一壯士 自金殿門出 乃立其柱 僧與壯士皆隱不現 匠於是改悔 畢成其塔

刹柱記云 鐵盤已上高四十二尺 已下一百八十三尺 慈藏以五臺所授舍利百粒 分安於柱中 并通度寺戒壇 及太[7]和寺塔 以副池龍之請〈太[8]和寺在河[9]曲縣南 今蔚州 亦藏師所創也〉 樹塔之後 天地開泰 三韓爲一 豈非塔之靈蔭乎

後高麗王將謀伐羅 乃曰 新羅有三寶 不可犯也 何謂也 皇龍丈六 并九層塔 與眞平王天賜玉帶 遂寢其謀 周有九鼎 楚人不敢北窺 此之類也

讚曰 鬼拱神扶壓帝京 輝煌金碧動飛甍[10] 登臨何啻九韓伏 始覺乾坤特地平

又海東名賢安弘撰東都成立記云 新羅第二十七代 女王爲主 雖有道無威 九韓侵勞 若龍宮南皇龍寺建九層塔 則隣國之災[11]可鎭 第一層日本 第二層中華 第三層吳越 第四層托[12]羅 第五層鷹遊 第六層靺鞨 第七層丹國 第八層女狄[13] 第九層穢[14]貊[15]

---

5) 云 : [斗][浩][六] 作.
6) 柱 : [正][晩][順] 拄. [品][斗][浩][六][民] 柱.
7) 太 : [正] 大. [品][斗][浩][六] 太.
8) 太 : 주 7)과 같음.
9) 河 : [正][晩][順][品][斗][浩][六] 阿. [遺] 卷3 塔像 皇龍寺丈六條에는 '河'.
10) 甍 : [正] 薨. [品][斗][浩][六] 甍.
11) 災 : [正] 巛. [品][斗][浩][六][民] 災.
12) 托 : [品] 乇. [遺] 卷1 紀異 馬韓條에는 '乇'.

又按國史及寺中古記 眞興王癸酉創寺後 善德王代 貞觀十九年乙巳 塔初成 三十二孝昭王卽位七年 聖曆元年戊戌六月 霹靂〈寺中古記云 聖德王代 誤也 聖德王代無戊戌〉 第三[16]十三聖德王代庚申歲 重成 四十八景文王代戊子六月 第二霹靂 同代第三重修 至本朝光宗卽位五年癸丑十月 第三霹靂 現[17]宗十三年辛酉 第四重成 又靖宗二年乙亥 第四霹靂 又文宗甲辰年 第五重成 又憲[18]宗末年乙亥 第五霹靂 肅宗丙子 第六重成 又高宗二十五[19]年戊戌冬月 西山兵火 塔寺丈六殿宇皆災

---

13) 狄 : [品] 眞. [遺] 卷1 紀異 馬韓條에는 '眞'.
14) 穢 : [正] 판독미상. [品] 濊. [斗][浩][六] 穢.
15) 貊 : [正] 판독미상. [品][斗][浩][六] 貊.
16) 三 : [正][六] 二. [品][斗][浩] 三.
17) 現 : [品][斗][浩][民] 顯.
18) 憲 : [浩] 宣. [品][斗] 獻.
19) 二十五 : [正][晩][順][斗][六] 十六. [品] 二十六. [浩] 二十五.

황룡사의 9층탑

신라 제27대 선덕왕(善德王)[1] 즉위 5년인 정관(貞觀) 10년 병신(丙申, 636)에 자장(慈藏) 법사가 서쪽[2]으로 유학가서 오대산[五臺]에서 문수보살[文殊]의 수법(授法)을 감응했는데〈자세한 것은 본전(本傳)에 나타나 있다.〉, 문수보살이 또 말하기를, "너희 나라 왕은 천축(天竺)의 찰리(剎利)[3]종족의 왕인데, 이미 부처님의 수기[佛記][4]를 받았으므로 따로 인연이 있어 동이(東夷) 공공(共工)[5]의 종족과는 같지 않다. 그러나 산천이 험준하기 때문에 사람의 성품이 추하고 삐뚤어져서[6] 사견을 많이 믿어 간혹 천신(天神)이 화를 내리기도 한다. 그러나 다문비구(多聞比丘)[7]가 나라 안에 있으므로 군신이 편안하고 만민이 화평하다"고 하였다.

말을 마치자 보이지 않았다. 자장은 이것이 대성(大聖)의 변화임을

1) 善德王 : 신라의 제27대 왕. 재위 632-646. [遺] 卷1 紀異 善德王知幾三事條 참조.
2) 西 : 중국의 唐나라를 가리킨다.
3) 剎利 : 고대 인도의 四姓階級의 하나인 王族·武士계급. 剎利는 Kṣatriya의 音寫인 剎帝利의 약어.
4) 佛記 : 부처님이 未來世의 果報에 대하여 미리 예언하는 것.
5) 共工 : 舜時代 四凶의 하나이므로 여기서는 東夷野蠻의 의미.
6) 麤悖 : 추하고 사나움. 추하고 삐뚤어졌다는 말.
7) 多聞比丘 : 법문을 많이 들어서 受持하고 있는 비구. 석가여래의 10대 제자 가운데서는 阿難尊者를 多聞第一이라고 한다.

알고 슬피 울면서 물러갔다. [법사가] 중국의 태화지(太和池) 가를 지나는데 문득 신인(神人)이 나와서 묻기를, "어떻게 여기에 왔소?"라고 하니, 자장이 대답하기를, "보리(菩提)[8]를 구하려고 합니다"고 하였다. 신인이 [그에게] 절하고 또 묻기를, "그대 나라에 무슨 어려움이 있소?"라고 하니, 자장이 말하기를, "우리 나라는 북쪽으로 말갈(靺鞨)에 이어졌고, 남쪽으론 왜인(倭人)에 인접되었고, 고구려·백제의 두 나라가 번갈아 변경을 침범하는 등 이웃의 구적이 횡행하니 이것이 백성들의 걱정입니다"고 하였다.

신인이 말하기를, "지금 그대의 나라는 여자를 임금으로 삼았기 때문에 덕은 있으나 위엄이 없으므로 이웃 나라가 침략을 도모하니 빨리 본국으로 돌아가야 하오"라고 하니, 자장이 묻기를, "고향에 돌아가면 장차 무슨 이익이 있겠습니까?"라고 하였다. 신인이 말하기를, "황룡사(皇龍寺) 호법룡(護法龍)은 나의 맏아들이오. 범왕(梵王)[9]의 명을 받고 이 절에 와서 보호하고 있으니, 본국에 돌아가서 절 안에 9층탑을 이룩하면 이웃 나라는 항복하고 9한(九韓)[10]이 와서 조공하여 왕업이 길이 편안할 것이요, 탑을 세운 후 팔관회(八關會)[11]를 베풀고 죄인을 사면하면 외적이 침해하지 못할 것이오. 다시 나를 위하

---

8) 菩提 : 梵語 Bodhi의 音寫. 불교 최고의 이상인 佛陀 正覺의 智慧.
9) 梵王 : 色界 初禪天의 天主, 즉 梵天王(Brahma)으로서 부처님이 세상에 나올 때마다 반드시 제일 먼저 설법을 청한다고 한다.
10) 九韓 : 九夷, 九貊의 뜻. 즉 9種의 異民族을 말한다.
11) 八關會 : 八關齋戒. 불교의 계율이 5戒·10戒·具足戒 등이 있으나, 八關會는 俗人이 하루 낮 하루 밤 동안 이 8계를 받고 齋戒하는 법회를 말한다.「…前八是關閉八惡 不起諸過 不非時食者是齋…又優婆塞戒經云 若有人以四大寶藏滿中七寶持布施人所得功德 不如有人一日一夜 受持八戒除五逆罪 云云」(『法苑珠林』 卷88).

여 경기(京畿) 남쪽 언덕에 정사[精廬]를 지어서 나의 복을 빌어주면 나 역시 그 은덕을 갚겠소"라고 하였다.

말을 마치자 드디어 옥을 바치고 홀연히 형체를 숨기고 나타나지 않았다.〈절 기록에는 「종남산(終南山)[12] 원향(圓香)[13] 선사에게서 탑을 세울 인유(因由)를 받았다」고 하였다.〉

정관 17년 계묘(癸卯, 643) 16일에 [자장 법사는] 당(唐)나라 황제가 준 불경·불상·가사·폐백 등을 가지고 본국으로 돌아와서 탑 세울 일을 왕에게 아뢰었다. 선덕왕이 여러 신하에게 문의하니, 여러 신하들이 아뢰기를, "공장(工匠)을 백제에 청해야만 될 것입니다"고 하였다. 이에 보물과 비단으로써 백제에 청하였다. 아비지(阿非知)[14]라는 장인이 명을 받고 와서 목재와 석재를 경영하고, 이간(伊干)[15] 용춘(龍春)[16]〈혹은 용수(龍樹)라고도 한다.〉이 그 일을 주관하는데[17] 거느린

---

12) 終南山 : 唐의 長安(西安) 남쪽 약 20km 지점에 있는 산. 산 속에는 절이 많으며, 慈藏이 이 산을 예방한 것은 『續高僧傳』 24 釋慈藏에 보이고, 또 皇龍寺刹柱本記에도 기록되었는데, 이곳에서는 南山이라고 하였다. 즉 唐 道宣(596-667)의 소위 南山律宗의 근거지이다.

13) 圓香 : 알 수 없다. 『續高僧傳』 등에도 보이지 않으나, 다만 皇龍寺刹柱本記에 기록이 있다. 「…欲歸本國 頂辭南山圓香禪師 禪師謂曰 吾以觀心 觀公之國 皇龍寺建九層窣堵波 海東諸國渾降汝國 云云」(黃壽永, 「新羅 皇龍寺 刹柱本記」, 『美術資料』 16, 1973).

14) 阿非知 : 阿非가 본이름이고 知는 敬稱語이다. 경상북도 順興의 於宿述干墓의 경우 石扉 上端에 「乙卯年於宿知述干」이라고 음각되었는데, 述干은 外位의 10位 가운데 제2위의 관등([史] 卷7 新羅本紀 文武王 14年條 「述干視沙湌」 등)이고, 知와 智는 眞興王巡狩碑, 南山新城碑, 大邱 塢作碑 등에서 자주 볼 수 있는 인명 밑의 존칭이다.(秦弘燮, 「新羅 於宿述干墓 발견의 意義」, 『梨大學報』 447, 1971) 또 皇龍寺刹柱本記에서는 '阿非'라고 하였다. 즉 「乃命監君 伊干龍樹 大匠□濟□非等 率小匠二百人 造斯塔焉」 가운데 백제 阿非 등임을 알 수 있다.

15) 伊干 : 신라 17관등 중의 제2관등. 伊湌과 같은 말.

16) 龍春 : 武烈王의 아버지.

소장(小匠)은 2백 명이나 되었다. 처음 찰주(刹柱)[18]를 세우는 날에 공장은 꿈에 본국인 백제가 멸망하는 형상을 보았다. 공장은 마음 속으로 의심이 나서 일손을 멈췄더니 홀연히 대지가 진동하면서 컴컴한 속에 노승 한 사람과 장사 한 사람이 금당 문으로부터 나와 그 기둥을 세우고 승과 장사는 모두 사라지고 보이지 않았다. 공장은 이에 뉘우치고 그 탑을 완성하였다.

찰주기(刹柱記)에는 「철반(鐵盤)[19] 이상의 높이는 42자이고, 그 이하는 1백 83자이다」고 하였다. 자장이 오대산에서 받은 사리 1백 낱(粒)은 [그 탑] 기둥 속과 아울러 통도사(通度寺) 계단(戒壇)[20]과 태화사(太和寺)[21] 탑에 나누어 모셨으니, 못에 있는 용의 청을 좇았던 것이다.〈태화사는 하곡현(河曲縣)[22] 남쪽에 있는데, 지금의 울주(蔚州)이니 역

---

17) 幹蠱 : 아버지가 실패한 일을 아들이 회복시킨다는 뜻이나 여기서는 그저 주관한다는 뜻이다.

18) 刹柱 : 목탑의 중심기둥. 즉 목탑의 舍利孔 위에서 225자의 荷重을 지탱하는 가장 중요한 중심기둥.

19) 鐵盤 : 塔頭部의 露盤.

20) 通度寺戒壇 : 通度寺는 경상남도 양산군 하북면 지산리에 위치하며, 戒壇은 불교의 授戒儀式을 집행하는 장소를 말한다. 고려시대에는 계단의식이 자주 등장되었으나 현존하는 石造戒壇으로는 통도사의 金剛戒壇·金堤 金山寺의 方等戒壇과 함께 開城 근교 長端 佛日寺의 佛日戒壇 등이 있으나, 불일계단은 1970년대 이후 이미 발굴 수몰되었다. 이 가운데 통도사의 계단은 조선시대 이래의 중수가 있을 뿐 이들 세 계단의 조형은 모두 고려시대의 석조계단이다.(張忠植, 「韓國 石造戒壇考」, 『佛敎美術』 4집, 1978).

21) 太和寺 : 경상남도 울산시 太和江 언덕 위에 있던 절. 현재의 太和橋 옆 언덕 아래 장대석 등 건물 副材가 있고, 근처에서 신라시대의 石造十二支浮屠가 출토되어 현재 시내 鶴城公園에 보관되어 있다. 「太和寺 今廢」(『輿地圖書』 蔚山 佛宇條).

22) 河曲縣 : [正]과 여타 印本에 모두 '阿曲縣'이라고 하였으나, [遺] 卷3 塔像 皇龍寺丈六條와 [勝覽]에 「屈阿火 河曲 蔚州 鶴城 皆知邊 火城 恭化 興麗〈一作興禮〉」(卷22 蔚山郡 郡名條)라고 한 것으로 보아 '河曲'이 옳다.

시 자장 법사가 세웠다.〉 탑을 세운 후 천지가 태평하고 삼한(三韓)이 통일되었으니 어찌 탑의 영험이 아니겠는가?

후에 고구려왕[高麗王]이 신라를 치려다가 말하기를, "신라에는 3보(三寶)가 있어 침범할 수 없다"고 하였다. [이는] 무엇을 말하는가? 황룡사의 장륙존상[丈六]과 9층탑과 진평왕(眞平王)의 천사옥대(天賜玉帶)[23]를 이름이니 [고구려왕은] 드디어 그 계획을 중지하였다. 주(周)나라에 9정(九鼎)[24]이 있어서 초(楚)나라 사람이 감히 북방을 엿보지 못하였다고 하니 이와 같은 것이다.

찬한다.

귀신이 부축한 듯 제경(帝京)을 진압하니
휘황한 금벽색[25] 대마루는 날아갈 듯
올라서 굽어볼 제 9한만 항복하랴
천하라도 평정할 것을 이제야 알겠네

또 해동(海東)의 명현(名賢) 안홍(安弘)이 지은 『동도성립기(東都成立記)』에 다음과 같은 기록이 있다.

「신라 제27대에 여왕이 임금이 되니 비록 도리는 있으나 위엄이 없으므로 9한이 침범하게 되었다. 만약 용궁 남쪽 황룡사에 9층탑을 세우면 이웃 나라의 재앙을 진압할 수 있을 것이니, 제1층은 일본(日本)을, 제2층은 중화(中華)를, 제3층은 오월(吳越)을, 제4층은 탁라(托

23) 天賜玉帶 : [遺] 卷1 紀異 天使玉帶條 참조.
24) 九鼎 : 중국 夏의 禹王 때 九州의 쇠를 모아 九州를 상징하는 9개의 솥을 만들어 국가를 상징하는 표적을 삼았는데, 夏·殷·周 이래로 전해온 重寶이다.
25) 金碧 : 금색과 청색이니 화려한 색채를 가리키는 말이다.

羅)[26]를, 제5층은 응유(鷹遊)[27]를, 제6층은 말갈(靺鞨)을, 제7층은 단국(丹國)[28]을, 제8층은 여적(女狄)[29]을 제9층은 예맥(穢貊)이라.」

또『국사(國史)』와 절의 고기(古記)를 살펴보면 다음과 같다.

「진흥왕(眞興王)[30] 14년 계유(癸酉, 553)에 절을 세운 후에 선덕왕 때인 정관(貞觀) 19년 을사(乙巳, 645)에 탑이 처음으로 이루어졌다. 32대 효소왕(孝昭王)[31] 즉위 7년인 성력(聖曆) 원년 무술(戊戌, 698) 6월에 벼락을 맞아〈절의 고기에서 성덕왕(聖德王)[32] 때라고 한 것은 잘못이다. 성덕왕 때는 무술년이 없었다.〉 제33대 성덕왕 때의 경신년[庚申歲, 720]에 다시 [이것을] 세웠으며, 48대 경문왕(景文王) 때인 무자(戊子, 868) 6월에 두번째 벼락을 맞아 그 임금 때에 세번째 다시 수축하였다.[33] 본조(本朝) 광종(光宗) 즉위 5년 계축(癸丑, 953) 10월 세번째 벼락을 맞아 현종(現宗)[34] 13년 신유(辛酉, 1021)에 네번째 다시 수축하였으며, 또 정종(靖宗) 2년 을해(乙亥, 1035)에 네번째 벼락을 맞아 문종(文宗) 갑진년(甲辰年, 1064)에 다섯번째로 다시 수축하였다. 또 헌종(憲宗)[35] 말년 을해(乙亥, 1095)에 다섯번째 벼락을 맞아 숙종

26) 托羅 : 耽羅, 즉 濟州島. [遺] 卷1 紀異 馬韓條에서는 '乇羅'라고 하였다.
27) 鷹遊 : 중국 江蘇省 東海縣 동북쪽 바다에 있는 섬.
28) 丹國 : 契丹.
29) 女狄 : 女眞.
30) 眞興王 : 신라의 제24대 왕. 재위 540-576. [遺] 卷1 紀異 眞興王條 참조.
31) 孝昭王 : 신라의 제32대 왕. 재위 692-702. [遺] 卷2 紀異 孝昭王代 竹旨郎條 참조.
32) 聖德王 : 신라의 제33대 왕. 재위 702-737. [遺] 卷2 紀異 聖德王條 참조.
33) 同代第三重修 : 同王 12년(872). 즉「…咸通十三年歲次壬辰十一月卄五日記云云」(「皇龍寺刹柱本記」).
34) 現宗 : 고려의 顯宗을 말한다.
35) 憲宗 : 고려의 獻宗을 말한다.

(肅宗) 병자(丙子, 1096)에 여섯 번째 다시 수축하였으며, 또 고종(高宗) 25년[36] 무술(戊戌, 1238) 겨울에 몽고의 병란[西山兵火]으로 탑과 장륙존상과 절의 전우(殿宇)가 모두 타버렸다.」

36) 二十五年 : [正]에는 16년으로 되어 있으나 이는 25년의 오기이다.

74. 皇龍寺鍾 芬皇寺藥師 奉德寺鍾

新羅第三十五景德大王 以天寶十三[1]甲午 鑄皇龍寺鍾 長一丈三寸 厚九寸 入重四十九萬七千五百八十一斤 施主孝貞伊王三毛夫人 匠人里上宅下典〈肅宗朝 重成新鍾 長六尺八寸〉[2]

又明年乙未 鑄芬皇[3]藥師銅像 重三十萬六千七百斤 匠人本彼部强古乃末

又捨黃銅一十二萬斤 爲先考聖德王 欲鑄巨鍾一口 未就而崩 其子惠恭大王乾運 以大曆庚戌[4]十二月 命有司鳩工徒 乃克成之 安於奉德寺 寺乃孝成王開元二十六年戊寅 爲先考聖德大王奉福所創也 故鍾銘曰 聖德大王神鍾之銘〈聖德乃景德之考 興[5]光大王也 鍾本景德爲先考所施之金 故稱云聖德鍾爾〉 朝散大夫兼[6]太子朝議郞[7]翰林郞金弼粤[8]奉教撰鍾銘 文煩不錄

---

1) 十三 : [浩] 十三載. [民] 十三年.
2) 肅宗朝 重成新鍾 長六尺八寸 : [正][斗][浩][六]에는 본문으로 기재되어 있으나, [品][民]은 세주로 보았다. 세주로 보는 것이 옳다.
3) 芬皇 : [浩] 芬皇寺.
4) 大曆庚戌 : 『海東金石苑』 大曆六年歲次辛亥.
5) 興 : [正][晩][順][斗][六] 典. [品][浩][民] 興.
6) 兼 : [正][晩][順][斗][浩][六] 前. [品] 兼. 『海東金石苑』 兼.
7) 太子朝議郞 : [正] 大子司議郞. [斗][浩][六] 太子司議郞. [品] 太子朝議郞. 『海東金石苑』 太子朝議郞.
8) 粤 : [品][斗][浩] 奚. 『海東金石苑』 奚. [勝覽] 卷21 慶州府 古跡條에는 '奚'.

황룡사의 종 · 분황사의 약사상 · 봉덕사의 종

신라 제35대 경덕대왕(景德大王)이 천보(天寶)[1] 13년 갑오(甲午, 754)에 황룡사(皇龍寺)의 종[2]을 부어 만드니, 길이는 1장 3치요, 두께는 9치, 무게는 49만 7천 5백 81근이었다. 시주는 효정이왕(孝貞伊王) 삼모부인(三毛夫人)[3]이요, 장인(匠人)은 이상댁(里上宅)[4] 하전(下典)[5]이었다.〈[고려] 숙종(肅宗) 때 다시 새 종을 만드니 길이는 6자 8치였다.[6]〉

---

1) 天寶 : 중국 唐 玄宗의 연호(742-756).
2) 皇龍寺鍾 : 이 종은 현전하지 않으나 다음의 기록에 따르면, 현존하는 奉德寺鍾의 약 4배 크기의 엄청난 大鍾이었다고 한다.
3) 孝貞伊王三毛夫人 : 자세하지 않으나 三毛夫人은 [遺] 卷1 王曆 景德王條에 「…先妃三毛夫人 出宮无後云云」이라고 있어 景德王의 先妃 三毛夫人으로 짐작된다. [遺] 卷2 紀異 景德王 忠談師 表訓大德條 「王玉莖長八寸 無子廢之封沙梁夫人」의 '無子廢之' 앞에 '三毛夫人' 4자가 탈락된 것으로 보인다.
4) 里上宅 : 부유한 큰 집을 말하는 35金入宅의 하나([遺] 卷1 紀異 辰韓條).
5) 下典 : 上典에 대한 말의 奴僕으로 보기도 하나 이는 잘못이다. 즉 노복으로서의 下典이 아니고 下級官吏로 짐작된다. 즉 聖德大王神鍾銘에 보이는 「鑄鍾大博士大奈麻朴從鎰次博士奈麻朴賓奈奈麻朴韓味大舍朴負缶」와 같은 내용만 보더라도 예능직에 관계한 사람들의 사회적 지위 내지 출신 신분을 짐작할 수 있다. 下典은 上典에 대한 對稱이 아닌 하급관리의 의미로 보아야 한다. 왜냐하면 신라의 귀족 부호들은 이미 다수의 田土와 함께 수많은 私兵을 가질 정도였으며, 나아가 성덕대왕신종에서도 본 바와 같이 鑄鍾大博士 또는 博士들이 모두 大奈麻, 奈麻 또는 大舍 벼슬이었으며, 이들은 모두 신라 17관등 가운데 5두품 내지 4두품의 골품이어야 하기 때문이다. 그러므로 봉덕사성덕대왕신종(12만 근)에 비하여 무려 4배가 넘는 497,581근에 달하는 엄청난 大鍾이 里上宅 노복의 힘으로 주조되었다는 것은 상상할 수 없는 일이다. 따라서 下典이란 후대에 일상화된 노비개념으로의 下典이 아닌 里上宅 중의 하급관

또 이듬해 을미(乙未, 755)에 분황사[芬皇]의 약사여래동상[藥師銅像][7]을 주조하였는데, 무게는 30만 6천 7백 근이요, 장인은 본피부(本彼部)[8]의 강고(强古) 내말(乃末)[9]이었다.

또 황동 12만 근을 희사하여 부왕인 성덕왕(聖德王)[10]을 위하여 큰 종 하나를 주조하려다가 성취하지 못하고 세상을 떠나니, 그 아들 혜공대왕(惠恭大王)[11] 건운(乾運)[12]이 대력(大曆)[13] 경술(庚戌, 770) 12월에 유사(有司)에게 명하여 공인들을 모아 기어이 이를 완성하여 봉덕사(奉德寺)[14]에 봉안하였다.

리로 봐야 마땅하다.(張忠植, 「錫杖寺址出土遺物과 釋良志의 彫刻遺風」, 『新羅文化』 3·4합, pp.89-80, 동국대신라문화연구소, 1987) 또 동경대 교정본에서 下典을 '一典'이라고 한 것도 참조된다.

6) 肅宗朝…長六尺八寸 : 이 부분은 [正]에 본문으로 되어 있으나, 전후관계로 보아 세주로 생각된다.

7) 芬皇藥師銅像 : 芬皇寺는 善德王 3년(634)에 창건된 후([史] 卷5 新羅本紀 善德王條), 元曉(617-686)에 의한 法性宗(海東宗)의 근본 절이 되었다. 발굴결과 1塔3金堂式의 가람으로 확인되었다. 당시의 藥師銅像은 현존하지 않으나 보광전 내의 약사여래입상은 英祖 50년(1774) 작이다.「乾隆三十九年乙未四月二十五日 造成也 重修改金畵員六行瑞弘」(『韓國金石遺文』). 藥師如來는 藥師瑠璃光如來 또는 大醫王佛이라고도 하며, 중생의 질병을 치료하고 수명을 연장하게 하는 부처이다.

8) 本彼部 : 신라의 서울 경주의 행정구역인 6部의 하나.

9) 乃末 : 奈末. 신라 17관등 중의 제11관등. 奈麻라고도 한다.

10) 聖德王 : 신라의 제33대 왕. 재위 702-737. [遺] 卷2 紀異 聖德王條 참조.

11) 惠恭大王 : 신라의 제36대 왕. 재위 765-780. [遺] 卷2 紀異 惠恭王條 참조.

12) 乾運 : 惠恭王의 諱.

13) 大曆 : 중국 唐 代宗의 연호(766-779).

14) 奉德寺 : 신라 孝成王 2년(738) 先考 聖德王을 위하여 건립되었고, 寺鍾인 聖德大王神鍾은 惠恭王 7년(771) 12월에 완성되었다. 이 종은 불교국에서 그 유례를 볼 수 없는 동양 최대의 거종이며, 높이 3.33m, 입지름 2.27m, 두께 23cm이다. 奉德寺는 조선 초기 홍수로 인하여 폐사되어 이 대종만이 폐허에 남았으나, 世祖 6년(1460)에 인근 靈妙寺로 옮겨 보호를 받다가 中宗 초(1507)에는 鳳凰臺 서편에 종각을 짓고 경주부의 城門鍾으로서 차출되기도 하였다. 다시

[이] 절은 효성왕(孝成王)[15]이 개원(開元) 26년 무인(戊寅, 738)에 부왕인 성덕대왕의 복을 빌기 위하여 창건한 것이다. 그러므로 종명(鍾銘)에는 「성덕대왕신종지명(聖德大王神鍾之銘)」이라고 하였다. 〈성덕대왕은 곧 경덕왕의 아버지 흥광대왕(興光大王)[16]이다. 종은 본래 경덕왕이 아버지를 위하여 시주한 쇠이므로 성덕종(聖德鍾)이라고 불렀다.〉

조산대부(朝散大夫) 겸 태자조의랑(太子朝議郎) 한림랑(翰林郎) 김필월(金弼粵)[17]이 임금의 교지를 받들어 종명(鍾銘)[18]을 지었는데,

---

1915년 8월에는 종각과 종을 옛 경주박물관으로 이건하였다가, 1973년 지금의 국립경주박물관으로 옮겨 보관하고 있다. 「奉德寺鍾 新羅惠恭王鑄鍾 銅重十二萬斤 撞之聲聞百餘里 後寺淪於北川 天順四年庚辰 移懸于靈妙寺 (新增)府尹芮椿年 移置南門外 構屋以懸 凡徵軍擊之」([勝覽] 卷21 慶州府 古蹟條). 「上同…凡徵軍及城門開閉時擊之」(『東京雜記』).

15) 孝成王 : 신라의 제34대 왕. 재위 732-742. [遺] 卷2 紀異 孝成王條 참조.

16) 興光大王 : [正]의 典光大王은 '興光大王'의 誤刻이다. 聖德王의 諱는 隆基였으나 唐 玄宗의 휘와 같으므로 興光으로 바꾸었다. 「聖德王立 諱興光 本名隆基 與玄宗諱同 先天中改焉」([史] 卷8 新羅本紀 聖德王條).

17) 金弼粵 : [勝覽]에는 「翰林郎金弼奚」(卷21 慶州府 古蹟條)라 하였으나, 『韓國金石遺文』에는 鍾銘 撰者를 「朝散大夫前太子司議郎翰林郎金弼粵」이라고 하여 참조된다.

18) 鍾銘 : 참고로 鍾銘을 수록하면 다음과 같다.
聖德大王神鍾之銘
朝散大夫 兼太子司議郎 翰林郎 金弼奧 奉教撰
夫至道 包含於形象之外 視之不能見其原 大音 震動於天地之間 聽之不能聞其響 是故 憑開假說 觀三眞之奧載 懸擧神鍾 悟一乘之圓音 夫其鍾也 稽之佛土則驗在於罽膩 尋之帝鄕 則始制於鼓延 空而能鳴 其響不竭 重爲難轉 其體不褰 所以王者元功 克銘其上 群生離苦 亦在其中也 伏惟聖德大王 德共山河而幷峻 名齊日月而高懸 擧忠良而撫俗 崇禮樂而觀風 野務本農 市無濫物 時嫌金玉 世尙文才 不意子靈 有心老誡 四十餘年 臨邦勤政 一無干戈 驚擾百姓 所以四方隣國 萬里歸賓 唯有欽風之望 未曾飛矢之窺 燕秦用人 齊晉替覇 豈可幷輪雙轡而言矣 然雙樹之期難測 千秋之夜易長 晏駕已來 于今三十四年也 頃者 孝嗣景德大王 在世之日 繼守丕業 監撫庶機 早隔慈規 對星霜而起戀 重違嚴訓 臨闕殿以增悲 追遠之情轉悽 益魂之心更切 敬捨銅一十二萬斤 欲鑄一丈鍾一口 立志未成 奄爲就世 今我聖君 行合祖宗 意符至理 殊祥異於千古 令

글이 번거로우므로 [여기에] 수록하지 않는다.

德冠於常時 六街龍雲 蔭灑於玉階 九天雷鼓 震響於金闕 菓米之林 離離乎外境 非煙之色 煥煥乎京師 此卽報玆誕生之日 應其臨政之時也 仰惟太后 恩若地平 化黔黎於仁敎 心如天鏡 獎父子之孝誠 是知朝於元舅之賢 夕於忠臣之輔 無言不擇 何行有愆 乃顧遺言 遂成宿意 爾其有司辦事 工匠畵模 歲次大淵 月惟大呂 是時 日月替(?)暉 陰陽調氣 風和天靜 神器化成 狀如岳立 聲若龍吟 上徹於有頂之巓 潛通於無底之下 見之者稱奇 聞之者受福 願玆妙因 奉翊尊靈 聽普聞之淸響 登無說之法筵 契三明之勝心 居一乘之眞境 乃至瓊萼之叢 共金柯以永茂 邦家之業 將鐵圍而彌昌 有情無識 慧海同波 咸出塵區 幷昇覺路 臣弼奧 拙無才 敢奉聖詔 貸班超之筆 隨陸佐之言 述其願旨 銘記于鍾也
翰林臺書生 大奈麻 金符皖書
其詞曰
紫極懸象 黃輿啓方 山河鎭列 區宇分張 東海之上 衆仙所藏 地居桃壑 界接扶桑 爰有我國 合爲一鄕
元元聖德 曠代彌新 妙妙淸化 遐邇克臻 將恩被遠 與物霑均 茂矣千葉 安乎萬倫 愁雲忽慘 慧日無春
恭恭孝嗣 繼業施機 治俗仍古 移風豈違 日思嚴訓 常慕慈輝 更以脩福 天鍾爲祈 偉哉我后 盛德不輕 寶瑞頻出 靈符每生 主賢天祐 時泰國平 追遠惟勤 隨心願成 乃顧遺命 于斯寫鍾 人神獎力 珍器成容 能伏魔鬼 救之魚龍 震威暘谷 淸韻朔峯 聞見俱信 芳緣允種 圓空神體 方顯聖蹤 永是鴻福 恒恒轉重
翰林郞 級飡 金弼奧 奉詔撰
待詔 大奈麻 姚湍 書
檢校使 兵部令 兼 殿中令 司馭府令 修城府令 監四天王寺府令 幷 檢校眞智大王寺使 上相 大角干 臣 金邕
檢校使 肅政臺令 兼 修城府令 檢校感恩寺使 角干 臣 金良相
副使 執事部侍郞 阿飡 金體信
判官 右司祿館使 級飡 金忠得
判官 級飡 金忠封
判官 大奈麻 金如芿庾
錄事 奈麻 金一珍
錄事 奈麻 金張幹
錄事 大舍 金□□
大曆六年 歲次辛亥 十二月十四日 鑄鍾大博士 大奈麻 朴從鎰
次博士 奈麻 朴賓奈
奈麻 朴韓味
大舍 朴負缶

75. 靈妙寺丈六

善德王創寺塑像因緣 具載良志法師傳 景德王卽位二十三年 丈[1]六改金 租二萬三千七百碩〈良志傳 作像之初成之費 今兩存之〉

1) 丈 : [正][晩][順] 文. [品][斗][浩][六][民] 丈.

영묘사[1]의 장륙존상

선덕왕(善德王)[2]이 절을 창건하고 소상을 조성한 인연은 양지법사전(良志法師傳)에 자세히 실려 있다. 경덕왕(景德王) 즉위 23년(764)에 장륙존상[丈六]을 개금(改金)하였는데, [그 비용은] 벼 2만 3천 7백 섬이었다.〈양지전(良志傳)에서는 불상을 처음 만들 때의 비용이라고 하였다. 지금 두 설을 그대로 써둔다.〉

1) 靈妙寺 : 신라 善德王 때 창건된 절. 靈廟寺라고도 한다. 府의 서쪽 5리에 있다고 하였고, 奉德寺가 북천의 범람으로 폐사되자 1460년에는 聖德大王神鐘을 이 절로 옮겨오기도 하였으나 현재 정확한 절터는 알 수 없다. 「靈廟寺 在府西五里 唐貞觀六年 新羅善德王建 殿宇三層 體制殊異 羅時殿宇非一 而他皆頹廢 獨此宛然如昨 諺傳 寺址本大澤 豆豆里之衆 一夜塡 遂建此殿」([勝覽] 卷21 慶州府 佛宇條). 「景德王十八年改爲修營靈廟寺使院 後復故 上堂一人 景德王改爲判官 後復稱上堂 青位一人 景德王改爲錄事 後改爲大舍 史二人」([史] 卷38 職官志 靈廟寺成典條). [遺] 卷1 紀異 善德王知幾三事條, 卷3 興法 阿道基羅條 참조.

2) 善德王 : 신라의 제27대 왕. 재위 632-646. [遺] 卷1 紀異 善德王知幾三事條 참조.

76. 四佛山 掘佛山 萬佛山

竹嶺東百許里 有山屹然高峙 眞平王四十六年甲申[1] 忽有一大石 四面方丈 彫四方如來 皆以紅紗護之 自天墜其山頂 王聞之命駕瞻敬 遂創寺嵓側 額曰大乘寺 請比丘亡名 誦蓮經者主寺 洒掃供石 香火不廢 號曰亦德山 或曰四佛山 比丘卒既葬 塚上生蓮

又景德王 遊幸栢栗寺 至山下聞地中有唱佛聲 命[2]掘之 得大石四面刻四方佛 因創寺 以掘佛爲號 今訛云掘石

王又聞唐代宗皇帝優崇釋氏 命工作五色氍毹 又彫沈檀木與明珠美玉 爲假山 高丈餘 置氍毹之上 山有巉嵓怪石澗穴 區隔每一區內 有歌舞伎樂列國山川之狀 微風入戶 蜂蝶翱翔 鷰雀飛舞 隱約視之 莫辨眞假 中安萬佛 大者逾方寸 小者八九分[3] 其頭或巨黍者 或半菽者 螺髻白毛 眉目的皪 相好[4]悉備 只可髣髴 莫得而詳 因號萬佛山

更鏤金玉 爲流蘇幡蓋 菴羅薝葍花果 莊嚴百琁[5]樓閣臺殿堂榭

1) 四十六年甲申 : [正][品][斗][六] 九年甲申. [浩] 九年丁未. [民] 四十六年甲申. 간지인 '甲申'에 준하여 '四十六年'으로 보는 것이 옳다.
2) 命 : [浩] 令.
3) 分 : [正] 兮. [品][斗][浩][六] 分.
4) 好 : [斗] 互.
5) 百琁 : [正][品][斗][浩][六] 百步. 『杜陽雜編』百琁.

都大雖微 勢皆活動 前有旋遶比丘像千餘軀 下列紫金鍾三簴[6] 皆有閣有蒲牢 鯨魚爲撞 有風而鍾鳴 則[7]旋遶僧 皆仆拜頭[8]至地 隱隱有梵音 蓋關棙[9]在乎鍾也 雖號萬佛 其實不可勝記 旣成 遣使獻之 代宗見之 嘆曰 新羅之巧 天造非巧[10]也 乃以九光扇 加置嵒岫間 因謂之佛光 四月八日 詔兩街僧徒 於內道場 禮萬佛山 命三藏不空 念讚密部眞詮千遍 以慶之 觀者皆嘆伏其巧

讚曰 天粧滿月四方裁 地湧明毫一夜開 妙手更煩彫萬佛 眞風要使遍三才

6) 簴 : [品][斗][六][民] 簴.
7) 則 : [六] 없음.
8) 頭 : [六] 없음.
9) 棙 : [斗][六] 捩.
10) 巧 : [浩] 人巧.

사불산 · 굴불산[1] · 만불산

죽령(竹嶺)[2] 동쪽 1백 리 가량 되는 곳에 높이 솟은 산이 있다. 진평왕(眞平王) 46년 갑신(甲申, 624)[3]에 홀연히 사면이 한 발이나 되는 큰 돌에 사방여래(四方如來)[4]를 조각하였는데, 모두 붉은 비단에 싸여서 하늘로부터 그 산 정상에 떨어졌다. 왕이 그 말을 듣고 [그곳에] 가서 쳐다보고 예경하고 드디어 [그] 바위 곁에 절을 세우고 이

---

1) 掘佛山 : 경상북도 경주시 북쪽 栢栗寺가 위치한 小金剛山 아래 있는 掘佛寺址에서 유래된 산이름. 경주시 동천동 평지에 위치한 지금의 굴불사는 근래 건립된 절이며, 이곳에서 약 50m 북쪽 栢栗寺 아래 소금강산의 서록에 굴불사지가 위치한다.

2) 竹嶺 : 경상북도와 충청북도의 道境. 경상북도의 豊基와 충청북도의 丹陽을 잇는 소백산맥의 재로서 고대 교통로의 요충지. [史]에 기록된 竹嶺에 대한 최초의 기록은 「(阿達羅王)五年 春三月 開竹嶺 倭人來聘」(卷2 新羅本紀 阿達羅王 5年(158)條)이다. 이후 [勝覽]에 다음과 같이 기록되어 있다. 「竹嶺在郡東三十里 慶尙道豊基郡界」(卷14 丹陽郡 山川條), 「竹嶺 在郡西二十四里 新羅阿達羅五年 始開路」(卷25 豊基郡 山川條), 「古竹嶺縣 在府南一百九里 本高句麗竹峴縣 新羅景德王 改竹嶺 爲三陟郡領縣 諺傳沃原驛 是縣之古基」(卷44 三陟都護府 古蹟條).

3) 四十六年甲申 : [正]에는 「九年甲申」으로 되어 있으나, 眞平王 9년은 丁未(587)이며, 불상의 양식 역시 이 시기까지 올릴 수 없고, 甲申은 동왕 46년(624)이므로 甲申에 준할 것으로 추정된다.

4) 四方如來 : 四方佛을 말한다. 四佛山 산상의 절벽 위에 있는 이 四佛岩은 일종의 方柱 동서남북 사방에 모두 여래상을 1구씩 조각하였다. 풍화로 마멸이 심하나 동서 양면은 좌상이고, 남북 양면은 입상이다. 조성연대는 기록대로 眞平王 46년 甲申(624)으로 봐도 좋을지 의심된다.(秦弘燮, 「四佛山 四佛岩과 妙寂庵磨崖如來坐像」, 『考古美術』 74, 1966)

름을 대승사(大乘寺)라고 하였다. 『법화경[蓮經]』[5]을 외우는 이름이 전하지 않는 비구를 청하여 이 절을 맡겨서 깨끗이 하여 돌을 공양하고 향불을 끊이지 않게 하였다. 산이름을 또는 덕산(德山) 혹은 사불산(四佛山)[6]이라고도 한다. 비구가 죽어 장사지냈더니 무덤 위에서 연(蓮)이 났다.

또 경덕왕(景德王)이 백률사(栢栗寺)에 행차하여 산 아래에 이르니 땅 속에서 염불소리가 나므로 그곳을 파게 하였더니 큰 돌이 있었는데, 사면에 사방불(四方佛)[7]이 새겨져 있었다. 이로 인하여 절을 세우고 그 이름을 굴불(掘佛)이라고 하였는데, 지금은 잘못 불러 굴석(掘石)[8]이라고 한다.

왕은 또 당(唐)나라 대종(代宗) 황제가 불교를 특별히 숭상한다는 말을 듣고 공장에게 명하여 오색 모직물[9]을 만들고 또 침단목(沈檀木)에 조각하여 맑은 구슬과 아름다운 옥으로 꾸며 높이가 한 발 남

---

5) 蓮經 : 『法華經』, 즉 『妙法蓮華經』의 약칭.

6) 四佛山 : 문경 大乘寺가 위치한 산으로 일명 功德山이라고도 한다. 산상의 독립된 바위 위에 새겨진 四方佛에 의하여 명명되었다.

7) 四方佛 : 동서남북 사방 佛土에 위치하는 사방 사불. 四方佛의 명칭은 경전에 따라 다르나, 대략 동방 香寂세계의 阿閦佛(Akṣobhya)(또는 琉璃光세계의 藥師如來), 남방 歡喜세계의 寶生佛(Ratna-saṃbhaba), 서방 안락세계의 아미타불(Amitāyus), 북방 蓮華莊嚴세계의 微妙聲佛로 알려져 있다. 掘佛寺의 사방불은 동쪽에 약사, 남쪽에 석가(?), 서쪽에 아미타불의 조각상, 그리고 북쪽에는 十一面六臂의 觀音像이 선각되었다.(金理那, 「慶州 掘佛寺址의 四面石佛에 대하여」, 『震檀學報』 39, 1975, pp.43-68)

8) 掘石 : 掘石寺. 掘佛寺址의 발굴에서는 고려시대의 靑銅金鼓를 비롯하여 여러 유물이 출토되었는데, 金鼓에는 '屈石寺'란 명문이 있어 고려시대는 屈(掘)石寺로 불린 것으로 보인다. 즉 명문에는 「大定二十三年癸卯四月 日東京北山屈石寺排入重柒斤欠知造前副戶長李伯瑜棟梁道人孝英大匠義成」이라고 하였다.(『굴불사유적발굴조사보고서』, 문화재연구소, 1986)

9) 氍毹(구유) : 담요 등 모직물.

짓한 가산(假山)[10]을 만들어 [그것을] 모직물 위에 놓았다. [그] 산에는 험한 바위와 괴석이 있고 개울과 동굴이 구간을 지어 있는데, 한 구역마다 춤추고 노래부르며 음악을 연주하고 여러 나라의 산천모양을 꾸몄다. 미풍이 창으로 들면 벌과 나비가 훨훨 날고, 제비와 참새가 춤을 추니 얼핏 보아서는 진짜인지 가짜인지 분간할 수 없었다. [그] 속에는 또 만불(萬佛)이 안치되었는데, 큰 것은 한 치 남짓하고 작은 것은 8, 9푼이었다. 그 머리는 혹 큰 것은 기장 낟알만하고 혹은 콩알 반쪽만하였다. 나발(螺髮)[11]·육계(肉髻)[12]·백모(白毛)[13]와 눈썹과 눈이 선명하여[14] 상호(相好)[15]가 다 갖춰져 있었다. [그 형상은] 다만 비슷하게는 말할 수 있어도 자세히는 다 형용할 수 없다. 이로 인해 만불산(萬佛山)[16]이라고 하였다.

다시 금과 옥을 새겨 수실이 달린 번개(幡蓋)[17]와 암라(菴羅)[18]·담복(薝蔔)[19]·화과(花果)와 수많은 구슬을 장엄한[20] 누각(樓閣)·

---

10) 假山 : 꾸며서 만든 산이니 정원에 돌을 모아 쌓는 石假山 등이다.
11) 螺髮 : 불상의 머리카락이 틀어 말려 소라모양이 된 것.
12) 肉髻 : 부처님의 32상 가운데 하나인 頂上肉髻相으로서 정수리에 솟은 상투모양의 살덩이. 佛頂·頂髻(Uṣṇîṣa)라고도 한다.
13) 白毛 : 부처님의 32상 가운데 하나인 眉間白毫相이다. 두 눈썹 사이에 있는 희고 빛나는 가는 터럭으로서 오른쪽으로 말린 데서 끊임없이 광명을 내놓는 것으로 되어 있다.
14) 的皪(적력) : 的歷과 같은 뜻으로 고운 모양. 선명한 모양.
15) 相好 : 梵語 Lakṣaṇa-vyañjana. 곧 용모와 형상. 相은 몸에 드러나게 잘 생긴 부분이며, 好는 相을 더욱 세분한 것으로서 곧 32相과 80種好를 뜻한다.
16) 萬佛山 : 萬佛山의 설화는 唐 蘇鶚의 『杜陽雜編』에도 보인다.(『四庫全書』 卷上 4-5張) 張忠植, 「『三國遺事』 萬佛山과 新羅工藝」, 『文化史學』 6·7, 1997 참조.
17) 流蘇幡蓋 : 수실이 달린 幡과 天蓋. 幡은 깃발이고, 天蓋는 불상 위를 장엄하는 寶蓋를 말한다.
18) 菴羅 : 梵語 āmra의 음역으로 果樹名이다. 즉 芒果를 말한다.

대전(臺殿)·당사(堂榭)들이 모두 비록 작기는 하나 기세가 모두 살아 움직이는 것 같았다. 앞에는 돌아다니는 비구[旋遶比丘][21] 형상이 천여 구가 있고, 아래에는 자금종(紫金鍾) 세 구를 벌려 놓았는데, 모두 종각이 있고 포뢰(蒲牢)[22]가 있었으며, 고래모양으로 종치는 방망이를 삼았다. 바람이 불어 종이 울리면 돌아다니는 스님들은 모두 엎드려 머리가 땅에 닿도록 절을 하고 은은히 염불하는 소리가 들렸으니, 대개 활동의 중심체[關棙][23]는 종에 있었다. 비록 그 이름을 만불이라고 했으나 그 실상은 이루 다 기록할 수 없다.

[그것이] 완성되자 사신을 당나라에 보내 바쳤더니 대종은 이것을 보고 탄복하여 말하기를, "신라의 기교는 하늘의 조화이지 사람의 재주가 아니다"고 하고, 이에 구광선(九光扇)[24]을 [그] 바위 사이에 덧붙여 두고 이로 인하여 불광(佛光)이라고 하였다. 4월 8일에는 양가(兩街)의 승도(僧徒)[25]에게 명하여 내도량(內道場)[26]에서 만불산에

---

19) 薝蔔(담복) : 梔子(치자). 『本草』에 「薝蔔又名梔子 蜀有紅梔子」라고 하였다.

20) 莊嚴百琔 : [正]에는 '莊嚴百步'로 되어 있으나, 『杜陽雜編』의 내용을 따라 '莊嚴百琔'으로 보는 것이 옳을 것으로 보인다.

21) 旋遶比丘 : 佛事의 현장에서 道場을 돌아다니면서 염불하거나 또는 五體投地의 예배수행을 하는 비구로 짐작된다.

22) 蒲牢(포뢰) : 해변에 있는 짐승의 이름. 蒲牢는 고래를 두려워하여 고래가 포뢰를 치면 크게 울게되므로 포뢰의 모양을 종 위에 만들어 놓고 고래모양 방망이로써 종을 치는 것에서 유래하였다. 「海中有大魚曰鯨 海邊有獸曰蒲牢 蒲牢素畏鯨 鯨魚擊蒲牢 輒大鳴 凡鍾欲令聞大者 故作蒲牢於上 所以撞之者爲鯨魚」(班固 西都賦·註).

23) 關棙(관려) : 機軸과 같은 말. 활동의 중심이 되는 긴요한 곳이란 뜻이므로 여기서는 태엽을 감은 나사의 기계라고 할 수 있다.

24) 九光扇 : 부채의 이름.

25) 兩街僧徒 : 左街僧統 右街僧統에 소속된 승려를 말한다. 또는 兩街를 唐의 洛陽(東京)과 長安(西京)이라고도 하나([品] 下之一, p.207) 수긍하기 어렵다.

26) 內道場 : 궁중에 설치된 불교의 도량. 內寺라고도 하며, 신라에서는 內帝釋寺,

예배하게 하고 불공삼장[三藏不空][27]에게 명하여 밀부(密部)[28]의 진전(眞詮)[29]을 천 번이나 외워서 이를 경축하니 보는 자가 모두 그 정교함에 탄복하였다.

찬한다.

> 하늘은 만월(滿月)[30]을 단장시켜 사방불을 마련하고
> 땅은 명호(明毫)[31]를 솟구쳐 하룻밤 사이에 열었도다
> 교묘한 솜씨로 번거롭게 만불을 조각하니
> 진풍(眞風)을 두루 하늘·땅·인간[三才][32]에 퍼지게 하리

또는 天柱寺라고 하였다. 중국에서는 東晋의 孝武帝 시대에 이러한 類가 있었으나 內道場은 北魏에서 기원하여 隋 煬帝 때 확립되어 이후 南宋代까지 호국불교의 거점으로서 不空·澄觀 등 고승의 활동무대로 알려져 있다.

27) 三藏不空 : 不空三藏法師라는 뜻이다. 三藏이란 經藏·律藏·論藏으로서 三藏法師는 삼장을 배워 정통한 사람이다. 不空(Amoghavajra, 705-774)은 본래 북인도 사자국 사람으로서 金剛智삼장의 제자가 되어 720년 스승을 따라 중국에 와서 역경에 종사하였다. 주로 밀교를 선전하여 당나라 玄宗·肅宗·代宗의 두터운 신뢰를 받았고, 호국종교로서의 밀교를 중국사회에 정착시켰다.

28) 密部 : 密教. 顯教에 상응하는 교리로서 곧 眞言宗 계통의 경전을 가리킨다.

29) 眞詮 : 진리의 말을 나타내는 문구, 곧 경전.

30) 滿月 : 부처님의 원만한 상호를 비유한 말.

31) 明毫 : 부처님의 미간백호를 말한다.

32) 三才 : 天·地·人.

77. 生義寺石彌勒

善德王時 釋生義常住道中寺 夢有僧引上南山而行 令[1]結草爲標 至山之南洞 謂曰 我埋此處 請師出安嶺上 旣覺 與友人尋所標至其洞掘地 有石彌勒出 置於三花嶺上 善德王十二[2]年甲辰歲 創寺而居 後名生義寺〈今訛言性義寺 忠談[3]師每歲重三重九 烹茶獻供者 是此尊也〉

---

1) 令 : [正][晩][順] 今. [品][斗][浩][六][民] 令.
2) 二 : [品][斗][浩][民] 三.
3) 談 : [正][晩][順] 淡. [品][斗][浩][六][民] 談.

생의사의 석미륵

선덕왕(善德王)[1] 때 석(釋) 생의(生義)는 언제나 도중사(道中寺)에 살더니, 꿈에 한 스님이 [그를] 데리고 남산으로 올라가서 풀을 묶어 표를 하게 하고 산 남쪽 골짜기에 와서 말하기를, "내가 이곳에 묻혀 있으니 스님은 꺼내어 고개 위에 안치해주시오"라고 하였다. 꿈을 깨자 친구들과 함께 표시해둔 곳을 찾아 그 골짜기에 이르러 땅을 파보니 석미륵(石彌勒)[2]이 나오므로 삼화령(三花嶺)[3] 위에 안치하였다. 선덕왕 12년 갑진년(甲辰歲, 644)[4]에 [그곳에] 절을 짓고 살았으니 후에 이름을 생의사(生義寺)라고 하였다.〈지금은 잘못 불러 성의사(性義寺)라고 한다. 충담(忠談)스님이 매년 3월 3일과 9월 9일에 차를 달여 공양한 것이 바로 이 부처님이다.〉

---

1) 善德王 : 신라의 제27대 왕. 재위 632-646. [遺] 卷1 紀異 善德王知幾三事條 참조.

2) 石彌勒 : 경상북도 경주 남산 북봉 장창곡 三花嶺의 生義寺에 있던 석조미륵상. 삼존불로서 지금은 경주박물관에 보관된 석조삼존불로 알려져 있다.(黃壽永, 「新羅南山三花嶺彌勒世尊」, 『金載元博士回甲記念論叢』, 乙酉文化社, 1969)

3) 三花嶺 : 경상북도 경주 남산 북봉 장창곡 근처의 고개. [遺] 卷2 紀異 景德王 忠談師 表訓大德條에 南山 三花嶺의 내용이 보인다.

4) 善德王十二年甲辰 : 甲辰(644)은 즉위년으로 쳐서 13년에 해당된다.

78. 興輪寺壁畵普賢

第五十[1]四景明王時 興輪寺南門 及左右廊廡 災焚未修 靖和弘[2]繼二僧 募緣將修 貞明七年辛巳五月十五日 帝釋降于寺之左經樓留旬日 殿塔及草樹土石 皆發異香 五雲覆寺 南池魚龍喜躍跳擲 國人聚觀嘆未曾有 玉[3]帛粱[4]稻施積丘山 工匠自來 不日成之 工旣畢 天帝將還 二僧白曰 天若欲還宮 請圖[5]寫聖容 至誠供養 以報天恩 亦乃因玆留影 永鎭下方焉 帝曰 我之願力 不如彼普賢菩薩遍垂玄化 畵此菩薩像 虔設供養而不廢宜矣 二僧奉教 敬畵普賢菩薩於壁間 至今猶存其像

1) 十 : [正] 千. [品][斗][浩][六][民] 十.
2) 弘 : [正][晩][順] 弘. [品][斗][浩][六][民] 弘.
3) 玉 : [正] 王. [順] 玉(가필). [品][斗][浩][六][民] 玉.
4) 粱 : [正][晩][順] 粱. [品][斗][浩][六] 粱.
5) 圖 : [正][晩][順] 啚(鄙와 동자, 圖의 속자). [品][斗][浩][六] 圖.

흥륜사의 벽화 보현보살

제54대 경명왕(景明王) 때 흥륜사(興輪寺)[1]의 남문과 좌우 낭무(廊廡)[2]가 불에 탄 채 아직 수리하지 못하더니 정화(靖和)와 홍계(弘繼) 두 스님이 시주를 모아 수리하려고 하였다. 정명(貞明)[3] 7년 신사(辛巳, 921) 5월 15일에 제석(帝釋)이 절의 왼쪽 경루(經樓)[4]에 내려와서 10일 동안 머무니 불전, 불탑과 풀, 나무, 흙, 돌들이 모두 이상한 향기를 풍기고, 오색구름이 절을 덮으며, 남쪽 못의 어룡(魚龍)이 기뻐서 뛰놀았다. 나라 사람들이 모여서 보고 전에 없던 일이라고 감탄하면서 옥과 비단과 곡식을 산더미처럼 시주하였다. 공장(工匠)이 스스로 와서 며칠 안되어 완성하였다. 공사가 끝나자 천제(天帝)가 돌아가려고 하니, 두 스님이 아뢰기를, "천제께서 만약 환궁하려시거든 성스러운 모습을 그려서 지성으로 공양하여 천은(天恩)을 갚게 하시기 바랍니다. 또한 이로 인하여 영상을 남겨서 길이 하계[下方]를 진호하게 하소서"라고 하였다. 천제가 말하기를, "나의 원력(願力)은

---

1) 興輪寺 : 경상북도 경주시 沙正洞에 있던 신라 최초의 왕실 절. [遺] 卷3 興法 阿道基羅條 참조.

2) 廊廡 : 고대 가람의 불전 좌우를 연결하는 회랑.

3) 貞明 : 중국 後梁 末帝의 연호(915-921). 貞明 7년은 신라 景明王 5년(921)에 해당된다.

4) 經樓 : 고대 가람배치상의 經樓와 鍾樓를 뜻하고 있으나 그 정확한 형태를 구체적으로 말하기는 어렵고, 다만 불경을 보관하던 장소로 알려져 있다.

저 보현보살(普賢菩薩)[5]이 두루 현화(玄化)[6]를 펴는 것만 같지 못하니 이 보살상을 그려서 경건하게 공양하여 그치지 않는 것이 좋을 것이다"고 하였다. 두 스님은 가르침을 받들어 보현보살을 벽 사이에 공손히 그렸는데, 지금도 그 상이 남아 있다.

---

5) 普賢菩薩 : 문수보살과 함께 석가모니의 右脇侍가 되며, 十大行願을 성취한 대승불교의 이상적 보살.
6) 玄化 : 玄妙한 敎化.

79. 三所觀音 衆生寺

新羅古傳云 中華天子有寵姬1) 美艷無雙 謂古今圖2)畵尠有如此者 乃命善畵者寫眞〈畵3)工傳失其名 或云張僧繇 則是吳人也 梁天監中 爲武陵王國侍郎直秘閣知畵事 歷右將軍吳興太4)守 則乃中國梁陳間之天子也 而傳云唐帝者 海東人凡諸中國爲唐爾 其實未詳何代帝王 兩存之〉 其人奉勅圖5)成 誤落筆汚赤 毁於臍下 欲改之而不能 心疑赤誌必自天生 功畢獻之 帝目之曰 形則逼眞矣 其臍下6)之誌 乃所內秘 何得知之并寫 帝乃震怒 下圓扉將加刑 永7)相奏云 所謂伊人其心且直 願赦宥之 帝曰彼8)旣賢直 朕昨夢9)之像 畵進不差則宥之

其人乃畵十一面觀音像呈之 協10)於所夢 帝於是意解赦之 其人旣免 乃與博士芬節約曰 吾聞新羅國敬信佛法 與子乘桴于海 適彼同修佛事 廣益仁邦 不亦益乎 遂相與到新羅國 因成此寺大悲像

1) 姬 : [正][晩][順] 姫. [品][斗][浩][六][民] 姬.
2) 圖 : [正][晩][順] 啚(鄙와 동자, 圖의 속자). [品][斗][浩][六] 圖.
3) 畵 : [正] 盡. [品][斗][浩][六] 畵.
4) 太 : [正][晩][品] 大. [順] 太(가필). [斗][浩][六][民] 太.
5) 圖 : 주 2)와 같음.
6) 下 : [正][晩] 판독미상. [順] 下(가필). [品][斗][浩][六] 下.
7) 永 : [品][斗][浩][六] 丞.
8) 彼 : [正][晩] 판독미상. [品][斗][浩][六] 彼.
9) 夢 : [正] 판독미상. [品][斗][浩][六] 夢.
10) 協 : [正] 恊. [品][斗][浩][六] 協.

國人瞻仰 禳禱獲福 不可勝記

羅季天成中 正甫崔殷諴久無胤息 詣玆寺大慈前祈禱 有娠而生男 未盈三朔 百濟甄萱襲犯京師 城中大潰 殷諴[11]抱[12]兒來告曰 隣兵奄至 事急矣 赤子累重 不能俱免 若誠大聖之所賜 願借大慈之力覆養之 令我父子再得相見 涕泣悲惋 三泣而三告之 裹[13]以襁褓 藏諸猊座下 眷眷而去

經半月寇退 來尋之 肌膚如新浴 貌[14]體嬛好 乳香尙痕於口 抱持歸養 及壯聰惠過人 是爲丞魯[15] 位至正匡 丞魯[16]生郎中崔肅 肅生郎中齊顔焉 自此繼嗣不絶 殷諴隨敬順王入本朝爲大姓

又統和十年三月 主寺釋性泰 跪於菩薩前 自言弟子久住玆寺 精勤香火 晝夜匪懈 然以寺無田出 香祀無繼 將移他所 故來辭爾 是日 假寐夢大聖謂曰 師且[17]住無遠離 我以緣化充齋費 僧忻然感寤[18] 遂留不行

後十三日 忽有二人 馬載牛駄 到於門前 寺僧出問 何所而來 曰 我等是金州界人 向有一比丘到我云 我住東京衆生寺久矣 欲以四事之難 緣化到此 是以歛施隣閭 得米六碩 鹽四碩 負載而來 僧曰 此寺無人緣化者 爾輩恐聞之誤 其人曰 向之比丘率[19]我輩而來 到

11) 諴 : [正] 판독미상. [品][斗][浩][六][民] 諴.
12) 抱 : [正][晩] 판독미상. [品][斗][浩][六][民] 抱.
13) 裹 : [正][晩][順] 褁. [品][斗][浩][六][民] 裹.
14) 貌 : [正][晩][順] 皃(貌와 동자). [品][斗][浩][六] 貌.
15) 丞魯 : [品][斗][六] 丞魯. [浩] 承魯. [麗史] 卷93 列傳 崔承老傳에는 '承老'.
16) 丞魯 : [品][斗][浩][六] 丞魯. [麗史] 卷93 列傳 崔承老傳에는 '承老'.
17) 且 : [鶴] 旦.
18) 寤 : [浩][六] 悟.
19) 率 : [正] 𠅌. [品][斗][浩][六] 率.

此神[20]見井邊曰 距寺不遠 我先往待之 我輩隨逐而來 寺僧引入法堂前 其人瞻禮大聖 相謂曰 此緣化比丘之像也 驚嘆不已 故所納米鹽 追年不廢

又一夕寺門有火災 閭里奔救 升堂見像 不知所在 視之已立在[21]庭中矣 問其出者誰 皆曰不知 乃知大聖靈威也

又大定十三年癸巳間 有僧占崇 得住玆寺 不解文字 性本純粹[22]精勤火香 有一僧欲奪其居 訴於襯衣天使曰 玆寺所以國家祈恩奉福之所 宜選會讀文疏[23]者主之 天使然之 欲試其人 乃倒授疏[24]文 占崇應手披讀如流 天使服膺 退坐房中 俾之再讀 崇鉗口無言 天使曰 上人良由大聖之所護也 終不奪之 當時與崇同住者 處士金仁夫 傳諸鄕老 筆之于傳

20) 神 : [六] 師.
21) 在 : [品] 存.
22) 粹 : [鶴] 없음.
23) 疏 : [正][浩] 踈. [品][斗][六] 疏.
24) 疏 : 주 23)과 같음.

세 곳의 관음[1]과 중생사

신라고전(新羅古傳)에는 다음과 같은 글이 있다.

「중국의 천자(天子)에게 총애하는 여자가 있었는데, 아름답기 짝이 없었다. 고금의 그림에도 이와 같은 사람은 적으리라 하여 그림을 잘 그리는 사람에게 명하여 진영을 그리게 하였다.〈화공은 그 이름이 전하지 않는데, 혹은 장승요(張僧繇)[2]라고도 한다. 그렇다면 이는 오(吳)나라 사람이다. 그는 양(梁)나라 천감(天監)[3] 무릉왕국(武陵王國)[4]의 시랑(侍郞)[5] 직비각지화사(直

---

1) 三所觀音 : 3곳의 관음보살 異蹟을 기록한 내용이나 이곳 衆生寺 편에서는 모두 지적하기 어렵게 되어 있다. 따라서 이후의 '栢栗寺'와 '敏藏寺'를 포함한 三所로 짐작하고 있으므로 이는 개판 당시 잘못하여 분리된 것으로 볼 수도 있을 것이다. 그것은 이들 중생사・백률사・민장사의 세 절에 대한 기록이 모두 觀音에 대한 기록이기 때문이다. 이러한 추정이 옳다면 그 체재는 '三所觀音 衆生寺 栢栗寺 敏藏寺'로 볼 수 있다.(張忠植, 「『三國遺事』三所觀音考」, 『佛教文化論叢』(天台宗田雲德總務院長華甲論叢), 1999)

2) 張僧繇 : 梁代의 화가. 吳나라 사람으로 天監年中(502-519) 武陵王國 侍郞이 되었고 右將軍을 거쳐 吳興太守가 되었으며, 양나라 武帝의 불교 장려에 힘입어 많은 塔廟의 장식화를 그렸다. 『歷代名畵記』 권7에 「張僧繇 吳中人也 天監中 爲武陵王國侍郞 直秘閣 知畫事 歷右將軍 吳興太守 武帝崇飾佛寺 多命僧繇畵之 云云」이라고 있어 참조된다.

3) 天監 : 중국 梁 武帝의 연호(502-519).

4) 武陵王國 : 武陵王은 梁 武帝의 여덟번째 아들 蕭紀로서 天監 13년(514)에 武陵郡王에 봉해졌으며, 武帝 사후 蜀에서 자립하여 帝로 자칭하고 연호를 大正이라고 하였다. 太淸 5년(551)에는 兄 元帝를 습격하였으나 그 사이 蜀의 땅은 西魏의 수중에 들어갔으며, 553년 元帝의 군사에 패하여 죽었다.(『梁書』 卷55 武陵王紀列傳. 『南史』 卷53 武陵王紀列傳.)

5) 侍郞 : 次官職.

秘閣知畵事)[6]가 되었고, 우장군(右將軍)[7]과 오흥태수(吳興太守)[8]를 역임하였으니, 이는 중국 양(梁)·진(陳) 무렵의 천자일 것이다. 그런데 고전에 당(唐)나라 황제라고 한 것은 우리 나라[海東] 사람이 중국을 모두 당이라고 하기 때문이다. 실상은 어느 시대의 제왕인지 알 수 없으므로 두 가지를 다 적어둔다.〉 그 화공은 칙명을 받들어 그림을 그렸으나 붓을 잘못 떨어뜨려 배꼽 밑에 붉은 점이 찍혀졌다. 다시 고치려고 해도 고칠 수 없으므로 속으로 의심하기를 아마 붉은 사마귀[赤誌]는 틀림없이 날 때부터 있었던 것이 아닐까 하고 일을 마치자 그것을 바쳤다. 황제가 그것을 보고 말하기를, "형상은 아주 그럴 듯하나 그 배꼽 밑의 점은 속에 감추어진 것인데 어떻게 알고 그것까지 그렸느냐?"라고 하였다. 황제가 크게 노하여 [그를] 옥[9]에 가두고 장차 형벌을 주려할 때 승상(丞相)이 아뢰기를, "그 사람인즉 마음이 정직한 사람으로 이르는 터이오니 용서해주시기 바랍니다"고 하였다. 황제가 말하기를, "그가 어질고 정직하다면 내가 어젯밤 꿈에 본 형상을 그려 올려서 틀림이 없으면 용서하겠소"라고 하였다.

그 화공은 11면관음보살상[十一面觀音像][10]을 그려 바치니 꿈에 보던 바와 꼭 맞는지라 황제는 그제야 마음이 풀려서 그를 놓아 주었

---

6) 直秘閣知畵事 : 官名으로 畵業을 맡은 직책.
7) 右將軍 : 左將軍 다음의 軍官.
8) 吳興太守 : 중국 浙江省 吳興縣의 太守.
9) 圓扉 : 圜土의 옥문. 전하여 獄이 된다. 圜土는 둥글게 둘러 싼 감옥이란 뜻이다.
10) 十一面觀音像 : 관음보살의 머리 위에 있는 11면의 관음상. 本面을 합치면 12면이 된다. 즉 11면은 方便面이요, 本面은 眞實面이라고 한다. 11면은 경전에 따라 배치가 다르나 대략 앞의 3면은 慈相, 왼쪽의 3면은 瞋相, 오른쪽의 3면은 白牙上出相, 뒤의 1면은 暴大笑相, 정상의 1면은 佛果를 나타내는 모습이라고 한다. 다시 말하면 10면은 보살이 수행하는 階位인 十地를 표하고, 맨 위의 佛面은 佛果를 표하는 것이라고 한다.

다. 그 화공은 화를 면하게 되자 박사(博士) 분절(芬節)[11]과 약속하여 말하기를, "내가 들으니 신라국은 불법(佛法)을 신봉한다고 하니, 그대와 함께 바다에 배를 타고 그곳에 가서 함께 불사(佛事)를 닦아 널리 인방(仁邦)[12]을 도우면 또한 유익하지 않겠는가?"고 하고는 드디어 서로 신라국에 와서 이 절의 대비상(大悲像)[13]을 이룩하니 나라 사람들이 우러러 공경하고 기도하여 복을 얻음을 이루 다 기록할 수 없다.」

신라 말기 천성(天成)[14] 연간에 정보(正甫)[15] 최은함(崔殷諴)[16]은 늦도록 아들이 없었으므로 이 절의 관음보살 앞에 와서 기도했더니 태기가 있어 아들을 낳았다. 석 달[17]이 채 못되어 백제의 견훤(甄萱)이 서울을 습격하여 성 안이 크게 혼란하였다. 은함은 아이를 안고 [이 절에] 와서 고하기를, "이웃 나라 군사가 졸지에 닥치니 사세가 급박한지라 어린 자식으로 누가 겹치면 둘이 다 죽음을 면할 수 없사오니 진실로 대성(大聖)께서 아기를 주셨다면 큰 자비의 힘으로 보호하여 길러주시어 우리 부자를 다시 만나게 해주소서"라고 하고 눈물을 흘려 슬프게 울면서 재삼 고하고 [아이를] 강보에 싸서 그것을 관음보살의 사자좌[猊座][18] 밑에 감추어 두고 못내 섭섭해하면서 떠나

11) 博士芬節 : 알 수 없다.
12) 仁邦 : 동방의 어진 나라, 곧 신라를 말한다.
13) 大悲像 : 관세음보살상.
14) 天成 : 중국 後唐 明宗의 연호(926-930).
15) 正甫 : 고려 초기에 泰封의 관제를 본떠서 정한 문무의 官等.
16) 崔殷諴 : 諴은 含과 음이 통하므로 곧 신라 元甫 崔殷含이다. 고려 초기의 명신인 崔承老의 아버지.
17) 三朔 : 朔은 매월 1일이므로 三朔은 3개월을 말한다.
18) 猊座 : 獅子座, 즉 부처님의 자리를 말한다.

갔다.

반 달이 지나 적병이 물러간 후 와서 아이를 찾아보니 살결은 새로 목욕한 것과 같고 모습도 어여쁘고 젖냄새가 아직도 입에 남아 있었다. [아이를] 안고 [집에] 돌아와 길렀더니 자라서 총명하고 슬기로움이 남보다 뛰어났다. 이 사람이 곧 승로(丞魯)[19]이니 벼슬이 정광(正匡)[20]에 이르렀다. 승로는 낭중(郎中) 최숙(崔肅)[21]을 낳고, 숙은 낭중 제안(齊顔)[22]을 낳았으니 이로부터 후손이 계승되어 끊이지 않았다. 은함은 경순왕(敬順王)을 따라 본조(本朝)에 들어와서 대성(大姓)이 되었다.

또 통화(統和)[23] 10년(992) 3월 절의 주지인 석(釋) 성태(性泰)는 보살 앞에 꿇어 앉아 아뢰기를, "제자가 오랫동안 이 절에 살면서 향화(香火)를 부지런히 하여[24] 밤낮으로 게을리하지 않았지만, 절에는

---

19) 丞魯 : 崔承老. 927-989. 慶州人이니 아버지 殷含은 신라에 벼슬하여 元甫에 이르렀으나 後嗣가 없어 기도하여 承老를 낳았다. 어려서 태조에 발탁되어 12세에 元鳳省 學士에 예속시켰고, 太祖·惠宗·定宗·光宗·景宗·成宗朝에 이르도록 계속 관직에 종사하여 성종 7년(988)에 門下守侍中이 되고 淸河侯에 피봉되었으며, 벼슬에 있는 동안 上請이 허락되지 않는 것이 없었으며, 또한 역대 왕의 善惡得失을 기록한 五朝政績評과 함께 時務28條를 왕께 바친 것은 유명하다.

20) 正匡 : 고려 초기에 泰封의 관제를 본떠서 정한 文武의 관등. 位는 二品으로 宰相의 지위에 해당. 成宗 14년(995)에 特進으로, 忠宣王 2년(1310) 정2품의 下로 했다가, 恭愍王 5년(1356)에 폐하였다.

21) 崔肅 : 자세하지 않다.

22) 齊顔 : 崔承老의 손자. 최숙의 아들. 顯宗·德宗·靖宗·文宗 4조를 섬겨 벼슬이 太師門下侍中에 이르렀다. 太祖의 信書訓要가 난리에 불타 없어졌으나 제안이 崔沆의 집에서 얻어 간직하였다가 나라에 바쳤으므로 전해진다.([麗史] 卷93 列傳 卷6 崔承老·齊顔條)

23) 統和 : 중국 遼 聖宗의 연호(983-1011).

24) 精勤 : 쉬지 않고 부지런히 힘씀. 염불·참선 등 수행 등에 적용되는 말.

전토에서 나는 것이 없으므로 향사(香祀)를 이을 수 없는지라 다른 곳으로 옮기려 하므로 와서 하직하려고 하나이다"고 하였다. 이날 어렴풋이 졸다가 꿈을 꾸니 대성이 이르기를, "법사는 아직 머물러 있을 것이지 멀리 떠나지 말라. 내가 연화(緣化)[25]로써 재 드리는 비용을 충당하리라"고 하니, 스님은 흔연히 느끼고 깨달아 드디어 [그 절에] 머물고 떠나지 않았다.

그후 13일만에 문득 두 사람이 말과 소에 짐을 싣고 문 앞에 이르렀다. 절의 스님이 나가서 묻기를, "어디에서 왔느냐?"고 하니, 말하기를, "우리들은 금주(金州)[26]지방 사람인데, 지난번에 한 스님이 우리를 찾아와 '나는 동경(東京)[27] 중생사(衆生寺)[28]에 오랫동안 있었는데, 네 가지 어려운 일[29]로서 연화를 위하여 여기에 왔습니다'고 하므로 이웃 마을에 시주를 거두어 쌀 여섯 섬과 소금 네 섬을 싣고 왔습니다"고 하였다. 스님이 말하기를, "이 절에서는 권선한 사람이 없었는데, 아마 당신들이 잘못 들은 것 같소"라고 하였다. 그 사람이 말하기를, "지난번의 스님이 우리들을 데리고 와서 이 신현정(神見井)[30] 가에 와서 말하기를, '절이 [이곳으로부터] 멀지 않았으니 내가 먼저 가서 기다리겠다'고 하여 우리들이 뒤쫓아 온 것입니다"고 하였다. 절의 스님이 [그들을] 인도하여 법당 앞까지 들어왔더니 그들이 대성을

25) 緣化 : 법을 들을 인연이 있는 이를 권하여 인도함. 곧 勸化와 같은 말.
26) 金州 : 지금의 경상남도 金海. 「文武王 置金官小京 景德王 爲金海小京 太祖二十三年 改州府郡縣名 爲金海府 後降爲臨海縣 又陞爲郡 成宗十四年 改爲金州安東都護府 云云」([麗史] 卷57 地理2).
27) 東京 : 경주.
28) 衆生寺 : 경상북도 경주에 있던 절. 그 위치는 알 수 없다.
29) 四事 : 4종류의 공양거리, 즉 의복·음식·臥具·湯藥.
30) 神見井 : 자세하지 않다.

우러러보고 서로 말하기를, "이 부처님이 시주를 구하던 스님의 상입니다"고 하고 놀라 감탄해 마지 않았다. 이 때문에 쌀과 소금을 바침이 해마다 끊이지 않았다.

또 하루 저녁은 절 대문에 불이 나서 마을 사람들이 달려와 불을 끄는데 법당에 올라와 관음상을 찾았으나 간 곳이 없는지라 살펴보니 이미 뜰 가운데 서 있었다. 누가 그것을 밖에 내놓았는지를 물었으나 모두들 모른다고 하므로 그제야 대성의 신령스런 위력을 알았다.

또 대정(大定)[31] 13년 계사(癸巳, 1173) 연간에 점숭(占崇)이란 스님이 이 절에 살고 있었는데, 글자는 알지 못했으나 성품이 본래 순수하여 향화를 부지런히 받들었다. 어떤 스님이 그의 거처를 빼앗으려고 친의천사(襯衣天使)[32]에게 호소하기를, "이 절은 국가에서 은혜를 빌고 복을 받는 곳이기 때문에 마땅히 글을 읽을 줄 아는 사람을 뽑아서 주관하게 해야 할 것입니다"고 하였다. 천사가 그것을 옳게 여겨 그를 시험하고자 소문(疏文)[33]을 거꾸로 주니, 점숭은 받은 즉시 펴들고 거침없이 읽었다. 천사는 명심하고[服膺][34] 방안으로 물러앉아서 다시 읽게 하니 점숭은 입을 다물고 말이 없었다. 천사가 말하기를, "상인(上人)[35]은 진실로 대성의 보살핌을 받고 있다"고 하고 끝내 절을 뺏지 않았다. 당시 점숭과 같이 살던 처사(處士) 김인부(金仁夫)[36]가 고을의 노인들에게 전하였으므로 이것을 적어서 전한다.

---

31) 大定 : 중국 金 世宗의 연호(1161-1189).
32) 襯衣天使 : 옷을 시주하는 天使라고 하나 자세히 알 수 없다.
33) 疏文 : 축원문 또는 經文·章疏로 짐작된다.
34) 服膺 : 마음 속에 간직하여 잊지 않는다는 말. 「得一善則拳拳服膺」(『中庸』).
35) 上人 : 승려의 존칭.
36) 金仁夫 : 여기에만 보일 뿐 자세하지 않다.

80. 栢栗寺

雞林之北岳曰金剛嶺　山之陽有栢栗寺　寺有大悲之像一軀　不如知作始　而靈異頗著　或云　是中國之神匠　塑衆生寺像時幷造也　諺云　此大聖曾上忉利天　還來入法堂時　所履石上脚迹至今不刓　或云救夫[1]禮郎還來時之所視迹也

天授三年壬辰九月七日　孝昭王奉大玄薩喰[2]之子夫[3]禮郎爲國仙　珠履千徒　親安常尤甚　天授四年〈卽[4]長壽二年〉癸巳暮春之月　領徒遊金蘭　到北溟之境　被狄賊所掠而去　門客皆失措而還　獨安常追迹之　是三月十一日也

大王聞之　驚駭不勝曰　先君得神笛　傳于朕躬　今與玄琴藏在內庫　因何國仙忽爲賊俘　爲之奈何〈琴笛事具載別傳〉　時有瑞雲覆天尊庫　王又震懼使檢[5]之　庫內失琴笛二寶　乃曰　朕何不弔[6]　昨失國仙　又亡琴笛　乃囚司庫吏金貞高等五人　四月　募於國曰　得琴笛者　賞之一歲租

---

1) 夫 : [品] 失. [遺] 卷2 紀異 萬波息笛條에는 '失'.
2) 喰 : [品][浩] 湌.
3) 夫 : 주 1)과 같음.
4) 卽 : [正][斗][浩][六] □. [品] 없음.
5) 檢 : [正] 撿(檢의 동자). [品][斗][浩][六] 檢.
6) 弔 : [正][品][斗][六] 予. [浩] 弔.

五月十五日 郎二親就栢栗寺大悲像前 禋祈累夕 忽香卓上得琴笛二寶 而郎常二人來到於像後 二親顚喜 問其所由來 郎曰 予自被[7]掠[8] 爲彼[9]國大都仇羅家之牧子 放牧於大烏羅尼野〈一本作都仇家奴 牧於大磨之野〉 忽有一僧 容儀端正 手携琴笛來慰曰 憶桑梓乎 予不覺跪于前曰 眷戀君親 何論其極 僧曰 然則宜從我來 遂率至海壖 又與安常會 乃批笛爲兩分 與二人 各乘一隻 自乘其琴 泛泛歸來 俄然至此矣

於是具事馳聞 王大驚使迎郎 隨琴笛入內 施鑄金銀五器二副各重五十兩 摩衲袈裟五領 大綃三千疋 田一萬頃[10]納於寺 用答慈庥焉 大赦國內 賜人爵三級 復民租三年 主寺僧移住奉聖 封郎爲大角干〈羅之冢[11]宰爵名〉 父大玄阿喰[12]爲太[13]大角干 母龍寶夫人爲沙梁部鏡井宮主 安常師爲大統 司庫五人皆免 賜爵各五級

六月十二日 有彗星孛于東方 十七日 又孛于西方 日官奏曰 不封爵於琴笛之瑞 於是冊號神[14]笛爲萬萬波波息 彗乃滅 後多靈異文煩不載 世謂安常爲俊永郎徒 不之審也 永郎之[15]徒 唯眞才 繁完等知名 皆亦不測人也〈詳見別傳〉

---

7) 被 : [正] 판독미상. [品][斗][浩][六] 被.
8) 掠 : [正] 椋. [品][斗][浩][六][民] 掠.
9) 彼 : [正] 波. [品][斗][浩][六][民] 彼.
10) 頃 : [鶴] 頃.
11) 冢 : [品] 冢. [斗] 蒙.
12) 喰 : 주 2)와 같음.
13) 太 : [正][晩][順][鶴] 大. [品][斗][浩][六][民] 太.
14) 神 : [斗] 없음.
15) 之 : [浩][六] 없음.

백률사

계림(雞林)의 북쪽 산을 금강령(金剛嶺)[1]이라고 하는데, [그] 산의 남쪽에 백률사(栢栗寺)[2]가 있다. [그] 절에는 대비(大悲)의 상 한 구가 있는데, 언제 만든 것인지는 알 수 없으나 영험은 자못 현저하였다. 혹은 중국의 신장(神匠)이 중생사(衆生寺)[3]의 불상을 조성할 때 함께 만든 것이라고 한다.[4] 속설에는 이 대성(大聖)이 일찍이 도리천(忉利天)[5]에 올라갔다가 돌아와서 법당에 들어갈 때 밟았던 돌 위에

---

1) 金剛嶺 : 金剛山. 금강산은 신라 四靈地 중의 하나로 중시되었다. 異次頓 순교 때 머리가 날아가 떨어졌기에 이 산에 장사지내고 刺楸寺를 세우기도 하였다. 이 산의 기슭에는 掘佛寺 터가 있고, 그 중복에 栢栗寺가 있다.

2) 栢栗寺 : 경상북도 경주시 동천동 금강산 중복에 있는 절. 창건연대는 알 수 없으나 기록으로 보아 삼국통일을 전후한 시기에 창건된 것으로 추정된다. 조선시대에 임진왜란으로 폐허화되었다. 후에 경주부윤 尹承順이 중수한 기록([勝覽] 卷21 慶州府)이 있다. 이 절의 旃檀觀音像을 조선 太宗 12년 10월에 開慶寺로 移安하였다.(『太宗實錄』 卷24) 통일신라시대의 金銅藥師如來立像(국보 제28호)과 異次頓供養石幢은 1927년에 국립경주박물관으로 옮겼다. 경내의 자연 암벽에는 높이 3.2m의 3층마애탑이 조각되어 있고, 대웅전 동편 암벽에도 7층탑이 음각되어 있는데 신라시대의 작품으로 추정된다. 지금은 대웅전, 선원, 요사채가 남아 있다.

3) 衆生寺 : 경상북도 경주시에 있었던 절. [遺] 卷3 塔像 三所觀音 衆生寺條에도 나오나 관음보살의 영험함을 기록한 것 외에 다른 기록이 없어 구체적인 사실에 대해서는 알 수 없다.

4) 中國之神匠…幷造也 : [遺] 卷3 塔像 三所觀音 衆生寺條에 의하면, 吳나라의 한 화공이 신라로 건너와서 衆生寺의 대비관음상을 만들었는데, 사람들이 모두 우러러 보고 기도하여 복을 얻음이 이루 다 헤아릴 수 없었다고 한다. 중생사 관음상의 영험설화는 [遺] 卷3 塔像 三所觀音 衆生寺條에 자세하다.

는 발자국이 지금까지 남아 마멸되지 않고 있다[6]고 한다. 혹은 부례랑(夫禮郞)[7]을 구해서 돌아올 때의 자취라고도 한다.

천수(天授)[8] 3년 임진(壬辰, 692) 9월 7일에 효소왕(孝昭王)[9]은 대현(大玄)[10] 살찬(薩喰)[11]의 아들 부례랑을 받들어 국선(國仙)[12]

---

5) 忉利天 : 33천을 가리킨다. 忉利는 Trāyastrimśa의 音譯으로 三十三天이라고 漢譯한다. 忉利天은 27天 가운데 欲界 6天의 제2천에 해당한다. 須彌山 정상에 있고 帝釋天이 다스린다. 4방에 봉우리가 있고 봉우리마다 8천이 있어 32천, 제석천과 함께 33천이 된다.(『無量壽經』 卷12) [遺] 卷1 紀異 善德王知幾三事條에 보면 신라의 善德女王은 자신의 죽음을 미리 예언하면서 신하들에게 忉利天에 葬事하라고 한 대목이 나온다. 이때 신하들이 도리천이 어디인지 묻자 狼山 남쪽이라고 대답했다고 한다. 이후 文武王 때 이르러 선덕왕의 무덤 아래에 四天王寺를 지었으니 狼山은 須彌山이 되고 善德女王의 묘는 忉利天의 위치가 되었다고 하였다. 본문의 기록과 선덕왕의 설화는 新羅佛國土說에 기반한 것으로서 당시 女王이라는 정치적 핸디캡을 극복하기 위해 慈藏이 의도적으로 신라불국토설을 유포하였다는 견해가 있다.(金相玄, 「慈藏의 정치외교적 역할」, 『신라의 사상과 문화』, 一志社, 1999, p.51)

6) 脚迹至今不刓 : 지금도 栢栗寺에는 이 발자국 셋이 남아 있는데, 그 중 하나는 쪼아서 약간 파괴되었다.

7) 夫禮郞 : [遺] 卷2 紀異 萬波息笛條에는 '失禮郞'으로 되어 있다. 失禮郞과 夫禮郞은 동일인이고, 따라서 어느 한 쪽은 오자임에 분명하지만, 어느 쪽이 바른 표기인지는 알 수 없다. 그는 孝昭王 원년(692)에 國仙이 되었고, 천여 명의 낭도가 있었는데, 승려 낭도 安常은 그와 가장 가까이 지냈다.

8) 天授 : 중국 周 武后 때의 연호(690-691). 3년 임진(692)은 신라 孝昭王 원년에 해당한다. 이 해 4월에 如意로 改元했다가 다시 9월에 長壽로 개원하였다.

9) 孝昭王 : 신라의 제32대 왕. 재위 692-702. [遺] 卷2 紀異 孝昭王代 竹旨郎條 참조.

10) 大玄 : 夫禮郞의 아버지 이름인 듯하나, 여기 외에 다른 기록은 없어 자세한 사항은 알 수 없다.

11) 薩喰 : 신라 17관등 중 제8관등. 薩飡, 沙飡, 沙咄干, 沙干이라고도 하였다. 진골 외에 육두품도 받을 수 있었으며, 대개 제1급 행정관부의 차관직에 보임되었다. 공복의 빛깔은 緋色이었다.

12) 國仙 : 花郞의 異稱. [史]에서는 모두 花郞이란 명칭을 썼는데, [遺]에서는 대부분 國仙이란 명칭을 썼다. 국선을 화랑의 상위조직으로 해석하여 화랑 중에서 한 명을 뽑아 국선으로 삼았을 것으로 보는 견해도 있다.(李鍾旭, 「신라 화랑도의 편성과 조직·변천」, 『신라문화제학술발표회논문집』 10, 1989, p.251)

을 삼았다. [그] 낭도[珠履][13]가 천 명이었는데, [그 중에서도] 안상(安常)[14]과 더욱 친하였다. 천수 4년〈즉 장수(長壽) 2년〉 계사(癸巳, 693) 늦은 봄에 낭도들을 거느리고 금란(金蘭)[15]으로 출유하여 북명(北溟)[16] 지경에 이르러 적적(狄賊)[17]들에게 붙잡혀 갔다. [그의] 문객들은 모두 어찌할 줄을 모르고 돌아왔으나 안상만이 그뒤를 추적해갔는데, 이는 3월 11일의 일이었다.

대왕이 이 소식을 듣고 놀라움을 금치 못하면서 말하기를, "선왕께서 신적(神笛)을 얻어서 짐에게 전하여 지금 현금(玄琴)과 함께 내고(內庫)에 간직해두었는데, 무슨 일로 국선이 갑자기 적의 포로가 되었

그러나 같은 시기에 여러 명의 국선이 있었던 사실에서도 국선이 화랑보다 높은 위치에 있었다고 보기는 어렵다. 『三國史節要』와 『東國通鑑』 등 조선 초기의 사서에서 [史] 중의 화랑을 모두 국선으로 고쳐 썼던 예나 安鼎福이 '花郎亦曰國仙'이라고 했던 것(『東史綱目』 第三上 眞興王37年)은 모두 국선을 화랑의 이칭으로 본 예다.

13) 珠履 : 구슬로 장식한 신. 대개 上客이 신는다. 여기서는 郎徒를 가리킨다.

14) 安常 : 孝昭王 원년(692)에 國仙이 된 夫禮郎의 낭도. 부례랑이 693년에 狄賊에게 붙잡혀 갈 때도 홀로 그를 뒤좇아 갈 정도로 가까웠다. 효소왕이 그에게 大統이라는 僧職을 준 것으로 볼 때 그는 승려였다. 李奎報의 「次韻空空上人贈朴少年五十韻」에는 '安常等二僧' 운운이라고 하기도 하였다.(『東國李相國後集』 卷9) 安常은 승려이면서 동시에 낭도였다. 여말선초의 諺傳에 의하면, 安詳(常)은 述郎, 永郎, 南郎 등과 함께 四仙 중의 한 사람이었다고 한다.(洪萬宗, 『海東異蹟』 四仙條) 그러나 안상이 사선과 깊은 관계를 맺고 있었을 가능성은 있어도 그가 곧 사선 중의 한 사람이었다고 보기는 어렵다. 또한 고려 후기에는 안상이 後永郎의 낭도였다는 설이 있었으나, 一然은 알 수 없다고 하였다.

15) 金蘭 : 협의로는 지금의 강원도 통천지방을, 광의로는 강원도일대 동해변을 가리킨다. 金蘭이라는 지명은 『易繫辭上』에 「二人同心 其利斷金 同心之言 其臭如蘭」에서 나온 것으로 보인다. 즉 花郎의 遊娛地를 가리키는 것으로, 특히 溟州(강릉)가 유명하다.(三品彰英, 「花郎の遠遊とその遊娛地」, 『新羅花郎の研究』, 平凡社, 1974, pp.138-148)

16) 北溟 : 溟州의 북쪽. 지금의 元山灣 부근이다. 溟州는 신라 9州 중의 하나이다. [遺] 卷3 塔像 彌勒仙花 未尸郎 眞慈師條 참조.

17) 狄賊 : 靺鞨을 말한다. 말갈은 곧 渤海國을 가리킨다.

는가? 이 일을 어찌하면 좋단 말인가?"라고 하였다.〈거문고와 피리에 관한 일은 별전(別傳)에 자세히 실려 있다.〉

때마침 상서로운 구름이 천존고(天尊庫)[18]를 덮었다. 왕은 더욱 놀라서 사람을 시켜 조사해보니 창고 안에 있던 거문고와 피리 두 보물이 없어졌다. 이에 [왕이] 말하기를, "내 어찌 복이 없어 어제는 국선을 잃고 또 거문고와 피리를 잃게 되었는가?"라고 하면서 창고를 지키던 관리 김정고(金貞高)[19] 등 다섯 명을 가두었다. 4월에는 국내에 [현상을] 모집하여 말하기를, "거문고와 피리를 찾는 자는 1년의 조세를 상으로 주겠다"고 하였다.

5월 15일 부례랑의 양친이 백률사의 대비상 앞에 가서 여러 날 저녁 기도를 하였더니, 홀연히 향탁(香卓) 위에서 거문고와 피리 두 보배를 얻게 되고, 부례랑과 안상 두 사람도 불상 뒤에 와있었다. [낭의] 양친이 미칠 듯이 기뻐하며 그 내력을 물으니, 부례랑이 말하기를, "저는 붙잡혀 간 뒤부터 그 나라 대도구라(大都仇羅)[20]의 집 목동이 되어서 대오라니(大烏羅尼)들에서 방목을 하고 있었습니다.〈다른 책에는 도구(都仇)의 집 종이 되어 대마(大磨)들에서 방목했다고 하였다.〉 [그런데] 홀연히 용모와 거동이 단정한 한 승려가 손에 거문고와 피리를 들고 와서 위로하면서 말하기를, '고향생각을 하느냐?'고 하기에, 저는 자신도 모르게 [그의] 앞에 무릎을 꿇고 말하기를, '임금과 부모를 그리워함을 어찌 다 말할 수 있겠습니까?'라고 했습니다. [이에] 스님이 말하기를, '그렇다면 나를 따라오라'고 하고는 저를 데리고 해변에 이르

---

18) 天尊庫 : [遺] 卷2 紀異 萬波息笛條의 주석 17) 참조.
19) 金貞高 : 창고를 지키는 관리의 이름. 여기 외에 기록이 없어 자세히 알 수 없다.
20) 大都仇羅 : 여기 외에 기록이 없어 자세히 알 수 없다.

렸는데, 또한 안상도 만났습니다. 그는 피리를 두 쪽으로 나누어 두 사람에게 주면서 각기 한 쪽씩 타게 하고 자신은 거문고를 타고서 둥둥 떠와서 잠깐 사이에 이곳까지 왔습니다"고 하였다.

이에 자세한 사정을 급히 알렸더니, 왕은 크게 놀라며 사람을 보내 낭을 맞아들이고, 거문고와 피리도 대궐로 옮기게 하였다. [왕은] 각각 50냥으로 된 금과 은으로 만든 다섯 개의 그릇 두 벌과 마납가사(摩衲袈裟) 다섯 벌, 대초(大綃)[21] 3천 필, 전토 1만 경(頃)을 절에 시주하여 대비의 은덕에 보답하였다. 국내에 대사(大赦)를 내리고 사람들에게는 관작 3급을 주고, 백성들에게는 3년간의 조세를 면제해주고, [그] 절의 주지를 봉성사[奉聖][22]로 옮겨 살게 하였다. [또한] 부례랑을 봉하여 대각간(大角干)[23]〈신라 재상의 관작명〉을 삼고, [그의] 아

---

21) 大綃 : 비단의 이름.

22) 奉聖 : 奉聖寺. 경상북도 경주시 동성동에 있었던 절. 창건에 관한 기록은 神文王 5년(685) 惠通의 청으로 왕이 信忠의 명복을 빌기 위해서 信忠奉聖寺라는 이름으로 창건하였다([遺] 卷5 神呪 惠通降龍條 참조)는 것과 景德王에 와서 信忠에 의해 창건되었다([遺] 卷5 避隱 信忠掛冠條)는 두 계통이 있다. 이에 대해 신문왕대 창건되었다가 경덕왕대 중창되었다는 견해(蔡尙植, 「新羅統一期의 成典寺院의 構造와 機能」, 『釜山史學』 8, 1984, pp.90-91)와 경덕왕대의 信忠이 역사적인 인물이라는 점을 들어 경덕왕대에 창건된 것으로 보는 견해(李基白, 「景德王과 斷谷寺・怨歌」, 『新羅政治社會史研究』, 1974, pp.224-226)가 있다. 봉성사에는 成典이 설치되어 있었는데, 그 설치시기는 분명하지 않으나 대체적으로 신문왕대로 보고 있다.([史] 卷38 職官志 참조) 이 절의 창건에 깊이 관여했던 惠通이 神印宗 계통의 승려인 점으로 보아 봉성사는 신인종 계통의 降龍신앙과 관련된 사원으로 볼 수 있다.(蔡尙植, 앞의 논문, pp.90-91) 봉성사에 대한 기록은 신라시대 이후로는 알 수 없으나, [勝覽]에 그 명칭이 보이는 것으로 보아 조선 중기 이후에 폐사된 것 같다.(卷21 慶州府 참조)

23) 大角干 : 신라 17관등체계를 넘어서는 非常位의 관등. 角干에서 분화하여 격상된 것이다. [史] 卷38 職官志에는 太宗 7년 백제를 멸망시키고 공로를 논의하여 대장군 金庾信에게 大角干을 수여하였다는 기록이 있다. 大角干은 大角湌・大一伐干으로도 표기되었다. 신라는 통일전쟁을 수행하는 과정에서 고위

버지 대현(大玄) 아찬(阿喰)[24]을 태대각간(太大角干)[25]으로 삼고, 어머니 용보부인(龍寶夫人)은 사량부(沙梁部)[26] 경정궁주(鏡井宮主)로 삼고, 안상 법사를 대통(大統)[27]으로 삼았으며, 창고관리 다섯 명은 모두 석방하여 관작을 각기 5급씩을 올려주었다.

귀족들이 여러 차례에 걸쳐 공을 세우게 되자 이들을 예우하기 위해 大角干이라는 非常位를 설치하게 된 것으로 생각된다. 그러나 대각간이 만들어진 시기에 대한 명기는 없는데 「昌寧新羅眞興王拓境碑」에 나오는 屈珎智 大一伐干이라는 者가 眞興王 12년의 인물이라는 점이라는 것에서 대각간은 늦어도 551년에는 이미 성립되었을 것으로 보인다. 신라 관등제에 관한 논문은 다음과 같다. 朱甫暾, 「6세기초 新羅王權의 位相과 官等制의 成立」, 『역사교육논집』 13·14, 역사교육학회, 1990. 宣石悅, 「新羅官等體制의 成立」, 『부산사학』 20, 부산사학회, 1991. 하일식 외, 『한국 고대의 신분제와 관등제』, 아카넷, 2000.

24) 阿喰 : 신라 17관등 중 제6관등. 阿飡, 阿尺干, 阿粲이라고도 한다. 阿喰은 진골 외에 육두품도 받을 수 있었으나, 육두품이 받을 수 있는 최고의 관등이었다. 신라 관직제도에는 大阿飡 이상만이 중앙 행정관부의 장관이 될 수 있었고, 아찬은 차관직에 오를 수 있었다. 공복의 빛깔은 緋色이었다.

25) 太大角干 : 大角干 위에 설치한 非常位의 관등. [史] 卷38 職官志에 文武王 8년(668)에 고구려를 멸망시킨 공적으로 金庾信의 으뜸가는 策謀를 포상하기 위해 太大角干을 수여했다는 기록이 있다. 태대각간의 설치시기는 분명하지 않다. [史] 卷33 色服志에 法興王代 태대각간이라는 기사가 나오나 이때 성립된 것으로 보기는 힘들다. 태대각간은 아마도 대각간이 설치된 眞興王 12년(551) 이후의 어느 시기로 보는 것이 옳을 듯하다.

26) 沙梁部 : 신라 중고기 금석문에는 '沙啄部'로 표기되었다. 梁部와 함께 6部를 주도했던 部로서 그 위치에 관해서는 다양한 견해가 있다. 문헌분석을 통한 연구결과로 末松保和과 李鍾旭은 현재 오릉, 나정, 알영정을 포함한 경주시 남부 평야일대로, 金哲埈은 지금의 尙州지방으로, 李丙燾는 경상북도 경주시 남천 이북, 서천 이동 그리고 북천 이남 일대에 그 근거지가 있었던 것으로 추정한다. 한편, 金元龍은 仙桃山의 경사면 西岳 일대로, 千寬宇는 開寧의 甘文國으로 보았다. 姜仁求는 경주 일대의 고고학적 자료를 분석하여 塔洞 이남과 入南面·두서면의 구량리까지로 비정하였다. 사량부는 고려 太祖 23년(940)에 南山部로 개칭되었다.(姜仁求, 「斯盧六村과 國家의 成立段階 試考」, 『韓國史學』 15, 韓國精神文化硏究院, 1995)

27) 大統 : 일국의 比丘를 통할하는 僧官. 大統이라는 명칭은 817년 異次頓의 비를 세운 데서 처음 보이고, 그후 「鳳巖寺智證大師寂照塔碑」와 「皇龍寺九層木塔刹柱本記」 등에 보인다.

6월 12일에 혜성(彗星)[28]이 동방에 나타나고, 17일에는 또 서방에 나타나므로 일관(日官)[29]이 아뢰기를, "거문고와 피리의 상서에 대하여 작위를 봉하지 않은 까닭입니다"고 하였다. 이에 신적(神笛)을 책호(冊號)하여 만만파파식(萬萬波波息)이라고 하니, 혜성이 곧 사라졌다. 그후에도 영이(靈異)로운 일이 많지만[30] 글이 번거로우므로 싣지 않는다. 세상에서는 안상을 일러 준영랑(俊永郎)의 낭도라고 하나 자세히 알 수 없다. 영랑(永郎)[31]의 낭도에는 다만 진재(眞才)[32]·번완(繁完)[33] 등의 이름이 알려져 있으나, 이들 역시 알 수 없는 사람들이다.〈별전에 자세히 보인다.〉

---

28) 彗星 : 妖星 가운데 彗星은 길게 한 쪽으로 꼬리를 가진 것을 가리키고, 孛星은 彗星과 비슷하면서 꼬리가 없이 光芒이 사방으로 퍼지는 것을 말한다. 혜성은 고대에 있어서 除舊布新의 조짐으로 여겨졌는데 孛는 慧보다 더 심한 조짐이라고 해석되어왔다.(朴星來, 「百濟의 災異기록」, 『百濟研究』 17, 1986, p.210)

29) 日官 : 曆을 살피던 役人. 天文官吏. [遺] 卷2 紀異 萬波息笛條의 주석 11) 참조.

30) 被狄賊所掠而去…後多靈異 : 본 기사에서 보이는 孝昭王代의 일련의 사건, 國仙의 실종·琴笛의 분실·彗星의 출현 등을 통해볼 때 효소왕의 즉위 직후 왕권의 불안정과 정치적인 혼란을 짐작할 수 있다. 그 원인에 대해서는 武烈王系 전제왕권이 추구하는 질서와 평화에 대한 진골귀족들의 반발표출로 보거나, 異母弟인 聖德王의 세력에 의한 효소왕의 왕위계승자격에 대한 시비로 보거나, 새 왕의 즉위를 둘러싼 귀족세력의 세력개편에 따른 진통으로 파악하는 견해가 있다.

31) 永郎 : 四仙 중에서 대표적인 화랑. 「川前里誓石」 중의 「戊年六月二日永郎成業」이라는 명문은 그가 실존인물임을 알려주는 자료다. 永郎은 삼국통일 직후의 화랑으로서 金剛山·智異山 방면에 遊娛하여 후세에 그 足蹟을 남긴 것으로 유명하다. 신라 200여 명의 화랑 중에서도 四仙의 문도가 가장 번성했다고 한다.(李仁老, 『破閑集』 卷下) 一然은 영랑의 무리에는 眞才, 繁完 등의 이름이 알려졌으나 알 수 없는 사람들이라고 하였다.(김상현, 「고려시대의 화랑인식」, 『신라문화제학술발표회논문집』 10, 1989, pp.231-239. 李基東, 「新羅 花郎徒의 社會學的 考察」, 『新羅骨品制社會와 花郎徒』, 1984, pp.337-338 참조)

32) 眞才 : 여기 외에 다른 기록은 찾아볼 수 없다.

33) 繁完 : 여기 외에 다른 기록은 찾아볼 수 없다.

81. 敏藏寺

禺金里貧女寶開 有子名長春 從海賈而征 久無音耗 其母就敏藏寺〈寺乃敏藏角干捨家爲寺〉 觀音前 克祈七日 而長春忽至 問其由緒曰 海中風飄舶壞 同侶皆不免 予乘隻板歸泊吳涯 吳人收之 俾耕于野 有異僧如鄕里來 弔[1]慰勤勤 率[2]我同行 前有深渠 僧掖我跳之 昏昏間如聞鄕音與哭泣之聲 見之乃已届此矣 日晡[3]時離吳 至此纔戌初 卽天寶四年乙酉四月八日也 景德王聞之 施田於寺 又納財幣焉

1) 弔 : [正][晩][順] 予. [斗][六][民] 吊(弔의 속자). [品][浩] 弔.
2) 率 : [正] [illegible]. [品][斗][浩][六][民] 率.
3) 晡 : [六] 哺.

민장사

우금리(禺金里)의 가난한 여자 보개(寶開)에게 장춘(長春)이라고 하는 아들이 있었다. 바다의 장삿군을 따라다녔는데 오랫동안 소식[音耗][1]이 없었다. 그의 어머니가 민장사(敏藏寺)[2]〈이 절은 민장(敏藏) 각간(角干)이 [자기] 집을 내놓아 절로 삼은 것이다.〉 관음보살 앞에 나아가 7일동안 정성을 다하여 기도드렸더니 장춘이 갑자기 돌아왔다.

그 까닭을 물으니 [장춘이] 말하기를, "바다 가운데서 회오리바람을 만나 배가 부서져 동료들은 모두 죽음을 면하지 못했습니다만, 저는 널판쪽을 타고 오(吳)나라[3] 해변에 가서 닿았습니다. 오나라 사람들이 저를 데려다가 들에서 농사일을 짓게 했습니다. [하루는] 고향에서 온 듯한 이상한 스님이 은근히 위로하고 저를 데리고 동행하는데, 앞에 깊은 개천이 있어서 스님은 저를 겨드랑이에 끼고 뛰었습니다. 정신이 희미한 가운데 우리 말소리와 우는 소리가 들리므로 살펴보니 벌써 여기 와있었습니다. 초저녁 때[哺時][4] 오나라를 떠났는데 여기에 이른 것은 겨우 술시초[戌初][5]였습니다"고 하였다. [그때는] 곧

---

1) 音耗 : 音信, 즉 소식을 말한다.
2) 敏藏寺 : 경상북도 경주에 있던 절.
3) 吳 : 남쪽 중국.
4) 哺時 : 申時라고도 한다. 오후 3시에서 5시 사이.
5) 戌初 : 戌時는 오후 7시에서 9시 사이다.

천보(天寶)[6] 4년 을유(乙酉, 745) 4월 8일이었다. 경덕왕(景德王)이 이 소식을 듣고 절에 밭을 주고 또 재물과 폐백을 바쳤다.

6) 天寶 : 중국 唐 玄宗의 연호(742-756).

82. 前後所將[1]舍利

國史云 眞興王太[2]清三年己巳 梁使沈湖送舍利若干粒 善德王代貞觀十七年癸卯 慈藏法師所將佛頭骨 佛牙 佛舍利百粒 佛所著緋羅金點袈裟一領 其舍利分爲三 一分在皇龍塔[3] 一分在太[4]和塔 一分并袈裟在通度寺戒壇 其餘未詳所在

壇有二級 上級之中 安石蓋如覆鑊 諺云 昔在本朝 相次有二廉使 禮壇擧石鑊而敬之 前感脩蟒在函中 後見巨蟾蹲石腹 自此不敢擧之 近有上將軍金公利生 庾侍郎碩 以高廟朝受旨 指揮江東 仗節到寺 擬欲擧石瞻禮 寺僧以往事難之 二公令軍士固擧之 內有小石函 函襲之中 貯以瑠璃筒 筒中舍利只四粒 傳示瞻敬 筒有小傷裂處 於是庾公適蓄一水精函子 遂奉施兼藏焉 識之以記 移御江都四年乙未歲也

古記稱 百枚分藏三處 今唯四爾 旣隱現隨人 多小不足怪也

又諺云 其皇龍寺塔災之日 石鑊之東面始有大[5]斑 至今猶然 卽大遼應曆三年癸丑歲也 本朝光廟五[6]載也 塔之第三災也 曺溪無

1) 將 : [斗] 藏.
2) 太 : [正][斗][六] 大. [品][浩] 太.
3) 塔 : [浩][六] 寺.
4) 太 : [正][品] 大. [順] 太(가필). [斗][浩][六] 太.
5) 大 : [品][民] 火.

衣子留詩云 聞道[7]皇龍災塔日[8] 連燒一面示無間 是也

自至元甲子已來 大朝使佐[9] 本國皇華 爭來瞻禮 四方雲水 輻湊來參 或擧不擧 眞身四枚外 變身舍利 碎如砂礫 現於鑊[10]外 而異香郁烈 彌[11]日不歇者 比比有之 此末[12]季一方之奇事也

唐大中五年辛未 入朝使元弘所將佛牙〈今未詳所在 新羅文聖王代〉 後唐同光元年癸未 本朝太[13]祖卽位六年 入朝使尹質所將五百羅漢像今在北崇山神光寺 大宋宣和元年己亥[14]〈睿廟十五[15]年〉 入貢使鄭克永 李之美等所將佛牙 今內殿置奉者是也

相傳云 昔義湘法師入唐 到終南山至相寺智儼尊者處 隣有宣律師 常受[16]天供 每齋時天廚[17]送食 一日律師請湘公齋 湘至坐定既久 天供過時不至 湘乃空鉢而歸 天使乃至

律師問今日何故遲 天使曰 滿洞有神兵遮擁 不能得入 於是律師知湘公有神衛 乃服其道勝 仍留其供具 翌日又邀儼湘二師齋 具陳其由 湘公從容謂宣曰 師既被天帝所敬 嘗聞帝釋宮有佛四十齒之一牙 爲我等輩請下人間 爲福如何 律師後與天使傳其意於上帝 帝限七日送與 湘公致敬訖 邀安大內

---

6) 五 : [品] 四.
7) 道 : [正][斗] 遵. [品][浩][六] 道.
8) 日 : [正][晩][鶴] 曰. [品][斗][浩][六] 日.
9) 佐 : [浩][民] 差.
10) 鑊 : [正][品][斗][六] 礎. [浩] 鑊.
11) 彌 : [正] 旀(彌와 상통). [品][斗][浩][六] 彌.
12) 末 : [正][晩][鶴] 未. [品][斗][浩][六] 末.
13) 太 : [正] 大. [順] 太(가필). [品][斗][浩][六] 太.
14) 亥 : [正][斗][六] 卯. [品][浩][民] 亥.
15) 五 : [品][民] 四.
16) 受 : [斗] 授. [浩] 有.
17) 廚 : [正][品][斗][六] 厨. [浩] 廚.

後至大宋徽宗朝 崇奉左[18]道 時國人傳圖[19]讖曰 金人敗國 黃巾之徒 諷日官奏曰 金人者佛教之謂也 將不利於國家 議將破滅釋氏 坑諸沙門 焚燒經典 而別造小船 載佛牙泛於大海 任隨緣流泊 于時適有本朝使者 至宋聞其事 以天花茸五十領 紵布三百疋 行賂於押船內史 密授佛牙 但流空船 使臣等旣得佛牙來奏 於是睿宗大喜 奉安于十員[20]殿左掖小殿 常鑰匙殿門 施香燈于外 每親幸日開殿瞻敬

至壬辰歲移御次 內官忽遽中 忘不收檢[21] 至丙申四月 御願堂神孝寺釋薀[22]光請致敬佛牙 聞于上 勅令內臣遍檢[23]宮中 無得也 時栢臺侍御史崔冲命薛伸 急徵于諸謁者房 皆未知所措 內臣金承老奏曰 壬辰年移御時紫門日記推看 從之 記云 入內侍大府卿李白全受佛牙函云 召李詰之 對曰請歸家更尋私記 到家檢[24]看 得左番謁者金瑞龍 佛牙函准受記來呈 召問瑞龍 無辭以對 又以金承老所奏云 壬辰至今丙申 五年間 御佛堂及景靈殿上守等囚禁問當 依違未決

隔三日 夜中 瑞龍家園墻裏 有投擲物聲 以火[25]檢[26]看 乃佛牙函也 函本內一重沈香合 次重純金合 次外重白銀函 次外重瑠璃函

---

18) 左 : [正] 판독미상. [品][斗][浩][六][民] 左.
19) 圖 : [正] 啚(鄙와 동자, 圖의 속자). [品][斗][浩][六] 圖.
20) 員 : [正] 具. [品][斗][浩][六][民] 員.
21) 檢 : [正][品] 撿(檢의 동자). [斗][浩][六] 檢.
22) 薀 : [斗][浩][六] 蘊.
23) 檢 : 주 21)과 같음.
24) 檢 : 주 21)과 같음.
25) 火 : [正] 大. [順] 火(가필). [品][斗][浩][六][民] 火.
26) 檢 : [正][品][斗][六] 撿(檢과 동자). [浩] 檢.

次外重螺鈿函 各幅子如之 今但[27]瑠璃函爾 喜得之 入達于內 有司議 金瑞龍及兩殿上守皆誅 晉陽府奏云 因佛事 不合多傷人 皆免之

更勅十員殿中庭 特造佛牙殿安之 令將士守之 擇吉日 請神孝寺上房藴[28]光 領徒三十人 入內設齋敬之 其日入直承宣崔弘 上將軍崔公衍 李令長 內侍茶房等 侍立于殿庭 依次頂戴敬之 佛牙區穴間 舍利不知數 晉陽府以白銀合貯而安之

時主上謂臣下曰 朕自亡佛牙已來 自生四疑 一疑天宮七日限滿而上天矣 二疑國亂如此 牙旣神物 且移有緣無事之邦矣 三疑貪財小人 盜取函幅 棄之溝壑矣 四疑盜取珍利 而無計自露 匿藏[29]家[30]中矣 今第四疑當之矣 乃放聲大哭 滿庭皆洒涕 獻壽至有煉頂燒臂者 不可勝計

得此實錄於當時內殿焚修 前祗[31]林寺大禪師覺猷 言親所眼見 使予錄之 又至庚午出都之亂 顚沛之甚 過於壬辰 十員殿監主 禪師心鑑 亡身佩持 獲免於賊難 達於大內 大賞其功 移授名刹 今住氷山寺 是亦親聞於彼

眞興王代天嘉六年乙酉 陳使劉思與釋明觀 載送佛經論一千七百餘卷 貞觀十七年 慈藏法師載三藏四百餘函來 安于通度寺 興德王代太[32]和元年丁未 入學僧高麗釋丘德 賷[33]佛經若干函來 王與諸

27) 但 : [正] 伹. [品][斗][浩][六][民] 但.
28) 藴 : [浩][六] 蘊.
29) 藏 : [六] 歲.
30) 家 : [斗] 冢.
31) 祗 : [品][浩] 祇.
32) 太 : 주 2)와 같음.
33) 賷 : [浩] 齎.

寺僧徒 出迎于興輪寺前路

大中五年 入朝使元弘 賫佛經若干軸來 羅末普耀禪師再至吳越 載大藏經來 卽海龍王寺開山祖也 大宋元祐甲戌 有人眞讚云 偉哉初祖 巍乎眞容 再至吳越 大藏成功 賜銜[34]普耀 鳳詔四封 若問其德 白月淸風

又大定中 漢南管記彭祖逖留詩云 水雲蘭若住空王 況是神龍穩一場 畢竟名藍誰得似 初傳像敎自南方 有跋云 昔普耀禪師始求大藏於南越 洎旋返次 海風忽起 扁舟出沒於波間 師卽言曰 意者神龍欲留經耶 遂呪願乃誠 兼奉龍歸焉 於是風靜波息 旣得還國 遍賞山川 求可以安邀處 至此山 忽見瑞雲起於山上 乃與高弟[35]弘慶經營蓮社 然則像敎之東漸 實始乎此 漢南管記彭祖逖題 寺有龍王堂 頗多靈異 乃當時隨經而來止者也 至今猶存

又天成三年戊子 默和尙入唐 亦載大藏經來 本朝睿廟時 慧照國師奉詔西學 市遼本大藏三部而來 一本今在定惠寺〈海印寺有一本 許參政宅有一本〉

大安二年 本朝宣宗代 祐世僧統義天入宋 多將天台敎觀而來 此外方冊所不載 高僧信士 往來所賫[36] 不可詳記 大敎東漸 洋洋乎慶矣哉

讚曰 華月夷風尙隔烟 鹿園鶴樹二千年 流傳海外眞堪賀 東震西乾共一天

按此錄義湘傳云 永徽初 入唐謁智儼 然據浮石本碑 湘武德八年

---

34) 銜 : [正] 衘(銜의 속자). [品][斗][六] 衙. [浩] 銜.
35) 弟 : [正][浩] 第. [品][斗][六][民] 弟.
36) 賫 : 주 33)과 같음.

生 丱[37]歲出家 永徽元年庚戌 與元曉同伴欲西入 至高麗有難而廻 至龍朔元年辛酉入唐 就學於智儼 總章元年 儼遷化 咸亨二年 湘來還新羅 長安二年壬寅示滅 年七十八 則疑與儼公齋於宣律師處請天宮佛牙 在辛酉至戊辰七八年間也 本朝高廟[38]入江都壬辰年疑天宮七日限滿者誤矣

忉利天一日夜 當人間一百歲 且從湘公初入唐辛酉 計至高廟[39]壬辰 六百九十三[40]歲也 至庚子年 始滿七百年 而七日限已滿矣至出都至元七年庚午 則七百三十[41]年 若如天言 而七日後還天宮則禪師心鑑出都時 佩持出獻者 恐非眞佛牙也 於是年春出都前 於大內集諸宗名德 乞佛牙舍利 精勤雖切 而不得一枚 則七日限滿上天者幾矣

二十一年甲申 修補國淸寺金塔 國主[42]與莊穆王后 幸妙覺寺 集衆慶讚訖 右佛牙與洛山水精念珠如意珠 君臣與大衆 皆瞻奉頂戴後幷納金塔內 予亦預斯會 而親見所謂佛牙者 長三寸許 而無舍利焉 無極記

37) 丱 : [品] 卄.
38) 廟 : [正] 庙. [品][斗][浩][六] 廟.
39) 廟 : 주 38)과 같음.
40) 六百九十三 : [民] 五百七十一.
41) 七百三十 : [民] 六百九.
42) 主 : [品][浩][民] 王.

전후로 가지고 온 사리

『국사(國史)』에 다음과 같은 글이 있다.

「진흥왕(眞興王)[1] 태청(太淸)[2] 3년 기사(己巳, 549)에 양(梁)나라에서 심호(沈湖)를 시켜 사리 몇 낟을 보내왔다. 선덕왕(善德王)[3] 때인 정관(貞觀)[4] 17년 계묘(癸卯, 643)에 자장(慈藏) 법사가 가져온 부처님의 두골과 어금니와 불사리 1백 낟과 부처님이 입던 붉은 깁에 금점이 있는 가사 한 벌이 있었는데, 그 사리는 세 부분으로 나누어 한 부분은 황룡사[皇龍] 탑에 두고, 한 부분은 태화사[太和] 탑에 두고, 한 부분은 가사와 함께 통도사(通度寺)[5] 계단(戒壇)[6]에 두었으며, 그 나머지는 어디에 두었는지 알 수 없다.」

[통도사의] 계단에는 단이 두 층으로 되었는데, 윗층 가운데에는 솥을 엎어놓은 것과 같은 돌뚜껑을 안치하였다. 민간에 전하기를, 옛

---

1) 眞興王 : 신라의 제24대 왕. 재위 540-576. [遺] 卷1 紀異 眞興王條 참조.
2) 太淸 : 중국 南朝 梁 武帝의 연호(547-549).
3) 善德王 : 신라의 제27대 왕. 재위 632-646. [遺] 卷1 紀異 善德王知幾三事條 참조.
4) 貞觀 : 중국 唐 太宗의 연호(627-649).
5) 通度寺 : 경상남도 양산군 하북면 지산리에 위치한 대찰. 신라 善德王 15년(646) 慈藏法師에 의하여 건립되었으며, 불사리를 봉안한 佛寶寺刹이다.
6) 戒壇 : 불교의 授戒儀式을 집행하는 장소의 구조물. 通度寺의 戒壇을 金剛戒壇이라고 한다. 唐 道宣의 『戒壇圖經』이 참조된다.(張忠植, 「韓國石造戒壇考」, 『佛教美術』 4, 동국대박물관, 1979. pp.104-139 참조)

날 본조(本朝)에서 전후로 두 안렴사[廉使][7]가 와서 계단에 예배하고 공손히 돌뚜껑을 들어보았는데, 앞서는 큰 구렁이가 함 속에 있는 것을 보았고, 뒤에는 큰 두꺼비가 돌 속에 쪼그리고 있는 것을 보았다. 이로부터는 감히 그 돌뚜껑을 들어보지 못하였다.

근래 상장군(上將軍) 김이생[金公利生][8]과 시랑 유석[庾侍郎碩][9]이 고종 때[高廟朝] 왕의 명령을 받아 강동(江東)[10]을 지휘할 때 장절(仗節)[11]을 가지고 절에 와서 돌뚜껑을 들어 예하고자 하니 절의 스님이 그 전의 일로 난처하게 여겼다. 두 사람이 군사들을 시켜 기어코 이것을 들었더니 [그] 속에는 작은 돌함이 있고 돌함 속에는 유리통이 들어 있는데, 통 속에는 사리가 다만 네 낱뿐이었다. 서로 돌려보며 예경하였는데, 통이 조금 상하여 금이 간 곳이 있었다. 이에 유공이 마침 수정함 하나를 가지고 있었으므로 시주하여 함께 간직해두게 하고, 그 일을 기록하였으니 [그때는] 강화도[江都]로 서울을 옮긴 지 4년째인 을미년(乙未歲, 1235)이었다.

고기(古記)에는 사리 백 개를 세 곳에 나누어 간수해두었다고 하였는데 이제 오직 네 개뿐이라고 한다. 이미 사리가 숨고 나타남이 사람

---

7) 廉使 : 按廉使. 고려시대의 지방장관.
8) 上將軍金公利生 : 上將軍은 정3품으로 각 軍營의 으뜸가는 벼슬이며, 恭愍王 때 上護軍으로 개칭하였다. 金利生은 고려 高宗 때의 상장군. 고종 22년에 安東의 반민이 몽고병을 이끌어 경주로 향하려 할 때 東南道指揮使가 되어 이를 막았다.([麗史] 卷23 高宗 22年)
9) 庾侍郎碩 : 庾碩은 고려시대 충청·전라 두 도의 按察使. 高宗 22년에는 金利生과 함께 安東의 반민이 몽고병을 이끌어 경주로 향하려 할 때 副使로서 협력하였다.([麗史] 卷23 高宗 22年)
10) 江東 : 낙동강의 동쪽.
11) 仗節 : 일종의 符節로서 왕명을 받은 장군이나 외국에 가는 사신에게 信標로 주는 旗.

에 따라 다르니 [수의] 많고 적음을 괴이하게 여길 것이 아니다.

또 민간에서는 황룡사 탑이 불타던 날에 돌뚜껑의 동쪽 부분에 처음으로 큰 반점이 생겼는데 지금도 그대로 있다고 한다. 그때는 곧 요[大遼]의 응력(應曆)[12] 3년 계축년[癸丑歲, 953]이며, 본조 광종[光廟] 5년[13]이니 탑이 세번째 화재를 당하던 때였다. 조계(曺溪)[14] 무의자(無衣子)[15]가 남긴 시[16]에 「듣건대 황룡사의 탑 불타던 날에, 이어 탄 일면에도 틈난 데가 없었다네[17]」라고 한 것이 이것이다.

지원(至元)[18] 갑자(甲子, 1264) 이래로 원나라[大朝][19]의 사신과 본국의 사신[20]들이 다투어 와서 예배하고 사방의 행각승들[雲水][21]

12) 應曆 : 중국 遼 穆宗의 연호(951-969).
13) 光廟五載 : 光宗 五年. 實年은 光宗 4년.
14) 曺溪 : 전라남도 승주군에 있는 산, 즉 松廣寺를 뜻한다. 일반적으로 曹溪라고 한다. 본래는 松廣山이었으나 1205년 고려 熙宗이 조계선풍을 드날리던 普照國師를 위하여 조계산이라고 고쳤다. 曹溪宗은 불교 禪宗의 한 종파이다.
15) 無衣子 : 曹溪山 16祖師 가운데 第2祖인 眞覺國師 慧諶(1178-1234)의 自號.
16) 無衣子留詩 : [遺]에는 7언절구 2수만 기록되었으나 1978년 通度寺 범종루 현판 조사에서 앞의 2수를 지닌 題通度寺戒壇, 又袈裟 등 두 편을 확인함으로써 [遺]를 보완할 수 있었다.(張忠植, 「고려 진각국사의 題詩 발견」, 『東大新聞』 제720호, 1978. 9. 26.; 『한국의 불교미술』, p.222, 민족사, 1997. 『韓國佛敎全書』 第6冊 無衣子詩集 p.53 참조) 통도사 범종루 현판의 無衣子 시는 다음과 같다. 「題通度寺戒壇 釋尊舍利鎭高壇 覆釜腰邊有火瘢 聞道黃龍灾塔日 連燒一面示無間 又袈裟 慇懃稽首敬歸依 是我如來所着衣 因憶靈山猊座上 莊嚴百福相巍巍 貞祐九年壬午仲冬高麗曺溪山修禪社無衣子眞覺述」(貞祐 9년은 4년으로 끝나고 임오년은 고종 9년(1222)이다.).
17) 無間 : 皇龍寺塔이 불타던 날에 通度寺 佛舍利 戒壇에도 연이어서 火氣를 받았는데, 틈난 데가 없다(無間)는 것은 같은 시간에 통도사의 戒壇 石鍾에도 불자국이 생겼다는 뜻이다.
18) 至元 : 중국 元 世祖의 연호(1264-1294).
19) 大朝 : 여기서는 元나라를 말한다.
20) 皇華 : 사신이란 말. 『詩經』 小雅 皇皇者華篇이 사신 보내는 글이므로 거기서 취한 것이다.
21) 雲水 : 禪僧이 구름이나 물과 같이 정처없이 行脚함에서 나온 말로, 즉 行脚僧

도 몰려와서 참례하는데, 더러는 [이 돌을] 들기도 하고 들어보지 않기도 하였다. 진신(眞身)[22]의 사리 네 개 외에도 변신(變身)[23]의 사리가 모래알처럼 부서져서 돌함 밖으로 나타났는데, 이상한 향기가 짙게 풍기며 여러 날 동안 없어지지 않는 일이 종종[24] 있었으니 이는 말세에 나타난 한 지방의 기이한 일이었다.

당(唐)나라 대중(大中)[25] 5년 신미(辛未, 851)에 당나라에 갔던 사신 원홍(元弘)[26]이 가지고 온 부처의 어금니〈지금은 있는 곳을 알 수 없으나 신라 문성왕(文聖王) 때이다.〉와 후당(後唐) 동광(同光)[27] 원년 계미(癸未, 923), [곧] 본조 태조(太祖) 즉위 6년 양나라에 갔던 사신 윤질(尹質)[28]이 가지고 온 5백나한상(五百羅漢像)[29]은 지금 북숭산(北崇山) 신광사(神光寺)[30]에 있고, 송나라[大宋] 선화(宣和)[31] 원

을 말한다.

22) 眞身 : 여기서는 佛舍利를 말한다.

23) 變身 : 變化身. 여기에서는 變身舍利, 곧 分舍利의 조짐을 말하는 듯하다.

24) 比比 : 頻頻과 같은 말. 흔히 또는 종종의 뜻.

25) 大中 : 중국 唐 宣宗의 연호(847-860).

26) 元弘 : 신라 文聖王 당시 阿飡으로 唐나라에 사신으로 갔다 오면서 불경과 佛牙를 가지고 왔다.「…入唐使阿飡元弘 齎佛經幷佛牙來 王出郊迎之」([史] 卷11 新羅本紀 文聖王 13年條).

27) 同光 : 중국 後唐 莊宗의 연호(923-926).

28) 尹質 : 고려 초기의 문신. 福府卿으로 사신이 되어 後梁에 갔다가 923년 오백나한의 화상을 가지고 돌아와 바치므로 太祖는 이를 海州의 嵩山寺(神光寺)에 두게 하였다.「夏六月癸未 福府卿尹質 使梁 還獻五百羅漢畵像 命置于海州嵩山寺」([麗史] 太祖 6年條).

29) 五百羅漢像 : 석가모니의 500명의 上首弟子像, 즉 阿羅漢果를 증득한 500의 성자상.

30) 神光寺 : 황해도 海州 北嵩山에 있던 절.「至正二年 元帝稱爲願刹 遣太監宋骨兒 率工匠三十七人 與高麗侍中金石堅 密直副使李守山等 監督營建 至今殿堂像設金銀丹雘 宛然如昨」([勝覽] 卷43 海州牧 佛宇條).

31) 宣和 : 중국 宋 徽宗의 연호(1119-1125).

년 기해(己亥, 1119)〈예종[睿廟] 15년〉[32]에 조공을 바치려고 갔던 사신 정극영(鄭克永)[33]·이지미(李之美)[34] 등이 가지고 온 부처의 어금니는 지금 내전에 모셔둔 것이 이것이다.

전해서 이르는 말로는 옛날 의상(義湘) 법사가 당나라에 들어가서 종남산(終南山)[35] 지상사(至相寺) 지엄존자(智儼尊者)[36]가 있는 곳에 이르니, 이웃에 도선[宣][37] 율사가 있어 늘 하늘의 공양[天供]을 받고 재를 올릴 때마다 하늘의 주방에서 음식을 보내왔다. 하루는 율사가 의상 법사를 재에 청하여 의상이 와서 자리를 잡고 앉은 지 오래되었는데, 하늘의 공양은 때가 지나도 이르지 않았다. 의상이 빈 바리때로 돌아가니 천사(天使)가 그제야 왔다.

---

32) 己亥〈睿廟十五年〉 : [正]에는 己卯로 되어 있으나 己亥가 옳다. 睿宗 15년은 즉위년, 곧 卽位稱元法에 따른 것이고, [麗史]에는 14년이라고 하였다.

33) 鄭克永 : 1067-1127. 고려 睿宗 때의 학자. 左諫議大夫·中書舍人을 거쳐 1123년 翰林學士로 寶文閣學士가 되었으며, 宋나라에 가서 문명을 떨쳤다. 「戊寅 御宴親殿 置酒 餞入宋使鄭克永李之美 召諸王宰樞 侍宴」([麗史] 卷14 睿宗 13年 6月條), 「戊午 遣鄭克永李之美宋 謝賜權適等制科還國 御筆詔書 王親製表文手書 其辭曰云云」(同 8月條), 「鄭克永 爲國子祭酒左諫議大夫」(14年 6月條).

34) 李之美 : 고려시대의 문신. 1118년 鄭克永과 함께 宋나라에 가서 權適 등이 과거에 합격했음을 사례했으며, 1124년 秘書監樞密院副使를 거쳐 이듬해 知樞密院事, 1126년에는 判樞密院事가 되었다.

35) 終南山 : 중국 唐의 서울 長安(西安)에서 약 20km 남쪽에 있는 산. 南山이라고도 한다.

36) 智儼尊者 : 600-668. 중국 唐나라 華嚴宗의 고승 雲華. 또는 至相尊者라고도 한다. 12세에 杜順의 문하에 들어가 『華嚴經』을 배워 중국 화엄종의 제2조가 되어 終南山 지상사에 있으면서 화엄종을 드날렸으므로 至相大師라고도 한다. 저서로는 『華嚴經搜玄記』, 『華嚴孔目章』, 『華嚴五十要問答』, 『金剛般若經略疏』, 『一乘十玄門』 등 20여 부가 있다.

37) 宣 : 道宣. 596-667. 16세에 출가하여 624년에는 終南山에 들어가 講說과 저술에 종사하더니 律部의 異傳을 구하여 여러 곳으로 다녀 635년에는 法礪를 禮訪하여 의심을 끊고 다시 終南山으로 돌아왔다. 따라서 그를 南山律師, 또는 南山宗主라고도 하며, 『續高僧傳』의 저자로 잘 알려져 있다.

율사가 묻기를, "오늘은 어째서 늦었는가?"고 하였더니, 천사가 말하기를, "온 골짜기에 신병(神兵)이 가로막고 있어 들어올 수 없었습니다"고 하였다. 그제야 율사는 의상 법사에게 신의 호위가 있음을 알고 그의 도력이 자기보다 나음에 탄복하여 그 공양물을 그대로 남겨두었다가 다음날 또 지엄과 의상 두 대사를 재에 청하여 그 사유를 자세히 말하였다.

의상 법사가 도선 율사에게 조용히 말하기를, "스님은 이미 천제(天帝)의 존경을 받고 계시니 일찍이 듣건대 제석궁(帝釋宮)에는 부처님의 40개 이 가운데 한 어금니가 있다고 하니, 우리들을 위하여 [이것을] 청해서 인간에 내려다가 복을 삼게 하는 것이 어떻습니까?"라고 하였다. 율사가 후에 천사와 함께 그 뜻을 상제(上帝)[38]께 전했더니 상제는 7일을 기한으로 [의상에게] 보내주었다. 의상이 예경하기를 마치고 [이것을] 맞이하여 대궐에 모셨다.

그후 송나라의 휘종(徽宗)[39] 때 와서 사교[左道][40]를 받드니 그때 나라 사람들은 도참(圖讖)[41]을 퍼뜨려 말하기를, "금인(金人)이 나라를 멸망시킨다"고 하였다. 황건(黃巾)의 무리들[42]이 일관(日官)을 움

---

38) 上帝 : 하느님, 곧 帝釋天.

39) 徽宗 : 1082-1135. 중국 北宋의 제8대 황제. 父는 제6대 神宗이며, 형 哲宗의 사후 즉위(1100)하였으나 정치보다는 호사한 생활로 국고를 낭비하였고, 후에는 金의 공격을 받자 황태자 欽宗에게 양위(1125)하고 다음 해 남쪽으로 도망쳤다. 金軍이 북쪽으로 물러간 후에 開封으로 돌아왔으나 다시 개봉이 함락되어 휘종은 흠종과 후비 및 皇族과 함께 금군의 포로가 되어 북방으로 끌려가 1130년에는 五國城(黑龍江省 依蘭縣)에 이송되었다가 그곳에서 1135년 죽었다. 또 道敎를 숭상하여 萬歲山에 道觀을 만든 것으로 유명하다.

40) 左道 : 邪敎, 道敎.

41) 圖讖 : 미래의 吉凶禍福에 대한 예언. 즉 讖緯와 같은 말로서 圖는 河圖, 讖은 讖緯의 준말이다.

직여 아뢰기를, "금인이란 불교를 말하는 것이니 장차 국가에 불리할 것입니다"고 하였다. [그러자 나라에서] 의논하기를 장차 불교를 없애고, 승려를 묻어 죽이고, 경전을 불사르고, 별도로 조그만 배를 만들어 부처의 어금니를 실어 바다에 띄워 어디든지 인연을 따라 떠나보내려고 하였다.

그때 마침 본조의 사신이 송나라에 가있다가 그 사실을 듣고 천화용(天花茸)[43] 50벌과 저포(紵布) 3백 필로써 배를 호송하는 관원[內史]에게 뇌물을 주어 몰래 부처의 어금니를 받고 빈 배만 띄우게 하였다. 사신들이 부처의 어금니를 얻어 가지고 와서 위에 아뢰었다. 이에 예종(睿宗)은 크게 기뻐하여 십원전(十員殿) 왼쪽 소전(小殿)에 모시고 언제나 전각문은 자물쇠로 걸고 밖에는 향을 피우고 등불을 밝혔는데, 친히 행차하는 날에는 전각문을 열고 공손히 예배하였다.

임진년[壬辰歲, 1232] [강화로] 서울을 옮길 때 내관이 바쁜 가운데 [부처의 어금니를 그만] 잊어버리고 챙기지 못하였다. 병신(丙申, 1236) 4월에 왕의 원당(願堂)[44]인 신효사(神孝寺)[45]의 석(釋) 온광

42) 黃巾之徒 : 黃巾은 일반적으로 後漢의 張角이 일으킨 黃巾賊을 말하나, 여기서의 黃巾之徒는 道敎의 신도를 말한다. 즉 중국의 후한시대 민간신앙을 중심으로 太平道·五斗米道가 크게 유행하였는데, 후에 도교의 모체가 되었다. 창시자 張角은 184년에 반란을 일으켰고, 당시 태평도의 교도들은 황색의 색깔을 표시하였으므로 황건적이라고 하였다. 황색을 표시한 것은 漢의 火德(赤色)에 대하는 土德(黃色)의 왕조의 출현을 나타낸 것이라고 한다.

43) 天花茸 : 상품 녹용으로 보기도 하나 잘못이다. 茸은 絨과도 통하며, 또 「茸은 刺繡所用絲縷也」(『中文大辭典』)라고 하였고, 또 「繡茸慵理怯餘寒」(岑安卿 詩) 등으로 보아 이는 天花를 수놓은 직물의 일종이다.

44) 御願堂 : 왕의 願堂. 곧 왕실의 명복을 비는 절.

45) 神孝寺 : 경기도 개풍군 중서면 토성리 묵사동 광덕산에 있던 절. 墨寺라고도 한다. 「神孝寺 在廣德山 一號墨寺」([勝覽] 卷4 開城府 佛宇條). 고려 太祖 4년(921)에 창건되었다고 하나, [麗史]에는 忠烈王 이후 恭愍王代에 자주 등장

(濫光)[46]이 부처의 어금니에 예경하기를 청하여 왕에게 아뢰니, 왕은 내신을 시켜 궁중을 두루 찾아보았으나 찾지 못하였다. 이때 백대(栢臺)[47] 시어사(侍御史)[48] 최충(崔冲)[49]이 설신(薛伸)[50]에게 명하여 급히 여러 알자(謁者)[51]의 방에 물었더니 모두 어찌할 바를 몰랐다.

내신 김승로(金承老)[52]가 아뢰기를, "임진년 서울을 옮길 때의 자문일기(紫門日記)[53]를 찾아보소서"라고 하여 그의 말대로 하였더니, 일기에는, 「입내시대부경(入內侍大府卿) 이백전(李白全)[54]이 부처의 어금니가 든 함[佛牙函]을 받았다」고 하였다. 이백전을 불러 힐문하였더니, [그가] 대답하기를, "집으로 돌아가서 다시 저의 일기를 찾아보도록 해주소서"라고 하였다. 집으로 와서 뒤져보고 좌번알자(左番謁者)[55] 김서룡(金瑞龍)[56]이 부처의 어금니가 든 함을 받은 기록을

된다.

46) 濫光 : 여기에만 나타날 뿐 자세하지 않다.

47) 栢臺 : 御史臺의 별칭. 漢代에 御史府에 栢樹를 심던 것에서 유래. 淸代에는 按察使의 별칭으로도 되었다.

48) 侍御史 : 고려의 御史臺 관직. 成宗 14년(995)에 司憲臺를 御史臺로 고치면서 설치한 것으로서 이후 관칭 명칭의 변경에 따라 두기도 하고 폐지하기도 하였는데 文宗 때는 從5品官으로 2인을 두기도 하였다.([麗史] 職官志)

49) 崔冲 : 984-1068, 고려 文宗 때의 학자. 자는 浩然, 호는 惺齋·月圃·放晦齋, 시호는 文憲. 1005년 甲科에 장원급제한 후 翰林學士, 參知政事, 門下侍郞平章事 등을 역임하고, 1053년 中書令으로 퇴관한 후에는 후진을 양성하여 우수한 제자를 많이 배출하였다. 특히 교육을 진흥시켜 당시 海東孔子라고 하였다.

50) 薛伸 : 알 수 없다.

51) 謁者 : 고려 때 內侍府의 從7品 벼슬.

52) 金承老 : 알 수 없다.

53) 紫門日記 : 闕內日記.

54) 李白全 : [麗史] 卷23 高宗 2年 秋七月條와 同書 卷103 列傳16 崔椿命條에 내시로서 등장되어 있다.

55) 左番謁者 : 좌우 두 당직자의 하나로 짐작된다.

56) 金瑞龍 : 알 수 없다.

가져다 바쳤다. 김서룡을 불러 물으니 아무 대답이 없었다. 또 김승로가 아뢰는대로 임진에서 지금 병신까지 5년 동안의 어불당(御佛堂)과 경령전(景靈殿)의 상수(上守)57)들을 잡아 가두고 심문하였으나 이렇다할 결말이 나지 않았다.

3일을 지나 밤중에 김서룡의 집 담 안으로 무슨 물건 던지는 소리가 났다. 불을 켜서 살펴보니 곧 부처의 어금니가 든 함이었다. 함은 본래 속 한 겹은 침향합(沈香合)이고, 나음 겹은 순금합(純金合)이며, 다음 바깥 겹은 백은함(白銀函)이고, 그 다음 바깥 겹은 유리함(琉璃函)이며, 또 그 다음 바깥 겹은 나전함(螺鈿函)으로서 각 [함의] 폭은 서로 맞게 되어 있었는데, 지금은 다만 유리함뿐이었다.

함을 찾은 것을 기뻐하여 대궐에 들어가서 아뢰었다. 유사(有司)는 [죄를] 논의하여 김서룡과 양전(兩殿)의 상수들을 모두 죽이려고 하니 진양부(晉陽府)58)에서 아뢰기를, "불사(佛事) 때문에 사람을 많이 상해함은 옳지 않습니다"고 하여 모두 놓아주었다.

다시 명하여 십원전 안뜰에 특별히 불아전(佛牙殿)을 만들어 봉안하여 장사(將士)에게 지키게 하고, 또 길일을 택하여 신효사의 상방(上房)59) 온광을 청하여 승도 30명을 거느리고 궁 안에 들어와서 재를 올리고 정성을 드리게 하였다. 그날 입직(入直)한 승선(承宣)60) 최홍(崔弘)61)과 상장군(上將軍) 최공연(崔公衍),62) 이영장(李令長)63)

---

57) 上守 : 上守吏, 즉 守直者.

58) 晉陽府 : 고려 高宗 때의 權臣 崔瑀의 官府를 말한다.

59) 上房 : 禪宗에서 주지를 上房이라고 한다. 본래는 산 위의 절을 가리키는 말이나 주지가 절 안에서 가장 높으므로 상방이라고 한다.

60) 承宣 : 고려시대 왕의 秘書官, 즉 密直司의 *左右承宣*과 *左右副承宣*의 관직을 통칭하는 말.

과 내시(內侍) 다방(茶房)[64] 등이 불아전 뜰에서 시립(侍立)하여 차례로 정대(頂戴)[65]하여 공경하였는데, 부처의 어금니가 든 함의 구멍 사이의 사리는 수를 알 수 없었으나 진양부에서는 백은합에 담아 모셨다.

이때 임금이 신하들에게 말하기를, "내가 부처의 어금니를 잃은 후 스스로 네 가지의 의심이 생겼소. 첫째는 천궁(天宮)의 7일 기한이 차서 하늘로 올라갔는가 의심하였고, 둘째는 나라가 이처럼 어지러우니[66] [부처의] 어금니는 신령한 물건이라 인연 있는 평온한 나라로 옮겨갔는가 의심하였고, 셋째는 재물을 탐내는 소인이 함만 훔치고 부처의 어금니는 구렁에 버렸을까 의심하였고, 넷째는 도적이 사리를 훔쳐갔으나 밖에 드러내놓을 수 없어서 집 안에 감추어 둔 것이 아닐까 하였더니 이제 넷째 의심이 맞았소"라고 하고는 소리를 내어 크게 우니, 온 뜰에 있던 사람들도 모두 눈물을 흘리고 헌수(獻壽)하며, 연정(煉頂)[67]과 소비(燒臂)[68]하는 자가 이루 헤아릴 수 없었다.

이 실록(實錄)은 당시 내전에서 향을 사르고 기도하던 전 기림사(祗林寺)[69]의 대선사(大禪師) 각유(覺猷)[70]에게서 얻은 것인데, [그

---

61) 崔弘 : 고려 高宗 때의 判官. 「…元固·甫貞逃奔以告 就礪遣判官崔弘·錄事朴文挺 諭以禍福 云云」([麗史] 卷103 列傳16 金就礪傳).
62) 崔公衍 : 알 수 없다.
63) 李令長 : 알 수 없다.
64) 茶房 : 고려시대 내전의 관원.
65) 頂戴 : 부처님 사리를 이마에 얹고 예를 올리는 것.
66) 國亂如此 : 몽고의 난을 가리킨다.
67) 煉頂 : 정수리를 불로 떠서 참회하는 불교의식.
68) 燒臂 : 煉臂와 같은 말. 팔을 불로 떠서 참회하는 불교의식.
69) 祗林寺 : 경상북도 경주시 양북면 안동리에 있는 절. 佛國寺의 말사.
70) 覺猷 : [遺] 卷3 塔像 洛山二大聖觀音正趣調信條에도 나오나 자세하지 않다.

때] 친히 본 일이라고 하면서 나에게 기록하게 하였다. 또 경오(庚午, 1270)[71]의 [강화에서 개경으로] 환도할 때의 난리는 낭패[顚沛][72]가 심함이 임진(壬辰, 1232)[73]보다도 더하였는데, 십원전의 감주(監主)[74]였던 선사 심감(心鑑)[75]은 위험함을 무릅쓰고 [부처의 어금니가 든 함을] 가지고 나왔으므로 적난(賊難)[76]에서 화를 면하게 되었다. [이 사실이] 대궐에 알려져 그 공을 크게 포상하여 이름난 절로 옮겨 주었으니 지금 빙산사(氷山寺)[77]에 거주하고 있는데 이 역시 그에게서 친히 들은 것이다.

진흥왕 때인 천가(天嘉)[78] 6년 을유(乙酉, 565)에 진(陳)나라 사신 유사(劉思)[79]는 석(釋) 명관(明觀)[80]과 함께 불교의 경론(經論)[81] 1천 7백여 권을 실어왔으며, 정관 17년(643)에는 자장 법사가 삼장(三藏)[82] 4백여 함을 싣고 와서 통도사에 안치하였다. 흥덕왕(興德王)

---

71) 庚午 : 고려 元宗 11년(1270).
72) 顚沛 : 엎어지고 자빠진다는 말. 곧 낭패와 같은 뜻이다.
73) 壬辰 : 高宗 19년(1232) 강화도로 천도하던 해.
74) 監主 : 院의 책임자. 院主 또는 都監과 같은 뜻으로 짐작된다.
75) 心鑑 : 여기에만 나올 뿐 자세하지 않다.
76) 賊難 : 三別抄亂.
77) 氷山寺 : 「氷山寺 在氷山」([勝覽] 卷25 義城縣 佛宇條). 사지 내에는 5층의 模塼石塔이 현전한다.
78) 天嘉 : 중국 南朝 陳 文帝의 연호(560-566).
79) 劉思 : [史] 卷4 新羅本紀 眞興王 26年條에는 「陳遣使劉思與僧明觀 來聘 送釋氏經論千七百餘卷」이라고 하였고, 『海東高僧傳』 卷1 法雲條에는 「(眞興王) 二十六年 陳遣使劉思及僧明觀 送釋氏經論七百餘卷」(『大正藏』 卷50, p.1019 下)이라고 하였고, 또 同書 卷2 覺德條에는 「後二十六年 陳遣使劉思及入學僧明觀 送釋氏經論無慮二千七百餘卷 云云」(同 p.1020 中)이라고 하여 서로 다르나 대체로 1700여 권이 옳을 것으로 보인다.
80) 明觀 : 위의 주석과 [遺] 卷3 興法 原宗興法 厭髑滅身條 참조.
81) 經論 : 經藏과 論藏을 말한다. 經藏은 석가모니의 설법을 모은 것임에 비하여 論藏은 주로 경장을 풀이한 論師들의 註釋書를 뜻한다.

때인 태화(太和)[83] 원년 정미(丁未, 827)에는 [당나라에] 유학하였던 승려인 고구려[高麗]의 석(釋) 구덕(丘德)[84]이 불경 몇 상자를 가지고 왔으므로 왕은 여러 절의 승려들과 함께 흥륜사(興輪寺)[85]의 앞길에서 [그를] 맞이하였다.

대중(大中)[86] 5년(851)에 당나라에 간 사신 원홍이 불경 몇 축을 가지고 왔으며, 신라 말기에는 보요(普耀) 선사가 두 번이나 오월(吳越)에 가서 대장경(大藏經)을 가져오니 [그가] 곧 해룡왕사(海龍王寺)[87]의 개산조(開山祖)[88]이다. 송나라 원우(元祐)[89] 갑술(甲戌, 1094)에 어떤 사람이 [선사의] 진영을 기려 찬하여 말하였다.

위대하셔라 시조스님, 빼어나셨구나 그 모습
두 번이나 오월에서 대장경을 가져오셨네
보요란 작호 주시고 조서를 네 번이나 내리셨구나
만일 그의 덕을 말하라면 명월과 청풍이라 하겠네

---

82) 三藏 : 經藏·律藏·論藏. 經藏과 律藏은 석가모니의 설법이며, 論藏은 논사들의 주석서이다. 이 가운데 율장은 교단이 지켜야 할 규범인 계율을 모은 것이다.

83) 太和 : 중국 唐 文宗의 연호(827-835). 太和 원년은 신라 興德王 2년(827)에 해당한다.

84) 丘德 : 고구려의 승려. 唐으로부터 불경을 가져 온 것으로 알려져 있다. 「三月 高句麗僧丘德入唐 賫經至 王集諸寺僧徒出迎之」([史] 卷10 新羅本紀 興德王 2年條).

85) 興輪寺 : 경상북도 경주시 사정동에 있던 신라 최초의 왕실 절. [遺] 卷3 興法 阿道基羅條 참조.

86) 大中 : 중국 唐 宣宗의 연호(847-860).

87) 海龍王寺 : 알 수 없다.

88) 開山祖 : 사원이나 종파를 새로 새워 개창한 사람.

89) 元祐 : 중국 宋 哲宗의 연호(1086-1094).

또 대정(大定)[90] 연간에 한남(漢南)의 관기(管記)[91] 팽조적(彭祖逖)[92]의 시는 다음과 같다.

수운의 고요한 난야[水雲蘭若][93]는 부처님 계신 곳
더욱이 신룡(神龍)이 한 지경을 보호하네
마침내 이 명찰을 뉘라서 이어받들까
치음 불교는[94] 남방에서 왔도다

[그] 발문은 다음과 같다.

「옛날 보요 선사가 처음 남월(南越)에서 대장경을 구해 돌아올 때 해풍이 갑자기 일어 작은 배가 물결 사이에서 출몰하였다. 보요 선사가 말하기를, "아마 신룡이 대장경을 [여기에] 머물게 하려는 것인가" 고 하고 드디어 주문으로 정성껏 축원하여 용까지 함께 받들고 돌아오니 이에 바람은 자고 물결이 가라앉았다. 본국에 돌아오자 산천을 두루 살펴보며 [장경을] 안치할 만한 곳을 구하다가 이 산에 이르러 홀연히 상서로운 구름이 산 위에서 일어남을 보고 이에 수제자 홍경(弘慶)[95]과 함께 [이곳에] 절[蓮社][96]을 세웠으니 불교의 동방전래

---

90) 大定 : 중국 金 世宗의 연호(1161-1189).

91) 管記 : 文牘을 관리하던 직명.「弘雅有識度 好學能屬文 後主在東宮 徵爲管記」(『南史』陸玠傳).

92) 彭祖逖 : 알 수 없다.

93) 水雲蘭若 : 蘭若는 阿蘭若(Araṇya)로서 寂靜處·無諍處·遠離處 등으로 번역된다. 즉 시끄러움이 없는 한적한 곳으로 수행하기에 적당한 森林이나 넓은 들을 말하나 절을 蘭若라고도 한다. 이곳에서는 앞의 海龍王寺를 가리키는 것으로 보인다.

94) 像敎 : 형상을 만들어 교화하는 교. 곧 像法時代의 敎란 뜻. 즉 불교를 가리킨다.

는 실로 이때 시작되었다. 한남 관기 팽조적은 제(題)한다.」

[이] 절에는 용왕당(龍王堂)이 있는데, 자못 신령하고 이상한 일이 많았으니 당시 대장경을 따라와서 머물렀던 것인데 지금도 남아 있다.

또 천성(天成)[97] 3년 무자(戊子, 928)에 묵(默)[98] 화상이 당나라에 들어가서 역시 대장경을 싣고 왔으며, 본조 예종 때 혜조(慧照)[99] 국사가 조칙을 받들고 서쪽으로 유학가서 요나라 판본인 대장경 3부를 사가지고 왔는데, [그] 한 본은 지금 정혜사(定惠寺)[100]에 있다.〈해인사(海印寺)[101]에 한 본이 있고, 허참정(許參政)댁에 한 본이 있다.〉

대안(大安)[102] 2년(1086) 본조 선종(宣宗) 때는 우세승통(祐世僧統)[103] 의천(義天)[104]이 송나라에 들어가서 천태종[天台]의 교관(教

---

95) 弘慶 : 보요 선사의 수제자라고 하나 여기에만 보일 뿐 자세하지 않다.

96) 蓮社 : 白蓮華社 또는 蓮社라고도 한다. 절을 가리키는 말. 중국 東晋 때 慧遠(335-417)이 廬山의 아름다운 경치와 산세를 좋아하여 東林寺에서 수행할 때 사방에서 많은 道俗이 모여들어 淨業을 닦아 극락세계에 태어나기를 발원하여 結社하였는데, 白蓮社라고 함은 염불당 앞 못에 백색의 연꽃이 있었던 것에서 유래되었다.

97) 天成 : 중국 後唐 明宗의 연호(926-930). 天成 3년은 고려 太祖 11년(928)에 해당된다.

98) 默 : 앞의 弘慶으로 추정된다.「新羅僧洪慶 自唐閩府航 載大藏經一部 至禮成江 王親迎之 置于帝釋院」([麗史] 卷1 世家 太祖 11年 8月條) 참조.

99) 慧照 : 이에 대하여는 자세하지 않으나, [麗史] 卷12 世家 睿宗 2年 春正月條에「庚寅(三日) 遼遣高存壽 來賀生辰 仍賜大藏經」이라고 한 것이 참조된다. 즉 이때의 大藏經은 契丹 大藏經을 가리킨다.

100) 定惠寺 : 몇 곳이 있으나 어느 定惠寺를 가리키는지 자세하지 않다.

101) 海印寺 : 경상남도 陜川郡 伽倻面 緇仁里에 있는 신라시대 順應, 利貞 두 和尙에 의하여 건립된 절. 義相傳教 華嚴10刹의 하나. 신라 말에는 崔致遠이 머물었으며, 고려시대는 大覺國師 義天이 주석하였고, 현재도 고려대장경판의 봉안으로 유명하다. 또한 한국의 三寶寺刹 가운데 法寶寺刹로서 널리 알려져 있다.

102) 大安 : 중국 遼 道宗의 연호(1085-1094). 大安 2년은 고려 宣宗 3년(1086)에 해당된다.

觀)[105]을 많이 가지고 왔으며, 이 외에도 서책에 실리지 않은 고승 거사[信士][106]가 왕래하면서 가지고 온 것은 상세히 기록할 수도 없다. 불교의 동방전래는 [그 전도가] 양양했으니 경사로운 일이다.

찬한다.

중국과 동방이 연진[烟]으로 막혔는데
녹원(鹿園)[107]의 학수(鶴樹)[108]는 어느덧 2천 년이 되었구나
해외로 유전해오니 참으로 경하일세
동국[東震][109]과 서천축[西乾][110]이 한 세상이 되었구나

---

103) 祐世僧統 : 祐世는 義天의 호. 僧統은 僧官으로서 沙門統 또는 沙門都統이라고도 하였다.

104) 義天 : 1055-1101. 고려 天台宗의 始祖. 文宗의 넷째 아들로서 이름은 煦(후), 자는 義天이며, 11세에 王師 爛圓에게 득도하여 靈通寺에 출가하였다. 15세에 祐世라 호하여 僧統이 되고, 1085년에는 微服으로 宋나라에 들어가 여러 곳을 參學하고 본국에 천태종을 중흥하려는 서원을 세웠다. 1086년 釋典과 經書 1천권을 가지고 돌아와 興王寺에 教藏都監을 두고, 遼·宋·일본에까지 장경을 구입하여 4,740여 권을 수집 간행하였다. 세수 47세, 법랍 36이며, 시호는 大覺이다.

105) 教觀 : 教門과 觀門으로서 教相과 觀心을 말한다. 教相은 석가의 일대교설을 소속 종파의 입장에서 분류한 教判, 즉 이론적 교리조직이고, 觀心은 그 종파가 내세운 진리를 관념하는 실천수행을 뜻한다.

106) 信士 : 居士와 같은 말. 세속에 살면서 불교를 믿는 남자 불제자.

107) 鹿園 : 鹿野苑을 말한다. 석가모니가 성도 후 다섯 비구를 위하여 최초로 설법한 곳. 즉 初轉法輪地.

108) 鶴樹 : 鶴林이라고도 한다. 중인도 拘尸那揭羅(Kuśinagara)의 尼連禪河의 가에 있던 娑羅雙樹 아래에서 석가모니가 세상을 떠났는데, 그때 이 숲이 말라서 흰빛으로 변해 마치 흰 鶴들이 모여 있는 것 같았으므로 후세에 이 숲을 鶴林이라고 한 데서 유래되었으며, 또 석가모니의 열반의 뜻으로도 쓰인다.

109) 東震 : 東國, 곧 우리 나라.

110) 西乾 : 西天竺, 곧 인도.

이상의 기록을 의상전(義湘傳)111)에서 살펴보면,112) 「영휘(永徽)113) 초년에 당나라에 들어가 지엄 법사를 뵈었다」고 하나, 부석사의 본비[浮石本碑]114)에 의하면, 의상은 무덕(武德)115) 8년(625)에 탄생하여 나이 어려서116) 출가하여 영휘 원년 경술(庚戌, 650)에 원효(元曉)와 함께 당에 들어가려고 고구려에까지 이르렀으나 장애가 있어 돌아왔다. 용삭(龍朔)117) 원년 신유(辛酉, 661)에 당으로 들어가 지엄 법사에게 나아가 배웠다. 총장(總章)118) 원년(668)에 지엄 법사가 세상을 떠나자119) 함형(咸亨)120) 2년(671)에 의상은 신라로 돌아와서 장안(長安)121) 2년 임인(壬寅, 702)에 세상을 떠났으니 나이 78세라고 하였다. 그러면 의상이 지엄과 함께 도선 율사가 있는 곳에서 재를 올리고 천궁의 부처 어금니를 청했던 일은 신유(辛酉, 661)에서 무진(戊

111) 義湘傳 : 자세하지 않으나, [遺] 卷4 義解 義湘傳教條 또는 『續高僧傳』(『唐高僧傳』) 등이 참조된다.

112) 按此錄義湘傳云 : 이하는 一然禪師의 제자 無極이 附記한 것이다. 즉 이 기록의 말미에 '無極記'라고 한 것이 그것이다.

113) 永徽 : 중국 唐 高宗의 연호(650-655).

114) 浮石本碑 : 자세하지 않다.

115) 武德 : 중국 唐 高祖의 연호(618-626). 武德 8년은 신라 眞平王 47년(625)에 해당한다.

116) 丱歲 : 어린 나이.

117) 龍朔 : 중국 唐 高宗의 연호(661-663). 龍朔 원년은 신라 文武王 원년(661)에 해당된다.

118) 總章 : 중국 唐 高宗의 연호(668-670). 總章 원년은 신라 文武王 8년(668)에 해당된다.

119) 遷化 : 불보살이 세상의 교화를 마치고 다른 세상의 중생들을 교화하려 간다는 뜻으로 고승의 죽음을 가리키는 말이다. 「菩薩後時 遷化他土」(『大乘義章』).

120) 咸亨 : 중국 唐 高宗의 연호(670-674). 咸亨 2년은 신라 文武王 11년(671)에 해당된다.

121) 長安 : 중국 周 則天武后의 연호(701-705). 長安 2년은 신라 聖德王 원년(702)에 해당된다.

辰, 668)에 이르는 7, 8년 사이가 될 것이다. 본조 고종이 강화로 들어간 임진년(壬辰年, 1232)에 [왕이] 천궁의 7일 기한이 다 찼다고 의심한 것은 잘못이다.

도리천(忉利天)의 하루 밤낮은 인간세계의 1백 년에 해당되는데, 의상 법사가 처음 당나라에 들어간 신유(辛酉, 661)로부터 [본조] 고종의 임진(壬辰, 1232)까지를 계산하면 693년이요, [고종의] 경자년(庚子年, 1249)에 이르러야 비로소 7백 년이 되며, 7일 기한이 찬다. 강도로부터 나오던 지원 7년 경오(庚午, 1270)까지는 730년이니[122] 만약 천제의 말과 같이 7일 후에 [부처의 어금니가] 천궁으로 돌아갔다고 한다면, 선사 심감이 강도를 나올 때 가지고 와서 바친 것은 아마 부처의 참 어금니가 아닐 것이다. 이 해 봄 강도를 나오기 전에 [왕은] 대궐에서 모든 종파의 고승을 모아서 부처의 어금니와 사리를 얻고자 정성을 다하였으나 한 매도 얻지 못한 것으로 보아서는 7일 기한이 차서 하늘로 올라갔다는 것도 그럴 듯하다.

21년[123] 갑신(甲申, 1284)에 국청사(國淸寺)[124] 금탑(金塔)[125]을

---

122) 且從湘公初入唐辛酉…則七百三十年 : 이 부분의 연수계산은 착오인 것 같다. 義湘이 唐나라에 들어간 신라 文武王 원년은 661년이고, 강화로 천도한 해인 고려 高宗 19년은 1232년이므로 그간의 연수는 571년인데 693년이라고 한 것은 착오이다. 또한 경자년 700년은 588년의 착오이고, 至元 7년 경오 730년은 609년의 착오이다.

123) 二十一年 : 元 世祖 至元 21년. 곧 고려 忠烈王 10년(1284)에 해당된다.

124) 國淸寺 : 경기도 개풍군 중서면 여릉리 국청동에 있던 天台宗의 본찰. 고려 宣宗 6년(1089) 왕 태후가 창건하였다. 「(冬十月)辛酉 王太后始創國淸寺」([麗史] 卷10 宣宗 6年條).

125) 金塔 : [麗史]에 보이는 금탑에 대한 기사는 至元 21년인 忠烈王 10년(1284)이 아니고 11년이며, 또 興旺寺의 착오인 듯하다. 「丙辰 王及公主 幸興王寺 拜金塔 遂幸妙蓮寺」([麗史] 卷30 忠烈王 11年條).

보수하고 임금[126]은 장목왕후(莊穆王后)[127]와 함께 묘각사(妙覺寺)[128]에 행차하여 대중이 모여 경찬하고는 앞의 부처 어금니와 낙산사[洛山]의 수정염주와 여의주를 임금과 신하들과 대중이 모두 떠받들어 예배한 뒤에 함께 금탑 속에 넣었다.

나 또한 이 모임에 참례하여 이른바 부처의 어금니라는 것을 친히 보았는데, 그 길이는 3치 가량 되었으며 사리는 없었다. 무극(無極)이 기록한다.[129]

---

126) 國主 : 忠烈王.

127) 莊穆王后 : 忠烈王后인 齊國大長公主. 諡號는 莊穆仁明王后.([麗史] 卷89 列傳2 王后2 참조)

128) 妙覺寺 : 경기도 개성 영평문 밖에 있던 고려 太祖 4년(921)에 창건된 절.

129) 無極記 : 無極은 고려 寶鑑國師 混丘의 호. 1250-1322. 자는 丘乙, 속성은 김씨이다. 10세에 無爲寺의 天鏡에게 득도하여 一然을 따라 공부하다가 그뒤를 이어받았다. 중국 夢山의 德異禪師가 『無極說』을 지어 그에게 보내오니, 그 뜻을 받아들여 無極老人이라고 스스로 호하였다. 본서에서 無極의 附記를 기록한 것은 2곳, 즉 이곳의 「按此錄…」과 권4 「關東楓岳鉢淵藪石記」가 있다. 따라서 [遺]의 간행은 일연 사후 제자 무극에 의하여 편집 간행되었을 가능성이 더욱 짙다.(瑩源寺寶鑑國師碑(『益齋集』) 및 金相鉉, 「三國遺事의 書誌學的 考察」, 『三國遺事의 綜合的 檢討』, 한국정신문화연구원, 1987. pp.25-71 참조)

83. 彌勒仙花 未[1]尸郎 眞慈師

第二十四眞興王 姓金氏 名彡麥[2]宗 一作[3]深麥[4]宗 以梁大同六年庚申卽位 慕伯父法興之志 一心奉佛 廣興佛寺 度人爲僧尼 又天性風味 多尙神仙 擇人家娘子美艶者 捧爲原花 要聚徒選士 敎之以孝悌忠信 亦理[5]國之大要也 乃取南毛娘皎[6]貞娘兩花 聚徒三四百人 皎[7]貞者嫉妬毛娘 多置酒飮毛娘 至醉潛舁去北川中 擧石埋殺之 其徒罔知去處 悲泣而散 有人知其謀者 作歌誘街巷小童唱於街 其徒聞之 尋得其尸於北川中 乃殺皎[8]貞娘 於是大王 下令廢原花

累年 王又念欲興邦國 須先風月道 更下令 選良家男子有德行者 改爲花郎[9] 始奉薛原郎爲國仙 此花郎國仙之始 故竪碑於溟州 自

1) 未 : [正] 末. [品][斗][浩][六] 未.
2) 麥 : [正] 夌(麦은 麥의 속자). [斗] 夌. [品][浩][六][民] 麥. [史] 卷4 新羅本紀 眞興王條에는 '麥'.
3) 作 : [斗][六] 作作. '作作'은 오기이다.
4) 麥 : 주 2)와 같음.
5) 理 : 고려 成宗의 이름 '治'의 피휘.
6) 皎 : [斗] 峻. [浩][六] 姣. [品][民] 俊. [史] 卷4 新羅本紀 眞興王 37年條에는 '俊'.
7) 皎 : [浩][六] 姣. [品][民] 俊. [史] 卷4 新羅本紀 眞興王 37年條에는 '俊'.
8) 皎 : 주 6)과 같음.
9) 郎 : [正][斗][六] 娘. [品][浩][民][史] 郎.

此使人悛惡更善 上敬下順 五常六藝 三師六正 廣行於代〈國史 眞智王大建八年丙[10]申 始奉花郎 恐史傳乃誤〉

及眞智王代 有興[11]輪寺僧眞慈〈一作貞慈也〉 每就堂主彌勒像前 發願[12]誓言 願我大聖化作花郎 出現於世 我常親近睟[13]容 奉以[14]周旋 其誠懇至禱之情 日益[15]彌篤 一夕夢有僧謂曰 汝往熊川〈今公州〉水源寺 得見彌勒仙花也

慈覺而驚喜 尋其寺 行十日程 一步一禮 及到其寺 門外有一郎濃[16]纖不爽 盼倩而迎 引入小門 邀致賓軒 慈且升且揖曰 郎君素昧平昔 何見待殷勤如此 郎曰 我亦京師人也 見師高蹈遠居 勞來之爾

俄而出門 不知所在 慈謂偶爾 不甚異之 但與寺僧 敍曩昔之夢與[17]來之之意 且曰 暫寓下榻 欲待彌勒仙花何如 寺僧欺其情蕩然而見其懃恪 乃曰 此去南隣有千山 自古賢哲寓止 多有冥感 盍歸彼居 慈從之 至於山下 山靈變老人出迎曰 到此奚爲 答[18]曰 願見彌勒仙花爾 老人曰 向於水源寺之門外 已見彌勒仙花 更來何求 慈聞卽驚汗 驟還本寺 居月餘 眞智王聞之 徵詔問其由曰 郎旣自稱京師人 聖不虛言 盍覓城中乎

---

10) 丙 : [正][斗][六] 庚. [品][浩][民] 丙.
11) 興 : [正] 與. [品][斗][浩][六][民] 興.
12) 願 : [正][斗][六] 原. [品][浩][民] 願.
13) 睟 : [斗][浩][六] 晬.
14) 以 : [正][浩][六] 以□. [品][斗] 以.
15) 益 : [正][品] 盆. [斗][浩][六] 益.
16) 濃 : [順] 儂(가필). [鶴] 儂.
17) 與 : [正][品] 興. [斗][浩][六] 與.
18) 答 : [正] 荅. [品][斗][浩][六] 答.

慈奉宸旨 會徒衆 遍於閭閻間 物色求之 有一小郎子 斷紅齊具[19]眉彩秀麗 靈妙寺之東北路傍樹下 婆娑而遊 慈迓之驚曰 此彌勒仙花也 乃就而問曰 郎家何在 願聞芳氏 郎答[20]曰 我名未尸 兒孩時爺孃俱歿[21] 未知何姓 於是肩輿而入見於王 王敬愛之 奉爲國仙

其和睦子弟 禮義風教 不類於常 風流耀世 幾七年 忽亡所在 慈哀懷[22]殆[23]甚 然飮沐慈澤 昵[24]承淸化 能自悔改 精修爲道 晩年亦不知所終

說者曰 未與彌聲相近 尸與力形相類 乃託其[25]近似而相謎[26]也大聖不獨感慈之誠款也 抑有緣于玆土 故比比示現焉

至今國人稱神仙 曰彌勒仙花 凡有媒係於人者 曰未尸 皆慈氏之遺風也 路傍樹至今名見郎[27] 又俚言似如樹〈一作印如樹〉

讚曰 尋芳一步一瞻風 到處栽培一樣功 驀[28]地春歸無覓處 誰知頃[29]刻上林紅

---

19) 具 : [品][斗][民] 貝.
20) 答 : 주 18)과 같음.
21) 歿 : [正][品] 沒. [斗][浩][六] 歿.
22) 懷 : [正] 壞. [品][斗][浩][六] 懷.
23) 殆 : [浩] 殊.
24) 昵 : [品] 眤. [浩][六] 呢.
25) 其 : [六] 其其.
26) 謎 : [正] 謎. [品][斗][浩][六][民] 謎.
27) 郎 : [浩][民] 郎樹.
28) 驀 : [正] 冪. [品][斗] 羃. [浩][六] 驀.
29) 頃 : [鶴] 頃.

미륵선화 · 미시랑 · 진자스님

제24대 진흥왕(眞興王)[1]의 성은 김씨요,[2] 이름은 삼맥종(彡麥宗)인데, 또는 심맥종(深麥宗)이라고도 한다.[3] 양(梁)나라의 대동(大同)[4] 6년 경신(庚申, 540)에 즉위하였다. 백부(伯父) 법흥왕[法興][5]의 뜻을 흠모하여 일념으로 불교를 받들어 널리 불사(佛寺)를 일으키고 사람들을 제도하여 승려가 되게 하였다.[6]

---

1) 眞興王 : 신라의 제24대 왕. 재위 540-576. [遺] 卷1 紀異 眞興王條 참조.

2) 姓金氏 : 신라왕으로서 金氏를 칭한 가장 오래된 기록은『北齊書』의 眞興王 관련기사이다.『北齊書』世祖本紀의 내용을 보면 다음과 같다.「河淸四年二月甲寅 詔新羅王金眞興 爲使持節 東夷校尉樂浪郡公新羅王」. 이 기사를 통해 井上秀雄은 아마도 이때부터 신라왕이 김씨를 칭하게 된 것 같다고 추정하고 있다.(井上秀雄,「新羅の骨品制度」,『歷史學硏究』304, 1965.9)

3) 名彡麥宗 一作深麥宗 : [史] 卷4 新羅本紀 眞興王條에는「彡麥宗 혹은 深麥夫」라고 하였으며, 539년에 만들어진「川前里書石」에서는「深麥夫知」로 기록되어 있다.

4) 大同 : 중국 梁 武帝 때의 연호(535-546).

5) 伯父法興 : 法興王과 眞興王의 관계는 진흥왕의 父系와 母系가 모두 연관되어 있다. 먼저 父系를 살펴보면, 진흥왕의 아버지가 법흥왕의 동생이므로 법흥왕은 진흥왕의 백부가 된다. 다음으로 母系를 보면, 진흥왕의 어머니가 법흥왕의 딸이므로 법흥왕은 진흥왕의 외조부에 해당한다. [史] 卷4 新羅本紀 眞興王條 참조. 법흥왕에 대한 자세한 내용은 [遺] 卷3 興法 原宗興法 厭髑滅身條 참조.

6) 慕伯父法興之志…度人爲僧尼 : 이 부분에 대한 [史] 卷4 新羅本紀 眞興王條 관련기록은 다음과 같다.「眞興王은 5년(544) 2월 興輪寺를 완성하고, 3월 사람들이 출가하여 승려가 되는 것을 허락하였다. 14년(553) 2월 皇龍寺를 건립하기 시작하였고 27년(566)에는 祇園寺와 實際寺를 건립하였다. 또 재위기간

그리고 [왕은] 천성이 풍미(風味)[7]하고 신선(神仙)[8]을 매우 숭상하여 민가의 낭자 중에서 아름답고 예쁜 자를 택하여 받들어 원화(原花)[9]로 삼았다. 이것은 무리를 모아서 인물을 뽑고 그들에게 효도와 우애, 그리고 충성과 신의를 가르치려함이었으니, 또한 나라를 다스리는 대요(大要)이기도 하였다. 이에 남모랑(南毛娘)과 교정랑(皎貞娘)[10]의 두 원화를 뽑았는데, 모여든 무리가 3, 4백 명이었다. 교정은 남모를 질투하였다. [그래서] 술자리를 마련하여 남모에게 [술을] 많이 마시게 하고, 취하게 되자 몰래 북천(北川)[11]으로 메고 가서 돌로 묻어

중 一心으로 奉佛하다가 말년에는 祝髮하고 僧衣를 입고 僧號를 法興王과 같이 法雲으로 하였다.」

7) 風味 : 풍류적이고 고상한 성격, 혹은 인품이 느긋하고 멋있는 사람을 뜻한다.

8) 神仙 : 신라의 風流道를 가리킨다. 崔致遠은 풍류도에 도교적인 성격도 포함되어 있다고 하였다. 풍류도의 연원을 기록한 仙史가 있었으며, 화랑을 國仙으로 불렀던 점 등으로 보면, 화랑에 신선적인 요소가 없지 않았다. 그러나 여기서 말하는 신선을 중국 도가의 신선과 같은 것으로 보기는 어렵다. 古來의 토착신앙과 관련된 신선으로 보는 편이 좋을 것이다.

9) 原花 : [史]에는 '源花'로 되어 있는데, 관련 내용은 다음과 같다. 「始奉源花 初君臣病無以知人 欲使類聚群遊 以觀其行義 然後擧而用之 遂簡美女二人 一曰南毛 一曰俊貞 聚徒三百餘人 二女爭娟相妬 俊貞引南毛於私第 强勸酒至醉 曳而投河水以殺之 俊貞伏誅 徒人失和罷散」(卷4 新羅本紀 眞興王 37年條) 原花는 화랑의 前身으로 다분히 샤먼적 기능을 가졌던 것으로 생각되며, 그 기원도 매우 오래되었을 것으로 추정된다. 원화와 화랑의 관계에 관하여 일찍이 불교사상쪽에서 접근하여 해결하려는 시도가 있었다. 화랑을 彌勒의 화신으로 보고 원화를 觀世音菩薩의 화신으로 보려한 것이 그것이다.(金光永, 「花郎徒創設에 對한 小考」, 『東國思想』 1, 1958, p.33. 黃浿江, 『新羅佛教說話研究』, 一志社, 1986, p.259) 특히, 단체의 장에 여성을 임명한 것은 초기 사회의 종교적 의례에 있어서 여성들이 차지하였던 지위를 반영하는 것이라고 한다. (李基東, 「新羅花郎徒의 起源에 대한 一考察」, 『歷史學報』 69, 1976; 「新羅花郎徒의 社會學的 考察」, 『歷史學報』 82, 1979)

10) 皎貞娘 : 皎貞이 [史]에는 '俊貞'으로 되어 있다.(卷4 新羅本紀 眞興王 37年條) 娘은 여성 인명에 붙여진 존칭으로 南毛娘의 娘도 같은 경우이다.

11) 北川 : 지금의 경주 보문단지쪽에서 西川(兄山江의 상류)으로 흐르는 냇물.

서 죽였다. 그 무리들은 남모가 간 곳을 알지 못해서 슬프게 울다가 헤어졌다. [그러나] 그 음모를 아는 사람이 있어서 노래를 지어 동네 아이들을 꾀어 거리에서 부르게 하였다. 남모의 무리들이 노래를 듣고, 그 시체를 북천 중에서 찾아내고 곧 교정랑을 죽였다. 이에 대왕은 영을 내려 원화를 폐지시켰다.

여러 해 뒤에 왕은 또 나라를 흥하게 하려면 반드시 풍월도(風月道)[12]를 먼저 해야 한다고 생각하여, 다시 명령을 내려 좋은 가문 출

신라 왕경의 북쪽에 있어 北川이라고 하였다. 閼川이라고도 하는데, 이는 東川과 北川을 통칭한 명칭이다. 알천은 여러 지류가 합쳐지는 곳이므로 홍수가 많이졌던 것으로 생각된다. 관련기록을 살펴보면, [史] 卷2 新羅本紀 阿達羅尼師今 5年條과 卷3 炤知麻立干 18年條에 알천이 범람하여 200여 호의 민가가 떠내려갔다는 기록이 있다. 또 宣德王이 후사없이 죽자, 상대등 金周元이 왕위를 이으려했으나 그의 집이 알천 북쪽에 있었는데 갑자기 홍수가 져서 알천을 건너지 못해 왕이 되지 못했다는 이야기가 전한다.([史] 卷10 新羅本紀 元聖王條, [遺] 卷2 紀異 元聖大王條)

12) 風月道 : 花郎과 郎徒들이 추구하던 道는 風月道 혹은 風流道였다. 風月道 혹은 風流道에 관해서는 風月之庭, 國有玄妙之道 曰風流, 風流黃卷 운운의 기록이 있다. 風月道와 風流道는 같은 뜻으로 쓰였던 것 같다. 화랑 및 낭도들의 명부를 風流黃卷이라고 하고, 검군이 風月之庭에서 수행했다고 한 것으로 볼 때 그렇다. 風流道 혹은 風月道를 후대에 花郎道가 폐지되고 그 의미가 크게 변하면서 다른 의미로 쓰인 것으로 이해한 경우가 있다.(鮎貝房之進, 『花郎考』, 1932, p.170) 풍류도를 우리 민족 전래의 고유한 사상으로 파악하면서, 풍류도의 의미를 언어학적으로 해석하려는 이도 있었다. 崔南善에 의하면, 풍류는 '부루'에서 유래된 말이고, '부루'는 '밝의 뉘'로부터 변한 것이라고 한다. 또한 '밝의 뉘'란 光明世界를 뜻하는 말이라는 것이다.(崔南善, 『朝鮮常識問答』, 1947, p.147) 그러나 風流道를 신라어로 이해하기보다는 한자어로 파악할 필요가 있다.(金相鉉, 「風流道論」, 『신라의 사상과 문화』, 一志社, 1999, pp.182-186; 「花郎에 관한 諸名稱의 檢討」, 『新羅文化祭學術發表會論文集』 12, 1991; 「花郎의 여러 명칭에 대하여」, 『신라의 사상과 문화』, 一志社, 1999, pp.504-505) 근래 화랑관련 용어를 검토하면서 이를 어원적으로 접근하여 風을 일반적인 종교적 敎義를 나타내는 표현으로 이해하기도 한다.(趙法鍾, 「花郎關聯 用語의 檢討」, 『花郎文化의 再檢討』, 경상북도, 1995, p.438)

신의 남자로서 덕행이 있는 자를 뽑아 [명칭을] 고쳐서 화랑(花郞)13) 이라고 하였다. 처음 설원랑(薛原郞)14)을 받들어 국선(國仙)15)으로 삼았는데, 이것이 화랑 국선의 시초이다. 이 때문에 명주(溟州)16)에 비를 세웠다.17) 이로부터 사람들로 하여금 악을 고쳐 선행을 하게 하

---

13) 花郞 : [正]의 '花娘'은 아마도 '花郞'의 誤記일 것이다. 화랑은 본래 신라 초기에 있던 촌락중심의 청소년 조직으로서 그 조직의 중심인물은 源花라는 미모의 여성이었다. 그러나 신라의 국가체제가 진전되는 과정에서 그 중심인물은 여성에서 남성으로 변화되었다. 그들의 활약이 가장 돋보인 시기는 삼국통일전쟁시기였다. 이때의 화랑은 단순히 청소년군단으로서 많은 군사 엘리트를 배출한 군사조직체에 그치는 것이 아니라, 교육단체로서도 기능하였으며 종교적·제사집단적 성격도 띠고 있었다. 화랑집단의 조직은 각기 화랑 한 명과 승려 약간 명, 그리고 다수의 낭도로 구성되어 있다. 화랑만이 眞骨귀족일 뿐, 낭도들은 王京에 사는 진골 이하 하급귀족, 기타 일반 平人의 자제가 많이 포함되었으며, 승려들은 주로 지적·정신적 방면에서 화랑을 지도하는 위치에 있었던 만큼 학문적 교양이 풍부한 사람들로 구성되었다. 이후에도 화랑은 신라사회 전개에 지속적으로 심대한 영향을 끼친 요인으로 평가되고 있다. 화랑에 대한 연구성과는 다음을 참조. 李基東,「新羅 花郞徒 硏究의 現段階」,『李基白先生古稀紀念 韓國史學論叢』上, 1994. 韓國鄕土史硏究會 編,『花郞文化의 再檢討』, 경상북도, 1995. 李基東,『新羅骨品制社會와 花郞徒』, 一潮閣, 1984.

14) 薛原郞 : 郭東珣의 八關會仙郞賀表(『東文選』卷31),『海東高僧傳』, [史] 卷32에는 '原郞'이라고 하였다. 이 때문에 薛을 성으로 본 경우도 있으나(李基白,『新羅政治社會史硏究』, 一潮閣, 1974, p.40), 성으로 보기 어렵다는 견해도 있다(노태돈,「羅代의 門客」,『한국사연구』21·22, 1978, p.5). 薛原郞은 眞興王 때 활동한 최초의 화랑이었다. 思內奇物樂을 지었다는 原郞徒([史] 卷32 樂志)는 원랑의 낭도였던 것 같다.

15) 國仙 : 花郞의 다른 명칭. [遺] 卷3 塔像 栢栗寺條의 주석 12) 참조.

16) 溟州 : 지금의 강릉지방. 원래 고구려의 영토였으나 眞興王 11년(550)에 신라에 복속되었다. 그뒤 善德女王 8년(639)에 何瑟羅州로 北小京을 삼았으나 太宗武烈王 5년(658)에 다시 小京을 폐하고 9州를 두었다. 삼국통일 후에는 신라 9주의 하나인 河西州가 설치되었으며 景德王 16년(757)에는 溟洲라고 하였다. 惠恭王이 다시 何瑟羅州로 고쳤는데, 고려 太祖가 東原京으로 고쳤다가 同 23년(940)에 다시 溟洲로 환원되었다. 이후 여러 이름을 거쳐 고려 忠烈王 34년(1308)에 江陵府로 개칭되었다. 조선 孝宗이 縣으로 낮추었다가 뒤에 다시 府로 복구하였다. 正祖가 縣으로 낮추었다가 다시 높였다.([史] 卷35 地理志 溟洲條 참조)

고, 윗사람을 공경하고 아랫사람에게 온순하게 하니, 5상(五常),[18] 6예(六藝),[19] 3사(三師),[20] 6정(六正)[21]이 왕의 시대에 널리 행해졌다.〈『국사(國史)』에는 진지왕(眞智王)[22] 대건(大建) 8년 병신(丙申, 576)[23]에 비로소 화랑을 받들었다고 하였으나,[24] 아마도 사전(史傳)의 잘못일 것이다.〉

---

17) 故竪碑於溟州 : 溟州, 즉 지금의 강릉에서 가까운 寒松亭은 옛부터 화랑의 고적지로 유명한 곳이다. 따라서 이곳에 薛原郎의 비석이 세워진 것으로 추정하는 견해가 있다.(李基東, 「설원랑」, 『한국민족문화대백과사전』 12, 韓國精神文化硏究院, 1989)

18) 五常 : 儒敎의 기본적인 윤리로서 인간이 항상 행해야 되는 5가지의 바른 行을 말한다. 仁·義·禮·智·信을 5常이라고 하며, 또 5倫 중의 父義·母慈·兄友·弟恭·子孝를 5常이라고도 한다.

19) 六藝 : 士가 되기 위해 배워야 할 6가지 유교의 기본적 기술. 구체적으로 禮·樂·射·御·書·數를 말하는데, 이것은 고대 중국의 교육과목이었다.

20) 三師 : 중국 後魏 이후 帝王을 보좌하는 최고 관직이름으로 太師, 太傅, 太保를 말한다.

21) 六正 : 人臣으로서 지켜야 하는 6가지의 올바른 도리 또는 그것을 갖춘 6正臣. 즉 聖臣, 良臣, 忠臣, 智臣, 貞臣, 直臣 등을 말한다.

22) 眞智王 : 신라의 제25대 왕. 재위 576-579. 諱는 舍輪 또는 金輪. 眞智王은 眞興王의 次子였으나 태자였던 銅輪이 일찍 죽어 그가 왕위에 올랐다. [遺] 卷1 紀異 桃花女 鼻荊郎條에 의하면 나라가 어지럽고 음란한 짓을 많이 했기 때문에 國人들이 그를 폐위시켰다고 전한다. 진지왕에 대한 보다 자세한 사항은 [遺] 卷1 王曆·紀異 桃花女 鼻荊郎條·[史] 卷4 新羅本紀 眞智王條 참조.

23) 大建八年丙申 : 大建은 중국 陳 宣帝의 연호(569-582). 大建 8년은 576년이며 丙申에 해당한다. 따라서 [正]의 '庚申'은 잘못된 것이다.

24) 國史 眞智大王大建八年丙申 始奉花郎 : 이 기사에 따르면 『國史』에서는 眞智王 때 화랑을 받들었다고 한다. 기사의 大建 8년 丙申은 576년으로 이 해는 眞興王의 말년이자 眞智王의 즉위년에 해당한다. 그런데 [史] 卷4 新羅本紀 眞興王條에는 진흥왕 말년인 37년(576)조에 화랑제 창설에 관한 기사가 있다. 이 때문에 본 기사의 진지왕 즉위년에 비로소 화랑을 받들었다는 『國史』가 [史]를 가리킨 것인지는 의문이다. 또 진지왕대 화랑제 창설에 대한 근거는 불명확하나, 혹시 [史]의 관련기사 연도(576)가 진지왕 즉위년에도 해당하기 때문에 잘못 전해진 것이 아닌지 의문스럽다는 견해가 있다.([品] 下之一, p.285) 한편, 화랑의 설치연대에 관해서 다른 기록을 살펴보면, [勝覽] 卷21 慶州府條에서는 法興王 원년이라고 했고, 『三國史節要』 卷6 眞興王 元年條에 관련기사가 있다. [史]에서는 진흥왕 37년에 설치했다고 기록하고 있으나, 列傳 斯多含

진지왕대에 홍륜사(興輪寺)[25]에는 진자(眞慈)[26]〈혹은 정자(貞慈)라고도 한다.〉라는 승려가 있었다. [그는] 항상 당주(堂主) 미륵상(彌勒像)[27] 앞에 나아가 서원을 발하여 말하기를, "원컨대 우리 대성(大

傳과 新羅本紀 眞興王 23年條에 화랑들의 군사활동이 이미 보인다. 따라서 화랑제도가 국가에 공인된 것은 진흥왕대이나, 그 최초 설치연대가 진흥왕 37년이라는 점은 의문의 여지가 있다. 화랑의 설치연대에 관해서는 다음 논문을 참조. 金相鉉, 앞의 논문, 1991, p.140. 鄭雲龍, 「新羅 花郎制 成立의 政治史的 意義」, 『花郎文化의 再檢討』, 경상북도, 1995, pp.131-134.

25) 興輪寺 : 경상북도 경주시 사정동에 있던 신라 최초의 왕실 절. [遺] 卷3 興法 阿道基羅條의 주석 30) 참조.

26) 眞慈 : 신라 眞興王代 興輪寺에 살았던 승려. 貞慈라고도 한다. 다른 기록에서는 보이지 않는다. 眞慈를 승려낭도로 보는 견해도 있다. 비록 진자에 대해 郎徒라고 명언하진 않았으나, 그가 승려이면서 간절하게 훌륭한 화랑이 출현하길 빌었다는 점, 성 안의 마을들을 돌아다닐 때 徒衆을 모아서 화랑을 찾았다는 점, 화랑을 찾아서는 끝내는 國仙으로 모셨다는 점 등에서 그가 國仙을 잃고 흩어져 있는 徒衆을 불러모았으며, 화랑을 항상 가까이 모시고 보살펴 받들고자 한다는 진자의 말에서 그가 郎徒라는 것을 알 수 있다고 한다.(金煐泰, 「彌勒仙化攷」, 『佛敎學報』 3·4, 1966, p.140; 「僧侶郎徒考-花郎徒와 佛敎와의 관계 一考察」, 『佛敎學報』 7, 東國大學校 佛敎文化硏究所, 1970, pp.258-260) 그러나 이때의 승려낭도가 화랑을 보좌하는 결정적 역할을 했다고 보는 것은 적절하지 않다는 견해가 있다.(鄭雲龍, 앞의 논문, p.142)

27) 堂主彌勒像 : 堂主는 절의 본존을 의미하므로 興輪寺의 본존은 미륵불이었다. 또한 眞慈가 발원하고 있는 眞智王代에 이미 미륵불이 본존으로 봉안되어 있었다는 것은 시기적으로 볼 때, 이미 진지왕대 이전, 적어도 眞興王代에 미륵상이 조성되었을 것이며,(金煐泰, 「彌勒신앙 수용의 국가적 성격」, 『삼국시대 불교신앙 연구』, 불광출판사, 1990, p.157) 이곳 홍륜사 미륵상의 형상은 彌勒菩薩半跏思惟像일 가능성이 크다(李基白, 「新羅 初期佛敎와 貴族勢力」, 『震檀學報』 40, 1975)는 견해가 있다. 이와 같이 홍륜사의 主佛이 미륵불이라는 것은 불교공인을 즈음하여 신라에 미륵신앙이 퍼져 있었다는 것을 의미한다. 盧重國은 이러한 주장을 더욱 진전시켜 홍륜사와 비슷한 시기에 창건된 皇龍寺의 주불 역시 미륵불로 추정하였다. 이에 따르면 황룡사의 창건 완공연대(566)와 丈六像 조성연대(574) 사이 9년여의 공백기간에 주목하여 장육상 이전에 이미 본존불이 있었을 것으로 보고, 황룡사가 조성된 '龍宮南'이란 지명이 龍과 밀접한 관련이 있음에 착안, 주불을 미륵으로 주장하였다.(盧重國, 앞의 논문, pp.136-138)

聖)[28]께서는 화랑으로 화하시어[29] 세상에 출현하셔서 제가 항상 거룩하신 모습을 가까이 뵙고 받들어 시중들 수 있도록 하시옵소서"라고 하였다.

그의 정성스럽고 간절하게 기도하는 마음은 날이 갈수록 더욱 독실해졌다. 어느날 밤 꿈에 한 승려가 그에게 말하기를, "그대가 웅천(熊川)〈지금의 공주(公州)〉[30]의 수원사(水源寺)[31]로 가면 미륵선화(彌勒仙

---

28) 大聖 : 석가모니를 말하기도 하고, 덕이 높은 보살을 말하기도 하나, 여기서는 미륵불을 가리킨다.

29) 願我大聖化作花郎 : 眞慈가 興輪寺의 본존인 미륵불이 화랑으로 화신할 것을 기원했다는 이 내용은 화랑 金庾信의 낭도를 龍華香徒라고 불렀다는 기록과 화랑인 竹旨郎의 탄생설화에 彌勒이 등장하고 있는 점 등과 더불어 화랑과 미륵신앙과의 관련성을 보여주는 중요한 사례이다. 이러한 형태의 미륵신앙은 곧 '신라화된 미륵신앙'(장지훈, 『한국고대미륵신앙 연구』, 집문당, 1997, p.225)으로 볼 수 있다. 한편, 미륵의 화신으로서의 화랑을 바라는 이 기사는 신라사회에서 불교의 영향력이 증대되자 미륵사상의 영향이 화랑에 미치고, 상대적으로 원화의 후신으로서의 화랑의 성격은 소멸된 것으로 볼 수 있다.(鄭雲龍, 앞의 논문, p.152)

30) 熊川〈今公州〉 : 李丙燾는 이때의 熊川이 지금이 공주가 아닌 것 같다고 하였다. 그 이유는 공주는 백제의 舊都로서 新都인 부여에서 가까운 곳이고, 이때 백제와 신라는 적대관계였으며, 공주는 아직 신라영역이 아니었기 때문이라고 한다.([斗], p.345) 그러나 근래의 연구에 따르면, 웅천은 지금의 공주로 보는 것이 옳다고 한다. 미륵신앙은 삼국시대의 백제 웅진(지금의 공주)에 가장 먼저 전래되었고, 이후 이 지방을 근거지로 하여 널리 삼국에 유행하였다.(채인환, 「신라초기 불교의 사상과 문화」, 『佛教大學院論叢』 2, 동국대학교, 1994, p.26)

31) 水源寺 : [勝覽]에 따르면, 「水原寺는 月城山에 있다」(卷17 公州牧 佛宇條)고 하였다. [勝覽]의 水原寺를 水源寺로 보는 것이 옳다면, 水源寺는 지금의 공주시 동쪽 玉龍洞 月城山(표고 312.6m)에 있었던 것으로 볼 수 있다. 이곳은 속칭 '수원골'로 불리는 곳으로 오랫동안 백제시대의 수원사지로 인정되어 왔으며 충청남도 기념물 제36호로 지정되어 있다. 이 절터는 1967년 국립공주박물관에 의해 탑지가 부분적으로 조사되었으며, 1991년 공주대학교박물관에 의한 발굴조사가 있었다. 이에 따르면 유적의 현황과 출토유물 등으로 미루어 이곳의 초창시기는 통일신라 말기 혹은 고려시대 초기를 거슬러 올라갈 수 없으며, 현재로서는 백제시대와 관련시킬 수 있는 유물은 전혀 보이지 않는다고 한다. 따라서 이곳은 백제시대의 사지와 별로 관련이 없는 것으로 보인다. 다

花)[32]를 볼 수 있을 것이다"고 하였다.

진자는 [꿈에서] 깨자 놀라고 기뻐하며, 그 절을 찾아 열흘동안의 행정을 한 걸음마다 한 번씩을 절하며 갔다.[33] 그 절에 이르자 문 밖에 복스럽고 섬세하게 생긴 한 도령이 있었다. [그는] 고운 눈매와 입맵시로 맞이해서 작은 문으로 인도하여 객실로 영접하였다. 진자는 한편으로 올라가면서 한편으로는 절을 하면서 말하기를, "그대는 평소에 잘 모르면서 어찌하여 [나를] 대집함이 이렇게도 은근한가?"라고 하였다. 낭이 말하기를, "저도 또한 서울 사람입니다. 스님께서 먼 곳에서 오심을 보고 위로를 드릴 뿐입니다"고 하였다.

잠시 후 [그는] 문 밖으로 나갔는데, 간 곳을 알 수 없었다. 진자는

만, 공주 특히 수원사지가 자리한 인근지역의 불교유적현황을 볼 때 백제시대 수원사의 탐색은 보다 범위를 확대하여 볼 필요성이 있다고 한다.(『水源寺址』, 公州大學校博物館, 1999)

32) 彌勒仙花 : 彌勒은 彌勒菩薩을 말한다. 미륵은 梵語 Maitreya의 음역이다. 본래 Maitreya는 성씨이고 이름은 Ajita(阿逸多)이다. 혹은 Ajita가 성이고 Maitreya가 이름이라고도 한다. 중국에서는 慈氏・慈尊으로 漢譯하기도 한다. 석가모니에게서 미래에 성불할 것이란 수기를 받았다. 그래서 용화수 아래에서 성불하기 전까지를 미륵보살이라고 하고 성불한 뒤를 미륵불이라고 한다. 또한 仙花는 화랑의 별칭으로서 화랑을 이러한 명칭으로 부르는 것은 화랑이 불교・무교 등 각종 종교와 습합된 모습을 보여주고 있다고 생각된다. 따라서 彌勒仙花란 불교적 색채의 미륵과 토착적 성격의 선화가 합쳐진 巫佛融和的인 화랑의 별칭으로 볼 수 있다. 신라 미륵신앙의 구조에 대한 이해는 다음 논문을 참조. 김호성, 「불교경전이 말하는 미륵사상」, 『東國思想』 29, 동국대학교, 1998.

33) 一步一禮 : 한 걸음마다 절을 한 번씩 하며 갔다는 것이 혹 五體投地를 하며 걸었다는 것을 의미하는 것이 아닌지 의심스럽다. 五體投地란 절을 할 때 몸의 5부분이 땅에 닿아야 한다는 것인데, 이때 5體란 왼쪽 팔꿈치・오른쪽 팔꿈치・왼쪽 무릎・오른쪽 무릎・이마를 말한다. 이러한 오체투지의 예는 자신을 무한히 낮추면서 절을 드리는 상대에게는 최대의 존경을 표하는 몸의 동작으로서 교만과 거만을 떨쳐버리는 가장 경건한 행동예법이다.

우연한 일이라고만 생각하고 그다지 이상하게 여기지 않았다. 다만 [그] 절의 승려들에게 지난밤의 꿈과 [자신이] 이곳에 온 뜻만을 이야기하고는 또 말하기를, "잠시 말석에서라도 몸을 붙여 미륵선화를 기다리고 싶은데, 어떻겠습니까?"라고 하였다.

절의 승려들은 그의 정상을 허황한 것으로 여기면서도 그의 은근하고 정성스러운 태도를 보고서 말하기를, "여기서 남쪽으로 가면 천산(千山)이 있는데, 옛부터 현인과 철인이 살고 있어 명감(冥感)이 많다고 합니다. 어찌 그곳으로 가지 않겠습니까?"라고 하였다.

진자가 그 말을 좇아 산 아래에 이르니, 산신령이 노인으로 변하여 나와서 맞으면서 말하기를, "여기에는 무슨 일로 왔소?"라고 하였다. 대답하기를, "미륵선화를 뵙고자 합니다"고 하였다.

노인이 말하기를, "지난번 수원사 문 밖에서 이미 미륵선화를 뵈었는데, 또 다시 와서 무엇을 구한다는 말인가?"라고 하였다. 진자는 [그 말을] 듣고 깜짝 놀라 [곧장] 달려서 본사로 돌아왔다. 한 달 정도 후에 진지왕이 그 소식을 듣고 진자를 불러 그 연유를 묻고 말하기를, "낭이 스스로 서울 사람이라고 했다면, 성인은 거짓말을 하지 않는데, 왜 성 안을 찾아보지 않았소?"라고 하였다.

진자는 왕의 뜻을 받들어 무리를 모아 두루 마을을 다니면서 찾았다. 한 소년이 있었는데, 화장을 곱게 하고 용모가 수려하였으며 영묘사(靈妙寺)[34] 동북쪽 길가 나무 밑에서 이리 저리 돌아다니면서 놀고 있었다. 진자는 그를 보자 놀라면서 말하기를, "이분이 미륵선화다"고

---

34) 靈妙寺 : 신라 善德王 때 창건된 절. 靈廟寺라고도 한다. [遺] 卷1 紀異 善德王知幾三事條, 卷3 興法 阿道基羅條, 卷3 塔像 靈妙寺丈六條 참조.

하였다. 이에 다가가서 묻기를, “낭의 집은 어디에 있으며, 성은 무엇인지 듣고 싶습니다”고 하였다. 낭이 대답하기를, “내 이름은 미시(未尸)[35]입니다. 어릴 때 부모님이 다 돌아가셔서 성은 무엇인지 알지 못합니다”고 하였다. 이에 그를 가마에 태우고 들어가서 왕에게 뵈었더니, 왕은 그를 존경하고 사랑하여 받들어 국선으로 삼았다.

그의 자제들에 대한 화목과 예의와 풍교(風教)는 보통과는 달랐다. [그의] 풍류가 세상에 빛난 지 거의 7년이 되너니 문득 간 곳이 없었다. 진자는 슬퍼하고 [그를] 생각함이 매우 심하였다. 그러나 [그의] 자비로운 은택에 흠뻑 젖었고, [그의] 맑은 교화를 친히 접했으므로 스스로 [잘못을] 뉘우치고 고쳐서 정성으로 도를 닦아 만년에는 [그] 또한 세상 마친 곳을 알 수 없다.

설명하는 이가 말하기를, “미(未)는 미(彌)와 음이 서로 가깝고, 시(尸)는 력(力)과 [글자]모양이 서로 비슷하므로 그 근사함에 가탁하여 수수께끼처럼 한 것이다.[36] 대성(大聖)이 유독 진자의 정성에 감동된 것만이 아니라, 아마 이 땅에 인연이 있었으므로 때때로 나타나

---

35) 未尸 : 眞智王代 眞慈師가 미륵이 화랑으로 화신하기를 발원한 결과 출현한 소년. 未尸의 ‘尸’는 吏讀에서 ‘리’로도 발음되어 未尸는 ‘미리’로 읽을 수 있으므로 미륵·용 등을 의미한다고 할 수 있다.(梁柱東, 『古歌硏究』, 박문출판사, 1954, pp.94-97)

36) 說者曰…相謎也 : 未尸의 尸는 吏讀에서 ‘리’로 발음되어 未尸는 ‘미리’로 용을 가리키는 우리 나라의 고유어라고 한다.(梁柱東, 『古歌硏究』, 박문출판사, 1954, p.94) 그런데 說者는 未의 음이 彌와 통하고 尸의 글자모양이 力과 비슷하기에 未尸는 역시 미륵이라고 해석하였다. 한편, 未尸의 未에 대해 末이 옳다는 주장이 있다. 이에 따르면, 신라어는 본래 앞자는 訓讀하고 뒷자는 音讀을 해야하는 것이 원칙이며, 같은 말이라는 중매하는 자를 예전에 ‘거추’라 하였으므로, 末尸가 맞다고 한다.(강헌규, 「삼국유사에 나타난 이른바 ‘未尸郎’, ‘眞慈師’에 대하여-未尸郎이 아니라 末尸郎이다.-」, 『公州大論文集』 32, 公州大學校, 1994)

보인 것이다"고 하였다.

지금도 나라 사람들이 신선을 가리켜 미륵선화라고 하고 남에게 중매하는 사람을 미시라고 하는 것은 모두 미륵의 유풍이다. 길 옆에 섰던 나무를 지금도 견랑(見郎)이라고 이름하고, 또 항간의 말로는 사여수(似如樹)〈혹은 인여수(印如樹)라고도 한다.〉라고 한다.

찬한다.

향기로운 자취 찾아 걸음마다 그 모습 우르러
간 곳마다 심은 것은 한결같은 공덕일세
홀연히 봄은 가고 찾을 곳 없더니
뉘라서 알았으랴, 잠깐사이 상림(上林)[37]이 붉은 줄을

37) 上林 : 중국 秦漢시대의 宮園. 현재 중국 陝西省 西安市에 있다. 秦의 始皇帝가 열고 漢의 武帝가 다시 增築하여 둘레가 300여 리이다. 그 안에 苑 36개, 宮 12개, 館 25개를 만들고 천하의 진귀한 禽獸와 植物을 모두 모아두었다고 한다. 여기서는 신라의 王庭을 의미한다.

84. 南白月二聖 努肹夫得 怛怛朴朴

白月山兩聖成道記云 白月山在新羅仇史郡之北〈古之屈自郡 今義安郡〉 峰巒奇秀 延袤數百里 眞巨鎭也 古老相傳云 昔唐皇帝 嘗鑿一池 每月望前 月色滉朗 中有一山 嵓石如師[1]子 隱映花間之影 現於池中 上命畵[2]工圖[3]其狀 遣使搜訪天下 至海東 見此山有大師[4]子嵓 山之西南二步許 有三山 其名花山〈其山一體三首 故云三山〉 與圖相近 然未知眞僞 以隻履懸於師[5]子嵓之頂 使還奏聞 履影亦現池 帝乃異之 賜名曰白月山〈望前白月影現 故以名之〉 然後池中無影

山之東南三千步許 有仙川村 村有二人 其一曰努肹夫得〈一作等〉 父名月藏 母味勝 其一曰怛怛朴朴 父名修梵 母名梵摩〈鄕傳云雉山村 誤矣 二士之名方言 二家各以二士心行騰騰苦節二義名之爾〉 皆風骨不凡 有域外遐想 而相與友善 年皆弱冠 往依村之東北嶺外法積房 剃髮爲僧 未幾 聞西南雉山村法宗谷僧道村有古寺 可以栖[6]眞 同往大佛田小佛田二洞 各居焉

---

1) 師 : [浩] 獅.
2) 畵 : [鶴] 盡.
3) 圖 : [正] 啚(鄙와 동자, 圖의 속자). [品][斗][浩][六] 圖.
4) 師 : 주 1)과 같음.
5) 師 : 주 1)과 같음.
6) 栖 : [正][斗][六] 捿. [浩] 棲(栖와 동자). [品] 栖.

夫得寓懷眞庵 一云壤寺〈今懷眞洞有古寺基 是也〉 朴朴居瑠璃光寺〈今梨山上有寺基 是也〉 皆挈妻子而居 經營産業 交相來往 棲[7]神安養 方外之志 未常暫廢 觀身世無常 因相謂曰 腴田美歲良利也 不如衣食之應念而至 自然得飽煖也 婦女屋宅情好也 不如蓮池花[8]藏千聖共遊 鸚鵡孔雀 以相娛也 況學佛當成佛 修眞必得眞 今我等旣落彩爲僧 當脫略纏結 成無上道 豈宜汨沒風塵 與俗輩無異也 遂唾謝人間世 將隱於深谷 夜夢白毫光 自西而至 光中垂金色臂摩二人頂 及覺說夢 與之符同 皆感嘆久之 遂入白月山無等谷〈今南藪[9]洞也〉

朴朴師占北嶺師子嵓 作板屋八尺房而居 故云板房 夫得師占東嶺磊石下有水處 亦成方丈而居焉 故云磊房〈鄕傳云 夫得處山北瑠璃洞今板房 朴朴居山南法精洞磊房 與此相反 以今驗之 鄕傳誤矣〉 各庵而居 夫得勤求彌勒 朴朴禮念彌陁

未盈三載 景龍三年己酉四月八日 聖德王卽位八年也 日將夕 有一娘子年幾二十 姿儀殊妙 氣襲蘭麝 俄然到北庵〈鄕傳云南庵〉 請寄宿焉 因投詞曰 行逢[10]日落千山暮 路隔城遙絶四隣 今日欲投庵下宿 慈悲和尙莫生嗔

朴朴曰 蘭若護淨爲務 非爾所取近 行矣 無滯此處 閉門而入〈記云 我百念灰冷[11]無以血囊見試〉 娘歸南庵〈傳曰北庵〉 又請如前 夫得曰 汝從何處 犯夜而來 娘答曰 湛然與太[12]虛同體 何有往來 但聞賢

---

7) 棲 : [正][晩][鶴] 捿. [品][斗][浩][六] 棲.
8) 花 : [斗][浩][六] 華.
9) 藪 : [浩][六] 없음.
10) 逢 : [正][晩][順] 판독미상. [品][斗] 遲. [鶴][浩][六][民] 逢.
11) 冷 : [正][晩][順] 판독미상. [品][斗] 今. [鶴][浩][六] 冷.

士志願深重 德行高堅 將欲助成菩提[13] 因投一偈曰 日暮千山路 行行絶四[14]隣 竹松陰轉邃 溪洞響猶新 乞宿非迷路 尊師欲指津 願惟從我請 且莫問何人 師聞之驚駭謂曰 此地非[15]婦女相汚 然隨順衆生 亦菩薩行之一也 況窮谷夜暗 其可忽視歟 乃迎揖庵中而置之

至夜淸心礪操 微燈半壁 誦念厭[16]厭[17] 及夜將艾 娘呼曰 予不幸適有産憂 乞和尙排備苫[18]草 夫得悲矜莫逆 燭火殷勤 娘旣産又請浴 弩[19]肹慚懼交心 然哀憫之情 有加無已 又備盆槽 坐娘於中 薪湯以浴之 旣而槽中之水 香氣郁烈 變成金液 弩[20]肹大駭[21] 娘曰 吾師亦宜浴此 肹勉强從之 忽覺精神爽涼 肌膚金色 視其傍忽生一蓮臺 娘勸之坐 因謂曰 我是觀音菩薩 來助大師 成大菩提矣 言訖不現

朴朴謂肹今夜必染戒 將歸听之 旣至 見肹坐蓮臺 作彌勒尊像放光明 身彩檀金 不覺扣頭而禮曰 何得至於此乎 肹具敍其由 朴朴嘆曰 我乃障重 幸逢大聖而反不遇 大德至仁 先吾著鞭 願無忘昔日之契 事須同攝 肹曰 槽有餘液 但可浴之 朴朴又浴 亦如前成無量壽 二尊相對儼然 山下村民聞之 競來瞻仰 嘆曰 希有希有 二

---

12) 太 : [正][品] 大. [斗][浩][六] 太.
13) 提 : [正][晩][順][鶴][六] 提□. [浩][民] 提耳. [品][斗] 提.
14) 四 : [正] 回. [鶴][品][斗][浩][六] 四.
15) 非 : [正][晩] 판독미상. [順] 非(가필). [鶴][品][斗][浩][六][民] 非.
16) 厭 : [正][晩][鶴] 猒(厭과 동자). [品][斗][浩][六] 厭.
17) 厭 : 주 16)과 같음.
18) 苫 : [正][晩] 판독미상. [順] 苫(가필). [鶴][品][斗][浩][六][民] 苫.
19) 弩 : [浩] 努.
20) 弩 : 주 19)와 같음.
21) 駭 : [正][晩][順][鶴] 駴. [品][斗][浩][六][民] 駭.

聖爲說法要 全身躡雲而逝

天寶十四年乙未 新羅景德王卽位〈古記云 天鑑[22]二十四年乙未法興卽位 何先後倒錯之甚如此〉聞斯事 以丁酉歲 遣使創大伽藍 號白月山南寺 廣德二年〈古記云 大曆元年 亦誤〉甲辰七月十五日寺成 更塑彌勒尊像 安於金堂 額曰 現身成道彌勒之殿 又塑彌陁像 安於講堂 餘液不足 塗浴未周 故彌陁像亦有斑駁之痕 額曰現身成道無量壽殿

議曰 娘可謂應以婦女身攝化者也 華嚴經摩耶夫人善知識 寄十一地生佛如幻解脫門 今娘之桷産微意在此 觀其投詞 哀婉可愛 宛轉有天仙之趣 嗚[23]呼 使娘婆不解隨順衆生語言陁羅尼 其能若是乎 其末聯宜云 淸風一榻莫予嗔 然不爾云者 蓋不欲同乎流俗語爾

讚曰 滴翠嵓前剝啄聲 何人日暮扣雲扃 南庵且近宜尋去 莫踏蒼苔汚我庭 右北庵

谷暗何歸已暝煙 南窓有簟[24]且流連 夜闌百八深深轉 只恐成喧惱客眠 右南庵

十里松陰一徑迷 訪僧來試夜招[25]提 三槽浴罷天將曉 生下雙兒擲向西 右聖娘

---

22) 鑑 : [浩][民] 監.
23) 嗚 : [正][晩][順][鶴] 鳴. [品][斗][浩][六] 嗚.
24) 簟 : [正][斗] 蕈. [品][浩][六] 簟.
25) 招 : [正] □. [品][斗][浩][六] 招.

남백월의 두 성인 노힐부득과 달달박박

백월산양성성도기(白月山兩聖成道記)[1]에는 「백월산(白月山)[2]은 신라 구사군(仇史郡)[3]의 북쪽에 있다.〈옛 굴자군(屈自郡)으로 지금의 의안군(義安郡)이다.〉 봉우리는 기이하고 빼어났는데, 그 산줄기는 수백 리에 뻗쳐 있어[4] 참으로 큰 진산이다」고 하였다. 옛 노인들이 서로 전해서 말한다. 「옛날 당(唐)나라의 황제가 일찍이 못을 하나 팠는데, 달마다 보름 전[5]에 달빛이 밝고, [못] 가운데에 산이 하나 있는데, 사자처럼 생긴 바위가 꽃 사이로 은은히 비쳐서 [그] 그림자가 못 가운데 나타

---

1) 白月山兩聖成道記 : 본조의 原典으로 생각되나, 여기 외에는 기록이 없어 자세히 알 수 없다.
2) 白月山 : 경상남도 창원시 북면과 동읍의 경계에 있는 산. 3개의 봉우리가 있어 三山이라고도 한다. 그 중 동쪽 끝의 봉우리에는 넓이가 약 50㎡ 되는 바위가 있는데, 사자가 누워 있는 모습처럼 생겨 獅子岩이라고 부른다. 산의 명칭에 얽힌 전설이 본조에 전한다.([勝覽] 卷32 昌原都護府 山川條·古蹟條 참조)
3) 仇史郡 : 지금의 경상남도 창원지역. 이곳은 고대 金官伽倻지역으로 仇史郡·屈自郡으로 불리다가 757년(景德王 16년) 義安郡으로 개칭되었다. 당시 영현이었던 骨浦縣은 合浦縣으로, 熊只縣은 熊神縣으로, 漆吐縣은 漆園縣으로 바뀌었다. 고려 1018년(顯宗 9년)에는 의안군과 3개의 영현이 모두 지금의 김해의 속군·속현이 되었다. 1282년 고려 忠烈王 때 합포는 會原으로, 의안은 義昌으로 바뀌었다가, 조선 1408년(太宗 8년) 義昌縣과 會原縣이 합쳐져 昌原府로 승격되었다. 1415년 昌原都護府로 격상된 후 1601년(宣祖 34년) 昌原大都護府로 승격되었다.([史] 卷34 地理志 義安郡條·[勝覽] 卷32 昌原都護府條)
4) 延袤(연무) : 延은 동서, 袤는 남북을 뜻하는데, 여기서는 동서남북으로 뻗쳤다는 의미이다.
5) 望前 : 望은 한 달 중의 25일. 여기의 望前이란 보름 이전이라는 뜻이다.

났다. 황제는 화공에게 명하여 그 형상을 그리게 하고, 사신을 보내 천하를 돌면서 찾게 했는데, 해동(海東)에 이르러 [이] 산에 큰 사자암(師子嵓)[6]이 있는 것을 보았다. 이 산의 서남쪽 2보[7]쯤 되는 곳에 삼산(三山)이 있었는데, 그 이름이 화산(花山)〈그 산의 몸체는 하나지만 봉우리가 셋이어서 삼산이라고 하였다.〉으로서 그림과 서로 비슷하였다. 그러나 그 진위를 알 수 없었으므로 신발 한 짝을 사자암 꼭대기에 걸어두고 사신이 본국으로 돌아가서 황제에게 아뢰었다. [그] 신발의 그림자가 역시 연못에 나타났다. 황제가 이것을 이상하게 여겨 이름을 백월산이라고 지어 주었더니〈보름 전에는 흰 달의 그림자가 못에 나타나기 때문에 그렇게 이름한 것이다.〉, 그뒤에는 연못 가운데에 그림자가 없었다.」

[이] 산의 동남쪽 3천 보쯤 되는 곳에 선천촌(仙川村)[8]이 있고, [그] 마을에는 두 사람이 있었다. 한 사람은 노힐부득(努肹夫得)〈[득을] 등(等)이라고도 한다.〉인데, 아버지의 이름은 월장(月藏)이고, 어머니는 미승(味勝)이었다. 또 한 사람은 달달박박(怛怛朴朴)인데, 아버지의 이름은 수범(修梵)이고, 어머니의 이름은 범마(梵摩)였다.[9]〈향전(鄉傳)에서 치산촌(雉山村)[10]이라고 한 것은 잘못이다. 두 사람의 이름은 방언인데,

---

6) 師子嵓 : 獅子嵓.「獅子巖 在白月山南 新羅僧努肹夫得及怛怛朴朴 修道之所」([勝覽] 卷32 昌原都護府 古蹟條).

7) 步 : 1步는 6尺. [遺] 卷2 紀異 孝成王條의 주석 6) 참조.

8) 仙川村 : 여기 외에는 기록이 없어 자세히 알 수 없다.

9) 父名月藏…母名梵摩 : 夫得(彌勒)의 부모인 月藏·味勝과 朴朴(彌陀)의 부모인 修梵·梵摩는 각각 경전에 등장하는 彌勒과 彌陀의 부모이름이다. 즉 彌勒의 부모는 修梵摩와 梵摩拔提이고(『彌勒大成佛經』), 彌陀의 부모는 月山轉輪聖王과 殊勝妙顔이라고 한다.(『鼓音聲王陀羅尼經』) 그런데 여기에서는 경전과 반대로 뒤바뀌어 있으므로 후세의 윤색으로 생각된다.(趙愛姬,「新羅における彌勒信仰の研究」,『新羅佛教研究』, 山喜房佛書林, 1973)

10) 雉山村 : 여기 외에는 기록이 없어 자세히 알 수 없다.

두 집에서 각각 두 사람의 마음 수행이 오르고 또 올라 지조를 지켰다는 두 가지 뜻으로서 이름지은 것이다.〉

[이들은] 모두 풍채와 골격이 범상치 않았으며 세속을 벗어날 고원한 생각[11]이 있어서 서로 더불어 좋은 친구가 되었다. 나이가 모두 스무 살이 되자 [그들은] [그] 마을의 동북쪽 고개 밖에 있는 법적방(法積房)[12]에 가서 머리를 깎고 승려가 되었다. 얼마 후, 서남쪽의 치산촌 법종곡(法宗谷) 승도촌(僧道村)[13]에 옛 절이 있어 정신을 수련할[14] 만하다는 말을 듣고 함께 가서 대불전(大佛田)·소불전(小佛田)의 두 마을에 각각 살았다.

부득은 회진암(懷眞庵)에 살았는데, 혹 양사(壤寺)〈지금의 회진동(懷眞洞)에 있는 옛 절터가 이것이다.〉라고 했고, 박박은 유리광사(瑠璃光寺)〈지금 이산(梨山) 위에 있는 절터가 이것이다.〉에 살았다. 모두 처자를 데리고 와서 살면서 산업을 경영하고 서로 왕래하면서 정신을 수양하고 마음을 편안히 하면서 방외(方外)의 생각[15]을 잠시도 버리지 않았다. [그리고] 육신과 세상의 무상함을 관조하고 서로 말하기를, "기름진 밭과 풍년든 해는 참으로 좋지만, 의식(衣食)이 마음에 따라 생겨서 저절로 배부르고 따뜻함을 얻는 것만 못하고, 부녀와 집이 진정으로 좋지만, 연화장[蓮池花藏][16]에서 여러 많은 성인들과 함께 놀고, 앵무새나 공

---

11) 域外遐想 : 域外는 세상 밖, 遐想은 고원한 생각이란 뜻으로, 곧 세속을 초월한 고원한 생각을 의미한다.
12) 法積房 : 알 수 없다.
13) 法宗谷僧道村 : 알 수 없다.
14) 栖眞 : 棲神과 같은 뜻으로 정신을 수련하는 것.
15) 方外之志 : 方外는 世外와 같은 말로 세상 밖이라는 뜻이다. 方外之志는 세속을 떠나고 싶은 마음을 말한다.
16) 蓮池花藏 : 蓮華藏世界, 花藏世界, 花藏界라고도 한다. 비로자나불이 있는 功

작새와 함께 서로 즐기는 것만 못하다. 하물며 불법을 배우며 마땅히 성불(成佛)해야 하고, 참된 것을 닦으면 반드시 참된 것을 얻어야 함에 있어서랴. 지금 우리들은 이미 머리를 깎고 승려가 되었으니, 마땅히 얽힌 인연들[17]로부터 벗어나 무상의 도[18]를 이루어야지, 어찌 풍진[19]에 골몰하여 세속의 무리들과 다름이 없어서야 되겠는가?"라고 하였다.

드디어 이들은 인간세상을 떠나서 장차 깊은 골짜기에 숨으려고 하였다. [어느 날] 밤 꿈에 백호(白毫)[20]의 빛이 서쪽으로부터 비치면서 빛 가운데서 금색의 팔이 내려와 두 사람의 이마를 만져 주었다. 깨어나 꿈이야기를 하였더니 두 사람이 꼭 같았으므로 모두 오랫동안 감탄하다가 드디어 백월산 무등곡(無等谷)〈지금의 남수동(南藪洞)이다.〉으로 들어갔다.

박박스님은 북쪽 고개의 사자암을 차지하여 판잣집 8자 방을 짓고 살았으므로 판방(板房)이라고 하고, 부득스님은 동쪽 고개의 첩첩한 바위 아래 물이 있는 곳에 역시 방장(方丈)을 만들고 살았으므로 뇌방(磊房)이라고 하여〈향전에는 부득은 산 북쪽의 유리동(瑠璃洞)에 살았는데 지금의 판방이고, 박박은 산 남쪽의 법정동(法精洞) 뇌방에 살았다고 했으니, 이 기록과는 상반된다. 지금 살펴보면 향전이 잘못되었다.〉 각자의 암자에 살았다. 부

德無量하고 광대장엄한 세계를 말한다. 이 세계는 큰 蓮花로 되고 그 가운데 일체의 나라와 일체 만물을 모두 간직했기 때문에 연화장세계라고 한다.

17) 纏結 : 얽히고 맺혔다는 뜻으로, 곧 번뇌의 의미이다.

18) 無上道 : 佛道를 말한다.

19) 風塵 : 세속의 혼탁하고 시끄러움.

20) 白毫 : 부처님의 32상 중의 하나. 두 눈썹 사이에 있는 빛나는 가는 터럭. 깨끗하고 부드러워 細香과 같으며 오른쪽으로 말린데서 끊임없이 광명을 놓는다.

득은 부지런히 미륵불[彌勒][21]을 구했고 박박은 아미타불[彌陁][22]을 예배하고 염송하였다.

3년이 채 못된 경룡(景龍)[23] 3년 기유(己酉, 709) 4월 8일, 즉 성덕왕(聖德王)[24] 즉위 8년이었다. 날이 저물 무렵에 나이 스무 살쯤 된 아름다운 자태를 한 낭자가 난초의 향기와 사향을 풍기면서 뜻 밖에 북암(北庵)〈향전에는 남암(南庵)이라고 하였다.〉에 와서 묵기를 청하면서 글을 지어 바쳤다.

가는 길 해지니 산은 첩첩 저문데
길 막히고 인가 멀어 이웃도 없네
오늘은 이 암자에 묵어 가려 하오니

---

21) 彌勒 : [遺] 卷3 塔像 彌勒仙花 未尸郞 眞慈師條 참조.

22) 彌陁 : 阿彌陀佛의 약칭. 대승불교에서 西方淨土 극락세계에 머물면서 法을 설한다는 부처로, 阿彌陀佛은 無量壽佛·無量光佛 등으로 의역된다. 아미타불에 대해 설하고 있는 경론은 200여 부에 달하는데, 그 중 가장 기본이 되는 것이 淨土三部經으로 불리는 『無量壽經』, 『觀無量壽經』, 『阿彌陀經』이다. 이들 경전의 공통점은 아미타불의 중생구제에 관한 약속이라고 할 수 있다. 즉, 아미타불은 과거에 法藏이라는 구도자였는데, 중생을 구제하겠다는 48願을 세우고 수행하여 아미타불로 성불하였으며, 현재 西方 극락세계에 상주하면서 극락세계에 태어나고자 원하는 이를 제도해준다는 것이다. 특히 48원 가운데 18번째의 念佛往生願은 '佛國土에 태어나려는 자는 지극한 마음으로 내 이름을 念하면 往生하게 될 것'이라고 하여, 중생들에게 염불을 통한 정토왕생의 길을 제시해주고 있다. 이처럼 아미타신앙은 불안 속에 살아가는 민중들에게 큰 위안을 줄 수 있었으며, 그 결과 신라사회에서는 통일을 전후한 시기에 불교의 대중화에 큰 역할을 담당하였다.(金煐泰, 「彌陀思想」, 『三國遺事所傳의 新羅佛教思想硏究』, 1975. 金煐泰, 「三國時代 彌陀信仰의 受容과 그 展開」, 『韓國淨土思想硏究』, 1985. 望月信亨, 『望月佛教大辭典』 卷1 阿彌陀佛說林條, 京都 世界聖典刊行協會, 1954)

23) 景龍 : 중국 唐 中宗 때의 연호(707-709). 그 3년 己酉(709)는 신라 聖德王 즉위년이다.

24) 聖德王 : 신라의 제33대 왕. 재위 702-737. [遺] 卷2 紀異 聖德王條 참조.

자비로운 화상이여 노하지 마소서

박박이 말하기를, "난야(蘭若)[25]는 청정을 지키는 것을 의무로 삼으니, 그대가 가까이 할 곳이 아니오. 이곳에 지체하지 마시오"라고 하고는 문을 닫고 들어가버렸다.〈기(記)[26]에서 말하기를, 「나는 온갖 생각이 재처럼 식었으니 혈낭(血囊)[27]으로 [나를] 시험하지 말라」고 하였다.〉 낭자가 남암〈향전에는 북암이라고 하였다.〉으로 돌아가서 다시 앞서와 같이 청하자, 부득이 말하기를, "그대는 어디로부터 이 밤에 왔소?"라고 하니, 낭자가 대답하기를, "담연(湛然)[28]하기가 태허(太虛)[29]와 같은데, 어찌 오고 감이 있겠습니까? 다만 현사(賢士)께서 바라는 뜻이 깊고 덕행이 높고 굳다는 것을 듣고 장차 도와서 보리(菩提)[30]를 이루어 드리려 할 뿐입니다"고 하였다. 이에 게(偈)[31] 한 수를 주었다.

해 저문 첩첩 한길에
가도 가도 인가는 없네
소나무와 대나무 그늘은 더욱 깊고

---

25) 蘭若 : 阿蘭若의 약칭. 한가롭고 고요하여 비구의 수행에 적당한 곳으로 절을 뜻한다.
26) 記 : 白月山兩聖成道記를 가리키는 것으로 생각된다.
27) 血囊 : 여자의 음문.
28) 湛然 : 고요하고 맑다는 뜻.
29) 太虛 : 공허·정적의 경지. 곧 우주의 근원을 말한다.
30) 菩提 : 梵語 Bodhi의 음역. 道·智·覺이라고 번역한다. 불타 정각의 지혜, 혹은 그것을 얻기 위하여 닦는 도를 말한다.
31) 偈 : 梵語 Gatha. 시의 한 형식으로 佛德을 찬미하고 교리를 서술한 것이다. 흔히 가요·성가 등의 뜻으로 쓰인다.

골짜기 시냇물 소리 더욱 새로워라
자고 가기를 청함은 길 잃은 탓 아니고
높으신 스님을 인도하려 함인 것[32)]
원컨대 나의 청 들어만 주시고
길손이 누구냐고 묻지 마소서

부득스님이 게를 듣고 놀라면서 말하기를, "이곳은 부녀자가 더럽힐 곳이 아니오. 그러나 중생을 수순(隨順)함도 역시 보살행(菩薩行)[33)]의 하나인데, 하물며 궁벽한 산골에 밤이 어두우니 어찌 홀대할 수야 있겠소?"라고 하고, 이에 그를 맞아 읍하고 암자 안에 있도록 하였다.

밤이 되자 [부득은] 마음을 맑게 하고 지조를 가다듬어 희미한 등불 아래에서 염송에만 전념하였다.[34)] 밤이 이슥하여 낭자가 [부득을] 불러 말하기를, "제가 불행히도 마침 해산기가 있으니 화상께서는 짚자리를 좀 깔아주십시오"라고 하였다. 부득은 불쌍히 여겨 거절하지 못하고 촛불을 은은히 밝히니 낭자는 벌써 해산하고 또 다시 목욕할 것을 청하였다. 노힐의 마음에는 부끄러움과 두려움이 교차하였다. 그러나 불쌍한 생각이 더욱 더해서 또 통을 준비하여 [그] 속에 낭자를 앉히고 물을 데워 목욕을 시켰다. 조금 있다가 통 속의 물에서 향기가

32) 指津 : 津은 배가 닿는 나루다. 여기서는 津을 津梁의 의미로 써서 指津은 안내·인도 등의 뜻을 갖게 되었고, 이는 다시 부처가 중생을 제도하는 의미로 사용되었다.
33) 菩薩行 : 성불을 목적으로 수행하는 自利·利他가 원만한 행. 곧 6바라밀 등을 행하는 것이다.
34) 厭厭 : 편안하고 고요한 상태.

강렬하게 풍기고 물이 금빛으로 변하였다. 노힐이 깜짝 놀라자, 낭자가 말하기를, “우리 스님께서도 여기에서 목욕하십시오”라고 하였다. 노힐이 마지못해 그 말대로 좇았더니, 홀연히 정신이 상쾌해지는 것을 깨닫고 살갗이 금빛으로 변하였다. 그 옆을 보니 문득 하나의 연화대[蓮臺][35]가 생겼다. 낭자는 그에게 앉기를 권하면서 말하기를, “나는 관음보살(觀音菩薩)[36]인데 [이곳에] 와서 대사(大師)가 대보리(大菩提)를 성취하도록 도운 것입니다”고 하고 말을 마치자 보이지 않았다.

박박은 노힐이 오늘밤에 틀림없이 계를 더럽혔을 것이니, 그를 비웃어 주어야겠다고 생각하였다. 이르러 보니 노힐은 연화대에 앉아 미륵존상(彌勒尊像)[37]이 되어 광명을 발하고 [그] 몸은 금빛[38]으로 단

35) 蓮臺 : 연화대. 부처나 보살이 있는 대. 蓮座라고도 한다.

36) 觀音菩薩 : 觀世音菩薩의 약칭. 梵語 Avalokitesvara를 의역한 말. 이 밖에 光世音・觀自在・觀世自在・觀世音自在・觀世自在者 등으로도 번역한다. 이 觀音에 대해서는 거의 모든 경전에 들어 있으며, 모든 종파에서도 이 보살을 매우 중요시하고 있다. 觀音菩薩은 경전에서 有緣救濟인 念彼觀音力을 설하고 있으나, 신라에서는 無緣救濟, 즉 자발적인 應現의 自在妙力을 보여줌으로서 觀音菩薩에 대한 신라만의 독특한 사상을 정립하였는데, 이러한 사상의 바탕은 바로 新羅佛國土思想과 직결된다고 하였다.(金煐泰, 「新羅의 觀音思想」, 『新羅佛教硏究』, 민족문화사, 1987, pp.238-239)

37) 彌勒尊像 : 彌勒은 梵語 Maitreya로 본래 ‘친우’를 뜻하는 mitra에서 파생된 ‘慈悲’라는 뜻을 내포하고 있는 말이다. 未來佛인 미륵은 석가모니불이 구제할 수 없었던 중생들은 남김없이 구제한다는 대승적 자비사상에 근거하여 출현하였고, 慈氏라는 이름으로 불렸다. 彌勒尊像에 대해서 『大正新修大藏經』 卷49 사전부1에 수장되어 있는 [遺]에는 ‘彌陁尊像’으로 되어 있다. 기록상의 용법으로 볼 경우 彌勒尊像이라는 용례는 볼 수 있으나, 彌陁尊像이라는 용례는 찾아보기 힘들다.(金煐泰, 「新羅의 彌勒思想」, 『新羅佛教硏究』, 민족문화사, 1987, p.207) 이 밖에 미륵존상이라는 용례를 사용하고 있는 자료는 [遺] 卷5 神呪 密本摧邪條가 있다.

38) 檀金 : 閻浮檀金의 약칭. 수미산 남쪽에 자라는 閻浮樹 아래를 흐르는 하천에서 생산되는 양질의 砂金.

장되어 있어 자신도 모르게 머리를 조아려 예를 드리면서 말하기를, "어째서 이렇게 되었는가?"라고 하니, 노힐이 그 연유를 자세히 말하였다. 박박이 탄식하면서 말하기를, "나는 업장[障]이 무거워서 다행히 대성을 만나고도 도리어 만나지 못한 것이 되었습니다. 대덕은 지극히 인자하여 나보다 먼저 뜻을 이루었으니, 원컨대 옛날의 약속을 잊지 마시고 일을 모름지기 함께 했으면 합니다"고 하였다. 노힐이 말하기를, "통에 남은 물이 있으니 목욕할 수 있습니다"고 하였다. 박박이 또 목욕했더니 역시 앞서처럼 무량수(無量壽)[39]를 이루어 두 존상이 엄연이 상대하였다. 산 아래 마을 사람들이 이 소식을 듣고 다투어 와서 우러러보고 감탄하면서 말하기를, "드물고 드문 일이다"고 하니, 두 성인이 [그들을] 위하여 법요(法要)를 설해주고 온 몸으로 구름을 타고 가버렸다.

천보(天寶)[40] 14년 을미(乙未, 755)에 신라 경덕왕(景德王)이 즉위하여[41]〈고기(古記)에는 천감(天鑑) 24년[42] 을미(乙未)에 법흥왕[法興][43]이 즉

---

39) 無量壽 : 無量壽佛의 약칭. 阿彌陀佛을 의역하여 無量壽佛 또는 無量光佛이라고 한다.

40) 天寶 : 중국 唐 玄宗 때의 연호(742-756). 天寶 14年은 景德王 14년에 해당한다.

41) 天寶十四年乙未 新羅景德王卽位 : 天寶 14년(755)는 신라 景德王 즉위 14년에 해당한다. 따라서 본문의 '卽位' 다음에 '十四年'이 빠졌을 가능성이 많다. 물론 卽位 두 글자가 연문일 가능성도 없지는 않다. 즉위가 연문일 경우, '천보 14년 을미에 신라의 경덕왕이 이 일을 듣고…'의 의미일 것이다.

42) 天鑑二十四年 : '天鑑'이라는 연호는 없다. 다만 梁武帝가 天監(502-519)이라는 연호를 사용하고 있으나 그 연호는 18년에서 끝나므로 天監 24年의 정확한 의미는 알 수 없다. 한편, 法興王은 514년 甲午(梁武帝 天監 13年)에 즉위하였다. [史]에서는 즉위년칭원법을 사용하고 있어 1년의 차이를 보이고 있으나, 踰年稱元法으로 계산할 경우에는 그 차이가 없어진다. 따라서 본 기사에서 말하는 天鑑 24年은 天監 14年(515)의 오류가 아닌가 생각된다.([史] 卷4 新羅本紀 法興王條 참조)

위했다[44]고 했는데, 어쩌면 이렇게도 그 앞뒤가 뒤바뀐 것이 심할 수 있을까?〉 이 일을 듣고 정유년(丁酉歲, 757)에 사자를 보내 대가람을 창건하고 백월산남사(白月山南寺)[45]라고 하였다.

광덕(廣德)[46] 2년〈고기에는 대력(大曆)[47] 원년이라고 했는데, 또한 잘못이다.〉 갑진(甲辰, 764) 7월 15일에 절이 완성되었다. 다시 미륵존상을 조성하여 금당에 봉안하고 편액을 현신성도(現身成道)[48]미륵지전(彌勒之殿)이라고 하였다. 또 아미타불상을 조성하여 강당에 봉안했는데, 남은 물이 모자라 [몸에] 두루 바르지 못했기 때문에 아미타상에는 역시 얼룩진 흔적이 있다. [그] 편액은 현신성도무량수전(現身成道無量壽殿)이라고 하였다.

---

43) 法興 : 法興王. 신라의 제23대 왕. 재위 514-540. [遺] 卷3 興法 原宗興法 厭髑滅身條 참조.

44) 天鑑二十四年乙未法興卽位 : 중국 梁 武帝 때의 연호인 天監은 18년으로 끝났다. 踰年稱元法에 의하면, 천감 14년 을미년(515)은 法興王의 즉위년에 해당한다.

45) 白月山南寺 : 이 절명은 다른 책에는 보이지 않는다. 다만 白月山 부근에 신라시대 사적으로 보이는 것들이 있다. 『文化遺蹟總攬』 中卷(문화재관리국)에 경상남도 창원군의 '南白寺址', '南白寺址三層石塔', '南白寺址磨崖佛坐像' 항목에 자세하게 기록되어 있다. 이에 의하면 南白寺址는 창원군 북면 북계리 白月山北麓에 있으며, 이 지역에는 많은 건물지와 석탑의 탑재가 산재해 있다. 그것들의 제작수법으로 볼 때 통일신라시대의 것으로 추정된다.([品] 下之一)

46) 廣德 : 중국 唐 代宗 때의 연호(763-764). 그 2년 甲辰年은 景德王 23년(764)에 해당한다.

47) 大曆 : 중국 唐 代宗 때의 연호(766-779). 그 원년은 신라 惠恭王 2년(766)에 해당된다.

48) 現身成道 : 신라는 전불시대부터 부처와 인연을 맺었으며, 현재 부처가 상주한다고 하는 현실불정토사상은 신라의 현실불의 출현을 당연하게 인식하도록 하였다. 이러한 현실불정토사관으로 인한 현신불의 성도는 신라불교의 특징 중의 하나로 꼽힌다. 자세한 내용은 [遺] 卷5 感通 郁面婢念佛西昇條·廣德 嚴莊條, 卷5 避隱 布川山 五比丘 景德王代條 참조.

논의하여 말한다. 낭자는 부녀의 몸으로 감응하여 섭화(攝化)[49]한 것이라고 하였다. 『화엄경(華嚴經)』에 마야부인(摩耶夫人)[50] 선지식(善知識)[51]이 11지(十一地)[52]에 살면서 부처를 낳음이 환해탈문(幻解脫門)[53]과 같다고 했으니,[54] 이제 낭자가 순산한 그 미묘한 뜻도 여기에 있다.[55] 그가 준 글을 보면 애절하고 완곡하여[56] 사랑스러우며 완연히 천선(天仙)의 의취가 있다. 아! 낭자가 만일 중생을 수순함과 다라니(陁羅尼)[57]를 이해하지 못했너라면 능히 이와 같이 할 수

---

49) 攝化 : 중생을 攝受·敎化한다는 말. 攝受는 부처가 자비심을 가지고 일체 중생을 보호한다는 뜻이다.

50) 摩耶夫人 : 석가모니의 어머니. 정반왕의 비로 왕자 싯달타를 낳고 7일만에 죽었다. 『華嚴經』의 入法界品에 의하면, 善材童子가 53善知識을 찾아가서 법문을 들었을 때 41번째 만난 분이 摩耶夫人이다.

51) 善知識 : 知識·善友·善親友라고도 한다. 불법을 다른 사람에게도 일러주어 그로 하여금 고통의 세계를 벗어나 이상경에 이르게 하는 이를 말한다. 곧 佛緣을 맺게 하는 이다.

52) 十一地 : 十地와 等覺을 말한다. 보살이 수행하는 階位인 52위 중 41위로부터 50위까지를 十地라고 한다. 이 10위는 佛智를 생성하고 능히 住持하여 흔들리지 않고 온갖 중생을 짊어지고 교화 이익되게 함이 땅이 만물을 낳고 키움과 같아서 地라고 한다. 等覺은 보살이 수행하는 순서로서 지혜가 부처님과 거의 같으므로 등각이라고 한다. 여기서는 보살을 摩耶夫人과 비교하고 있다.

53) 幻解脫門 : 摩耶夫人이 성취한 법문. 『華嚴經』의 입법계품에 의하면, 마야부인은 자비심으로써 지혜를 일으켜 환생하여 일체 보살의 어머니가 된다는 것이다.

54) 華嚴經…如幻解脫門 : 『華嚴經』 卷76 入法界品에서 摩耶夫人은 「佛子 我已成就菩薩大願智幻解脫門 是故 常爲諸菩薩母…在賢劫中 於此三千大天世界 當成佛者 悉爲其母 如於此三千大天世界 如是於此世界海十方無量諸世界一切劫中 諸有修行普賢行願 爲化一切諸衆生者 我自見身悉爲其母」라고 하였다.(『大正新修大藏經』 卷10, pp.415 c-417 a)

55) 娘之梡山微意在此 : 낭자의 도움으로 努肹夫得과 怛怛朴朴이 성불했다는 이 南白月二聖說話는 摩耶夫人이 일체 보살의 어머니가 된다는 『華嚴經』의 설과 비슷한 모티브를 가지고 생겨난 설화이다.

56) 哀婉 : 애절하고 완곡하다는 뜻.

57) 陁羅尼 : 梵語 Dharana. 總持·能持·能遮 등으로 번역된다. 좋은 법을 모두

있었겠는가! 그 끝 구절은 마땅히 '맑은 바람이 한 자리함을 꾸짖지 마소서'라고 했어야 할 것이지만 그렇게 하지 않은 것은 대개 유속(流俗)의 말과 같이 하고 싶지 않았기 때문이다.

찬한다.

푸른 빛 드리운 바위 앞에 문 두드리는 소리[58]
어느 길손 저문 날에 구름사립 두드릴까
남암이 가까우니 그곳으로 갈 것이지
나의 뜰 푸른 이끼 밟아 더럽히지 마소서
이상은 북암을 [기린 것이다.]

골짜기 어두우니 어디로 가리
남창 아래 저 자리에 머물다 가오[59]
깊은 밤 백팔염주[60] 가만가만 굴리노니
길손이 시끄러워 잠 못들까 두려워라
이상은 남암을 [기린 것이다.]

지녀서 總持라고 하고, 악한 법을 모두 막아주기에 能持라고 한다. 이처럼 많은 공덕이 있으므로 陁羅尼라고 한다. 흔히 梵文의 짧은 것을 眞言 또는 呪라고 하고 긴 것을 다라니 또는 大呪라고 한다.

58) 剝啄聲 : 문을 두드리는 소리.

59) 流連 : 留連과 같은 뜻으로 곧 객지에서 묵고 있다는 뜻.

60) 百八 : 百八念珠. 작은 구슬 108개를 꿰어서 만든 염주. 이 염주를 돌리면서 염불하면 백팔번뇌를 물리쳐 無想의 경지에 이른다고 한다.

십 리 소나무 그늘 오솔길 더듬어서
밤 절간[61] 방문하여 스님을 시험하네
세 차례 목욕 끝나 날 새려 하는데
두 아이 낳아 놓고 서쪽으로 갔다네

이상은 성랑(聖娘)을 [기린 것이다.]

---

61) 招提 : 梵語 Caturdesa. 拓鬪提舍의 약칭. 번역하여 四方이라고 한다. 사방의 승려가 머무는 곳으로 사원의 다른 이름이다.

85. 芬皇寺千手大悲 盲兒得眼

景德王代 漢歧[1]里女希明[2]之兒 生五稔而忽盲 一日其母抱兒詣芬皇[3]寺左殿北壁畵千手大悲前 令兒作歌禱之 遂得明 其詞曰 膝肹古召旀 二尸掌音毛乎攴[4]內良 千手觀音叱前良中 祈以攴[5]白屋尸置內乎多 千隱手叱[6]千隱目肹 一等下叱放一等肹除惡攴[7] 二于萬隱吾羅 一等沙隱賜以古只內乎叱等邪 阿邪也 吾良遺知攴[8]賜尸等焉 放冬矣用屋尸慈悲也根古

讚曰 竹馬葱笙戱陌塵 一朝雙碧失瞳人 不因大士廻慈眼 虛度楊花幾社春

---

1) 歧 : [品][斗][浩][東][會] 岐.
2) 明 : [正][晩][順][鶴] 明. [品][斗][浩][六] 明.
3) 皇 : [民] 黃.
4) 攴 : [浩][六] 支.
5) 攴 : 주 4)와 같음.
6) 手叱 : [正][品][浩][六] 手□叱. [斗] 手叱.
7) 攴 : 주 4)와 같음.
8) 攴 : 주 4)와 같음.

분황사의 천수대비와 눈먼 아이가 눈 뜨이다

경덕왕(景德王)[1] 때 한기리(韓岐里)[2]의 여인 희명(希明)[3]의 아이가 태어난 지 다섯 살[4]만에 문득 눈이 멀었다. 하루는 그 어머니가 아이를 안고 분황사(芬皇寺)[5] 좌전(左殿) 북벽에 그린 천수대비(千

---

1) 景德王 : 신라 제35대 왕. 재위 742-765. [遺] 卷2 景德王 忠談師 表訓大德條 참조.

2) 韓岐里 : 辰韓 6部의 하나인 金山加利村. 신라 儒理王 8년(31) 韓岐部로, 고려 太祖 때 加德部로 개칭되었다.([勝覽] 卷21 慶州府 古蹟條) [遺]에서는 金剛山 栢栗寺의 北山이라고 그 위치를 밝혔다.(卷1 紀異 新羅始祖 赫居世王條) 현재는 경상북도 慶州市 川北面 東川里說과 內東面普門里說도 있으나, 川北面西部에서 見谷面으로 추정되고 있다.(井上秀雄 譯註『三國史記』I, 平凡社, 東京, 1980, p.31, 注 10) 참조)

3) 希明 : 鄕歌 作者의 인명을 轉寫者인 一然이 詩歌의 내용에 부회한 의식적 작명으로 추측하는 일부의 연구자들은 본조의 '希明'에 대해서도 단순히 이야기 속의 주인공일 뿐 실존한 노래 작자로 볼 수 없다는 견해를 제시하고 있다.(崔喆, 『향가의 문학적 해석』, 연세대학교출판부, 1990, pp.91-99 참조)

4) 五稔 : '5번 곡식이 익는 기간', 즉 '다섯 해'를 의미한다.

5) 芬皇寺 : 경상북도 경주시 구황동에 있는 절. 신라 善德女王 3년(634)에 창건되었다. 唐에서 돌아온 慈藏이 주지로 있으면서 가지고 온 藏經 일부를 이 절에 보관하였다. 그뒤 元曉가 이 절에 주석하고 있으면서 華嚴經疏를 지었는데 제4권 十回向品에 이르러 입적함으로써 絶筆하였다. 薛聰은 원효의 유해를 부숴 진용을 소상으로 만들어 芬皇寺에 모셔두고, 공경사모하여 예배하였다고 한다. 그가 예배할 때면 소상이 고개를 돌려 돌아보았다고 한다.([遺] 卷4 義解 元曉不羈條) 文武王 때 往生功德을 이룬 廣德은 분황사 서리에 살았다.([遺] 卷5 感通 廣德 嚴莊條 참조) 景德王代 天寶 14년(755)에 本彼部人 强古乃末이 藥師銅像(무게 36만 6천 7백 근)을 주성하여 이 절에 안치하였고(失存: [遺] 卷3 塔像 皇龍寺鐘 芬皇寺藥師 奉德寺鐘條 참조), 畵聖 率居의

手大悲)[6][7] 앞에 가서 아이에게 노래하여 빌게 하여[8] 마침내 눈밝음

觀音菩薩 벽화가 있었고([史] 卷48 列傳 率居條), 芬皇寺井은 호국룡의 거처였다.([遺] 卷2 紀異 元聖大王條 참조) 현재 3층만 남아 있는 摸塼塔은 신라탑으로는 가장 오래며, 초층 龕室 출입구의 仁王像 부조는 삼국조각품 중의 걸작이다. 1965년 분황사 뒤쪽 廢井에서 8세기부터 9세기에 이르는 石佛群을 발굴하여 현재 경주박물관에 소장되어 있다.(한국불교연구원, 『新羅의 廢寺』 I, 一志社, 1992, pp.92-99 참조) 和諍國師碑가 있었으며, 석탑 개축 때 火珠를 얻었으나 현존하지 않는다. 「芬皇寺 在府東五里 善德王三年建 高麗平章事 韓文俊所撰 和諍國師碑 乃烏金石也」([勝覽] 卷21 慶州府 佛宇條). 「火珠芬皇寺九層塔 新羅三寶之一也 執徐亂毁其半 後有愚僧 欲改築之 又毁其半 得一珠 形如棊子 光似水精 擧而燭之 則洞見其外 太陽照處 以綿近之 則火發燃綿 藏在柏栗寺而今不知所在」(『慶州邑誌』 卷3 古蹟條). 「佛國寺記曰 芬皇寺在龍宮北 黃龍寺在龍宮南 羅人以王宮爲龍宮 蓋仍龍顔之語而爲之也 今芬皇寺正在雁鴨池北 黃龍寺今不知何處…今考王宮 皆稱龍宮 或此宮俗號龍宮如梁宮大宮之類也」(東京雜記刊誤).

6) 千手大悲 : 千手千眼觀世音菩薩. 觀世音菩薩은 세간의 중생이 그의 이름을 불러 구원을 청하는 즉시 구해주며, 구원을 청하는 이의 모습에 따라 10方의 여러 나라에 그 몸을 나타내는 大慈悲에 철저한 보살이다. 無量億劫前 心呪(大悲章句)를 들은 연고로 初地로부터 第8地를 넘은 관세음보살이 일체 중생을 이익 안락하게 하고자 서원한 결과 千手千眼을 갖추게 되었고, 다시 무수한 억겁의 미세한 생사를 초월하고, 연꽃 화생의 몸으로 태어나게 되었던 보살이다.(『千手千眼觀世音菩薩廣大圓滿無碍大悲心陀羅尼經』, 唐 西天竺沙門 伽梵達摩 譯 참조) 이 관음보살의 눈은 얼굴에 셋, 천 손바닥에 각각 하나씩 있다고 한다. 그러나 千手觀音의 통례의 상은 40臂의 상으로, 손바닥에 각 1眼이 있으며, 器杖을 가지고 있다. 각 臂에 25有界를 갖춤으로써 千手千眼이 되었다고도 한다. '千'은 滿數를 나타내며, 이로써 관음보살의 大悲化用의 無邊함을 상징하였다. 머리 위에 9면 혹은 11면을 얹고 있다.(『千手千眼觀世音菩薩姥陀羅尼身經』, 唐 天竺三藏菩提流志 譯 참조) 芬皇寺의 千手像은 어느 것인지 확실하지 않다.

7) 芬皇寺左殿北壁畵千手大悲 : [史]에 「慶州 芬皇寺의 觀音菩薩과 晋州 斷俗寺의 維摩像은 모두 率居의 필적인 바, 세상이 神畵로 여겨서 전한다」(卷48 列傳 率居條)고 한 '芬皇寺의 觀音菩薩'을 본조의 千手大悲像으로 보는 견해도 있다. 관음보살이나 千手大悲나 觀自在菩薩이라는 점에서 같다. 觀世音菩薩이라고도 부른다. '神畵'로 불린 솔거의 관음상과 신이한 영험을 나타낸 본조의 千手大悲像(壁畵)은 한가지로 분황사의 관음상(畵像)이었다. 이로 미루어 볼 때 [史]와 [遺]의 기사는 동일한 그림에 관한 별개의 기사였을 가능성이 있다. 솔거는 皇龍寺에 老松의 벽화를 남긴 것으로 유명하다. [史]에서 말

을 얻었다.[9] 그 노래는 다음과 같다.

무릎을 구부리고

두 손바닥을 모아

천수관음(千手觀音) 앞에 빌어 사뢰나이다

한 분황사 관음상은 아마도 솔거가 그린 '벽화'일 가능성이 높다. 이때는 7세기 전반에 해당하고, 希明이 분황사 천수상 앞에 간 때는 8세기 중엽 내지 그 이후로 짐작되므로, 약 1세기 남짓 사이를 두고 있다. 솔거의 관음상이 左殿 北壁畵였다고 한다면 황룡사의 外壁畵와는 달리 빛도 과히 바래지 않았던 때였을 것으로 짐작된다.(黃浿江, 「禱千手大悲歌 硏究」, 『李箕永博士古稀紀念論叢 佛敎와 歷史』, 韓國佛敎硏究院, 1991, p.204 참조)

8) 令兒作歌禱之 : 아이로 하여금 노래하여 빌게 하였다는 뜻. '作歌'를 '노래를 짓다'로 해석한다면 希明의 아들인 5세의 어린이를 본가의 작자로 인정하게 된다. 이는 마땅히 '노래를 부르다'로 해석해야 할 것이다. 희명이 千手大悲의 모습과 靈能을 아이에게 미리 설명해 준 다음 가사를 천천히 먼저 부르고, 어린 아들로 하여금 뒤따라 부르게 하였을 것으로 보인다. 따라서 본가의 작자를 희명으로 보는 견해가 지배적이다.(黃浿江, 앞의 논문, p.622 참조)

9) 景德王代…遂得明 : 壁畵 및 畵像에 얽힌 공덕이나 영험을 다룬 설화적 기문이다. [遺]에는 이런 유의 설화 기문이 가끔 보인다. 즉 三所觀音 衆生寺(卷3), 憬興遇聖(卷5), 月明師兜率歌(卷5), 興輪寺壁畵普賢(卷3)이 있고, 國亡의 豫徵인 畵異를 다룬 景明王(卷2)이 있다. 佛菩薩의 화상에 비는 것은 곧 그 佛·菩薩에 비는 것과 같은 효과(영험)를 가져올 수 있다는 생각은 '類似한 것이 곧 그 實物을 代償한다'는 呪術의 원리(J.Frazer, The Golden Bough, abridged ed. in one volume, London, 1959, pp.12-37 참조)로 이해할 수도 있으나, 佛·功德譚에서의 화상은 단순히 佛·菩薩을 代償한다는 정도의 소극적인 것이 아니라, '畵像' 그 자체가 곧 菩薩行化의 한 형태로 인식되고 있다. 관세음보살은 모든 종류의 인간 또는 초자연적 존재의 모습으로 사람들의 신변에 나타난다. 관음의 示現 化身은 16身이나 33身으로 제약받는 것이 아니라, 無數의 形, 즉 普門(samantamukha=무한한 일체의 門)으로서, 필요한 모든 형상으로 어느 때든지 중생 앞에 나타나 구제에 종사한다는 데 관음의 구제의 특색이 있다.(金東旭, 「新羅 觀音信仰과 禱千手大悲歌」, 『韓國歌謠의 硏究』, 乙酉文化社, 1971, p.108 참조) 따라서 여기 千手大悲의 '畵像' 자체는 결코 단순한 그림일 수 없고, 이 역시 관세음보살의 무수한 화신 중의 하나일 수밖에 없다고 해야 할 것이다.(黃浿江, 앞의 논문, p.621 참조)

천 손의 천 눈을

하나를 놓아 하나를 덜으옵기 [바라나이다][10]

둘 먼 내라[11]

하나라도 은밀히 고칠네라, 아야야[12]

나에게 끼쳐 주신다면

놓아주시고 베푼 자비야말로 뿌리되오리라[13]

찬한다.

---

10) 千隱手叱千隱目肹 一等下叱放一等肹除惡攴 : '천 손의 천 눈을 하나를 놓아 하나를 덜으옵기 [바라나이다]'로 해석한다. 千手大悲의 구원과 眼患과의 관련은 경전에 여러모로 암시되고 있다. 大悲의 千眼印呪를 21번 외우는 것으로 쾌유하고 天眼을 얻는다고 했고, 특정한 나무 열매로 만든 약을 千眼像 앞에서 陀羅尼 1008번을 외우고 點眼하고 7일간 禁忌하면 眼精을 회복한다고도 하였다. 이렇듯 眼患과 관련한 천수대비의 密儀에도 불구하고, 希明은 이에 개의하지 않고 곧바로 천수대비에게 千手 안의 千眼에서 하나만이라도 놓아 아들에게 달라는 청을 드리고 있다.

11) 二于萬隱吾羅 : '二于'는 '두우'로 '두볼' 혹은 그 변음인 '두흘', '두울'에서 'ㄹ' 받침이 탈락한 것으로, '萬隱'은 '먼'으로 해독하였다. 따라서 위의 대목은 '두우 먼 내라'로 해독되는데, 곧 '두 눈이 먼 나올시다'로 해석된다.(홍기문, 『향가해석』, 과학원출판사, 1956, p.217 참조) 梁柱東은 이를 '둘업는 내라'로 해독하였다.(梁柱東, 『古歌硏究』, 박문출판사, pp.475-476 참조)

12) 阿邪也 : 嗟辭. '아야야'. 간절한 希求를 담은 嘆詞.

13) 放冬矣用屋尸慈悲也根古 : '놓아 주시고 베푼 자비야말로 뿌리되오리라'로 해석한다. 여기서 '뿌리'란 千手千眼觀世音菩薩의 당초 誓願-'나로 하여금 장차 능히 일체 중생을 이롭게 하고 안락하게 하고자 한다면 나의 몸에 즉시 千手千眼을 갖추게 하소서'-에서의 利他의 慈悲行을 가리킨다. 이 菩薩이 하필 千手千眼을 갖추게 된 것은 오로지 '일체 중생을 이롭게 하고 안락하게 하고자' 하는데 있었던 것이다. 따라서 그의 千手千眼은 自利를 위해서가 아니라, 利他를 위해서 갖기를 서원하여 가졌던 터라, 눈 먼 어린애에게 자신의 肢體 안에 있는 千眼의 일부를 베푸는 것은 千手大悲의 本望일지언정 결코 그 외에 다른 것일 수는 없는 것이다.(黃浿江, 앞의 논문, p.627 참조) '根古'를 音借 '큰고'로 해독한 경우도 있다.(梁柱東, 앞의 책, pp.484-486 참조)

죽마 타고 파피리 불며[14] 언덕에서 노더니[15]

일조에 두 눈에 총기를 잃었구나[16]

관음의 자비로운 눈길[17] 아니시면

버들가지[18] 날리는 봄날[19]을 얼마나 헛되이 보냈으리

---

14) 葱笙(총생) : 파피리, 즉 파잎을 입에 물고 불어서 소리를 내며 노는 것을 말한다.
15) 陌塵 : '陌上塵'. 거리의 먼지. 떠돌아다님을 말한다.
16) 失瞳人 : '瞳人'은 눈동자로 이는 남의 눈을 보면 그 瞳孔 안에 자신의 그림자가 비치는 데서 생긴 말이다. '失瞳人'은 '눈동자를 잃었다'는 것이니, 곧 失明을 말한다.
17) 大士廻慈眼 : '大士'는 梵語로 摩訶薩, 摩訶薩埵. 大菩提心을 일으킨 사람. 菩薩.(『法華文句記』 卷2 참조) 여기서는 千手觀音菩薩을 가리킨다. '慈眼'은 佛·菩薩이 자비심으로 중생을 보는 눈을 말한다. 「觀世音淨聖 於苦惱死厄 能爲作依怙 具一切功德 慈眼視衆生」(『法華經』 7 觀世音菩薩普門品 25).
18) 楊花 : 버들꽃, 곧 버들가지. 柳絮(유서: 솜모양의 버들 꽃).
19) 社春 : 春社를 말한다. 立春 후 5번째 戊日의 명칭이나, 여기서는 버들가지 날리는 봄날을 가리킨다.

86. 洛山二大聖 觀音 正趣 調信

昔義湘法師 始自唐來還 聞大悲眞身住此海邊崛[1]內 故因名洛山 蓋西域寶陁洛伽山 此云小白華 乃白衣大士眞身住處 故借此名之 齋戒七日 浮座具晨水上 龍天[2]八部侍從 引入崛[3]內 參禮空中出水精念珠一貫獻[4]之 湘領受而退 東海龍亦獻如意寶珠一顆 師捧出 更齋七日 乃見眞容 謂曰 於座上山頂 雙竹湧生 當其地作殿宜矣 師聞之出崛[5] 果有竹從地湧出 乃作金堂 塑像而安之 圓容麗質 儼若天生 其竹還沒 方知正是眞身住也 因名其寺曰洛山 師以所受二珠 鎭安于聖殿而去

後有元曉法師 繼踵而來 欲求瞻禮 初至於南郊 水田中有一白衣女人刈稻 師戲請其禾 女以稻荒戲答之 又行至橋下 一女洗月水帛 師乞水 女酌其穢水獻之 師覆棄之 更酌川[6]水而飮之 時野中松上有一靑鳥 呼曰 休醍醐[7]和尙 忽隱不現 其松下有一隻脫鞋 師旣到寺 觀音座下 又有前所見脫鞋一隻 方知前所遇聖女乃眞身也 故

1) 崛 : [浩][六] 窟.
2) 天 : [品] 神.
3) 崛 : [浩] 窟.
4) 獻 : [正][晩] □. [鶴] 回. [順] 給(가필). [品][斗][浩][六] 給. [民][東] 獻.
5) 崛 : 주 3)과 같음.
6) 川 : [六] 天.
7) 醐 : [正][晩][順][鶴][斗][六] □. [品][浩][民][東] 醐.

時人謂之觀音松 師欲入聖崛[8] 更覩眞容 風浪大作 不得入而去

後有崛山祖師梵日 太[9]和年中入唐 到明州開國寺 有一沙彌 截左耳 在衆僧之末 與師言曰 吾亦鄕人也 家在溟州界翼嶺縣德耆坊 師他日若還本國 須成吾舍 旣而遍遊叢席 得法於鹽官〈事具在本傳〉 以會昌七年丁卯還國 先創崛山寺而傳敎 大中十二年戊寅二月十五日 夜夢昔所見沙彌到窓下 曰 昔在明州開國寺 與師有約 旣蒙見諾 何其晩也 祖師驚覺 押數十人 到翼嶺境 尋訪其居 有一女居洛山下村 問其名 曰德耆 女有一子年才八歲 常出遊於村南石橋邊 告其母曰 吾所與遊者 有金色童子

母以告于師 師驚喜 與其子尋所遊橋下 水中有一石佛 舁[10]出之 截左耳 類前所見沙彌 卽正趣菩薩之像也 乃作簡子 卜其營構[11]之地 洛山上方吉 乃作殿三間安其像〈古本載 梵日事在前 相[12]曉二師在後 然按湘曉二師事[13]在[14]於高宗之代 梵日在於會昌[15]之後 相去[16]一百七十餘歲 故今前却而編次之 或云 梵日爲相[17]之門人 謬妄也〉

後百餘年 野火連延到此山 唯二聖殿獨免其災 餘皆煨燼 及西山大兵已來 癸丑甲寅年間 二聖眞容及二寶珠 移入襄州城 大兵來攻甚急 城將陷時 住持禪師阿行〈古名希玄〉 以銀合盛二珠 佩持將逃逸

---

8) 崛 : 주 3)과 같음.
9) 太 : [正][晩][鶴] 大. [順] 太(가필). [品][斗][浩][六][會] 太.
10) 舁 : [正][晩][鶴] 昇. [品][斗][浩][六] 舁.
11) 構 : [品][東][會] 搆.
12) 相 : [斗][浩][六] 湘.
13) 事 : [正][晩][鶴][浩][六] 尒. [品][斗] 爾. [民] 事.
14) 在 : [正][晩][鶴][斗][浩][六][東] □. [品] 없음. [民] 在.
15) 昌 : [正][晩][鶴] 去. [品][斗][浩][六][民][東] 昌.
16) 去 : [正][晩][鶴] 昌. [品][斗][浩][六][民][東][會] 去.
17) 相 : [斗][浩][六][曉] 湘.

寺奴名乞升奪取 深埋於地 誓曰 我若不免死於兵 則二寶珠終不現於人間 人無知者 我若不死 當奉二寶獻於邦家矣

甲寅十月二十二日城陷 阿行不免 而乞升獲免 兵退後掘出 納於溟州道監倉使 時郎中李祿綏爲監倉使 受而藏於監倉庫中 每交代傳受 至戊午十一[18]月 本業老宿祇[19]林寺住持大禪師覺猷奏曰 洛山二[20]珠 國家神寶 襄州城陷時 寺奴乞升埋於城中 兵退 取納監倉使 藏在溟州營庫中 今溟州城殆不能守矣 宜輸安御府 主上允可 發夜別抄十人 率乞升 取於溟州城 入安於內府 時使介十人各賜銀一斤[21]米五石

昔新羅爲京師時 有世達[22]寺〈今興敎寺也〉之莊舍 在溟州棕[23]李郡〈按地理志 溟州無棕李郡 唯有棕城郡 本棕生郡 今寧越 又牛首州領縣有棕靈郡 本棕已[24]郡 今剛州 牛首州今春州[25] 今言棕李郡 未知孰是〉 本寺遣[26]僧調信爲知莊 信到莊上 悅太[27]守金昕公之女 惑之深 屢就洛山大悲前潛祈得幸 方數年間 其女已有配矣 又往堂前 怨大悲之不遂已 哀泣至日暮 情思倦憊 俄成假寢 忽夢金氏娘 容豫入門 粲然啓齒而謂曰 兒早識上人於半面 心乎愛矣 未嘗暫忘 迫於父母之命 强從人矣 今願爲同穴之友 故來爾 信乃顚喜 同歸[28]鄕里

---

18) 一 : [浩][六] 없음.
19) 祇 : [斗][六] 祗.
20) 二 : [六] 三.
21) 斤 : [斗] 戶.
22) 達 : [正][晩][鶴][六][리] 逵. [品][斗][浩] 達.
23) 棕 : [斗][東] 捺.
24) 已 : [品][斗][浩] 己.
25) 州 : [正][晩] 以. [品] 川. [鶴][斗][浩][六][民] 州.
26) 遣 : [正][晩][六] 遺. [鶴][品][斗][浩][民] 遣.
27) 太 : [正][晩][鶴][斗][六] □. [東] 州. [品][浩][民] 太.

計活四十餘星[29]霜 有兒息五 家徒四壁 藜藿不給 遂乃落魄扶携 糊其口於四方 如是十年 周流草野 懸鶉百結 亦不掩體 適過溟州[30]蟹峴[31]嶺 大兒十五歲者忽餧死 痛哭收瘞[32]於道 從率[33]餘四口 到羽曲縣〈今羽縣也〉 結茅於路傍而舍 夫婦老且病 飢不能興 十歲女兒巡乞 乃爲里獒所噬 號痛臥於前 父母爲之歔欷 泣下數行

婦乃難[34]澁拭涕 倉卒而語曰 予之始遇君也 色美年芳 衣袴稠鮮 一味之甘 得與子分之 數尺之煖 得與子共之 出處五十年 情鍾莫逆 恩愛綢繆 可謂厚緣 自比年來 衰病歲[35]益深 飢寒日益迫 傍舍壺漿 人不容乞 千門之恥 重似丘山 兒寒兒飢 未遑計補 何暇有愛悅夫婦之心哉 紅顔巧笑 草上之露 約束芝蘭 柳絮飄[36]風 君有我而爲累 我爲君而足憂 細思昔日之歡 適爲憂患所階 君乎予乎 奚至此極 與其衆鳥之同餧 焉如[37]隻鸞之有鏡 寒棄炎附 情所不堪 然而行止非人 離合有數 請從此辭 信聞之大喜 各分二兒將行 女曰 我向桑梓 君其南矣 方分手進途而形開 殘燈翳吐 夜色將闌

及旦鬢[38]髮盡白 惘惘然殊無人世意 已厭[39]勞生 如飫百年辛苦

---

28) 歸 : [正][晩][鶴] 敀. [品][斗][浩][六] 歸.
29) 星 : [正][晩][順][品][斗][浩][六] 없음. [民] 星.
30) 州 : [品] 周.
31) 峴 : [正][晩][鶴][品][斗][六] 縣. [浩] 없음. [東] 峴. 본조의 뒷부분에서 '峴'이라고 함.
32) 瘞 : [六] 瘞.
33) 率 : [正][晩][鶴][東][會] 𠅤. [品][斗][浩][六] 率.
34) 難 : [正][晩][鶴][品][斗][浩][六] □. [民] 皺.
35) 歲 : [浩][六] 日.
36) 飄 : [品][會] 飃(飄와 통용).
37) 如 : [正][晩][鶴][斗][六] 知. [品][浩][民] 如.
38) 鬢 : [浩][六] 鬚.
39) 厭 : [正][晩][鶴] 猒(厭과 동자). [品][斗][浩][六] 厭.

貪染之心 洒然氷釋 於是慚對聖容 懺滌無已 歸撥蟹峴[40]所埋兒塚[41] 乃石彌勒也 灌洗奉安于隣寺 還京師 免莊任 傾私財 創淨土寺 懃修白業 後莫知所終

議曰 讀此傳 掩卷而追繹之 何必信師之夢爲然 今皆知其人世之爲樂 欣欣然役役然 特未覺爾 乃作詞誡之曰 快[42]適須臾意已閑 暗從愁裏[43]老蒼[44]顔 不須更待黃粱[45]熟 方悟勞生一夢間 治身臧否先誠意 鰥夢蛾眉賊夢藏 何似[46]秋來淸夜夢 時時合眼到淸涼

40) 峴 : 본조의 앞부분에서는 '縣'이라고 함.
41) 塚 : [浩][六] 없음.
42) 快 : [正][晩] 伕. [鶴][品][斗][浩][六] 快.
43) 裏 : [品] 裵.
44) 蒼 : [正][晩][鶴] 倉. [品][斗][浩][六][民] 蒼.
45) 粱 : [正][晩][鶴][品] 梁. [斗][浩][六] 粱.
46) 似 : [斗][浩][六] 以.

낙산의 두 성인 관음과 정취·조신

옛날 의상(義湘)[1] 법사가 비로소 당(唐)나라에서 돌아와[2] 관음보살[大悲][3]의 진신(眞身)이 이 해변의 굴 안에 산다고 듣고, 이 때문에 낙산(洛山)[4]이라고 이름하였다.[5] 대개 서역(西域)의 보타락가산(寶陁洛伽山)[6]은 이를 소백화(小白華)라고 하여, 곧 백의보살[白衣

1) 義湘 : 625-702. 신라 華嚴宗의 祖師. 그의 傳記는 義湘傳教條([遺] 卷4 義解), 唐新羅國義湘傳(『宋高僧傳』 卷4)에 소상하다. 다만 俗姓에 대하여 兩書가 '金'과 '朴'으로 다르게 기술하고 있다. 그의 法諱도 '義湘'과 '義相' 두 종류가 통용되고 있다. 그를 金山寶蓋如來의 後身으로 보는 견해도 있다.(『洛山寺事蹟』 襄州地密記 참조)

2) 始自唐來還 : 義湘이 670년에 唐에서 돌아오게 된 것은 唐에서 신라 사신 金欽純을 가두고 신라를 치려고 함에 흠순 등이 의상으로 하여금 귀국하여 조정에 그 사실을 고하게 했기 때문이다.([遺] 卷4 義解 義湘傳教條 참조)

3) 大悲 : 觀音. 梵語 Avalokiteśvara(音譯: 阿縛盧枳低濕伐邏). 大慈大悲를 근본 誓願으로 하는 보살. 觀自在, 光世音, 觀世自在, 觀世音自在로 번역하며, 줄여서 觀音이라고 한다. 彌陀三尊의 하나로 阿彌陀佛의 왼쪽 補處.

4) 洛山 : 강원도 양양군 강현면 전진리에 있는 산. 자비의 화신인 觀音菩薩의 住處로 믿었던 補陀洛伽(Potalaka)의 줄임말. 『華嚴經』 卷68 入法界品에 善財童子가 南海 光明山(補怛洛伽山)으로 관음보살을 찾아가 무상의 설법을 듣는 대목이 있다. 신라 文武王 때 唐에서 돌아온 義湘이 이곳 聖窟에서 관음보살의 眞身을 친견하고, 이곳에 절을 세우고 '洛山寺'라고 이름하였다. 본조에서 一然은 義湘의 洛山 刱寺緣起를 서술하고 있다. 이 절은 관음의 靈場으로 해동 관음신앙의 중심이 되어왔다.

5) 聞大悲眞身住此海邊崛內 故因名洛山 : 洛山 및 崛에 관해서는 다음의 기록이 있다. 「高麗僧益壯記 襄州東北 降仙驛之南里 有洛山 寺之東 數里許巨海邊 有窟 其高 可百尺 其大可容萬斛之舟 海濤常出入 爲不測之壑 世稱觀音大士所住處也」(『洛山寺事蹟』).

大士][7]의 진신이 머물러 있는 곳이므로 이를 빌어 이름하였던 것이다.[8]

[그가] 재계(齋戒)[9]한 지 7일째에 좌구(座具)를 새벽 물 위에 띄웠더니, 용천(龍天)의 8부(八部)[10]시종이 굴 속으로 [그를] 인도하였다. 공중을 향해 참례하니 수정염주 한 꿰미를 내어 주므로 의상이 받아 물러 나왔다. 동해(東海)의 용도 또 여의보주 한 알을 바치므로 법사가 받들고 나왔다. 다시 7일을 재계하고 나서 곧 [관음의] 진용을 보았다.[11] [관음이] 말하기를, "자리 위의 산정에 한 쌍의 대나무가 솟아날 것이니, 그 땅에 불전을 지음이 마땅하리라"고 하였다. 법사가

---

6) 寶陁洛伽山 : 梵語 Potalaka의 音譯. 觀世音菩薩의 住處로 알려진 산. 補陀落伽, 補怛洛迦, 包呾洛迦 등으로 쓴다. 小花樹, 小白華로 번역한다.

7) 白衣大士 : 白衣觀音. 33觀音의 하나. 大白衣·白處觀音이라고도 한다. 항상 흰 옷을 입고 흰 연꽃에 앉아 있는 觀世音菩薩.

8) 聞大悲眞身住此海邊崛內…乃白衣大士眞身住處 故借此名之 : 「五峯(五峰山: 襄陽郡 降峴面 前津里 洛山寺 뒷산)之內 有洛伽寺 艮海邊 有寶陀窟 觀音大慈眞身常住說法 敎化群生 與西域之寶陀洛伽 豈異也」(『洛山寺事蹟』洛山寺圓通寶殿御寶閣修補記).

9) 齋戒 : 식사와 행동하는 것을 삼가하고, 몸과 마음을 정결하게 하는 것을 말한다. 이는 원래 八關齋戒(Aṣṭāṅgaśīla)라고 하여, 집에 있는 이가 하루 밤 하루 낮 동안 받아 지키는 계율로, 이에는 不殺生戒를 비롯한 8戒가 포함되었다. 혹은 8戒와 1齋를 말하는 경우도 있다.

10) 龍天八部 : '龍神八部'라고도 하며, 보통 '八部衆'이라고 부른다. 불법을 수호하는 여러 神將으로 天·龍·夜叉·阿修羅·迦樓羅·乾闥婆·緊那羅·摩睺羅伽 등을 말한다.

11) 齋戒七日…更齋七日 乃見眞容 : 義湘이 齋戒 14일만에 觀音의 眞容을 보았다고 썼으나, '尙未可親覩'로 쓴 기록이 있고, 또 觀音 自身, 불상을 안치할 터로 점지한 雙竹湧出處를 자신(觀音)의 頂上이라고 말한 것을 볼 수 있다. 「窟前 五十步許 海中有石 上可鋪一席 出沒水面 昔義湘法師 欲親覩聖容 乃於石上展坐 拜稽精勤 至二七日 尙未親覩 便投身海中 東海龍 扶出石上 大聖卽於窟中 伸臂 授水精念珠 曰 我身未可親覩 但從窟上 行至雙竹湧出處 是吾頂上 於此可營一室 安排像設也 龍亦獻如意珠及玉 師受珠以來 有雙竹湧出 乃於其地創設 以龍所獻玉 造像安之 卽玆寺也」(『洛山寺事蹟』).

그 말을 듣고 굴을 나오니 과연 대나무가 땅에서 솟아나왔다.

이에 금당을 짓고 [관음]상을 빚어 모시니,12) [그] 원만한 얼굴과 고운 자질은 엄연히 하늘이 낸 듯하였다.13) 그 대나무는 다시 없어졌다. 그제야 이곳이 [관음] 진신의 주처임을 알았다. 이로 인해 그 절 이름을 낙산이라고 하고, 법사는 받은 두 구슬을 성전에 모셔두고 떠났다.14)

후에 원효(元曉)15) 법사가 뒤이어 와서 [관음의 진신을] 보고 절하기를 구하여 당초에 남쪽 교외에 이르니 논 가운데서 흰 옷을 입은 한 여인16)이 벼를 베고 있었다. 법사가 희롱삼아 그 벼를 달라고 하였더니, 여인이 장난말로 벼가 흉작이라고 대답하였다. [법사가] 또 길을 가서 다리 밑에 이르니, 한 여인이 개짐을 빨고 있었다. 법사가 마실 물을 청하니 여인은 그 더러운 물을 떠서 드렸다. 법사는 이를 엎질러

---

12) 乃作金堂 塑像以安之 : 義湘의 '塑像'을 '梅檀觀音', '以梅檀土 塑眞身之像', '親造十六尊像' 등으로 異傳함을 볼 수 있다. 「洛山寺 在五峯山 新羅僧義相所建殿上 安梅檀觀音一軀 歷代崇奉 頗有靈異」([勝覽] 卷44 襄陽都護府 佛宇 洛山寺條). 「果有中峯頂上 雙竹與梅檀土湧出 以梅檀土 塑眞身之像 雙竹湧出之地 仍作觀音之殿」(『洛山寺事蹟』 襄州地密記). 「義湘祖師 自唐而還 創是寺 親造十六尊像 作末世之應供福田矣」(五峯山洛山寺靈山殿重修佛事丹雘記).

13) 圓容麗質 儼若天生 : 「洛山有觀音正趣二大士像焉 端嚴妙麗 天下無比」(洛山寺記).

14) 昔義湘法師…師以所受二珠 鎭安于聖殿而去 : 본조의 異傳은 다음와 같다. 「昔新羅義湘法師 欲親覩聖容 乃於石上展坐 拜稽精勤 至二七日 尙未獲覩 便投身海中 東海龍扶出石上 大聖卽於窟中伸臂 手授水精念珠 曰 我身未可親覩 但從窟上行至雙竹湧出處 是吾頂上 於此可營一殿 安排像設也 龍亦獻如意珠及玉 師受珠而來 有雙竹湧立 乃於其地 創殿以龍所獻玉 造像安之 卽玆寺也」([勝覽] 卷44 襄陽都護府 佛宇 洛山寺條).

15) 元曉 : 617-686. 신라 때의 고승. 이름 誓幢. 속성 薛. 그에 관한 소상한 전기는 [遺] 卷4 義解 元曉不羈條, 『宋高僧傳』 卷4 唐新羅國黃龍寺元曉傳 등에 있다.

16) 一白衣女人 : '흰 옷 입은 여인'은 白衣觀音의 隱喩로 보인다.

버리고 다시 냇물을 떠서 마셨다.17) 때마침 들 가운데 소나무 위에서 파랑새18) 한 마리가 불러 말하기를, "제호화상(醍醐和尙)19)은 그만 두시오!20)"라고 하고는 홀연히 숨어버리고 나타나지 않았다. 그 소나무 아래 벗은 신발 한 짝이 있었다.

법사가 절에 이르니 관음[상]의 자리 아래 또 앞에서 본 벗은 신발 한 짝이 있었다.21) 그제서야 앞에서 만난 여인이 [관음의] 진신임을

---

17) 師戱請其禾…師覆棄之 更酌川水而飮之 : 元曉가 만난 두 女人은 그가 만나 뵙기를 바라던 觀音의 眞身이었건만 자신의 分別心으로 하여 그 眞容을 看過해버린 것이다. '벼 농사가 凶年'이라는 말에 매이어 나락을 더 청할 생각을 못했고, '개짐 빤 물'이라는 分別 때문에 모처럼 眞身이 주는 물을 버리고, 냇물을 마셨다. 그는 자신의 分別心 때문에 다시 만나기 어려운 眞身親覩의 소중한 기회를 두 번이나 헛되이 한 것이다.

18) 靑鳥 : 觀音의 現身으로 암시되고 있다. 「義湘祖師 見性至此 親遭善女 感我佛情 旣以現靈於觀音窟 時有靑鳥明珠之瑞 遂建寺于竹生處」(洛山寺賓日樓重修記). 「玆寺之蹟 最爲奇異 若觀音靑鳥之事 義湘龍珠之異 實他寺之所未有也」(『洛山寺事蹟』 舊版 原文 跋文). 「按公庾才良 自江陵一步一拜而來 觀音現靑鳥之身 坐觀音松之上 引而入崛 庾公益加致敬也 如此奇驗 何其量也」(『洛山寺事蹟』 襄州地密記). 「世傳 有人到窟前 至誠拜稽 則靑鳥出現 明宗丁巳 庾資諒爲兵馬使 至十月 到窟前 焚點拜稽 有靑鳥 含花飛鳴 落花於幞頭上 世以爲稀有云云」([勝覽] 卷44 襄陽都護府 佛宇 洛山寺條). 「快登南里洛伽峯 風捲纖雲月色濃 欲識圓通大聖理 有時靑鳥啣花逢」(肅宗大王 洛山寺御製詩).

19) 醍醐和尙 : 醍醐는 牛乳를 精製하여 만든 濃厚甘美한 최상의 맛을 이르는데, 諸經 가운데 가장 으뜸되는 經에 비유한다. 天台 大師는 釋迦의 가르침을 華嚴・阿含・方等・般若・法華 涅槃의 5時로 나누고, 이들을 각각 乳味・酪味・生蘇味・熟蘇味・醍醐味에 배분하여 비유하였다. 『法華經』을 醍醐에 비유하여 최상의 경으로 인정하고 있다.(『涅槃經』 卷14 참조) 本條에서의 醍醐는 佛性, 醍醐和尙은 元曉法師를 가리킨 것으로 보인다.

20) 休醍醐和尙 : '休'는 觀音眞身을 보려는 元曉에게 (이미 두 번이나 기회를 가졌으면서도 眞身을 알아보지 못하였으니) 더 이상 眞容을 보려고 하지 말라고 경고한 것이다. 이 대목을 '醍醐를 마다고 한 화상아!'로 해석한 견해도 있다. (金相鉉, 『역사로 읽는 원효』, 고려원, 1994, p.156)

21) 忽隱不現 其松下有一隻脫鞋…觀音座下 又有前所見脫鞋一隻 : 佛菩薩이 聖具나 聖器(茶珠・錫鉢・隻履 등)를 남기고 자취를 감추는 異蹟이 [遺]에 가끔

알았다. 이 때문에 당시 사람들은 그 소나무를 관음송(觀音松)이라고 하였다. 법사가 성굴(聖崛)에 들어가서 다시 [관음의] 참모습을 보고자 하였으나 풍랑이 크게 일어 들어갈 수 없었으므로 그만 떠났다.

그후 굴산조사(崛山祖師) 범일(梵日)[22]이 태화(太和) 연간에 당나라에 들어가 명주(明州) 개국사(開國寺)에 이르렀더니, 왼쪽 귀가 떨어진 한 사미(沙彌)[23]가 여러 중의 말석에 앉았다가 조사에게 말하기를, "저 역시 고향 사람입니다. 집이 명주(溟州) 지경 익령현(翼嶺縣)[24] 덕기방(德耆坊)[25]에 있사오니, 조사께서 훗날 본국에 돌아가시거든 꼭 저의 집을 이룩해주소서"라고 하였다. 그런 일이 있고, [범일은] 총석(叢席)[26]을 두루 다니더니 염관(鹽官)[27]에게서 법을 터득하고〈[이]

나타난다. 「忽有一童子 儀形鮮潔 跪奉茶珠…童入內院塔中而隱 茶珠在南壁畵慈氏像前」(卷5 感通 月明師兜率歌條). 「眞身釋迦言訖 湧身凌空 向南而行…到南山參星谷 或云 大磧川源石上 置錫鉢而隱」(卷5 感通 眞身受供條). 「阿干每至其寺念佛 婢隨往 在庭念佛…禮佛撥屋梁而去 至小伯山 墮一隻履 就其地爲菩提寺 至山下棄其身 卽其地爲二菩提寺」(卷5 感通 郁面婢念佛西昇條).

22) 梵日 : 810-889. 신라 때의 고승. 9산 선문 가운데 闍崛山의 開祖. 속성은 金씨. 溟州都督 金述元의 손자. 15세에 중이 되고, 20세에 서울에 가서 비구계를 받았다. 興德王 때 金義琮을 따라 唐에 들어가 鹽官 齊安 밑에서 6년간 수업한 뒤 藥山에 가서 道를 묻고, 사방을 주유하며 수행하였다. 會昌 4년 불교박해를 당하여 상산에 숨어 있다가 소주에 가서 조사의 탑에 참배하고, 847년(신라 文聖王 8년)에 귀국하여 40여 년간 굴산사에서 지냈다. 그 동안 景文王, 憲康王, 定康王이 中使를 보내 國師로 불렀으나 사양하고 나가지 않았다.(『祖堂集』 卷17 溟州崛山故通曉大師 참조)

23) 沙彌 : 梵語 Śrāmaṇera의 音譯. 출가하여 具足戒를 받기 전 10戒를 받아 지니는 20세 미만의 나이 어린 남자.

24) 翼嶺縣 : 襄陽의 古稱. 고구려 때의 翼峴縣을 신라 때 翼嶺으로 고쳤다.

25) 德耆坊 : 洛山 아랫마을의 이름.

26) 叢席 : 叢林. 梵語 Vindhyavana. 貧陀婆那로 音譯한다. 檀林이라고도 飜譯한다. 여러 僧侶들이 和合하여 함께 배우며 安居하는 곳. 많은 僧侶와 俗人들이 모인 것을 나무가 우거진 수풀에 비유한 것이다. 지금의 禪苑, 禪林, 僧堂 등과 같이 많은 僧侶들이 모여 修行하는 곳을 총칭한 것이다. 강원, 율원, 선원 등을

일은 본전(本傳)에 자세히 실려 있다.[28])〉 회창(會昌) 7년 정묘(丁卯, 847)에 고국에 돌아와 우선 굴산사(崛山寺)[29]를 세우고 불교를 전하였다.

대중(大中)[30] 12년 무인(戊寅, 858) 2월 15일 밤 꿈에 전에 보았던 사미가 창 아래에 와서 말하기를, "예전에 명주 개국사에서 조사께 약조를 드려 승락을 받았었는데 어찌하여 그리 지체하십니까?"라고 하였다. 조사는 놀라 깨어 수십 인을 데리고 익령 지경에 가서 그의 집을 찾았다. 한 여인이 낙산 아랫 마을에 살고 있어 그 이름을 물으니, 덕기(德耆)라고 하였다.[31] [그] 여인에게 나이 겨우 여덟 살 된 아들 하나가 있었는데, 늘 마을 남쪽 돌다리 옆에 나가 놀더니, 그 어머니에게 고하기를, "나와 함께 노는 아이 가운데 금빛 나는 아이가 있다"고 하였다.

[그] 어머니가 조사에게 [이 사실을] 알리니, 조사가 놀라고 기뻐하

갖춘 큰 절을 오늘날 총림이라고 한다.

27) 鹽官 : 중국 杭州 鹽官縣 鎭國海昌院의 齊安禪師. 馬祖의 法嗣.(『景德傳燈錄』 卷7 杭州鹽官鎭國海昌院齊安禪師 참조)

28) 事具在本傳 : 「遍尋知識 參彼鹽官齊安大師 大師問曰 什摩處來 答曰 東國來 大師進曰 水路來 陸路來 對云 不踏兩路來 旣不踏兩路 闍梨爭得到這裏 對曰 日月東西 有什摩障㝵 大師曰 實是東方菩薩 梵日問曰 如何卽成佛 大師答曰 道不用修 但莫作染 莫作佛見菩薩見 平常心是道 梵日言下大悟 殷懃六年」 (『祖堂集』 卷17 溟州崛山故通曉大師).

29) 崛山寺 : 강원도 명주군 구정면 학산리 소재. 梵日이 이곳에서 신라 9山禪門의 하나인 闍崛山門을 開山하였다. 현재는 사지에 6m 높이의 당간지주(보물 제86호), 고려 초기로 보이는 부도탑(보물 제85호)이 있는 외에 석불과 석물, 와당이 산재한다. 근처에 梵日의 출생담(感陽孕胎)에 얽힌 石泉이 있다.

30) 大中 : 중국 唐 宣宗의 연호(847-859).

31) 有一女居洛山下村 問其名 曰德耆 : 이 문맥으로 보아 '德耆'를 여인의 이름으로 해석하는 견해가 지배적이나, 앞의 沙彌의 말에서 '家在溟州界翼嶺縣德耆坊'이라고 한 것으로 보면 '德耆'는 沙彌의 집이 있는 마을의 이름이며, 바로 洛山 아래 마을의 이름이다.

여 그 아들과 함께 놀던 다리 밑에 가서 찾으니 물 속에 돌부처 하나가 있었다. 그것을 꺼내보니 왼쪽 귀가 떨어진 것이 전에 본 사미와 같았는데, 이는 곧 정취(正趣)32) 보살의 상이었다. 이에 점치는 괘쪽을 만들어 절 지을 터를 점쳐 보니,33) 낙산의 위가 바로 길하므로 [그곳에] 불전 세 칸을 짓고 그 보살상을 모셨다.〈고본(古本)에는 범일의 사적이 앞에 실려 있고, 의상과 원효 두 법사의 [사적이] 뒤에 적혀 있으나, 살펴보면 의상과 원효 두 법사의 일은 [당] 고종(高宗) 때 있었고, 범일은 회창 이후이니 서로 떨어지기가 1백 70여 년이나 된다. 그러므로 이제 여기서는 앞 기사를 뒤로 물려 차례를 바로잡아 엮었다. 혹은 범일을 의상의 문인이라고 하나 잘못이다.34)〉

그뒤 백여 년이 지나 들불이 일어나 이 산까지 옮아 붙었으나 오직 두 성전만 그 화재를 면하고 나머지는 모두 불타버렸다. 몽고의 큰 병란[西山大兵]이 있은 이래 계축(癸丑)·갑인년(甲寅年) 사이에35) 두

---

32) 正趣 :『華嚴經』入法界品에서 善財童子의 구법행각 중 29번째로 만나는 善知識으로, 그는 童子에게 解脫法門을 널리 說法해 줌으로써 引導한다. 그런데, 이 보살은 觀世音菩薩의 응화현으로 생각되고 있다.「爾時 東方有一菩薩 名曰正趣 從空中來 至娑婆世界輪圍山頂 以足按地 其娑婆世界 六種震動 一切皆以衆寶莊嚴 正趣菩薩 放身光明 映蔽一切日月星電」(『大方廣佛華嚴經』(實叉難陀 譯) 卷68).

33) 乃作簡子 卜其營構之地 : 簡子로 卜地한 사례는 心地에서 나타나 있다.([遺] 卷4 義解 心地繼祖條 참조) 眞表律師는 彌勒에게서 占察經 2卷과 證果簡子 189개를 받았다. 이중 두 간자는 佛骨간자이고, 나머지는 沈檀木造의 간자였다.([遺] 卷4 義解 眞表傳簡條)

34) 或云 梵日爲相之門人 謬妄也 : 義湘의 門人은 悟眞·智通·表訓·眞定·眞藏·道融·良圓·相源·能仁·義寂 등이다.([遺] 卷4 義解 義湘傳敎條 참조)

35) 及西山大兵已來 癸丑甲寅年間 : 고려 高宗 18년(1231) 蒙將 撒禮塔이 40만 대군을 끌고 開京에 肉薄하자, 高宗 19년(1232) 江華에 천도하였다. 1238년에 皇龍寺塔을 비롯한 많은 문화재를 몽고병이 불태웠다. 癸丑年(1253) 몽고병은 金郊(金川)를 거쳐 西海道 椋山城, 高州(高原), 和州(永興), 東州(鐵原)를 함락하고, 忠州를 圍攻하였다. 왕이 出陸하여 몽고사신을 영접함으로써 몽고가 和親에 응하여 退軍하였다. 그러나, 다음해 甲寅年(1254) 몽고군은 再侵하여 開京 부근에 留陣하고, 忠州山城, 尙州山城을 쳐서 이기지 못하고, 물러나

보살의 진용과 두 보주를 양주성(襄州城)으로 옮겼다. [몽고]대군의 공격이 심히 급박하여 성이 바야흐로 함락할 즈음에 주지 선사 아행(阿行)〈옛이름은 희현(希玄)〉이 은합에 두 보주를 담아서 몸에 지니고 도망하려고 하니, 걸승(乞升)이라는 절의 종이 [이를] 빼앗아 땅에 깊이 묻고 서원하기를, "내가 만약 병란에 죽음을 면하지 못한다면 두 보주는 끝내 세상에 나타나지 못하여 아는 사람이 없게 되려니와, 내가 만약 죽지 않는다면 마땅히 두 보물을 받들어 나라에 바칠 것이다"고 하였다.

갑인(甲寅, 1254) 10월 22일 성이 함락되자 아행은 죽음을 면치 못하였으나, 걸승은 죽음을 면하고 적병이 물러간 뒤 [땅 속에서] 파내어 명주도(溟洲道) 감창사(監倉使)에게 바쳤다. 이때 낭중(郎中) 이녹수(李祿綏)가 감창사였는데, 받아서 감창고(監倉庫) 안에 간직하고 교대할 때마다 물려받았다. 무오(戊午, 1258) 11월에 이르러 본업의 노숙(老宿) 기림사(祇林寺)[36] 주지 대선사 각유(覺猷)[37]가 [왕께] 아뢰기를, "낙산사의 두 보주는 국가의 신보입니다. 양주성이 함락될 때 절의 종 걸승이 성 안에 묻어 두었다가 적병이 물러간 뒤에 파내어 감창사에게 바쳐서 명주영(溟州營) 창고 안에 간직되어 있습니다. 지금은 명주성도 위태하여 지킬 수 없사오니 어부(御府)에 옮겨두시는

陝川에 留陣하였다. 왕은 回軍을 청하였으나, 몽고병은 崔沆의 出陸을 강요하면서 각지를 침탈하고, 남녀 20만여 명을 포로로 삼았다.

36) 祇林寺 : 경상북도 月城郡 陽北面 虎巖里 419 소재 含月山 기슭에 있는 절. 乾漆菩薩坐像(보물 제415호), 木碑, 石造鴟尾 등이 있고, 文籍으로 慶尙道營主題名記, 東都歷世諸子記, 府戶長生生家, 조선 歷代王의 御筆, 祇林寺大鐘記(1847), 祇林寺重創記(1705) 등을 소장하고 있다. 正光如來(燃燈佛)舍利塔(7층목탑)은 몽고란 때 소실되고, 지금은 초석만 남아 있다.

37) 覺猷 : 고려 때의 승려. 睿宗 때 祇林寺에 주석하였다.

것이 마땅할까 하나이다"고 하였다. 임금이 윤허하고 야별초(夜別抄)[38] 열 명을 보내 걸승을 거느리고 가서 명주성에서 보주를 취하여 내부(內府)에 모셔 두었다. 이때 심부름한 관원 열 명에게 각각 은 한 근과 쌀 다섯 섬을 주었다.

옛날 신라시대에 세달사(世達寺)[39]〈지금의 흥교사(興敎寺)이다.〉의 장사(莊舍)[40]가 명주 내리군(㮈李郡)〈지리지(地理志)[41]에 의하면, 명주에 내리군은 없다.[42] 다만 내성군(㮈城郡)이 있을 뿐인데, [이것은] 본래 내생군(㮈生郡)으로 지금의 영월(寧越)이다.[43] 또 우수주(牛首州) 영내의 고을에 내령군(㮈靈郡)이 있는데, 본래는 내이군(㮈已郡)으로 지금의 강주(剛州)이다.[44] 우수주는 지금의 춘

---

38) 夜別抄 : 고려 高宗 때 崔瑀가 밤에 순행하여 도적을 막기 위해 勇士들을 모아 조직한 특수한 군대. 후에 그 수효가 불어 左右 두 別抄로 나누었다. 나중에 신의군을 더하여 三別抄라고 하였다.

39) 世達寺 : 강원도 영월군 남면 흥월리 太(泰)華山에 있던 신라 때의 절. 신라 말기에 弓裔가 왕실에서 쫓겨 피하다 중이 되어 은거했던 절로, [遺]의 註에서 밝혔듯이 후에 興教寺로 바뀌었다. [正]에서 '世逵寺'로 쓴 것은 '世達寺'의 誤記이다.(金侖禹, 「韓國古刹의 位置·沿革考 Ⅲ」, 『東洋學簡報』 7, 檀國大 東洋學研究所, 1987, p.9) 「弓裔泣曰 若然則吾逝矣 無爲母憂 便去世達寺 今之興教寺是也」([史] 卷50 列傳 弓裔條). 「興教寺 在大華山西 有高麗僧冲曦碑 曦仁宗之子 碑文剝落 讀不能句 唯碑陰誌 師之門人 而寶文閣學士崔詵奉宣爲之文」([勝覽] 卷46 寧越郡 佛宇 興教寺條).

40) 莊舍 : 莊園. 中世期에 귀족이나 사원이 소유하였던 토지로, 여기서는 사찰에 속한 농장을 가리킨 것으로 보인다. 知莊은 莊舍를 관리하는 이를 가리켜 말했다.

41) 地理志 : [史] 卷34-35 雜志 3-4, 地理 1-2를 가리키는 듯하다.

42) 溟州無㮈李郡 : 「溟州本高句麗河西良 後屬新羅…景德王十六年改爲溟州 今因之領縣四 旌善縣 本高句麗仍買縣 景德王改名 今因之 棟隄縣 本高句麗東吐縣 景德王改名 今未詳 支山縣 本高句麗縣 景德王因之 今連谷縣 洞山縣 本高句麗穴山縣 景德王改名 今因之」([史] 卷35 地理志). 溟州 4縣은 旌善, 棟隄, 連谷, 洞山으로, 㮈李는 보이지 않는다.

43) 唯有㮈城郡 本㮈生郡 今寧越 : 「奈城郡 本高句麗奈生郡 景德王改名 今寧越郡」([史] 卷35 地理志).

44) 牛首州領縣有㮈靈郡 本㮈已郡 今剛州 : 「奈靈郡本百濟奈已郡…景德王改名 今剛州」([史] 卷35 地理志).

주(春州)이다.[45] 여기서 내리군이라고 하는 것이 어느 것인지 알 수 없다.[46]〉에 있었다. 본사에서 중 조신(調信)[47]을 보내 장사의 관리인으로 삼았다. 조신이 장사에 와 있는 동안 태수(太守) 김흔(金昕)[48]공의 딸을 좋아하여 깊이 매혹되어 있었다. [그는] 누차 낙산사의 관음보살 앞에 나아가 [그녀와] 맺어지기를 남몰래 빌었다. 그 사이 수년 동안에 김흔의 딸은 이미 짝이 생겼다.

[조신은] 또 불당 앞에 가서 관음보살이 [자기의 소원을] 이루어 주지 않음을 원망하여 날이 저물도록 슬피 울었다. 그립고 원망스러운 생각에 지쳐서 어느 사이에 깜빡 풋잠이 들어 문득 꿈에 김씨의 딸이 의젓하게[49] 문을 들어서며 웃는 낯으로 흰 이를 드러내 보이며[50] 말하기를, "저는 일찍이 스님을 얼핏 뵙고부터 마음에 애착하여 잠시도 잊은 적이 없습니다. 부모님의 명령에 몰려 어쩔 수 없이 다른 사람을 따랐습니다. [그러나] 지금은 [대사님과 죽어서] 한 무덤에 묻힐 반려[51]가 되고자 이렇게 왔습니다"고 하였다. 조신은 이에 곤두박질칠 만큼 기뻐서 함께 고향으로 돌아갔다.

40여 년을 같이 사는 동안 자녀 다섯을 두었으나, 집은 다만 네 벽

---

45) 牛首州今春州 : 「朔州善德王六年…爲牛首州…景德王改爲朔州 今春州」([史] 卷35 地理志).

46) 今言㮈李郡 未知孰是 : '㮈李郡'은 오늘의 寧越郡에 해당하는 '㮈城郡'의 잘못으로 보아야 할 것이다.(金侖禹, 앞의 논문, p.10)

47) 調信 : 신라 때 世達寺의 고승. 뒤에 淨土寺를 창건하였다. 여기 외에 알려진 것이 없다.

48) 金昕 : 신라 神文王 때의 인물.

49) 容豫 : '容與'와 같음. 의젓한 모양.

50) 粲然啓齒 : 환하게 흰 이가 드러나게 웃는 모양.

51) 同穴之友 : 생전에 금실이 좋아 죽어서 한 구덩이에 묻히게 될 부부를 뜻하니, 곧 화목한 부부를 가리켜 말한다. 「穀則異室 死則同穴」(『詩經』 王風 大車).

뿐이요,[52] 나물죽으로도 끼니를 잇지 못하였다.[53] 마침내 실의에 찬[54] 두 사람은 서로 잡고 끌고 하며 입에 풀칠하기 위해 사방을 떠돌아 다녔다. 이와 같이 10년을 초야에 유랑하니 입은 옷은 갈갈이 찢어져[55] 몸을 가릴 수 없었다. 마침 명주의 해현령(蟹峴嶺)[56] 고개를 지나다가 열 다섯 살 난 큰 아이가 갑자기 굶어죽었다.[57] [두 부부는] 통곡하며 [주검을] 거두어 길에 묻었다. 남은 네 자녀를 거느리고 [두 부부는] 우곡현(羽曲縣)[58]〈지금의 우현(羽縣)이다.〉에 이르렀다. 길가에 띠풀을 묶어 집삼아 살았다. 부부는 늙고 병들고 굶주려서 일어나지도 못하였다. 열 살 짜리 딸 아이가 밥을 빌러 돌아다녔는데, 마을 개[59]에게 물려 앞에 누워 아픔을 호소하니, 부부는 목이 메어 흐느끼며[60] 눈물을 줄줄이 흘렸다.

부인이 괴로워 머뭇거리며 눈물을 훔치고 나서[61] 창졸히 말하기를,

---

52) 家徒四壁 : 4벽뿐으로 가구가 없는 가난한 집. 「索隱曰 家空無資儲 但有四壁而已」(『史記』司馬相如傳 注).

53) 藜藿不給 : '藜藿'은 명아주와 콩, 혹은 그 잎을 가리키며, 곧 거친 식사를 나타낸다. '藜藿不給'은 나물죽같은 거친 끼니도 잇지 못함을 말한다. 「諸子墨子曰 始吾游於子之門 短褐之衣 藜藿之羹 朝得之 則夕弗得 弗得祭祀鬼神」(『墨子』魯問).

54) 落魄(낙탁) : 零落하여 생활의 형편이 매우 어려움. 실망. 「落魄失志也」(『騈雅』釋訓下). 「好讀書 家貧落魄 無衣食業」(『漢書』酈食其傳).

55) 懸鶉百結(현순백결) : 떨어진 옷을 누덕누덕 기운 모양이 마치 메추라기를 달아놓은 것 같다는 뜻이다.

56) 蟹峴嶺 : 溟州에 있는 고개. 지금의 위치를 알 수 없다.

57) 餧死 : 굶주려 죽음.

58) 羽曲縣 : 강원도 江陵 羽溪縣의 古稱. 강릉 남쪽 60리에 있다. 고구려의 羽曲縣이 신라 景德王 때 羽溪로 개명, 三陟郡 領縣이 되었다가 고려 顯宗 9년(1018) 江陵에 속하게 되었다. 별호는 玉堂이다.(權相老, 『韓國地名沿革考』, 東國文化社, 1961, p.218 참조)

59) 里獒 : 마을 개. 獒는 猛犬.

60) 歔欷 : 흑흑 느끼어 울다.

"제가 당신과 처음 만났을 때는 얼굴도 아름답고 나이도 젊고 옷가지도 많고 아름다웠습니다. 맛좋은 음식이 한 가지라도 생기면 당신과 나누어 먹고, 얼마 안되는 옷가지도 당신과 나누어 입으면서 함께 산 지 50년, [그 사이] 정은 더할 수 없이 깊어졌고,[62] 사랑은 얽힐대로 얽혔으니,[63] 정녕 두터운 연분이라고 하겠습니다. [그러나] 근년에 와서 노쇠와 병고는 해마다 더욱 깊어가고, 추위와 배고픔은 날로 더욱 절박해지니 [한 칸의] 곁방살이, 한 병의 마실 것도 사람들이 용납하지 아니하니, 수많은 집 문 앞에서 당하는 그 수모는 산더미같이 벅차기만 합니다. 아이들은 추위에 떨고 굶주림에 지쳤어도 어찌할 방도가 없습니다. 이런 판국에 부부간의 애정을 즐길 어느 겨를인들 있겠습니까? 젊은 얼굴에 예쁜 웃음은 풀잎 위의 이슬같고, 지란(芝蘭)[64]같은 백년가약은 한갓 바람에 날리는 버들가지 같습니다. 당신은 제가 짐이 되고 저는 당신때문에 근심이 됩니다. 옛날의 즐거움을 곰곰히 생각해 보니, [그것이] 다름아닌 우환에 접어드는 길목이었습니다. 당신과 제가 어찌하여 이 지경이 되었는지요? 뭇새가 함께 굶어죽는 것보다는 차라리 짝 잃은 난새가 거울을 향하여 짝을 부르는[65] 편만 같지 못할

---

61) 難澁拭涕(난삽식체) : '難澁'이 [正]에서는 첫 자가 闕字인 '□澁'으로 되어 있다. '難澁'으로 補闕할 때, '머뭇거리며 말더듬', '어렵스리' 등으로 풀이할 수 있다. '難澁拭涕'는 '괴로워 머뭇거리며, 눈물을 닦고'로 해석된다.

62) 情鍾 : 情이 모임. 「王衍喪幼子 悲不自勝 山簡弔之曰 孩抱中物何至此 衍曰 聖人忘情 下愚不及情 情之所鍾 正在我輩」(『晋書』 王衍傳).

63) 綢繆(주무) : 서로 얽혀 있는 모양. 굳게 맺어져 풀리지 않는 모양. 「向曰 綢繆繁密貌」(左氏, 「吳都賦」 注).

64) 芝蘭 : 靈芝와 蘭草. 아름다운 香草. 善人才子를 말한다.

65) 隻鸞之有鏡 : 짝 잃은 새가 거울에 비친 제 그림자를 보고 제 짝을 생각하여 울었다는 고사. 「罽賓王一鸞三年不鳴 夫人曰 聞見影則鳴 懸鏡照之 鸞覩影悲鳴 中宵一奮而絶」(『異苑』).

것입니다. 어려울 때 버리고, 좋을 때 가까이 하는 일은 인정으로 차마 할 일은 아니겠습니다만, 하고 아니하고는 사람의 뜻으로 되는 것이 아니며, 헤어지고 만나는 것도 운수에 달려 있으니, 청하건대 지금부터 헤어지기로 합시다"고 하였다.

조신은 이 말을 듣고 무척 기뻐하였다. [네 아이를] 각각 둘씩 나누어 갈라서려고 할 때 아내가 말하기를, "저는 고향으로 가겠습니다. 당신은 남쪽으로 가시지요"라고 하며 서로 잡았넌 손을 막 놓고 갈라서 길을 떠나려 할 때 꿈을 깼다. 쇠잔한 등불은 가물거리고, 밤은 바야흐로 새려 하였다.

새벽이 되서 보니 [하룻밤 사이에] 머리칼이 모두 하얗게 세어 있었다. 넋잃은 사람모양[66] 더 이상 인간세상에 뜻이 없었다. 세상살이의 괴로움에 이미 염증이 난 것이 마치 백 년의 쓰라림을 겪고 난 것 같았다. 탐욕하는 마음도 깨끗이 얼음 녹듯 사라져버렸다. [관음보살의] 거룩한 모습을 부끄러이 [우러러] 대하며 참회하여 마지않았다. 해현으로 가 [꿈 속에서] 큰 아이를 파묻었던 자리를 파보았더니 돌미륵이 나왔다. 깨끗이 씻어서 이웃 절에 봉안하였다. 서울로 돌아가 장사관리의 책임을 벗고 나서 사재를 기울여 정토사(淨土寺)[67]를 세우고, 부지런히 착한 일[68]을 닦았다. 그뒤 어디서 세상을 마쳤는지 알 수 없다.

논의하여 말한다. 이 [조신의] 전기를 읽고 나서 책을 덮고 곰곰히 궁리해보니, 어찌 반드시 조신스님의 꿈만 그렇겠는가? 현재도 모든 사람들이 인간세상이 즐거운 줄만 알고 기뻐 날뛰며 애쓰고 있으니,

---

66) 惘惘然 : 정신을 잃고 멍하니 있는 모양. 茫然自失.
67) 淨土寺 : 調信이 私財를 털어서 세운 절. 지금의 위치는 알 수 없다.
68) 白業 : 善業. 惡業은 黑業이라고 한다.

[이는] 오로지 깨닫지 못한 까닭이다.

이제 시를 지어 경계한다.

즐거운 한 때 한가롭더니
어느덧 근심 속에 늙어 파리하구나
한 끼 조밥 익기[69]를 다시 기다릴 것도 없이
괴로운 인생이 한 마당 꿈임을 깨달았도다
몸 다스림의 잘잘못은 참된 뜻에 있거니
홀아비는 여인[70]을, 도둑은 창고를 꿈에 그린다
어떻게 하면 가을날 맑은 밤의 꿈이 올까
때때로 눈감고 청량(淸凉)[71]에 이르네

---

69) 黃粱熟 : 인생의 허무함을 비유하는 고사. 중국 唐나라 때 노생이라는 청년이 邯鄲 郊外의 주막에서 쉬면서 주인이 좁쌀밥을 짓고 있는 동안 呂翁에게 베개를 빌려 한잠 잤다. 꿈 가운데서 富貴榮華를 누리며 80 平生을 살다가 꿈을 깨었는데, 그 때까지도 주인이 짓던 좁쌀밥은 채 익지 않았다.(李泌, 「枕中記」 참조)

70) 蛾眉 : 누에나방의 눈썹처럼 아름다운 눈썹. 곧 美人의 눈썹이니 美人을 가리킨다.

71) 淸凉 : 淸凉山. 중국 山西省 代州 五臺縣에 있는 五臺山의 다른 이름. 곧 淸凉한 世界를 말한다. 「開成五年(840)四月二十八日…巳時 到停點普通院前 始望見中臺頂 此卽文殊師利所居淸凉山 五臺之中臺也 伏地遙禮 不覺雨淚 遠望臺頂 圓高不見樹木」(圓仁, 『入唐求法巡禮行記』 卷3).

87. 魚山佛影

古記云 萬魚寺[1]者 古之慈成山也 又阿耶斯山〈當作摩耶斯 此云魚也〉 傍有呵囉國 昔天卵[2]下于海邊 作人御國 卽首露王 當此時 境內有玉池 池有毒龍焉 萬魚山有五羅刹女 往來交通 故時降電雨歷四年 五穀不成 王呪禁不能 稽首請佛說法 然後羅刹女受五戒而無後害 故東海魚龍遂化爲滿洞之石 各有鍾磬之聲〈已上古記〉

又按 大定[3]二十[4]年庚子 卽明宗十[5]年也 始創萬魚寺 棟梁寶林狀奏 所稱山中奇異之迹 與北天竺訶羅國佛影事 符同者有三 一山之側近地梁州界玉池 亦毒龍所蟄是也 二 有時自江邊雲氣始出來到山頂 雲中有音樂之聲是也 三 影之西北有盤石 常貯水不絶云是佛浣濯袈裟之地是也

已上皆寶林之說 今親來瞻禮 亦乃彰彰可敬信者有二 洞中之石凡三分之二 皆有金玉之聲 是一也 遠瞻卽現 近瞻不見 或見不見[6]等 是一也 北天之文 具錄於後

---

1) 寺 : [品][浩][民] 山.
2) 卵 : [東] 卯.
3) 定 : [會] 安.
4) 二十 : [正][晩][鶴][斗][六] 十二. [品][浩][民] 二十.
5) 十 : [正][品][斗][浩][六] 十一. '十'이 옳다.
6) 不見 : [正][晩][鶴][斗][六] 覓. [品][浩][民] 不見.

可函觀佛三昧經第七卷云 佛[7]到那[8]乾訶羅國 古仙山 薝蔔[9]花[10]林 毒龍池[11]側 靑蓮華[12]泉北 羅刹穴中 阿那斯山南[13] 爾時彼穴有五羅刹 化作女龍 與毒龍通 龍復降雹 羅刹亂行 飢饉疾疫 已歷四年 王[14]驚懼 禱祀神祇[15] 於事無益[16] 時有梵志 聰明多智 白言大王 迦[17]毗羅[18]淨飯王子[19] 今者成道[20]號釋迦文[21] 王聞是語 心大歡喜 向佛[22]作禮曰[23] 云何今日佛日已興[24] 不到此國[25]

爾時如來勅諸比丘[26]得六神[27]通者 隨從佛後 受那乾訶羅王弗巴[28]浮提請[29] 爾時世尊 頂放光明[30] 化作一萬[31]諸大[32]化佛[33] 往

---

7) 佛 :『觀佛三昧經』如來.
8) 那 : [正][晩][鶴][品][斗][浩][六] 耶.『觀佛三昧經』那.
9) 蔔 : [正][晩][鶴][品][斗][浩][六] 葍.『觀佛三昧經』蔔.
10) 花 :『觀佛三昧經』華.
11) 池 : [正][晩][鶴][品][斗][浩][六] 之.『觀佛三昧經』池.
12) 華 : [正][晩][鶴][品][斗][浩][六] 花.『觀佛三昧經』華.
13) 南 :『觀佛三昧經』巖南.
14) 王 :『觀佛三昧經』時王.
15) 祇 : [正][晩][順][鶴][浩][六] 祗. [品][浩] 祇.『觀佛三昧經』祇.
16) 益 : 이 뒤에『觀佛三昧經』에는 '召諸呪師…其餘 無惜' 40자를 추가함.
17) 迦 : [正][晩][鶴][品][斗][浩][六] 伽.『觀佛三昧經』迦.
18) 羅 :『觀佛三昧經』羅城.
19) 子 : 이 뒤에『觀佛三昧經』에는 '其生之日…成自然佛' 33자를 추가함.
20) 成道 :『觀佛三昧經』道成.
21) 文 : 이 뒤에『觀佛三昧經』에는 '巨身丈六…如眞金山' 28자를 추가함.
22) 佛 : 이 뒤에『觀佛三昧經』에는 '生地自歸' 4자를 추가함.
23) 曰 :『觀佛三昧經』에는 '若梵志語審實不虛…有佛名釋迦文'.
24) 興 : 이 뒤에『觀佛三昧經』에는 '空中有聲告言大王…其聲請佛請比丘僧' 89자를 추가함.
25) 不到此國 :『觀佛三昧經』云何不哀至此國界.
26) 丘 : 이 뒤에『觀佛三昧經』에는 '諸'를 추가함.
27) 神 :『觀佛三昧經』없음.
28) 巴 : [正][晩][鶴][品][斗][浩][六] 婆.『觀佛三昧經』巴.
29) 請 : 이 뒤에『觀佛三昧經』에는 '摩訶迦葉徒衆五百…爲佛作禮侍從佛後' 344

至彼國[34] 爾時 龍王及羅刹女 五體投地 求佛受[35]戒 佛卽[36]爲說三歸五戒[37] 龍王聞已[38]長跪合掌 勸請世尊[39]常住此間 佛若不在我發[40]惡心 無由得成阿耨[41]菩提[42]

時梵天王復來禮佛[43]請[44] 婆伽婆爲未來世諸衆生 故莫獨偏爲此一小龍 百千梵王[45]皆作是請[46] 時[47]龍王[48]出七寶臺 奉上如來 佛[49]告龍王[50] 不須此臺 汝今但以羅刹石窟 持以施我 龍歡喜[51]〈云云[52]〉 爾時如來[53]安慰龍王 我受汝請 坐汝窟中 經千五百歲[54] 佛[55]

자를 추가함.

30) 頂放光明 :『觀佛三昧經』放頂金光.

31) 一萬 :『觀佛三昧經』萬八千.

32) 大 : [浩][曉] 天.

33) 佛 : 이 뒤에 『觀佛三昧經』에는 '一一化佛復放光明…如鴈王翔' 36자를 추가함.

34) 國 : 이 뒤에 『觀佛三昧經』에는 '始到國界…爲佛作禮逡巡而退'를 추가함.

35) 受 :『觀佛三昧經』授.

36) 卽 : 이 뒤에 『觀佛三昧經』에는 '如法'을 추가함.

37) 戒 :『觀佛三昧經』戒之法.

38) 已 : 이 뒤에 『觀佛三昧經』에는 '心大歡喜…爾時龍王'을 추가함.

39) 尊 : 이 뒤에 『觀佛三昧經』에는 '唯願如來'를 추가함.

40) 發 : [正][晩][鶴][品][斗][浩][六] 有.『觀佛三昧經』發.

41) 耨 :『觀佛三昧經』耨多羅三藐三.

42) 提 : 이 뒤에 『觀佛三昧經』에는 '唯願如來留神垂念常在於此 慇懃三請如是不止'를 추가함.

43) 佛 : 이 뒤에 『觀佛三昧經』에는 '合掌勸'을 추가함.

44) 請 : 이 뒤에 『觀佛三昧經』에는 '願'을 추가함.

45) 王 : 이 뒤에 『觀佛三昧經』에는 '異口同音'을 추가함.

46) 請 : 이 뒤에 『觀佛三昧經』에는 '爾時如來…一一化佛萬億菩薩以爲侍從'을 추가함.

47) 時 : 이 뒤에 『觀佛三昧經』에는 '彼'를 추가함.

48) 王 : 이 뒤에 『觀佛三昧經』에는 '於其池中'을 추가함.

49) 佛 :『觀佛三昧經』唯願天尊受我此臺 爾時世尊.

50) 王 :『觀佛三昧經』王曰.

51) 龍歡喜 :『觀佛三昧經』없음.

52) 云 : 이 뒤에 『觀佛三昧經』에는 '時梵天王無數天子先入窟中…是時龍王聞佛

湧[56]身入石 猶如明鏡 人見面像 諸龍皆見[57] 佛在石內 映現於外 爾時諸龍合掌歡喜 不出其地[58] 常見佛日 爾時世尊結伽[59]趺[60]坐在石壁內 衆生見時 遠望卽[61]現[62] 近則不現 諸天[63]供養佛影 影亦說法

又云 佛蹴嵓石之上 卽便成金玉之聲

高僧傳云 惠遠聞天竺有佛影 昔爲龍所留之影 在北天竺月支[64]國那竭呵城南古仙人石室中〈云云〉

又法現[65]西域傳云 至那竭國界 那竭城南半由旬[66] 有石室 博山西南面[67] 佛留影 此中去十餘步 觀之 如佛眞形[68] 光明炳著[69] 轉遠轉微[70] 諸[71]國王遣工[72]摹寫 莫能髣髴[73] 國人[74]傳云 賢劫[75]千

還國 啼哭雨淚 白言 世尊請佛常住 云何捨我 我不見佛 當作惡事 墜墮惡道'를 추가함.

53) 如來 : 『觀佛三昧經』 世尊.

54) 歲 : 이 뒤에 『觀佛三昧經』에는 '時諸小龍合掌叉手…復更增進堅固道心'을 추가함.

55) 佛 : 『觀佛三昧經』 釋迦文佛.

56) 湧 : 『觀佛三昧經』 踊.

57) 見 : [正][晩][鶴][品][斗][浩][六] 現. 『觀佛三昧經』 見.

58) 地 : 『觀佛三昧經』 池.

59) 伽 : [浩] 跏. 『觀佛三昧經』 加.

60) 趺 : [斗] 跌.

61) 卽 : 『觀佛三昧經』 則.

62) 現 : 『觀佛三昧經』 見.

63) 諸天 : 『觀佛三昧經』 諸天百千.

64) 支 : [正][晩][順][鶴] 攴. 『高僧法顯傳』 氏. [品][斗][浩][六] 支.

65) 現 : [品][民] 顯. 『高僧法顯傳』 顯.

66) 旬 : 『高僧法顯傳』 延.

67) 面 : 『高僧法顯傳』 向.

68) 形 : 이 뒤에 『高僧法顯傳』에는 '金色相好'를 추가함.

69) 著 : [正][晩][順][鶴] 着. [品][斗][浩][六] 著.

70) 轉遠轉微 : [品][民] 轉近轉微. 『高僧法顯傳』 轉近轉微髣髴如有.

佛 皆[76]當於此留影 影之[77]西百步[78]許 有佛在時 剃髮剪爪之地[79]
〈云云〉

星函西域記第二卷云 昔如來在世之時 此龍爲牧牛之士 供王乳酪 進奉[80]失宜[81] 旣獲譴嘖[82] 心懷恚恨[83]以金錢買花[84]供養 授[85]記窣[86]堵婆 願爲惡龍破國害王 卽[87]趣石壁 投身而死 遂居此窟爲大龍王[88] 適起惡[89]心 如來[90]鑑[91]此[92] 變[93]神通力而來至 此[94]龍見佛[95] 毒心遂止 受不殺戒[96]因請 如來常居此穴[97]常受我供 佛

71) 諸 :『高僧法顯傳』諸方.
72) 工 :『高僧法顯傳』工畵師.
73) 髣髴 :『高僧法顯傳』及.
74) 國人 :『高僧法顯傳』彼國人.
75) 賢劫 :『高僧法顯傳』없음.
76) 皆 :『高僧法顯傳』盡.
77) 之 :『高僧法顯傳』없음.
78) 百步 :『高僧法顯傳』四百步.
79) 之地 :『高僧法顯傳』없음.
80) 奉 : [正][晩][鶴][斗][浩][六] 奏. [品] 奉.『大唐西域記』奉.
81) 宜 : [品] 宣.
82) 嘖 :『大唐西域記』責.
83) 恨 :『大唐西域記』恨卽.
84) 花 :『大唐西域記』華.
85) 授 :『大唐西域記』受.
86) 窣 : [品][斗] 卒. [浩] 率.
87) 卽 : [正][晩][鶴][品][斗][浩][六] 特.『大唐西域記』卽.
88) 王 : 이 뒤에『大唐西域記』에는 '便欲出穴成本惡願'을 추가함.
89) 惡 :『大唐西域記』此.
90) 來 : 이 뒤에『大唐西域記』에는 '已'를 추가함.
91) 鑑 : 이 뒤에『大唐西域記』에는 '愍'을 추가함.
92) 此 : 이 뒤에『大唐西域記』에는 '國人爲龍所害'를 추가함.
93) 變 :『大唐西域記』運.
94) 此 :『大唐西域記』없음.
95) 佛 :『大唐西域記』如來.
96) 戒 : 이 뒤에『大唐西域記』에는 '願護正法'을 추가함.

言[98] 吾將寂滅 爲汝留影[99] 汝若毒忿[100] 常[101]觀吾[102]影[103]毒心當止 攝神獨入石室 遠望卽現 近則不現 又令石上蹴爲七寶〈云云〉

已上皆經文 大略如此 海東人名此山爲阿那斯 當作摩那斯 此飜[104]爲魚 蓋取彼北天竺[105]事而稱之爾

---

97) 穴 :『大唐西域記』窟 諸聖弟子.

98) 佛言 :『大唐西域記』如來告曰.

99) 影 : 이 뒤에 『大唐西域記』에는 '遣五羅漢 常受汝供 正法隱沒 其事無替'를 추가함.

100) 毒忿 :『高僧法顯傳』毒心奮怒.

101) 常 :『大唐西域記』當.

102) 吾 :『大唐西域記』吾留.

103) 影 : 이 뒤에 『大唐西域記』에는 '以慈善故'를 추가함.

104) 飜 : [正][晩][順][鶴][品][斗] 㲊. [浩][六] 翻. '㲊'은 '翻'의 板刻上의 變字이며, '翻'은 '飜'과 통용됨.

105) 竺 : [正][晩][鶴][品][斗][浩][六] 없음. '竺'을 보충해야 함.

어산의 부처 그림자

고기(古記)에는 다음과 같은 글이 있다.

「만어사(萬魚寺)[1]는 옛 자성산(慈成山)[2]이요, 또 아야사산(阿耶斯山)〈마땅히 마야사(摩耶斯)[3]로 써야 한다. 이는 물고기를 말한다.[4]〉이라고 하였다. [그] 곁에 가라국(呵囉國)[5]이 있었는데, 옛적에 하늘에서 알이 바닷가에 내려와 사람이 되어 나라를 다스렸는데, [이가] 곧 수로왕(首露王)이다.[6] 이때 지경 안에 옥지(玉池)가 있어 [그] 못에 독룡이 살고 있었다.[7] 만어산(萬魚山)[8]에 다섯 나찰녀(羅刹女)[9]가 있어

---

1) 萬魚寺 : 萬魚山을 가리킨다. 절(寺)을 산(山)으로 일컬은 데서 온 듯하다.

2) 慈成山 : 密陽府 동쪽 20리에 있는 산. 옛이름을 萬魚山이라고 하였다.

3) 摩耶斯 : 물고기를 가리키는 梵語인 듯하다. 摩竭(Makara)은 大魚이다.

4) 阿耶斯山〈當作摩耶斯 此云魚也〉 : 이에 대하여 본조 말미에서 다시 「海東人名此山 爲阿那斯 當作摩那斯 此飜爲魚 盖取彼北天事而稱之爾」라고 썼다. '耶'와 '那'를 '야'음에 통용하고 있다.

5) 呵囉國 : 加羅, 곧 駕洛의 異表記.

6) 傍有呵囉國 昔天卵下于海邊 作人御國 卽首露王 : 駕洛國의 金首露王의 龜旨峯 誕降기사는 [遺] 卷2 紀異 駕洛國記條에 상세하다.

7) 境內有玉池 池有毒龍焉 : 寺刹 緣起譚에는 흔히 毒龍이 인근 백성에게 많은 害毒을 끼치던 끝에 부처의 감화로 귀의하여 護法의 善龍이 되고, 그의 처소였던 못은 佛緣의 땅(절, 金剛壇)이 된다는 毒龍 遷善의 모티프가 보이는데, 萬魚寺의 독룡도 이에 해당한다. 通度寺 金剛戒壇도 당초 독룡의 거처였던 못이었다고 한다. 「(慈藏)…師還本國…到于境南鷲栖山下毒龍神池 師乃爲龍說法受戒 令生善心調伏惡心 請此池 塡築戒壇 安舍利袈裟者 今夫通度寺也」(『通度寺舍利袈裟事蹟略錄』).

[독룡과] 서로 사귀어 통하였기 때문에 때로 번개와 비를 내려 4년 동안 오곡이 익지 않았다. 왕이 주술로 [이를] 금하려고 했으나 할 수 없게 되자 머리를 조아려 부처께 청하여 설법한 뒤에야 나찰녀가 5계(五戒)[10]를 받고 그뒤에 재해가 없어졌다. 이로 인하여 동해(東海)의 어룡(魚龍)이 마침내 골짜기에 가득한 돌로 화하여 각기 종과 경쇠의 소리를 냈다.[11]」〈이상은 고기이다.〉

또 살펴보면, 대정(大定) 20년[12] 경자(庚子, 1180), 곧 명종(明宗) 10년에 처음으로 만어사를 세웠다. 동량(棟梁)[13] 보림(寶林)[14]이 장계를 올린 글에, 「[이] 산중의 기이한 자취가 북천축(北天竺) 가라국(訶羅國)[15]의 부처 그림자[16] 사적과 부합하는 것이 세 가지가 있습

8) 萬魚山 : 魚山. 경상남도 밀양군 삼랑진읍 용전리에 있는 慈成山의 옛이름.

9) 羅刹女 : 사람의 血肉을 먹는 鬼女로서, 羅刹男이 검은 몸, 붉은 머리카락, 초록빛 눈임에 대하여 羅刹女는 용모가 매우 아름답다. 이들 羅刹은 하늘을 날기도 하고, 땅을 가기도 하는데 두려울 만큼 빨랐다고 한다.(『慧琳音義』 卷25 참조)

10) 五戒 : 불교에 귀의하는 在家 남녀가 받을 5종의 戒律. 불교도 전체에 통하는 戒律로, '중생을 죽이지 말라. 훔치지 말라. 음행하지 말라. 거짓말하지 말라. 술 마시지 말라' 등이 있다.

11) 東海魚龍遂化爲滿洞之石 各有鍾磬之聲 : 현재 萬魚山 안 한 골짜기에는 크고 작은 돌이 마치 물고기모양을 하고 가득 차있다. 이 돌들을 두드리면 쇳소리가 난다고 한다. 世宗 때 이 돌로 磬쇠를 만들었으나, 音律에 맞지 않아 폐하였다고 한다. 이 돌을 '魚龍石'으로도 불렀다.(『大東韻府群玉』 卷20 참조) 「山中有一洞 洞中岩石大小 皆有鍾磬聲 世傳 東海魚龍化爲石 我世宗朝採之作磬 不中律 遂廢」([勝覽] 卷26 密陽都護府 古蹟 萬魚山磬石條).

12) 大定二十年 : 大定은 중국 金 世宗의 연호(1161-1189). [正]의 '大定十二年庚子 卽明宗十一年也'는 '大定二十年 卽明宗十年'의 誤記이다. 大定 20年(1180)은 고려 明宗 10년이다.

13) 棟梁 : 重任을 맡은 사람. 柱石. 重鎭. 匠長.

14) 寶林 : 萬魚寺를 창건한 고려 明宗 때의 승려.

15) 訶羅國 : 뒤에 인용한 『觀佛三昧經』에 나오는 耶乾訶羅國을 말한다. 여기서는 우리 나라 呵囉國(駕洛國)과 暗合됨을 보이고 있다.

니다. 첫째, 산 곁 가까운 곳인 양주(梁州) 지경 옥지에도 독룡이 칩거하고 있다는 것이고,[17] 둘째, 때때로 강변에서 구름이 일어나 산정에 이르면 구름 속에서 음악소리가 들리는 것이고,[18] 셋째, [부처] 그림자의 서북쪽 반석에 항상 물이 고여 끊이지 않는데, 이곳은 부처가 가사를 빨던 곳이라고 하는 것이 이것입니다[19]」고 하였다.

이상은 모두 보림의 설이나 이제 가까이 와서 참례하고 보니 역시 분명히 공경히여 믿을 만한 것이 두 가지가 있다. 골짜기 안의 돌이 무릇 3분의 2가 모두 금과 옥의 소리를 내는 것[20]이 그 하나요, 멀리서 보면 곧 나타나고 가까이서 보면 보이지 않으니 혹은 보이기도 하

---

16) 佛影 : 부처 그림자. 부처의 모습이 내비쳐 보이는 바위, 곧 佛影石을 가리킨다. 北天竺 那揭羅曷國의 도성 서남 20여 리 떨어진 작은 바위고개에 無憂王이 지었다고 하는 伽藍이 있는데, 그 서남의 석벽에 瞿波羅龍의 거처라는 큰 洞穴이 있다. 옛날에 '佛影'이 있어서 빛남이 부처의 眞容과 같았으며, 相好 具足하여 엄연한 실재와 다르지 않았다.「昔有佛影 煥若眞容 相好具足儼然如在 近代已來 人不遍覩 縱有所見髣髴而已 至誠祈請有冥感者 乃暫明視 尙不能久」(『大唐西域記』 卷2).

17) 一 山之側近地…玉池亦毒龍所蟄是也 : 萬魚山 곁 梁州 땅에 毒龍이 蟄居하던 못이 있던 것과 古仙山의 薝蔔華林에 독룡의 못이 있던 北天竺의 사적과 일치함을 말하였다.

18) 二 有時自江邊雲氣…雲中有音樂之聲是也 : 이에 해당하는 北天竺의 사적은 보이지 않는다.

19) 三 影之西北有盤石…佛浣濯袈裟之地是也 : 지금도 萬魚寺 彌勒堂 앞 10m 거리에 있는 盤石에 '藥水'로 부르는 샘이 고여 있는데, 일찍이 하늘에서 하강한 선녀가 부처의 가사를 세탁하던 곳이라고 한다. 이는 北天竺의「影窟西有大盤石 如來嘗於其上 濯浣袈裟文影微現」(『大唐西域記』 卷2)의 사적과 일치한다.

20) 洞中之石 凡三分之二 皆有金玉之聲 : 골짜기 안을 메운 돌들의 2/3가 두드리면 쇠소리와 옥소리를 낸다고 한다. 그리하여 조선 世宗 때 여기 돌로써 磬쇠를 만들었던 일이 있으나 聲律에 맞지 않아 폐하였다고 한다.「萬魚山磬石 山中有一洞 洞中岩石大小 皆有鍾磬之聲 世傳 東海龍化爲石 我世宗朝 採之 作磬 不中律 遂廢」([勝覽] 卷26 密陽都護府 古蹟 萬魚山磬石條).

고 안보이기도 하는 것[21] 등이 그 하나이다. 북천축[北竺]의 글은 뒤에 자세히 기록하였다.

가함(可函)[22]의 『관불삼매경(觀佛三昧經)』[23] 제7권에 다음과 같은 글이 있다.

「부처가 나건가라국(那乾訶羅國) 고선산(古仙山) 담복화(薝蔔花)[24] 숲의 독룡이 사는 못 곁, 푸른 연꽃이 핀 샘 북쪽 나찰혈(羅刹穴) 가운데 있는 아나사산(阿那斯山)의 남쪽에 이르렀다. 이때 그 구멍에 다섯 나찰이 있어 여룡(女龍)으로 화하여 독룡과 교합하더니 용이 다시 우박을 내리고, 나찰은 난폭한 행동을 하므로 기근과 질역이 4년 동안 계속되었다. 왕은 놀라고 두려워서 신기(神祇)[25]에게 빌며 제사하였으나 아무런 유익이 없었다. 이때 총명하고 지혜 많은 범지(梵志)[26]가 왕에게 아뢰기를, "가비라국[迦毗羅][27] 정반왕(淨飯王)[28]의

---

21) 遠瞻卽現 近瞻不見 或見不見 : 이는 萬魚寺 경내(현재 彌勒殿 안에 있음) 佛影石(自然石)의 造化를 말한 것이다.

22) 可函 : 海印寺의 高麗大藏經板은 千字文의 字順으로 函藏되어 있다. 『觀佛三昧經』은 187번째 '可'자 函에 들어 있다. 이를 밝혀 쓴 것이다.

23) 觀佛三昧經 : 東晋天竺三藏 佛陀跋陀羅 譯. 高麗大藏經 187 '可'函 수록. 『觀佛三昧海經』을 가리킨다. 釋尊이 迦毗羅國 尼拘類陁 숲에서 父王과 이모를 위해 觀佛三昧에 들어가서 처음으로 깨달음을 가르쳤다. 觀佛三昧란 부처를 觀想하는 三昧로, 생각을 가다듬어 부처의 相好와 功德을 생각하고 관찰하는 禪定을 말한다. 이 三昧에 들어가 한 부처를 보게 되면 10方의 모든 부처를 볼 수 있고, 그 자리에서 授記를 받는다고 한다.([樹] p.271 참조)

24) 薝蔔花(담복화) : 치자나무 꽃.

25) 神祇 : 天神과 地祇.

26) 梵志 : Brahmacārin. 婆羅門의 다른 이름. 인도 四姓 가운데 가장 높은 僧族. 梵士라고도 쓴다.

27) 迦毗羅 : Kapila-vastu. 釋迦의 탄생지. 지금 네팔의 타라이(Tarai)지방. 迦毗羅仙人이 있었다고 하여 붙인 이름이다. 석가 생존의 말년에 멸망하였다.

28) 淨飯王 : Suddhodana. 중인도 가비라국의 왕. 석가의 아버지. 사자빈왕의 아들. 만년에 석가, 난타, 라후라 등의 간호를 받으면서 죽었다. 향년 79세.

왕자가 지금 도를 이루어 이름을 석가문(釋迦文)[29]이라고 합니다"고 하였다. 왕은 이 말을 듣고 마음에 크게 기뻐하여 부처가 있는 쪽을 향해 절하고 말하기를, "오늘날 불일(佛日)[30]이 이미 일어났다고 하는데, 어찌하여 이 나라에는 이르지 아니하십니까?"고 하였다.

이때 여래는 6신통(六神通)[31]을 터득한 비구들에게 명하여 자기의 뒤를 따르게 하고, 나건가라왕 불파부제(弗巴浮提)의 청을 들어주었다. 이때 세존은 이마에서 광명이 내비춰 1만이나 되는 여러 대화불(大化佛)[32]이 되어 그 나라로 갔다. 이때 용왕과 나찰녀는 5체를 땅에 던져[33] 부처께 계받기를 청하였다. 부처는 곧 [이를] 위하여 3귀(三歸)[34] 5계(五戒)를 설하니, 용왕이 다 듣고 나서 꿇어 앉아 합장하고, 세존에게 여기에 상주하기를 권청하면서 "부처님께서 만약 계시지 않으면 제가 악심이 생겨 아뇩보리(阿耨菩提)[35]를 성취할 도리

---

29) 釋迦文 : 釋迦牟尼(Sākyamuni).

30) 佛日 : 부처를 해에 비유하여 부르는 말. 햇빛이 싹을 내고, 꽃을 피워 열매를 맺게 하는 것처럼, 부처는 菩提心의 싹을 내고, 無漏의 道樹(깨달음의 나무)를 자라나게 하며, 해가 어두움을 없애는 것처럼, 부처는 衆生의 煩惱를 없애므로 佛日이라고 이르고 있다.

31) 六神通 : '神'은 不可思議. '通'은 無礙란 뜻. 三乘의 聖者가 神妙不測 無礙自在한 6種의 지혜를 얻은 神通으로, 天眼通, 天耳通, 他心通, 宿命通, 神足通(또는 如意通), 漏盡通 등을 말한다.

32) 大化佛 : 變化佛. 應身, 變化身과 같은 뜻. 衆生의 根機와 素質에 應하여 가지가지 形相으로 변하여 나타나는 佛身인 바, 여기의 '化佛'은 없던 것이 갑자기 부처로 나타난 것으로, 곧 根機에 응하여 佛·菩薩의 神通力으로 하여 문득 化作하게 되는 부처 형상을 말하였다.

33) 五體投地 : 五體는 머리, 왼손, 오른손, 왼 무릎, 오른 무릎을 말한다. 이 5체를 땅에 붙여 공경의 뜻을 나타내는 五體投地가 인도에서는 최고 공경의 예법이다.

34) 三歸 : 佛門에 처음 귀의할 때 하는 의식. 佛·法·僧 3寶에 귀의함을 말한다. 三歸依, 三自歸, 三歸戒라고도 한다.

35) 阿耨菩提 : 阿耨多羅三藐三菩提(Anuttara-samyak-sambodhi). 줄여서 阿耨三菩提, 阿耨菩提라고 한다. 無上正等等覺, 無上正等覺로 번역된다. 佛果의 智

가 없습니다"고 하였다.

이때 범천왕(梵天王)[36]이 다시 와서 부처께 절하고 청하기를, "바가바(婆伽婆)[37]께서는 미래세의 여러 중생을 위하시므로 다만 편벽되게 이 작은 용 한 마리만을 위하지는 마소서"라고 하니, 백천 범왕(梵王)[38]이 모두 이같이 청하였다. 이때 용왕이 칠보대(七寶臺)를 내어 여래께 바치니, 부처가 용왕에게 말하기를, "이 자리는 필요 없으니 너는 지금 다만 나찰의 석굴만을 가져다 내게 시주하라"고 하니, 용왕이 기뻐하였다.〈고 한다.〉 이때 여래가 용왕을 위로하기를, "내가 네 청을 받아들여 네 굴 안에 앉아 1천 5백 세를 지내리라"고 하고 부처는 몸을 솟구쳐 돌 안으로 들어갔다. [돌은] 마치 명경(明鏡)과 같아서 사람의 얼굴형상이 보이고, 여러 용들이 모두 나타나며, 부처는 돌 안에 있으면서 그 모습이 밖에까지 비쳐 나타났다.

이때 여러 용들은 합장[39]하고 기뻐하면서 그곳을 떠나지 않고 항상

慧를 말한다. 阿耨多羅는 無上, 三藐三菩提는 正遍智 또는 正等正覺으로 번역되니, 앞의 것은 舊譯, 뒤의 것은 新譯이라고 한다. 줄여서 正覺으로 번역하니, 凡夫가 不覺인데 대하여, 迷界를 여의고 覺知가 圓滿하여 일체의 진상을 모두 아는 부처의 무상 승지를 말한다.

36) 梵天王 : Brahma. 인도의 古代神. 劫初에 光音天에서 이 세계에 내려와서 大梵王이 되어 만물을 만들었다고 하며, 혹은 毘紐天의 배꼽에서 나온 천 잎 연꽃 가운데서 이 梵王이 태어나, 아들 8명을 낳아 일체 만물의 근원이 되었다고 한다. 불교에서는 帝釋과 함께 正法을 옹호하는 신으로서, 부처가 세상에 나올 적마다 반드시 제일 먼저 설법하기를 청한다고 한다. 또 항상 부처를 오른편에 모시면서, 손에는 흰 拂子를 들고 있다고 한다.

37) 婆伽婆 : Bhagavat. 諸佛通號의 하나. 薄伽梵이라고도 쓰며, 世尊, 衆祐, 破淨地로 번역된다.

38) 梵王 : Brahma-deva. 色界 初禪天의 主인 梵天王을 가리킨다.

39) 合掌 : 두 손바닥을 합하여 마음이 한결같음을 나타내는 인도 경례의 일종. 그 모양은 여러 가지가 있다.

불일을 보게 되었다. 이때 세존은 가부좌를 하고 석벽 안에 있었는데, 중생이 볼 때 멀리서 바라보면 나타나고 가까이서 보면 나타나지 않았다. 여러 천중이 부처 그림자에 공양하면 그림자가 또한 설법하였다.」

또 이르기를, 「부처가 바윗돌 위를 차면 곧 금과 옥의 소리가 났다」고 하였다.

『고승전(高僧傳)』[40]에 이르기를, 「혜원(惠遠)[41]이 천축(天竺)에 부처 그림자가 있다고 들었는데, 옛적에 용을 위하여 남겨둔 그림자로서 북천축 월지국(月支國)[42] 나갈가성(那竭呵城)의 남쪽 옛 선인의 석실 안에 있다〈고 한다.〉」고 하였다.

또 법현(法現)[43]의 『서역전(西域傳)』[44]에 이르기를, 「나갈국 지경에 이르면 나갈성 남쪽 반 유순(由旬)[45] 되는 곳에 석실이 있으니, [그곳은] 박산(博山)[46]의 서남쪽이며 [그 속에] 부처가 그림자를 남겨 두었다. 이 안에서 10여 보를 가서 이것을 보면 부처의 참모습처럼 광명이 찬란하나 멀어질수록 점점 희미해진다. 여러 나라 왕들이 화공을 보내 [이를] 모사하게 했으나 비슷하게도 그릴 수 없었다. 나라 사

---

40) 高僧傳 : 梁 會稽 嘉祥寺 沙門 釋慧皎 撰.
41) 慧遠 : 335-417. 중국 東晋 때의 고승. 廬山 白蓮社 開祖. 雁門 樓煩 사람.
42) 月支國 : 月氏國이라고도 한다. 西域에 있던 큰 왕국.
43) 法現 : 法顯. 중국 東晋 때의 고승. 俗姓 龔(공). 중국승으로 파밀 고원을 최초로 넘어 西域의 佛蹟과 靈地를 두루 순례하면서 經, 律을 쓰고, 또 獅子國(스리랑카)에 건너가 『五分律』, 『長阿含經』, 『雜阿含經』 등을 얻어가지고 돌아오는 길에 표류하여 고생한 끝에 귀국하였다.
44) 西域傳 : 原題는 『天竺行記』. 세상에서는 『法顯傳』(1卷. 東晋沙門 釋法顯自記遊天竺事) 또는 『佛國記』라고도 한다.
45) 由旬 : 인도 里數의 단위. 聖王의 하루 동안의 行程. 40리에 해당한다. 大由旬은 80리, 小由旬은 40리라고도 한다. 1리도 시대에 따라 같지 않다. 1리를 360보, 즉 1080尺이라고 한다면, 1由旬은 6마일의 3/22에 해당한다.
46) 博山 : 那竭城 남쪽에 있는 땅이름.

람들이 전하기를, 현겁(賢劫)[47]의 천불이 모두 이곳에 그림자를 남겨 두게 된다고 하고, 그림자의 서쪽 백 보쯤 되는 곳은 부처가 세상에 있을 때 머리를 깎고 손톱을 잘랐던 자리가 있다〈고 한다.〉」고 하였다.

성함(星函)[48] 『서역기(西域記)』[49] 제2권에는 다음과 같은 글이 있다.

「옛날 여래가 세상에 있을 때 이 용은 소치는 사람으로 왕에게 유락(乳酪)[50]을 공급하였는데, 진상하면서 잘못하여 견책을 받았다. 마음에 노여움과 원한을 품고 금전으로 꽃을 사서 [부처께] 공양하고, 솔도파(窣堵婆)[51]에 수기(授記)[52]하기를, "악룡이 되어 나라를 파괴하고 임금을 해치게 해주소서"라고 하고, 곧 석벽으로 달려가 몸을 던

---

47) 賢劫 : Bhadra-Kalpa. 三劫의 하나. 세계는 인수 8만 4천 세 때부터 1백 년을 지낼 때마다 1세씩을 감하여 인수 10세에 이르고, 여기서 다시 1백 년마다 1세씩을 더하여 인수 8만 4천 세에 이르며, 이렇게 1增 1減하기를 20회 되풀이하는 동안, 즉 20증감하는 동안에 세계가 성립되고(成), 다음 20증감하는 동안에 머물러 있고(住), 다음 20증감하는 동안에 무너지고(壞), 다음 20증감하는 동안은 텅 비어 있다(空). 이렇게 세계는 成·住·壞·空을 반복하니, 이 成·住·壞·空의 4기를 大劫이라고 한다. 과거의 大劫을 莊嚴劫, 현재의 大劫을 賢劫, 미래의 대겁을 星宿劫이라고 한다. 賢劫의 住劫 때는 拘留孫佛·拘那含牟尼佛·迦葉佛·釋迦牟尼佛 등 1천 부처가 세상 중생을 구제하고자 출현하는 시기이므로 賢劫이라고 한다.

48) 星函 : 『大唐西域記』는 『高麗大藏經』 463번째 疑函과 464번째 星函에 나누어 수장되어 있는데, 여기서는 뒤의 函을 가리킨다.

49) 西域記 : 『大唐西域記』(三藏法師 玄奘 奉詔 譯·大總持寺 沙門 辯機 撰).

50) 乳酪 : 牛乳에서 지방분을 굳힌 것. butter.

51) 窣堵婆 : Stūpa. 遺骨이나 經典을 넣기도 하며, 또는 특히 靈地의 표시로나 伽藍 건축의 한 莊嚴으로 세우는 건축물. 3층, 5층 등 지붕이 있는, 높은 것은 塔이라고 하고, 작은 板塔婆는 率塔婆, 塔婆로 통칭한다.

52) 授記 : 부처가 그 제자들에게 미래의 證果에 대하여 미리 말한 敎說. 또는 그러한 예언을 주는 일. 여기서는 용이 자신에 관한 未來事를 發願한 데 대하여 썼다.

져 죽었다. 드디어 이 굴에 살면서 대용왕이 되어 마침 악한 마음을 일으켰다. 여래가 이를 알고 신통력을 발하여 [그곳에] 이르니, 이 용이 부처를 보자 독한 마음을 버리고 불살계(不殺戒)[53]를 받고 청하기를, "여래께서 항상 이 굴에 계셔서 상시 저의 공양을 받으소서"라고 하였다. 부처가 말하기를, "나는 적멸(寂滅)[54]할 것이므로 너를 위하여 내 그림자를 남겨 두리라. 네가 만약 독한 분심이 일거든 늘 내 그림자를 보고 독한 마음을 응당 버리도록 하여라"고 하고 정신을 가다듬고[55] 홀로 석실로 들어갔는데, 멀리서 바라보면 곧 나타나고 가까이 가면 나타나지 않았다. 또 돌 위를 발로 차면 칠보(七寶)가 되었다〈고 한다.〉」

이상은 모두 경문(經文)으로서 대략 이와 같다. 해동(海東) 사람이 이 산을 아나사(阿那斯)라고 이름하였는데, 마땅히 마나사(摩那斯)라고 해야 한다. 이것을 번역하면 물고기이니, 대개 저 북천축의 사적을 취하여 그렇게 부른 것이다.

---

53) 不殺戒 : 5戒의 하나. 온갖 중생의 생명을 죽이지 말라는 계율.
54) 寂滅 : 涅槃의 번역. 生死하는 因·果를 滅하여 다시는 迷한 生死를 계속하지 않는 寂靜한 境界로, 入寂, 入滅이라고도 한다. 이는 모두 부처의 죽음을 가리켜 말한 것이다.
55) 攝神 : 정신을 한 곳에 집중시키는 것.

88. 臺山五萬眞身

按[1]山中古傳 此山之署名 眞聖住處者 始自慈藏法師 初法師欲見中國五臺山文殊眞身 以善德王代 貞觀十年丙申〈唐僧傳云十二年今從三國本史〉入唐 初至中國太[2]和池邊石文殊處 虔祈七日 忽夢大聖授四句偈 覺而記憶 然皆梵語 罔然不解 明旦忽有一僧 將緋羅金點袈娑[3]一領 佛鉢一具 佛頭骨一片 到于師邊 問何以無聊 師答以夢所受四句偈 梵音不解爲辭 僧譯之云 呵囉婆佐曩 是曰了知一切法 達嚇哆[4]佉嘢 云自性無所有 曩伽呬伽曩 云如是解法性 達嚇盧舍那 云卽見盧舍那 仍以所將袈裟等 付而囑云 此是本師釋迦尊之道具也 汝善護持 又曰 汝本國艮方溟州界有五臺山 一萬文殊常住在彼 汝往[5]見之 言已不現 遍尋靈迹 將欲東還[6] 太[7]和池龍現身請齋 供養七日 乃告云 昔之傳偈老僧 是眞文殊也 亦有叮[8]囑創寺立塔之事 具載別傳

1) 按 : [正] 桉. [品][斗][浩][六] 按.
2) 太 : [正][晩][鶴] 大. [順] 太(가필). [品][斗][浩][六] 太.
3) 娑 : [品][斗][浩][六] 裟.
4) 哆 : [順] 陊(가필).
5) 往 : [浩] 住.
6) 還 : [六] 遺.
7) 太 : 주 2)와 같음.
8) 叮 : [順] 丁(가필).

師以貞觀十七年 來到此山 欲覩眞身 三日晦陰 不果而還 復住元寧寺 乃見文殊云 至葛蟠處 今淨嵒寺是〈亦載別傳〉 後有頭陁信義乃梵日之門人也 來尋藏師憩息之地 創庵而居 信義旣卒 庵亦久廢 有水多寺長老有緣 重創而居 今月精寺是也

藏師之返新羅 淨神大王太[9]子寶川[10] 孝明二昆弟〈按國史 新羅無淨神寶川[11]孝明三父子明文 然此記下文云 神龍元年開土立寺 則神龍乃聖德王卽位四年乙巳也 王名興光 本名隆基 神文之第[12]二子也 聖德[13]之兄孝照[14] 名理恭 一作洪 亦神文之子 神文政明字日照 則淨神恐政明神文之訛也 孝明乃孝照[15]一作昭之訛也 記云孝明卽位 而神龍年開土立寺云者 亦不細詳言之爾 神龍年立寺者乃聖德王也〉 到河西府〈今溟州亦有河西郡是也 一作河曲縣 今蔚州非是也〉世獻角干之家 留一宿 翌日過大嶺 各領千徒 到省烏坪 遊覽累日 忽一夕昆弟二人 密約方外之志 不令人知 逃隱入五臺山〈古記云 太[16]和元年戊申[17]八月初 王隱山中 恐此文大誤 按[18]孝照[19]一作昭 以天授三年壬辰卽位 時年十六 長安二年壬寅崩 壽二十六 聖德以是年卽位 年二十二 若曰太[20]和元年戊申[21] 則先於孝照[22]卽位壬[23]辰已過四十五歲 乃太[24]宗武烈[25]

---

9) 太 : [正][晩][順][鶴] 大. [品][斗][浩][六][民] 太.
10) 寶川 : [遺] 卷3 塔像 溟州五臺山寶叱徒太子傳記條에는 '寶叱徒'.
11) 寶川 : 주 10)과 같음.
12) 第 : [正][晩][順][鶴] 弟. [品][斗][浩][六] 第.
13) 德 : [六] 聖.
14) 照 : [民][史] 昭.
15) 照 : 주 14)와 같음.
16) 太 : [正][晩][順][鶴] 大. [品][斗][浩][六] 太.
17) 戊申 : [浩][民] 丁未.
18) 按 : 주 1)과 같음.
19) 照 : 주 14)와 같음.
20) 太 : [鶴] 大.
21) 戊申 : 주 17)과 같음.
22) 照 : 주 14)와 같음.
23) 壬 : [正][晩][順][鶴][品][斗][六][史] 甲. [浩][民] 壬.

王之世也 以此知此文爲誤 故不取之〉 侍衛不知所歸 於是還國

二太子到山中 靑蓮忽開地上 兄太[26]子結庵而止住 是曰[27]寶川[28]庵 向東北[29]行六百餘步 北臺南麓 亦有靑蓮開處 弟太[30]子孝明又結庵而止[31] 各懃修業 一日同上五峰瞻禮次 東臺滿月山 有一萬觀音眞身現在 南臺騏[32]驎[33]山 八大菩薩爲首一萬地藏 西臺長嶺山無量壽如來爲首一萬大勢至 北臺象王山 釋迦如來爲首五百大阿羅漢 中臺風盧山亦名地盧山 毗盧遮那爲首一萬文殊 如是五萬眞身一一瞻禮 每日寅朝 文殊大聖到眞如院〈今上院[34]〉 變現三十六種形

或時現佛面形 或作寶珠形 或作佛眼形 或作佛手形 或作寶塔形 或萬佛頭形 或作萬燈形 或作金橋[35]形 或作金鼓形 或作金鍾形 或作神通形 或作金樓形 或作金輪形 或作金剛杵[36]形 或作金甕形 或作金鈿形 或五色光明形 或五色圓光形 或吉祥草形 或靑蓮花形 或作金田形 或作銀田形 或作佛足形 或作雷電形 或如[37]來湧出形 或地神湧出形 或作金鳳形 或作金烏形 或馬産師子形 或雞産鳳形

---

24) 太 : [正][晩][鶴] 大. [順] 太(가필). [品][斗][浩][六] 太.
25) 武烈 : [正][品][斗][六] 文武. [浩] 武烈.
26) 太 : [正][晩][鶴] 大. [順] 太(가필). [品][斗][浩][六][民] 太.
27) 曰 : [正][晩][鶴][品] 日. [斗][浩][六][民] 曰.
28) 寶川 : 주 10)과 같음.
29) 北 : [鶴] 比.
30) 太 : [正][晩][鶴] 大. [品][斗][浩][六][民] 太.
31) 止 : [鶴] 正.
32) 騏 : [品][斗][浩][六] 麒.
33) 驎 : [品][斗][浩][六] 麟.
34) 今上院 : [正][晩][順][鶴]에는 본문으로 기재되어 있으나, [品][斗][浩][六]은 세주로 보았다. 세주로 보는 것이 옳다.
35) 橋 : [正][晩][鶴] 撟. [品][斗][浩][六] 橋.
36) 杵 : [正][晩][順][鶴][東][會] 柝. [品][斗][浩][六][民] 杵.
37) 如 : [正][晩][順][鶴][品][東][會] 없음. [斗][浩][六][民] 如.

或作青龍形 或作白象形 或作鵠鳥形 或牛産師子形 或作遊猪形 或作青蛇[38]形

二公每汲洞中水 煎茶獻供 至夜各庵修道 淨神王之弟與王爭位 國人廢之 遣將軍四人 到山迎之 先到孝明庵前 呼萬歲 時有五色雲 七日垂覆 國人尋雲而畢至 排列鹵簿 將邀兩太子而歸 寶川[39]哭泣以辭 乃奉孝明歸卽位 理[40]國有年〈記云 在位二十餘年 蓋崩年壽二十六之訛也 在位但十年爾 又神文之弟爭位事 國史無文 未詳〉 以神龍元年〈乃唐中宗復位之年 聖德王卽位四年也〉 乙巳三月初四日 始改創眞如院 大王親率百寮到山 營構[41]殿堂 并塑泥像文殊大聖安于堂中 以知識靈卞等五員 長轉華嚴經 仍結爲華嚴社 長年供費 每歲春秋 各給近山州縣倉租一百石 淨油一石 以爲恒規 自院西行六千步 至牟尼岾 古伊峴外 柴地十五結 栗枝六結 坐位二結 創置莊舍焉

寶川[42]常汲服其靈洞之水 故晩年肉身飛空 到流沙江外 蔚珍國掌天窟停止 誦隨求陁羅尼 日夕爲課 窟神現身白云 我爲窟神已二千年 今日始聞隨求眞詮 請受菩薩戒 旣受已 翌日窟亦無形 寶川[43]驚異 留二十日 乃還五臺山神聖窟 又修眞五十年 忉利天神三時聽法 淨居天衆烹茶供獻 四十聖騰空十尺 常時護衛 所持錫杖一日三時作聲 遶房三匝 用此爲鍾磬 隨時修業 文殊或灌水寶川[44]頂 爲授成道記莂 川將圓寂之日 留記後來山中所行輔益邦家之事 云 此

38) 蛇 : [正][品][斗] 虵(蛇의 속자). [浩][六] 蛇.
39) 寶川 : 주 10)과 같음.
40) 理 : 고려 成宗의 이름 '治'의 피휘.
41) 構 : [順] 排(가필). [六] 搆.
42) 寶川 : 주 10)과 같음.
43) 寶川 : 주 10)과 같음.
44) 寶川 : 주 10)과 같음.

山乃白頭山之大脉 各臺眞身常住之地 青在東臺北角下 北臺南麓之末 宜置觀音房 安圓像觀音及青地畵一萬觀音像 福田五員 晝讀八卷金經仁王般若千手呪 夜念觀音禮懺 稱名圓通社 赤任[45]南臺南面 置地藏房 安圓像地藏及赤地畵八大菩薩爲首一萬地藏像 福田五員 晝讀地藏經金剛般若 夜占[46]察禮懺 稱金剛社 白[47]方西臺南面 置彌陁房 安圓像無量壽及[48]白地畵無量壽如來爲首一萬大勢至 福田五員 晝讀八卷法華 夜念彌陁禮懺 稱水精社 黑地[49]北臺南面 置羅漢堂 安圓像釋迦及黑地畵釋迦如來爲首五百羅漢 福田五員 晝讀佛報恩經涅槃經 夜念涅槃禮懺 稱白蓮社 黃處中臺眞[50]如[51]院中 安泥像文殊不動 後壁安黃地畵毗盧遮那爲首三十六化形 福田五員 晝讀華嚴經六百般若 夜念文殊禮懺 稱華嚴社 寶川庵改創華藏社 安圓像毗盧遮那三尊及大藏經 福田五員 長閱[52]藏經 夜念華嚴神衆 每年設華嚴會一百日 稱名法輪社 以此華藏寺爲五臺社之本寺 堅固護持 命淨行福田 鎭長香火 則國王千秋 人民安泰 文虎[53]和平 百穀豊穰矣 又加排下院文殊岬寺 爲社之都會 福田七員 晝夜常行華嚴神衆禮懺 上件[54]三十七員齋料衣費 以河西府道內八州之稅 充爲四事之資 代代君王 不忘遵行幸矣

---

45) 任 : [品][斗] 在.
46) 占 : [正][晩][順][鶴][東][會] □. [品] 念占. [民] 念. [斗][浩][六][曉] 占.
47) 白 : [正][晩][順][鶴] 曰. [品][斗][浩][六][民] 白.
48) 及 : [正][晩][順][鶴] 反. [品][斗][浩][六][民] 及.
49) 地 : [遺] 卷3 塔像 溟州五臺山寶叱徒太子傳記條에는 '掌'.
50) 眞 : [正][晩][順][鶴][東][會] 直. [品][斗][浩][六][民] 眞.
51) 如 : [正][晩][鶴] □. [品][斗][浩][六][民][東] 如.
52) 閱 : [正][晩][順][鶴][東][會][品][斗][六] 門. [浩] 閱.
53) 虎 : 고려 惠宗의 이름 '武'의 피휘.
54) 件 : [正][晩][順][鶴] 仵. [品][斗][浩][六][民] 件.

오대산의 5만 진신

산 중의 고전(古傳)을 살펴보면, 이 산을 참 성자의 거처라고 이름한 것은 자장(慈藏)[1] 법사로부터 비롯되었다고 한다. 당초 법사가 중국 오대산(五臺山)[2]의 문수보살[文殊][3]의 진신(眞身)을 보고자 선덕왕(善德王)[4] 때인 정관(貞觀) 10년 병신(丙申, 636)[5]〈『당승전(唐僧傳)』[6]에는 12년이라고 하였으나,[7] 여기에서는 삼국본사(三國本史)를 따른다.[8]〉에

1) 慈藏 : [遺] 卷4 義解 慈藏定律條, 唐新羅國大僧統釋慈藏傳(『續高僧傳』 卷24), 奉安舍利開建寺庵 第一祖師傳記(閔漬, 『五臺山事迹』), 慈藏律師行蹟(『通度寺舍利袈裟事蹟略錄』) 참조.

2) 五臺山 : 중국 山西省 太原府 五臺縣의 東北 140리에 있는 산. 淸凉山으로도 부르며, 동서남북 중의 다섯 봉우리가 있고, 文殊菩薩 거처의 성지로 신앙되고 있다. 普賢의 峨眉山, 觀音의 補陀洛迦山과 함께 중국의 3대 靈山의 하나로 불린다. 이 산이 文殊의 정토로 신앙되기 시작한 것은 東晉 때이다. 동진의 佛陀跋陀羅가 번역한 『六十華嚴經』의 「菩薩住處品」에 「東北方 有菩薩住處 名淸凉山 過去諸菩薩常於中住 彼現有菩薩 名文殊師利 有一萬菩薩眷屬 常爲說法」(卷 29)이라고 하였다. 또 『佛說文殊師利法寶藏陀羅尼經』(大唐南印度三藏菩提流志 譯)에 「我滅度後 於此瞻部洲東北方 有國名大振那 其國中有山號曰五頂 文殊師利童子遊行居住 爲諸衆生於中說法」이라고 하였다.

3) 文殊 : 文殊師利(Mañjuśrī) 大乘菩薩. 普賢菩薩과 짝하여 釋迦牟尼佛의 補處로서 왼쪽에 위치하며 지혜를 맡았다. 머리에 五髻를 맺은 것은 大日의 五智를 나타내고, 바른손에 智慧의 칼을 들고, 왼손에는 꽃 위에 智慧의 그림이 있는 靑蓮花를 쥐고 있다. 獅子를 타고 있는 것은 위엄과 용맹을 나타낸 것이다.

4) 善德王 : 신라의 제27대 왕. 재위 632-646. [遺] 卷1 紀異 善德王知幾三事條 참조.

5) 貞觀十年丙申 : 636년. 唐 太宗 10년, 신라 善德女王 5년에 해당한다.

6) 唐僧傳 : 중국 唐 西明寺 沙門 釋道宣이 찬술한 『續高僧傳』을 말한다.

당나라에 들어갔다. 처음에 [법사가] 중국의 태화지(太和池) 가의 문수보살의 석상이 있는 곳에 이르러[9] 경건하게 7일 동안 빌었더니, 문득 꿈에 대성(大聖)이 네 구절의 게(偈)를 주었다. [꿈을] 깨서도 [글귀를] 기억하였으나, 모두 범어(梵語)여서 전혀 이해할 수 없었다.

이튿날 아침 문득 한 중이 붉은 깁에 금점이 있는 가사 한 벌과 부처의 바리때 하나와 부처의 머리뼈 한 조각을 가지고 법사 곁에 와서 묻기를, "무엇때문에 그리 근심하시오?"라고 하였다. 법사가 대답하기를, "꿈에 받은 네 구절의 게가 범음으로 되어 있어서 해석할 수가 없어 그러합니다"고 하였다. 중이 그것을 풀이하여 말하기를, "가라파좌낭(呵囉婆佐曩)은 일체법(一切法)을 깨달았다는 말이요, 달예치구야(達嚟哆佉野)는 자성(自性)은 무소유란 말이요, 낭가사가낭(曩伽呬伽曩)은 이와 같이 법성(法性)을 알았다는 말이요, 달예로사나(達嚟盧舍那)는 노사나불[盧舍那][10]을 곧 본다는 말이외다[11]"고 하였다.

---

7) 唐僧傳云十二年 :「啓本王 西觀大化 以貞觀十二年 將領門人僧實等十有餘人 東辭至京 蒙勅慰撫」(『續高僧傳』 卷24 唐新羅國大僧統釋慈藏傳). 貞觀 12년(638)은 善德女王 7년에 해당한다.

8) 今從三國本史 : [史]의 다음 기록을 따름을 말한다.「(善德王) 五年…慈藏法師 入唐求法」([史] 卷5 新羅本紀 善德王條). 善德女王 5년(636)은 貞觀 10년에 해당한다.

9) 初至中國大和池邊石文殊處 :「始入五臺於北坮 帝釋所立文殊像前 藉艸爲座」(『五臺山事迹』 奉安舍利開建寺庵第一祖師傳記).「卽往北臺雲際寺 帝釋所立文殊像前」(『淨巖寺事蹟』) 등의 異傳이 있다.

10) 盧舍那 : 毗盧遮那. Vairocana. 부처의 眞身을 나타내는 칭호로 부처의 身光・智光이 理事無礙의 法界에 두루 비쳐 圓明한 것을 의미한다.

11) 呵囉婆佐曩…達嚟盧舍那 : 梵語 四句偈에 관하여 아래와 같은 異傳이 있다.「鉢羅佉遮那 嚩哩哆伽那 曩伽休舍喃 哆哩盧舍那」(『五臺山事迹』 奉安舍利開建寺庵第一祖師傳記).「鉢羅佉遮那 縛哩吒伽耶 曩伽休啥喃 哆哩盧遮拏」(靈隱寺 藏,『葛來塔事蹟 淨巖寺事蹟』).

이에 가져온 가사 등을 [법사에게] 주면서 부탁하여 말하기를, "이것들은 본사(本師) 석가세존께서 쓰시던 도구이니, 그대가 잘 간직하시오"라고 하였다. 또 말하기를, "그대의 본국 동북방 명주(溟州) 지경에 오대산(五臺山)[12]이 있고, 1만의 문수보살이 항상 그곳에 머물러 있으니 그대는 가서 뵙도록 하시오"라고 하였다. 말을 그치자 사라졌다.

[법사는] 영험있는 유적을 두루 찾아보고, 바야흐로 고국으로 돌아오려는데, 태화지의 용이 나타나 재 지내주기를 청하므로 7일 동안 공양하였다. 이에 [용은 법사에게] 고하기를, "전날 게를 전수한 노승이야말로 참 문수보살입니다"고 하였다. 또 절을 창건하고 탑을 세우기를 간절히 부탁하였는데, 별전(別傳)에 자세히 실려 있다.[13]

---

12) 五臺山 : 雪岳山 남쪽으로 太白山脈의 중추를 이루면서 襄陽, 洪川, 平昌 3郡에 걸쳐 있는 산. 주봉인 毘盧峯(1563m)을 중심으로 서남쪽에 虎嶺峯(1560m), 西臺山(1402m) 북동으로 北臺山(1422m) 頭老峰(1422m), 東南으로 東臺山(1434m) 등의 巨峰이 솟아 있고, 漢江의 발원지인 五臺川 상류를 둘러싼 형상을 하고 있다. 五臺山의 이름은 毘盧・虎嶺・象王・頭老・東臺의 5峯을 뜻하나, 일설에는 慈藏이 수도하던 唐의 五臺山과 산세가 흡사하다고 하여 붙여진 이름이라고도 한다. 「在府西一百四十里 東滿月 南麒麟 西長嶺 北象王 中智爐 五峯環列大小均敵 故名之」([勝覽] 卷44 江陵大都護府 山川 五臺山條).

13) 初至中國大和池邊…亦有叮囑創寺立塔之事 具載別傳 : 다음과 같은 異傳이 있다.
「入於大唐 周遊寰宇 歷叅知識 然後始入五臺 於北坮帝釋所立文殊像前 藉艸爲座 精修一旬 夢見文殊像 摩頂授梵語偈 曰 鉢羅佉遮那 嚩哩哆伽那 曩伽休舍喃 哆哩盧舍那 師受偈 已覺 終夜誦之 明早[sic 朝]忽有梵僧來謂曰 昨夜有何事乎 師曰 文殊像授梵語偈 不解其義 甚恨之 梵僧譯之曰 了知一切法 自性無所有 如是解法性 卽見盧舍那 因謂曰 欲求佛法 無過此偈 又以緋羅金點袈裟一領 白玉鉢盂一座 珠貝 金葉經五貼 全身舍利百枚 佛頂骨 佛指節骨等 授之曰 幷是 本師釋迦信物 可愼護之 又曰 卿之本國皇龍寺者 世尊與迦葉晏[sic 宴]座說法之地林池座石尙在 卿知之乎 如佛所記則當有造塔立像之因」(元曉所撰本傳).

법사는 정관 17년(643)에 이 산에 이르러 [문수보살의] 진신을 보려고 했으나 3일 동안 날씨가 어두워 [뜻을] 이루지 못하고 돌아와 다시 원령사(元寧寺)[14]에 머물렀다. 이에 문수보살을 뵈니 이르기를, "칡덩굴이 있는 곳으로 가라"고 하였다. 지금의 정암사(淨嵓寺)[15]가 이것이다.〈역시 별전[16]에 실려 있다.〉

그후 두타(頭陁) 신의(信義),[17] 곧 범일(梵日)[18]의 문인이었던 이

「又曰 卿之本國 溟洲之地 亦有五台山 一萬文殊常住眞身之所也 卿還本國可往親叅」(臺山本記).

「後當見卿 於太白山葛蟠之處 言訖而滅 梵僧卽文殊化身也 追慕不已 乃往太和池 池邊有精舍石塔 池龍之所創也 師坐塔前 有老人從地而出 曰 道人求何事乎 師曰 求菩提耳 老人卽池龍也…又曰 皇龍寺護法是吾長者 受梵王之命往護其寺 卿還本國 若於是寺 立九層塔 國之太平在於此也 奉獻珠玉等寶 而還入」(元曉所撰記).

「一云 是池龍出而言 曰 解偈梵僧 眞文殊也 今受我供 向海上東京而往 願師亦受我七日供養 師於是從請受供 然後還國」(臺山本傳記)(『五臺山事迹』 奉安舍利開建寺庵第一祖師傳記)

14) 元寧寺 : 慈藏이 태어난 집을 내서 세웠던 절로 위치는 분명하지 않다. 「早喪二親 轉厭塵譁 捐妻息捨田園 爲元寧寺…改營生緣里第元寧寺 設落成會」([遺] 卷4 義解 慈藏定律條). 「欲面見文殊…于時是山陰沉不開 未審其形而去 後又復來 創八尺房而住者 凡七日云云 已上出臺山傳記」(『五臺山事迹』 奉安舍利開建寺庵第一祖師傳記).

15) 淨嵓寺 : 강원도 旌善郡 東面 古汗里 太白山에 있는 절. 葛來寺라는 별칭이 있다.

16) 別傳 : 「果感文殊來格 諮詢法要 乃曰 重期於太伯葛蟠地 遂隱不現 藏往太伯山尋之 見巨蟒蟠結樹下 謂侍者曰 此所謂葛蟠地 乃創石南院〈今淨岩寺〉 以候聖降」([遺] 卷4 義解 慈藏定律). 「伊後法師再住大和寺 忽有梵僧曰 再見卿於太白山云云 卽滅 遂入此山蟒盤樹下 說戒移蟒於山下 因建下薩那 今淨嵓是也」(『淨巖寺事蹟』).

17) 信義 : 신라 때의 고승. 梵日의 門人. 「月精寺 慈藏初結茅 次信孝居士來住 次梵日門人頭陀來 創庵而住」([遺] 卷3 塔像 臺山月精寺五類聖衆). 「(信孝)居士沒後 信義頭陀繼來 重刱 義公卽梵日國師十聖弟子中之一也」(『五臺山事迹』 信孝居士親見五類聖事蹟).

18) 梵日 : [遺] 卷3 塔像 洛山二大聖 觀音 正趣 調信條 주석 22) 참조.

가 와서 자장 법사가 휴식한 곳을 찾아서 암자를 짓고 거처하였다. 신의가 죽은 뒤 암자 또한 오래도록 폐하였더니, 수다사(水多寺)[19]의 장로(長老) 유연(有緣)[20]이 [암자를] 다시 짓고 거처하였는데, 지금의 월정사(月精寺)가 이것이다.

자장 법사가 신라로 돌아왔을 때 정신대왕(淨神大王)[21] 태자 보천(寶川)·효명(孝明)의 두 형제〈『국사(國史)』를 살피건대, 신라에는 정신·보천·효명 3부자에 대한 글이 없다.[22] 그러나 이 기록의 하문(下文)에 이르기를, 신룡(神龍) 원년에 터를 닦고, 절을 세웠다고 하였는데, 곧 신룡은 성덕왕(聖德王)[23] 즉위 4년 을사(乙巳)이다. 왕의 이름은 흥광(興光)이요, 본명은 융기(隆基)로 신문왕[神文][24]의 둘째 아들이다. 성덕왕의 형 효조(孝照)는 이름이 이공(理恭)이며, [공(恭)을] 홍(洪)이라고도 썼는데, 역시 신문왕의 아들이다. 신문왕 정명(政明)의 자는

19) 水多寺 : 강원도 강릉군에 慈藏이 세운 절. 「(慈藏) 暮年謝辭京輦 於江陵郡創水多寺居焉」([遺] 卷4 義解 慈藏定律條). 「水多寺 留題 幷序 初五日 冒雪抵宿是寺 壁上懸白衣畵幀 乃吳道子之眞蹟也 權學士迪守江陵時 作贊 題于其傍云」(『動安居士集』 行錄 卷1).

20) 有緣 : 水多寺의 長老. 慈藏이 五臺山에 처음으로 草庵을 짓고 주석했던 자리에 와서 머물렀던 信孝, 信義 등의 뒤를 이어 터를 잡고, 점차로 사찰의 면모를 갖춰 月精寺를 창건하는데 공헌하였다. 「此月精寺 慈藏初結茅 次信孝居士來住 次梵日門人信義頭陀來 創庵而住 後有水多寺長老有緣來住 而漸成大寺」([遺] 卷3 塔像 臺山月精寺五類聖衆).

21) 淨神大王 : 신라에 '淨神'이라는 이름을 가진 왕은 없다. 異本에 의하면, 寶川(寶叱徒)을 '淨神太子'로 하고, 寶川太子의 兒名이라고 한 것으로 보아 淨神은 곧 寶川이 아닌가 한다.(閔漬, 『五臺山事迹』 五臺山聖蹟幷新羅淨神太子孝明太子傳記 참조)

22) 按國史 新羅無淨神寶川孝明三父子明文 : '淨神'은 寶川(寶叱徒)의 兒名이라는 설이 있다. 즉, 「寶叱徒 淨神太子兒名」(「五臺山聖蹟幷新羅淨神太子孝明太子傳記」). 「五臺山在江陵府西百里…五類現迹之處 而新羅王子淨神孝明受戒修道之場也」(「平昌月精寺重建事蹟碑」, 『朝鮮金石總覽』 下, p.1170).

23) 聖德王 : 신라의 제33대 왕. 재위 702-737. [遺] 卷2 紀異 聖德王條 참조.

24) 神文 : 神文王. 신라의 제31대 왕. 재위 681-692. [遺] 卷2 紀異 萬波息笛條 참조.

일조(日照)이다. 정신은 아마도 정명·신문의 와전인 듯하다. 효명은 곧 효조의 [조(照)를] 소(昭)로 쓴 데서 온 와전인 듯하다. 기록에 이르기를, 효명이 즉위하고, 신룡 연간에 터를 닦고 절을 세웠다고 말한 것도 역시 분명치 못한 말이니, 신룡 연간에 절을 세운 이는 성덕왕이다.〉가 하서부(河西府)〈지금의 명주(溟州)에 또한 하서군(河西郡)이 있으니 이곳이다. 혹은 하곡현(河曲縣)[25]이라고 쓰는데, 지금의 울주(蔚州)는 이곳이 아니다.〉에 이르러 세헌(世獻) 각간의 집에서 하룻밤을 머물렀다. 이튿날 대령(大嶺)을 지나 각기 무리 천 명을 거느리고 성오평(省烏坪)[26]에 이르러 여러 날을 유람하더니, 문득 하루 저녁은 형제 두 사람이 속세를 떠날 뜻을 은밀히 약속하고 아무도 모르게 도망하여 오대산에 들어가 숨었다.〈고기(古記)에는 「태화(太和) 원년 무신(戊申, 648)[27] 8월 초에 왕이 산중에 숨었다」고 하였으나, 아마 이 글은 크게 잘못된 듯하다. 살피건대, 효조의 [조(照)를] 소(昭)로도 썼다.[28] 천수(天授) 3년 임진(壬辰, 692)[29]에 즉위하였는데, 그때 나이 열 여섯 살이었다. 장안(長安)[30] 2년 임인(壬寅,

---

25) 河曲縣 : 경상남도 蔚山郡의 古名에 河曲이 있다.([勝覽] 卷22 蔚山郡 郡名條)

26) 省烏坪 : 강원도 江陵에서 月精寺로 가는 도중에 있는 들인 듯하다. 「至河率…婦云 過西嶺有北向洞…因過省烏坪 入慈藏初結茅處」([遺] 卷3 塔像 臺山月精寺五類聖衆條). 뒤에 나라 사람들이 두 王子와의 인연을 기념하여 '京坪'으로 개명하였다고 한다. 「國人漸知 兩王子所住之處 以省烏坪 改名爲京坪」(「江陵郡青鶴寺事蹟」, 『朝鮮寺刹史料』 下, p.53. 「五臺山聖蹟幷新羅淨神太子孝明太子傳記」 참조). 金時習은 '雀烏坪'으로 부르고 있다. 「五臺昔日新羅地 神聖孝明從此出 雀烏坪裏百官屯…」(「五臺山 六首」 中一, 『梅月堂集』, 卷4).

27) 太和元年戊申 : 太和는 신라 眞德女王의 연호(647-650). 太和 元年(647)은 戊申이 아니라 丁未이다. 「新羅王子寶川孝明二人游到河西府…太和元年丁未八月初五日兄弟同入是山而隱」(「江陵郡青鶴寺事蹟」, 『朝鮮寺刹史料』 下, p.52).

28) 孝照一作昭 : 孝照王의 '照'는 '昭'와 통한다. 「孝照大王奉爲 宗廟聖靈禪院伽藍建立三層石塔」(新羅皇福寺石塔金銅舍利函銘). 「第三十二孝昭王代 竹曼郎之徒 有得烏級干」([遺] 卷2 紀異 孝昭王代 竹旨郎條).

29) 天授三年壬辰 : 天授는 중국 周 則天武后의 연호(690-691). 天授 3년은 없고, 이에 해당하는 692년은 如意 1년과 長壽 1년이며 壬辰年이다.

30) 長安 : 중국 周 則天武后의 연호(701-704).

702)에 죽으니[31] 그때 나이 스물 여섯 살이었다. 성덕왕이 이 해에 즉위하니 나이 스물 두살이었다. 만약 태화 원년 무신이라면 효조가 즉위한 임진[32]보다 이미 45년이나 앞섰으니, 곧 태종무열왕(太宗武烈王)의 치세[33]이다. 이로써 이 글이 잘못된 것을 알 수 있으므로 이를 취하지 않는다.〉 시위하던 자들이 돌아갈 바를 알지 못하여 이에 서울로 돌아갔다.

두 태자가 산 속에 이르니 푸른 연꽃이 땅 위에 문득 피었다. 형 태자가 [그곳에] 암자를 짓고 머물러 살게 되면서 이를 보천암(寶川庵)이라고 하였다. 동북쪽을 향하여 6백여 보를 가니, 북대(北臺)의 남쪽 기슭에 또한 푸른 연꽃이 핀 곳이 있었으므로 아우 태자 효명도 그곳에 암자를 짓고 머물면서 저마다 부지런히 정업을 닦았다.

하루는 [형제가] 함께 다섯 봉우리에 올라가 우러러 배례하려고 하니, 동대(東臺)인 만월산(滿月山)에 1만 관음보살[觀音]의 진신이 나타나 있고, 남대(南臺)인 기린산(騏驎山)에 8대보살(八大菩薩)을 수위로 한 1만 지장보살[地藏][34], 서대(西臺)인 장령산(長嶺山)에 무량수여래(無量壽如來)[35]를 수위로 한 1만 대세지보살[大勢至][36], 북대

---

31) 長安二年壬寅崩 : 長安은 중국 周 則天武后의 연호(701-705). 孝昭王은 長安 2年(壬寅, 702)에 죽고, 같은 해 이어서 聖德王이 즉위하였다.

32) 孝照卽位壬辰 : 孝照王의 즉위년을 [正]에서는 '甲辰'으로 기록하였으나 이는 잘못이다. [史] 卷31 年表에 同王(孝昭王)의 즉위년을 '壬辰'으로 명기한 것에 따라 바로잡았다.

33) 太宗武烈王之世 : [正]에는 '太宗文武王之世'으로 되어 있으나, 이는 '太宗武烈王之世'의 잘못이다. 太宗武烈王의 치세는 654-660년이다. 眞德女王의 치세는 647-654년이다.

34) 地藏 : Kṣitigarbha. 忉利天에서 釋迦如來의 付囑을 받고, 매일 아침 禪定에 들어 중생의 根機를 관찰하고, 釋尊이 入滅한 뒤부터 彌勒佛이 출현할 때까지 몸을 六道에 나타내어 天上에서 지옥까지의 일체 중생을 교화하는 大慈大悲한 菩薩.

35) 無量壽如來 : 無量壽佛(阿彌陀佛. Amitābha). 大乘佛敎의 중요한 부처. 淨土三部經에 의하면, 오랜 옛적 過去世에 世自在王佛의 감화를 받은 法藏이 210

인 상왕산(象王山)에는 석가여래(釋迦如來)[37]를 수위로 한 5백 대아라한(大阿羅漢),[38] 중대(中臺)인 풍로산(風盧山) 다른 이름으로 지로산(地盧山)에는 비로자나(毗盧遮那)를 수위로 한 1만 문수보살[의 진신]이 나타나 있었다. 이와 같은 5만 진신에게 일일이 예배하였다. 날마다 이른 새벽[39]에 문수보살이 진여원(眞如院)〈지금의 상원(上院)〉[40]에 이르러 36가지 모양으로 변신하여 나타났다.

어떤 때는 부처의 얼굴모양으로 나타나고, 혹은 보주모양, 혹은 부처의 눈모양, 혹은 부처의 손모양, 혹은 보탑모양, 혹은 수없이 많은 부처의 머리모양[41], 혹은 만등(萬燈)모양,[42] 혹은 금다리[金橋]모양,

---

億의 많은 국토에서 훌륭한 나라를 택하여 이상국을 건설하기로 기원하고, 또 48願을 세워 자기와 남들이 함께 성불하기를 서원하고, 장구한 수행 끝에 성불하니, 이를 無量壽佛(阿彌陀佛)이라고 부르고, 그 세계를 安樂이라고 부르니, 현재 10萬億刹을 相距한 西方에 있으며, 성불 이래 10劫을 거쳐 현재에 이르도록 법을 설하고 있다고 한다.(『無量壽經』 上 참조)

36) 大勢至 : Mahāsthāmaprāpta. 阿彌陀佛의 바른편 補處. 阿彌陀佛의 慈悲門과 智慧門에서 觀世音이 慈悲門을 표함에 대하여 大勢至는 智慧門을 표한다. 大勢至의 智慧 光明이 모든 중생에게 비쳐 三途를 여의고, 위 없는 힘을 얻게 하므로 大勢至라고 이름하였다고 한다.

37) 釋迦如來 : 釋迦牟尼. Sākyamuni. 불교의 敎祖. 중인도 迦毘羅 伐窣堵의 城主 淨飯王의 太子. 어머니는 摩耶. BC 623년에 룸비니동산 無憂樹 아래에서 탄생하였다. 29세(혹은 19세)에 四門遊觀하고 출가하여 35세에 득도하고 널리 중생을 제도하고, 교단을 이루었다. 跋提河 언덕 娑羅雙樹 아래 누워 BC 544년 2월 15일 향년 80세로 열반에 들었다.

38) 北臺象王山 釋迦如來爲首五百大阿羅漢 : 이 대목에 관하여 다음과 같은 이설이 있다. 「至北坮 而見釋迦如來爲首 一萬彌勒菩薩眞身常住 五百大阿羅漢眞身常住」(「五臺山聖蹟幷新羅淨神太子孝明太子傳記」, 「江陵郡靑鶴寺事蹟」, 『朝鮮寺刹史料』 下, p.52). 阿羅漢(Arhan)은 小乘의 교법을 수행하는 聲聞四果의 가장 윗자리이며, 應供·殺賊·不生·離惡으로 번역된다.

39) 寅朝 : 이른 새벽. 寅時는 오전 3시부터 오전 5시 사이를 가리킨다.

40) 眞如院〈今上院〉 : 강원도 평창군 진부면 동산리 五臺山 中臺에 있는 절. 곧 上院寺. 신라 聖德王 4년(705)에 개창되었다.

혹은 금북[金鼓]모양, 혹은 금종모양, 혹은 신통모양,[43] 혹은 금다락[金樓]모양, 혹은 금륜(金輪)모양, 혹은 금강저(金剛杵)모양,[44] 혹은 금옹기[金甕]모양, 혹은 금비녀모양[45], 혹은 오색광명모양, 혹은 오색원광모양, 혹은 길상초[46]모양, 혹은 푸른 연꽃모양, 혹은 금전(金田)[47]모양, 혹은 은전(銀田)[48]모양, 혹은 부처의 발모양, 혹은 뇌전(雷電)모양,[49] 혹은 여래가 솟아 나오는 모양,[50] 혹은 지신(地神)이 솟아 나오는 모양, 혹은 금봉황모양, 혹은 금까마귀모양, 혹은 말이 사자를 낳는 모양,[51] 혹은 닭이 봉황을 낳는 모양, 혹은 청룡모양,[52] 혹은 흰 코끼리[53]모양, 혹은 까치모양,[54] 혹은 소가 사자를 낳는 모양,

---

41) 或萬佛頭形 : 「或作萬佛形」(「五臺山聖蹟幷新羅淨神太子孝明太子傳記」).
42) 或作萬燈形 : 「或作萬燈光形」(「五臺山聖蹟幷新羅淨神太子孝明太子傳記」).
43) 神通形 : '神通'은 凡情으로는 헤아릴 수 없는 無礙自在한 佛菩薩의 힘을 말한다. 여기서는 그와 같은 힘을 지닌 佛菩薩의 형상을 말하는 것으로 추측된다.
44) 或作金剛杵形 : 「或作金杵形」(「五臺山聖蹟幷新羅淨神太子孝明太子傳記」).
45) 或作金鈿形 : 「或作金釖形」(「五臺山聖蹟幷新羅淨神太子孝明太子傳記」).
46) 吉祥草 : 백합과에 속한 宿根草. 가을에 淡紫色의 꽃이 핀다. 佛陀가 成道할 때 吉祥童子가 바친 풀로 불타는 이를 座로 삼아 성불하였다. 「釋帝桓因 化爲凡人 執淨軟草 菩薩問言 汝名何等 答名吉祥 菩薩聞之 心大歡喜 我破不吉 以成吉祥 菩薩又言 汝手中草 此可得不 於時吉祥卽便授草以與菩薩 因發願言 菩薩道成 願先度我 菩薩受已 敷以爲座 而於草上 結跏趺坐」(『佛所行讚』).
47) 金田 : 佛寺의 異稱. 舍衛國 給孤長者가 祇陁林에 황금을 깔고 땅을 사서 祇園精舍를 지어 부처에게 바쳤다는 옛일에서 유래하였다.(『琅琊代醉編』, 「金田」 참조)
48) 銀田 : 銀地를 말한다. 金地・琉璃地와 병칭하는데, 불전 건영의 땅을 말하고, 또 불각, 전당 등을 말한다.
49) 或作雷電形 : 「或作出電形」(「五臺山聖蹟幷新羅淨神太子孝明太子傳記」).
50) 或如來湧出形 : 「或作家中米湧出形」(「五臺山聖蹟幷新羅淨神太子孝明太子傳記」).
51) 或馬產師子形 : 「或作家中五色光形」(「五臺山聖蹟幷新羅淨神太子孝明太子傳記」).
52) 或作靑龍形 : 「或作馬龍形」(「五臺山聖蹟幷新羅淨神太子孝明太子傳記」).
53) 白象 : 흰 코끼리. 菩薩이 兜率天에서 白象을 타고 내려와 摩耶夫人의 右脇으로 入胎하였다고 한다.

혹은 노는 멧돼지모양, 혹은 푸른 뱀모양을 지었다.

두 태자는 매양 골짜기의 물을 길어와 차를 다려서 공양하고, 밤이 되면 각기 암자에서 도를 닦았다. 그 무렵 정신왕의 아우가 왕과 왕위를 다투니, 나라 사람들이 이를 폐하고,[55] 장군 네 사람을 보내 산에 가서 왕자를 맞아오게 하였다. [이들은] 먼저 효명의 암자 앞에 이르러 만세를 불렀다. 그때 오색구름이 7일 동안이나 [그곳에] 드리워 덮였었다. 나라 사람들이 [그] 구름을 찾아 모여들어[56] 의장[鹵簿][57]을 벌여 열을 짓고, 두 태자를 맞아 가려고 하니 보천이 울면서 사양하였다. 이에 효명을 받들고 돌아가 즉위하였다. 나라를 다스린 지 몇 해만에〈고기에 재위 20여 년이라고 한 것은 아마도 붕어할 때 나이 스물 여섯 살을 잘못 전한 것이리라. 재위는 다만 10년뿐이었다. 또 신문왕의 아우가 왕위를 다투었다는 일은 『국사』에 기록이 없어 알 수 없다.〉 신룡 원년(705)〈곧 당의 중종(中宗)이 복위한 해로, [신라] 성덕왕 즉위 4년이다.〉 을사(乙巳) 3월 초4일 처음으로 진여원을 개창하니,[58] 대왕이 백료를 친히 거느리고 산에 이르러 전당(殿堂)을 세우고, 아울러 문수보살의 소상을 만들어 당 안에 모셨다.

---

54) 或作鵲鳥形 : 「或作雀鳥形」(「五臺山聖蹟幷新羅淨神太子孝明太子傳記」).

55) 淨神王之弟與王爭位 國人廢之 : 이에 관하여 아래와 같은 이설이 있다. 「至唐則天嗣聖十九年壬寅 新羅王薨而無子 國人欲迎兩王子」(「五臺山聖蹟幷新羅淨神太子孝明太子傳記」).

56) 時有五色雲 七日垂覆 國人尋雲而畢至 : 이 대목에 관하여 아래와 같은 異記가 있다. 「時有五色雲現光燭于國者 七日七夜 群臣尋其光 到山以迎」(「五臺山聖蹟幷新羅淨神太子孝明太子傳記」).

57) 鹵簿 : 天子가 거동할 때의 행렬.

58) 以神龍元年 乙巳三月初四日 始開創眞如院 : [遺]의 다른 기사에서는 약간의 차이가 보인다. 즉, 「神龍元年三月 八日 始開眞如院」([遺] 卷3 塔像 溟州五臺山寶叱徒太子傳記). 『五臺山事迹』은 아래와 같은 異記를 보인다. 즉, 「以唐神龍元年乙巳八月初三日 王親率軍民而到山 始開眞如院」(「五臺山聖蹟幷新羅淨神太子孝明太子傳記」).

지식(知識)[59] 영변(靈卞) 등 다섯 명으로 『화엄경(華嚴經)』[60]을 오랫동안 전독하여[61] 화엄사(華嚴社)를 만들고, 길이 공양할 비용으로 매년 봄과 가을에 산에서 가까운 주・현으로부터 창조(倉租) 1백 섬과 정유(淨油) 1섬씩을 공급하는 것으로 상규를 삼았다. 진여원 서쪽으로 6천 보를 걸어서 모니점(牟尼岾)과 고이현(古伊峴) 밖에 이르는 땔나무 산판[62] 15결, 밤나무 숲[63] 6결, 전답[64] 2결을 주어 장사(莊舍)[65]를 두었다.

보천은 항상 신령한 골짜기의 물을 길어 마셨으므로 만년에 육신이 공중을 날아 유사강(流沙江)[66] 밖 울진국(蔚珍國) 장천굴(掌天窟)[67]에 이르러 [그곳에] 머물러 수구다라니(隨求陁羅尼)[68]을 외우는 것

---

59) 知識 : 내가 그의 마음을 알고, 그의 얼굴을 아는 사람, 또는 세상 사람들이 잘 아는 사람이라는 뜻이다. 그 사람이 착한 사람으로서 세상을 올바르게 지도하면 善友, 善知識이라고 하고, 나쁜 사람이면 惡友, 惡知識이라고 한다. 그러나 '知識'이란 말은 흔히 善知識을 가리켜 쓰이고 있는데, 여기서는 선지식으로 名僧을 가리킨다.

60) 華嚴經 : 『大方廣佛華嚴經』의 약칭. 크고 方正하고 넓은 이치를 깨달은 佛陀의 꽃같이 장엄한 經이라는 뜻이다. 東晉의 佛馱跋陀羅의 漢譯本 60권, 唐 實叉難陀의 漢譯本 80권, 唐 般若의 漢譯本 40권(「入法界品」만으로 40권이 구성됨)이 전한다.

61) 長轉華嚴經 : 오랫동안 『華嚴經』의 많은 장을 읽어 넘기다.

62) 柴地 : 연료를 채취하는 땅.

63) 栗枝 : 밤나무 가지. 혹 '栗林'의 誤記가 아닌가 한다.

64) 坐位 : 位土田으로, 收穫을 享祀 등 목적에 쓰기 위하여 장만한 田土를 말한다.

65) 莊舍 : 농사를 관리하기 위하여 농장에 세운 집.

66) 流沙江 : 경상북도 寧海에 流沙亭이 있는 것으로 보아 그곳에 流沙江이 있었을 것으로 추측하기도 하나, 지리상 그렇게 보기는 어렵다. 지금으로서는 그 위치를 확실히 알 수 없다.

67) 掌天窟 : 撐天窟. 蔚珍縣南 17리에 있는 白蓮山에 있는 聖留窟의 옛이름.

68) 隨求陁羅尼 : 隨求는 중생의 구원에 따라 성취한다 함이니 陀羅尼의 효험에 의하여 이름하였다. 2本의 『隨求陀羅尼經』에서 설하였다. 파계한 비구가 중병을 만났을 때, 한 優婆塞婆羅門이 이 神咒를 써서 病僧의 머리에 걸었다. 病僧

을 낮과 밤의 과업으로 삼았더니, 굴의 신령이 몸을 나타내어 이르기를, "내가 굴의 신이 된 지 이미 2천 년이 되었으나, 오늘에야 수구다라니의 참 도리[69]를 들었으니 보살계(菩薩戒)[70]를 받기를 청합니다"고 하였다. [굴의 신이 보살계를] 받고 난 다음날 굴이 또한 형체가 없어졌다. 보천은 놀라고 이상하여 [그곳에] 20일을 머물고 나서 오대산 신성굴(神聖窟)로 돌아갔다. 또 50년 동안 도를 닦으니 도리천(忉利天)[71]의 신이 하루 세 번 법을 듣고, 정거천(淨居天)[72]의 무리가 차를 다려 공양하였고, 40명의 성중이 상공에 열 자나 올라 언제나 호위하고, 가지고 있는 석장은 하루 세 번 소리를 내며 방을 세 바퀴 돌아다녔으므로 이로써 종과 경쇠를 삼아 때를 좇아 수업하였다. 문수보

이 죽어 일단 지옥에 들어갔으나, 이 神咒의 공덕으로 자신과 여러 사람이 모조리 지옥의 괴로움을 면하고 忉利天에 태어났는데, 先身隨求天子라고 하였다.(不空 譯, 『隨求陀羅尼經』 上) 『隨求陀羅尼經』에 『普徧光明燄鬘清淨熾盛如意寶印心無能勝大明王大隨求陀羅尼經』(2卷, 唐 不空 譯)과 『佛說隨求卽得大自在陀羅尼神咒經』(1卷, 唐 寶思惟 譯)이 있다.

69) 隨求眞詮 : 『隨求陀羅尼經』의 참 道理.

70) 菩薩戒 : 大乘의 菩薩들이 받아 지니는 계율. 통틀어 三聚淨戒라고 부르나, 나누면 두 갈래가 있다. 즉, 梵網爲宗의 說과 瑜伽稟承의 說이다. 小乘比丘의 250戒와 같으며, 다만 菩薩利他를 위해 諸善法을 攝하여 일체 중생을 饒益함을 菩薩戒로 삼는다.

71) 忉利天 : Trāyastriṃśa. 欲界 6天의 第2天. 33天으로 번역된다. 須彌山頂 閻浮提 위, 8만 由旬되는 곳에 있다. 城郭 8萬由旬, 喜見城으로 불리고, 帝釋이 이곳에 거한다. 고개 사방에 봉우리가 있고, 봉우리마다 8天이 있는데, 喜見城天을 포함하여 33天이 있다. 「怛[sic 忉]利舍者 十三也 謂須彌山頂四方各有八天城 當中有一天城 帝釋所居 總數有三十三處 故從處 立名也」(『慧苑音義』上).

72) 淨居天 : 色界의 第4禪에 不還果(欲界의 9品 修惑을 다 끊고 남은 것이 없어 다시 욕계에 돌아와서 나지 않는 지위에 도달한 聖者의 果)를 證得한 聖者가 나는 하늘로, 無煩天·無熱天·善現天·善見天·色究竟天의 5天(五淨居天)을 말한다. 色天에서 最勝處이다. 「此五名 淨居天 唯聖人居 無異生雜 故名淨居」(『俱舍頌疏世品』).

살이 때로는 보천의 이마에 물을 붓고 성도기별(成道記莂)[73]을 주었다. 보천은 바야흐로 입적하는 날 후일 산중에서 행할 국가에 도움이 될 만한 일들을 기록으로 남겨 두었다. [기록은] 다음과 같다.

「이 산은 곧 백두산(白頭山)의 큰 줄기로서 각 대는 [불보살의] 진신이 항상 머무는 땅이다. 청색[방]은 동대[74]의 북각 밑과 북대 남쪽 기슭 끝에 있으니 마땅히 관음방을 두어, 원상(圓像)[75]의 관음보살과 푸른 바탕에 1만 관음상을 그려서 봉안하고, 복전승[福田][76] 다섯 명이 낮에는 8권의 『금광명경[金經]』,[77] 『인왕경[仁王]』,[78] 『반야경[般若]』,[79] 천수주(千手呪)[80]를 읽고, 밤에는 관음예참(觀音禮懺)[81]을

73) 成道記莂 : 부처가 수행자에게 미래에 성불할 것을 예언하며 이에 이르는 劫數, 國土, 佛名, 壽命 등을 낱낱이 분별하여 이른 것을 말한다. 記別을 제자에게 주는 것을 授記라고 한다. 이를 '記莂'로 쓰는데, '記別'을 가리킨다. 「記別者 謂世尊記諸弟子未來生事 記因果也」(『演密鈔』 卷4). 「別分別也 經文從草作莂非也」(『玄應音義』).

74) 青在東臺 : 青은 방위상 東方을 가리키므로 東臺와 관련되었다. 五行說에 의하면, 5方과 5色은 다음과 같이 대응된다. 즉, 東-青(木), 南-赤(火), 中央-黃(土), 西-白(金), 北-黑(水). 五臺山의 5峯을 각각 5방과 5색에 관련지어 설명하고 있다.

75) 圓像 : 32相을 갖춘 佛菩薩의 원만한 모습을 가리키는 말.(『中阿含三十二相經』 참조)

76) 福田 : 여래나 비구 등 공양을 받을 만한 법력이 있는 이에게 공양하면 복이 되는 것이 마치 농부가 밭에 씨를 뿌려 수확하는 것과 같다고 하여 福田이라고 한다. 여기서는 福田僧을 가리킨다. 비구는 다른 이의 공양을 받아 몸과 목숨을 유지하며, 또 다른 이에게 교법을 말하여 자기와 다른 이가 함께 福德을 받음이 마치 밭이 곡식을 내는 것과 같으므로 비구를 福田僧이라고 하였다.

77) 金經 : 『金光明經』의 약칭. Suvarṇa-prabhāsa-sūtra. 이 경을 읽고 그대로 수행하면 佛菩薩이나 諸天 善神의 가호를 받는다고 한다. 漢譯本은 曇無讖 譯(4卷) 외에도 여러 본이 있다.

78) 仁王 : 부처가 16국왕으로 하여금 각각 그 나라를 보호하고, 편안하게 하기 위해서는 般若波羅蜜을 受持해야 한다고 설한 경이다. 『法華經』, 『金光明經』과 함께 護國 3部經으로 알려져 있다. 漢譯의 신구 2본(각 2권, 鳩摩羅什 · 不空)이 전한다.

염송하되, 이름을 원통사(圓通社)[82]로 하여라. 적색[방]인 남대 남면에 지장방을 두고, 원상의 지장보살과 붉은 바탕에 8대보살을 수위로 한 1만 지장보살상을 그려 봉안하고, 복전승 다섯 명이 낮에는 『지장경(地藏經)』[83]과 『금강반야경[金剛般若]』[84]을 읽고, 밤에는 점찰예참(占察禮懺)[85]을 [염송하되, 이름을] 금강사(金剛社)[86]로 하여라.

---

79) 般若 : 『般若經』의 약칭. 불교의 소극적 諸法實相論을 말한 경의 총칭. 般若(智慧)로 觀照할 理인 萬有는 우리가 실물처럼 보는 것과 같은 존재가 아니고, 다 空하여 모양이 없는 것임을 말하였다. 唐 玄奘이 漢譯한 『大般若經』 16會 600卷을 필두로 이의 部分譯本이 여럿 있다.

80) 千手呪 : 千手陀羅尼를 말한다. 千手觀音의 三昧를 표시하는 陀羅尼로, 伽梵達摩가 漢譯한 『千手千眼觀世音菩薩廣大圓滿無礙大悲心陀羅尼經』에 수록된 82句의 陀羅尼다. 이 呪를 외우면 10方의 佛菩薩이 와서 증명하여 온갖 죄업이 소멸한다고 한다.

81) 觀音禮懺 : 觀世音菩薩을 本尊으로 하여 예배하고, 그 경을 찬탄하고, 참회하고, 공양하는 것. 죽은 이를 위하여 죄업을 참회하고 명복을 비는 것.

82) 圓通社 : 강원도 평창군 五臺山 東臺에 있던 절. '圓通'은 周圓融通하다는 뜻. 佛菩薩의 깨달은 경계를 말하는데, 圓通社는 觀音菩薩을 本尊으로 한 修道處다.

83) 地藏經 : 北齊 那連提耶舍 譯의 『大乘大集經須彌藏經』(2卷)을 비롯한 『地藏本願經』(2卷, 唐 實叉難陀 譯), 『地藏十輪經』(10卷, 唐 玄奘 譯) 등 경전을 말한다.

84) 金剛般若 : 『金剛般若波羅蜜經』. Vajra-prajñā-pāramitā-sūtra. 姚秦 鳩摩羅什 譯. 1권. 석존이 舍衛國에서 須菩提 등을 위하여 처음에 境界가 空함을 말하고, 다음에 慧가 空함을 보이고, 뒤에 菩薩空을 밝혔다. 空慧로써 體를 삼고, 一切法 無我의 이치를 말한 것을 요지로 하였다. 위의 漢譯本 외에 北魏의 菩提流支, 陳의 眞諦, 隋의 達摩笈多, 唐의 玄奘, 義淨 등의 譯本이 있다.

85) 占察禮懺 : 『占察經』에 의한 禮懺. 신라 圓光法師가 嘉栖寺에 占察寶를 두고 이 법을 恒規로 삼은 것이 法會에서 비롯되었다.([遺] 卷4 義解 圓光西學條 참조) 『占察經』은 『占察善惡業報經』 2권으로 隋의 菩提 등이 漢譯하였다. 地藏菩薩이 나무쪽을 던져 길흉선악을 점치는 법과 참회하는 법을 말하고, 또 一實境界(우주의 모든 현상의 실체로서 眞如를 가리킴)를 말하여 事理具備한 佛經임을 말했다. 明 智旭의 『占察經疏』 3권, 『占察行法』 1권이 있다. 「眞表…慈氏親授占察經二卷 幷與一百九十九柱 以爲導往之具 其方文 以鐵索釘巖 故不欹 俗傳海龍所爲也」(『東國李相國集』 卷23 南行月日記).

86) 金剛社 : 강원도 평창군 五臺山 南臺에 있던 절. 金剛은 Vajra로 跋折羅・跋

백색[방]인 서대 남면에 미타방을 두고, 원상의 무량수불[無量壽]과 흰 바탕에 무량수여래를 수위로 1만 대세지보살을 그려 봉안하고, 복전승 다섯 명이 낮에는 8권의 『법화경[法華]』[87]을 읽고, 밤에는 미타예참(彌陁禮懺)을 염송하되,[88] [이름을] 수정사(水精社)[89]로 하여라. 흑색[방]인 북대 남면에 나한당(羅漢堂)을 두고, 원상의 석가불[釋迦]과 검은 바탕에 석가여래를 수위로 5백 나한(羅漢)[90]을 그려 봉안하고, 복전승 다섯 명이 낮에는 『불보은경(佛報恩經)』[91]과 『열반경(涅槃經)』[92]을 읽고, 밤에는 열반예참(涅槃禮懺)을 염송하되, [이름을] 백련사(白蓮社)[93]로 하여라. 황색[방]인 중대의 진여원 중앙에 진흙으로 빚은 문수보살의 부동상[不動][94]을 봉안하고,[95] 뒷벽에는 노란

闍羅·跋曰羅·伐折羅·嚩日囉로 음역된다. 금속 중에 가장 굳다는 金剛石을 말하며, 이 금강이 굳고 예리한 두 가지 德을 가지고 있으므로 經論 가운데 굳고 단단한 것의 비유로 쓰인다.

87) 法華 : 『法華經』(『妙法蓮華經』(Saddharmapuṇḍarīka-sūtra)의 약칭). 大乘經典의 대표. 8卷 28品. 一佛乘·會三歸一·諸法實相을 말한 經典. 天台宗과 法華宗의 所依經이다.

88) 念彌陁禮懺 : 阿彌陀佛을 本尊으로 하고, 10方3世의 부처들을 청하여 그 앞에서 지극한 마음으로 예배하면서 온갖 악업과 죄과를 참회하고, 극락왕생을 발원함을 말한다.

89) 水精社 : 강원도 五臺山 西臺 아래 샘 근처에 있던 암자의 이름. 「西臺之下有檻泉涌出 色味勝常 其重亦然 日于筒 水洒流數百里 而爲漢江 以入于海漢 … 于筒之源 有菴 曰水精 昔新羅二王子 嘗過于此 修禪得道 至今衲子欲修證者 皆樂居之」(「五臺山西臺水精菴重創記」, 『東文選』 卷80). 水精은 Sphatika로 塞頗胝迦로 음역하고, 水玉으로 번역하는데, 水晶·英水石을 말한다.

90) 羅漢 : 阿羅漢의 약칭.

91) 佛報恩經 : 『大方便佛報恩經』(7卷 譯者 失名).

92) 涅槃經 : 『大般涅槃經』. 3卷 東晉 法顯 譯, 40卷 北涼 曇無讖 譯, 36卷 宋 慧嚴 等 譯.

93) 白蓮社 : 중국 東晉 때 惠遠이 廬山 東林寺에서 염불 수행하기 위하여 설치한 結社를 白蓮社 또는 白華蓮社·蓮社로 불렀는데, 여기서는 강원도 평창군 五臺山 北臺에 있었던 修道處를 말한다.

바탕에 비로자나불을 수위로 한 36가지로 변화하는 모양[96]을 그려 봉안하고, 복전승 다섯 명이 낮에는 『화엄경』과 『6백반야경』[97]을 읽고, 밤에는 문수예참(文殊禮懺)을 염송하되, [이름을] 화엄사(華嚴社)[98]로 하여라. 보천암을 화장사(華藏社)[99]로 고쳐 세우고, 원상의 비로자나 삼존과 『대장경(大藏經)』[100]을 봉안하고, 복전승 다섯 명이 『대

94) 不動 : 여러 가지 번뇌에 미혹되지 않는 不動의 경지를 말하니, 곧 菩提心(佛陀의 지혜)과 大寂定(동요하지 않는 견고한 마음)을 의미한다. 이와 같은 경지에 이른 보살을 不動地菩薩이라고 하는데, 文殊師利菩薩은 東方金色世界의 不動智佛의 제자였다.(『華嚴經』 卷12 如來名號品 7 참조)

95) 眞如院中安泥像文殊不動 : 閔漬의 기문에는 다음와 같이 기술되어 있다. 「眞如院 仍前所安泥像文殊宜於後壁」(「五臺山聖蹟幷新羅淨神太子孝明太子傳記」).

96) 三十六化形 : 36가지 모양의 文殊菩薩을 말한다.

97) 六百般若 : 唐 玄奘이 漢譯한 『大般若經』(16會 600卷)으로 여러 종류의 『般若經』을 집성한 것이다.

98) 華嚴社 : 강원도 평창군 珍富面 東山里 五臺山 中臺에 있던 修道處, 곧 眞如院이다.

99) 華藏社 : 강원도 평창군 五臺山 中臺에 있던 修道處, 곧 寶川庵이다.

100) 大藏經 : 불교관계의 서적을 모은 총칭. 一切經, 三藏經으로도 부른다. 줄여서 藏經이라고 한다. 經·律·論의 3藏으로 이루어져 三藏經이라고 한다. 산스크리트어(梵語), 파리어(巴利語)의 장경 외에 漢譯 장경, 西藏 장경이 있고, 漢譯·西藏譯에서 다시 번역한 蒙古 장경, 滿洲 장경이 있다. 그 중 가장 완비되고 질량면에서 우수한 것이 漢譯 장경이다. 당초 장경은 불멸 후 큰 제자 摩訶迦葉 등이 이룬 제일결집을 시작으로 두서너 차례의 결집이 있었는데, 이는 오로지 입으로 외워서 전해졌다. 문자로 기록된 것은 후세의 일이니, 그 하나는 범어로, 다른 하나는 파리어로 기록되었다. 범어 장경은 중국, 몽고, 西藏, 한국, 일본 등의 불교(북방불교)의 토대가 되었고, 파리어 장경은 세일론, 버마, 타일랜드, 베트남 등지의 불교(남방불교)의 토대가 되었다. 여러 가지 장경 중에서 가장 완비된 것은 漢譯 장경으로, 범어본이 중국에 들어와 번역된 1세기(後漢明帝 때)로부터 元 초기까지 약 1200년 사이에 1440부 5586권의 경전이 번역되었고, 그뒤 간행될 때마다 부수를 늘여 오늘날의 방대한 규모의 장경이 되었다. 우리 나라에서는 1011년(고려 顯宗 2년) 왕명으로 판각, 1068년 刻藏事業이 일어났고, 그뒤 1236년(高宗 23년) 蜀本, 契丹本과 처음의 高麗本과 대조 교정하여 16년 뒤인 1251년에 완성한 것이 이른바 高麗本으로 海印寺에 장판(81258장)한 『高麗大藏經』이다.

장경』을 늘 열람하고, 밤에는 화엄신중(華嚴神衆)[101]을 염송하고, 매년 화엄회(華嚴會)[102]를 1백 일 동안 베풀되, 이름을 법륜사(法輪社)[103]로 하여라.

이 화장사(華藏寺)를 오대사(五臺社)의 본사(本寺)로 삼아 굳게 호지하고, 행실이 정결한 복전승에게 명하여 길이 향화(香火)를 받들게 하면, 국왕은 천추를 누리고, 백성은 평안하고, 문무[文虎][104]는 화평하고, 백곡이 풍요할 것이다. 또 하원(下院)의 문수갑사(文殊岬寺)를 더 배치하여 여러 사(社)들의 도회소[都會]로 삼고,[105] 복전승 일곱 명이 밤낮으로 늘 화엄신중예참을 행하고, 위의 37명[106]의 재에 드는 경비와 의복의 비용은 하서부의 도 내 8주(州)의 세로써 네 가지 일[107]의 자금으로 충당할 것이니 대대로 군왕은 잊지 말고 준행하면 다행이겠다.」

---

101) 華嚴神衆 : 『華嚴經』에 나오는 神衆을 말한다. 摩尼寶王, 師子寶王, 海莊嚴寶王, 不可稱香王 등이 있다.(『華嚴經』 卷44 入法界品 34-1 참조)

102) 華嚴會 : 『華嚴經』을 설하던 법회, 또는 『華嚴經』을 독송하거나 강설하던 법회.

103) 法輪社 : 강원도 평창군 五臺山 中臺에 있던 절(華藏社), 곧 寶川庵.

104) 文虎 : 文武. 고려 惠宗의 諱 '武'를 피하여 '虎'를 썼다.

105) 文殊岬寺 爲社之都會 : 文殊岬寺를 五臺山의 圓通社(東臺)·金剛社(南臺)·水精社(西臺)·白蓮社(北臺)·華嚴社(中臺)·法輪社(中臺) 등 諸社의 都會所로 삼음을 말한다.

106) 上件三十七員 : 五臺山의 6社(각 5명) 및 文殊岬寺(7명)에서 晝夜 齋行하는 福田僧 총 37명을 가리킨다.

107) 四事 : 4가지의 供養. 곧 臥具·衣服·飮食·湯藥.(『祖庭事苑』 참조)

89. 溟州〈古河西府也〉五臺山寶叱徒[1]太子傳記

新羅淨神太子寶叱徒[2] 與弟孝明太子 到河西府世獻角干家一宿 翌日踰大嶺 各領一千人到省烏坪 累日遊翫 太[3]和元年八月五日 兄弟同隱入五臺山 徒中侍衛等 推覓不得 幷皆還國 兄太子見中臺南下 眞如院堪下山末靑蓮開 其地結草菴而居 弟孝明見北臺南山末靑蓮開 亦結草菴[4]而居

兄弟二人禮念修行 五臺進敬禮拜 靑在東臺滿月形山 觀音眞身[5] 一萬常住 赤任[6]南臺騏[7]麟山 八大[8]菩薩爲首 一萬地藏菩薩常住 白方西臺長嶺山 無量壽如來爲首 一萬大勢至菩薩常住 黑掌[9]北[10]臺相王山 釋迦如來爲首 五百大阿羅漢常住 黃處中臺風爐山 亦名地爐山 毗盧遮那爲首 一萬文殊常住 眞如院地 文殊大聖每日寅朝

---

1) 寶叱徒 : [遺] 卷3 塔像 臺山五萬眞身條에는 '寶川'.
2) 寶叱徒 : 주 1)과 같음.
3) 太 : [正] 大. [品][斗][浩][六] 太.
4) 菴 : [浩] 庵.
5) 身 : [正] 판독미상. [品][斗][浩][六][民] 身.
6) 赤任 : [正][晩][順][鶴][六][東] 없음. [品][斗] 赤. [浩][民] 赤任. [遺] 卷3 塔像 臺山五萬眞身條에는 '赤任'.
7) 騏 : [品][斗][浩][六] 麒.
8) 大 : [六] 萬.
9) 掌 : [遺] 卷3 塔像 臺山五萬眞身條에는 '地'.
10) 北 : [正][晩][鶴][東] 比. [順] 北(가필). [品][斗][浩][六] 北. [遺] 卷3 塔像 臺山五萬眞身條에는 '北'.

化現三十六形〈三十六形見臺山五萬眞身傳〉 兩太子幷禮拜 每日早朝汲于洞水 煎茶供養一萬眞身文殊

淨神太子弟副君 在新羅 爭位誅滅 國人遣將軍四人 到五臺山孝明太子前 呼萬歲 卽是有五色雲 自五臺至新羅 七日七夜浮光 國人尋光到五臺 欲陪兩太子還國 寶叱徒[11]太子涕泣不歸 陪孝明太子 歸國卽位 在位二十餘年[12] 神龍元年三月八日 始開眞如院〈云云〉

寶叱徒[13]太子常服于洞靈水 肉身登空 到流沙江 入蔚珍大國掌[14]天窟修道 還至五臺神聖窟 五十年修道〈云云〉 五臺山是白頭山大[15]根脈[16] 各臺眞身常住〈云云〉

---

11) 寶叱徒 : 주 1)과 같음.
12) 二十餘年 : [浩] 十年. [遺] 卷3 塔像 臺山五萬眞身條에는 '十年'.
13) 寶叱徒 : 주 1)과 같음.
14) 掌 : [浩] 撑.
15) 大 : [六] 之.
16) 脈 : [正][晩][順][鶴][品] 脉(脈과 동자). [斗][浩][六] 脈.

명주〈옛날의 하서부이다.〉 오대산의 보즐도태자 전기

신라 정신태자(淨神太子)[1] 보즐도(寶叱徒)[2]는 아우 효명(孝明)[3] 태자와 더불어 하서부(河西府)[4] 세헌(世獻) 각간의 집에 이르러 하룻밤을 묵었다. 이튿날 대령(大嶺)을 넘어 각기 1천 명을 거느리고 성오평(省烏坪)[5]에 이르러 여러 날 놀다가 태화(太和) 원년(647) 8월 5일 형제가 함께 오대산(五臺山)으로 숨어 들어갔다.[6] 무리들 가운데 시위자들이 [태자 형제를] 찾지 못하고 모두 함께 서울로 돌아갔다.

---

1) 淨神太子 : 신라에 淨神이란 이름을 가진 왕은 없다. 異本에 의하면, 寶川(寶叱徒)을 淨神太子로 부르고, 寶川太子의 兒名이라고 한 것으로 보아 淨神은 곧 寶川이 아니었던가 한다.(閔漬, 『五臺山事蹟』, 「五臺山聖蹟幷新羅淨神太子孝明太子傳記」 참조)

2) 寶叱徒 : '寶川(보ㅅ내)'의 異記인 듯하다.

3) 孝明 : 「孝明乃孝照 一作昭之訛也」([遺] 卷3 塔像 臺山五萬眞身條). [遺]는 孝明太子를 天授 3년 壬辰(692)에 16세로 즉위하여 長安 2년 壬寅(702)에 26세로 붕한 孝昭王(재위 10년간)으로 간주하고 있다.

4) 河西府 : 「今溟州 亦有河西郡是也 一作河曲縣」([遺] 卷3 塔像 臺山五萬眞身條).

5) 省烏坪 : [遺] 卷3 塔像 臺山五萬眞身條 주석 26) 참조.

6) 太和元年八月五日 兄弟同隱入五臺山 : 이는 [遺] 卷3 塔像 臺山五萬眞身條의 古記 인용문의 내용과 일치한다. 太和는 신라 眞德女王의 연호(647-650)로서 太和 元年은 647년, 孝明(孝昭王)의 즉위년은 天授 3年 壬辰(692)이요, 그의 나이 16세 때였다. 위의 古記 내용이 '크게 잘못되었다'고 臺山五萬眞身條 註文에서 밝힌 바 있다.

형 태자는 [오대산] 중대(中臺) 남쪽 아래 진여원(眞如院)[7] 터 아랫산 끝에 푸른 연꽃이 핀 것을 보고 그곳에 풀로 암자를 짓고 살았다. 동생 효명은 북대(北臺) 남쪽 산 끝에 푸른 연꽃이 핀 것을 보고 또한 풀로 암자를 짓고 살았다.

형제 두 사람이 예배하고 염불하면서 수행하고 5대(五臺)에 나아가 경배하였다. 청색방인 동대(東臺)[8]의 만월모양의 산에는 관음보살[觀音][9] 진신 1만이 항상 있었고, 적색방인 남대(南臺)의 기린산(麒麟山)에는 8대보살(八大菩薩)을 수위로 한 1만 지장보살(地藏菩薩)[10]이 항상 있고, 백색방인 서대(西臺)의 장령산(長嶺山)에는 무량수여래(無量壽如來)[11]를 수위로 한 1만 대세지보살(大勢至菩薩)[12]이 항상 있고, 흑색방인 북대의 상왕산(相王山)[13]에는 석가여래(釋迦如來)[14]를 수위로 한 5백 대아라한(大阿羅漢)[15]이 항상 있고, 황색방

---

7) 眞如院 : 강원도 평창군 진부면 동산리 五臺山 中臺에 있는 절. 곧 上院寺. 신라 聖德王 4년(705)에 개창하였다.

8) 靑在東臺 : 五行說에서 5方과 5色은 각각 東-靑(木), 南-赤(火), 中央-黃(土), 西-白(金), 北-黑(水)으로 對應된다. 따라서 靑은 방위상 東臺와 관련된다.

9) 觀音 : 觀世音. Avalokiteśvara. 大慈大悲를 근본 서원으로 하는 菩薩. 彌陀三尊의 하나로 阿彌陀佛의 왼쪽 補處. 이 보살이 세상을 교화함에는 중생의 根機에 맞추어 여러 가지 형체로 나타나는데, 이를 普門示現이라고 하며, 33身이 있다고 한다. 그 정토 또는 있는 곳을 補陀落迦(Potalaka)라고 하나, 당초 『華嚴經』에 남인도 마퇴구타국의 보타락가라 한 것이 처음이고, 중국에서는 浙江省 舟山島를 補陀落이라고 한다. 우리 나라에서는 襄陽의 洛山, 南海 菩提庵, 五臺山 東臺 滿月山을 觀音 住處로 불러왔다.

10) 地藏菩薩 : [遺] 卷3 塔像 臺山五萬眞身條 주석 34) 참조.

11) 無量壽如來 : [遺] 卷3 塔像 臺山五萬眞身條 주석 35) 참조.

12) 大勢至菩薩 : [遺] 卷3 塔像 臺山五萬眞身條 주석 36) 참조.

13) 相王山 : 「象王山」([遺] 卷3 塔像 臺山五萬眞身條).

14) 釋迦如來 : [遺] 卷3 塔像 臺山五萬眞身條 주석 37) 참조.

15) 大阿羅漢 : 아라한(Arhan). 小乘의 교법을 수행하는 聲聞 四果의 가장 윗자

인 중대 풍로산(風爐山)[16]은 이름을 지로산(地爐山)[17]이라고도 하여 비로자나불[毗盧遮那][18]을 수위로 한 1만 문수보살[文殊][19]이 항상 있고, 진여원 땅에는 문수보살이 날마다 이른 새벽[20]에 36가지 모양 〈36가지 모양은 대산오만진신전(臺山五萬眞身傳)에 보인다.〉[21]으로 변화하여 나타났다. 두 태자는 나란히 예배하고, 매일 이른 아침에 골짜기의 물을 길어와 차를 다려 1만의 진신 문수보살을 공양하였다.[22]

[이 무렵] 정신태자의 아우 부군(副君)[23]이 신라에 있으며 왕위를 다투다가 죽음을 당하였다.[24] 나라 사람들이 장군 네 사람을 보내 오대산에 이르러 효명태자 앞에서 만세를 불렀더니, 이에 오색구름이 일

리. 應供·殺賊·不生·離惡으로 번역된다.

16) 風爐山 : 「風盧山」([遺] 卷3 塔像 臺山五萬眞身條).

17) 地爐山 : 「地盧山」([遺] 卷3 塔像 臺山五萬眞身條).

18) 毗盧遮那 : Vairocana. 부처의 眞身에 대한 칭호로 부처의 身光·智光이 理事無礙의 法界에 두루 비쳐 圓明함을 뜻한다.

19) 文殊 : [遺] 卷3 塔像 臺山五萬眞身條 주석 3) 참조.

20) 寅朝 : 이른 새벽. 寅時는 오전 3시부터 오전 5시 사이를 가리킨다.

21) 〈三十六形 見臺山五萬眞身傳〉 : 「中臺 眞如院中 安泥像文殊不動 後壁安黃地畵毘盧遮那爲首 三十六化形」([遺] 卷3 塔像 臺山五萬眞身條). '臺山五萬眞身傳'은 '臺山五萬眞身'의 誤記.

22) 兩太子幷禮拜…煎茶供養一萬眞身文殊 : 「兩王子見是神變 每朝新汲于筒水 煎茶供養一萬文殊」(「五臺山聖蹟幷新羅淨神太子孝明太子傳記」). 두 王子가 文殊眞身에게 공양한 煎茶는 아침마다 于筒水를 길어다가 지은 차였다.

23) 副君 : 國君의 嗣子. 太子. 副后. 「太子國儲副君 師友必於天下英俊」(『漢書』 疏光傳). 「文心雕龍 文帝以副君之重 妙善詞賦」(『稱謂錄』 太子古稱 副君).

24) 淨神太子弟副君 在新羅 爭位誅滅 : 이에 관하여 다음과 같은 異記가 있다. 「淨神王之弟 與王爭位 國人廢之」([遺] 卷3 塔像 臺山五萬眞身條). 「唐則天嗣聖十九年壬寅 新羅王薨而無子 國人欲迎兩王子…」(「五臺山聖蹟幷新羅淨神太子孝明太子傳記」). 臺山五萬眞身條의 註文에서는 「王(神文王)의 동생이 王位를 다툰 일은 國史에 글로 나타난 것이 없어 알 수 없다」(「神文之弟爭位事 國史無文 未詳」)고 하였고, [史]에서는 王(神文王)이 12년 7월에 薨去하니 太子 理洪(孝昭)이 즉위하였고, 唐 則天이 使臣을 보내 王을 책봉하였다([史] 卷8 新羅本紀 神文王 12年條·孝昭王條)고 하였다.

어 오대산에서 신라에까지 이르러 7일 7야 동안 빛을 발하였다.[25] 나라 사람들이 그 빛을 찾아 오대에 이르러 두 태자를 모시고 서울로 돌아가고자 하였다. 보즐도태자는 울면서 돌아가지 않으므로 효명태자를 모시고 서울로 돌아와 왕위에 올랐다.[26] 왕위에 있은 것은 20여 년이었다.[27] 신룡(神龍) 원년(705) 3월 8일 비로소 진여원을 세웠다〈고 한다.〉[28]

보즐도태자는 항상 골짜기의 신령한 물을 마시고[29] 육신이 하늘을 날아 유사강(流沙江)[30]에 이르러 울진대국(蔚珍大國)의 장천굴(掌天

---

25) 卽是有五色雲 自五臺至新羅 七日七夜浮光 : 「時有五色雲 七日垂覆」([遺] 卷3 塔像 臺山五萬眞身條). 「時有五色雲 現光燭于國者 七日七夜」(「五臺山聖蹟幷新羅淨神太子孝明太子傳記」).

26) 寶叱徒太子涕泣不歸 陪孝明太子 歸國卽位 : 「五臺山聖蹟幷新羅淨神太子孝明太子傳記」에는 「淨神泣請而留 孝明不得已而嗣王位 是爲第三十三聖德王也」라고 하여, 孝明太子를 신라의 33대 聖德王으로 단정하였다.

27) 在位二十餘年 : 古記에서 「在位二十餘年」이라고 한 것을 따른 듯한데, [遺] 卷3 塔像 臺山五萬眞身條에서는 왕의 崩年壽(26세)를 재위년으로 잘못 쓴 것이라고 하여 古記 내용을 부인하였다. 즉, 「記云在位二十餘年 蓋崩年壽二十六之訛也 在位但十年爾」라고 하였다.

28) 神龍元年三月八日 始開眞如院〈云云〉 : 神龍 元年은 唐 中宗이 復位한 乙巳(705)로, 신라 聖德王 4년으로, 이 해 3월에 眞如院을 창건하였다. 개창일을 3월 8일이라고 한 데 대하여, [遺] 卷3 塔像 臺山五萬眞身條에서는 「三月 初四日 始改創眞如院」이라고 했고, 「五臺山聖蹟幷新羅淨神太子孝明太子傳記」에서는 「八月初三日 王親率軍民 而到山 始開眞如院」이라고 하였다. 이들 異記는 「三月 初八日」의 訛記가 아닌가 한다. [史] 卷8 新羅本紀 聖德王 4年條에는 眞如院 개창기사가 없다.

29) 寶叱徒太子常服于洞靈水 : 「五臺山聖蹟幷新羅淨神太子孝明太子傳記」에는 「淨神留而修道 常服于筒之靈水 故肉身騰空而飛」라고 하였는데, 태자가 상복한 靈水는 '于筒'의 물을 말하니, 이는 五臺山 西臺 아래 있던 샘으로 漢江의 원류가 되었다. 「西臺之下 有檻泉涌出 色味勝常 其重亦然 曰于筒 水洒流數百里 而爲漢江 以入于海漢…于筒之源 有庵 曰水精 昔新羅二王子 嘗過于此 修禪得道」(『東文選』 卷80 「五臺山西臺水精庵重創記」).

30) 流沙江 : [遺] 卷3 塔像 臺山五萬眞身條 주석 66) 참조.

窟)[31]에 들어가 수도하고 다시 오대산 신성굴(神聖窟)로 돌아와 50년을 수도하였다〈고 한다.〉 오대산은 곧 백두산(白頭山)의 큰 줄기로 각 대에는 불보살의 진신이 항상 있었다〈고 한다.〉[32]

---

31) 掌天窟 : [遺] 卷3 塔像 臺山五萬眞身條 주석 67) 참조.

32) 五臺山是白頭山大根脈 各臺眞身常住〈云云〉 : 「夫五臺之爲山也 始自白頭逶迤南來 屈曲百返轉而爲金剛 爲雪岳 又再轉而走百有餘里 巋然叅天而立 飄然一丈夫號令於百萬軍中如也 卽曰毘盧峰下 有群峰羅列於前 若怒若吼 奇峰異區不可悉數 而擧其大槩而論之 則東有滿月 西有長嶺 南騏麟 北有象王 中有地爐 故曰五臺山 而皆諸佛菩薩常住之處也」(「五臺山聖蹟幷新羅淨神太子孝明太子傳記」).

90. 臺山月精寺五類聖衆

按寺中所傳古記云 慈藏法師初至五臺 欲覩眞身 於山麓結茅而住 七日不見 而到妙梵山 創淨岩寺 後有信孝居士者 或云幼童菩薩化身 家在公州 養母純孝 母非肉不食 士求肉出行山野 路見五鶴射之 有一鶴落一羽而去 士執其羽 遮眼而見人 人皆是畜生 故不得肉 而因割股肉進母 後乃出家 捨其家爲寺 今爲孝家院

士自慶州界至河率 見人多是人形 因有居住之志 路見老婦 問可住處 婦云 過西嶺 有北向洞 可居 言訖不現 士知觀音所敎 因過省烏坪 入慈藏初結茅處而住 俄有五比丘到云 汝之持來袈裟一幅今何在 士茫然 比丘云 汝所執見人之羽是也 士乃出呈 比丘乃置羽 於袈裟闕幅中 相合 而非羽乃布也 士與五比丘別 後方知是五類聖衆化身也

此月精寺 慈藏初結茅 次信孝居士來住 次梵日門人信義頭陁來創庵而住 後有水多寺長老有緣來住 而漸成大寺 寺之五類聖衆 九層石塔皆聖跡也 相地者云 國內名山 此地最勝 佛法長興之處云云

오대산 월정사의 다섯 성중

절 안에 전하는 고기(古記)를 살펴보니 다음과 같이 이르고 있다. 자장(慈藏) 법사는 처음에 오대산[五臺][1]에 이르러 [문수보살의] 진신을 보려고 산 기슭에 띠집을 짓고 머물렀으나, 7일 동안을 나타나지 않으므로 묘범산(妙梵山)[2]으로 가서 정암사(淨岩寺)[3]를 세웠다. 그 후 신효거사(信孝居士)라는 이가 있었는데, 혹은 유동보살(幼童菩薩)[4]의 화신[5]이라고도 한다. [그의] 집은 공주(公州)에 있었고, 어머니

---

1) 五臺 : 五臺山. [遺] 卷3 塔像 臺山五萬眞身條 주석 2) 참조.

2) 妙梵山 : 葛來山을 가리키는 듯하다.

3) 淨岩寺 : 강원도 旌善郡 古汗邑 古汗里 葛來山 계곡에 있는 절. 신라 眞德王 때 慈藏이 大國統 자리에서 물러나 江陵에 水多寺를 세우고 살더니, 어느날 꿈에 唐의 北臺에서 일찍이 梵語偈를 傳授하던 梵僧을 만났다. 다음날 大松汀에서 만나겠다는 말을 듣고, 자장이 다음날 松汀에 이르러 과연 文殊菩薩을 만났는데, 法要를 묻고자 하니, "太白의 葛蟠地에서 만나자"고 하고 사라지므로 자장은 太白山에 가서 찾은 끝에 큰 구렁이가 또아리를 틀고 있는 것을 보고 그곳에 石南院을 지으니 이것이 지금의 淨岩寺다.([遺] 卷4 義解 慈藏定律條 참조) 「伊後法師再住大和寺 忽有梵僧曰 再見卿於太白山云云 卽滅 遂入此山 蟒盤樹下 說戒移蟒於山下 因建下薩那 今淨嵓是也」(『葛來塔事蹟淨巖寺事蹟』).

4) 幼童菩薩 : 儒童菩薩. 釋迦가 前世에서 燃燈佛을 공양하던 때의 菩薩名. 釋迦如來의 因行中 第二阿僧祇劫의 滿時에 연등불(錠光佛)의 出世를 만나 五華의 연꽃을 사서 공양하고 머리카락을 진흙에 깔아 연등불로 하여금 밟고 가게 함으로써 미래성불의 記別을 받았다.(『瑞應經』 卷上 참조)

5) 化身 : Nirmāṇa-kāya. 중생들을 구제하기 위하여 佛陀가 스스로 변현하여 중생의 모습이 된 것을 가리킨다.

봉양하기를 효성껏 다하였다. 어머니는 고기가 아니면 밥을 먹지 않았으므로 거사는 고기를 구하러 산과 들로 나다니더니 길에서 학 다섯 마리를 보고 활로 쏘았다. 학 한 마리가 깃을 떨어뜨리고 가버렸다. 거사가 그 깃을 집어 눈을 가리고 사람을 보았더니 사람이 모두 짐승으로 보였다. 그로부터 고기를 얻지 못하여 [자기의] 넙적다리 살을 베어 어머니께 드렸다. 후에 [그는] 출가하여 자기 집을 내놓아 절로 삼았는데, 지금의 효가원(孝家院)[6]이다.

거사가 경주(慶州) 지경에서 하솔(河率)[7]에 이르러 [깃을 통해] 사람을 보니 모두 사람의 형상이었다. 이로 인하여 [그곳에] 머물러 살 뜻이 있어 길에서 늙은 부인을 보고 살 만한 곳을 물었더니, 부인이 말하기를, "서쪽 고개를 지나면 북향한 골짜기가 있는데 살 만합니다"고 하고는 말을 마치자 자취가 없어졌다. 거사는 관음보살[觀音]의 교시인 것을 알고, 이에 성오평(省烏坪)[8]을 지나 자장이 당초 띠집을 지은 곳으로 들어가 살았다. 잠시후 다섯 비구가 와서 말하기를, "그대가 가지고 온 가사 한 폭은 지금 어디에 있는가?"라고 하였다. 거사가 어리둥절해하니, 비구가 말하기를, "그대가 집어서 [눈을 가리고] 사람을 보던 [학의] 깃이 그것이요"라고 하였다. 거사는 이에 [깃을 비구에게] 내주었다. 비구가 깃을 가사의 빠진 폭 안에 갖다대니 서로 꼭 들어맞았다. 그것은 깃이 아니고 베였다. 거사는 다섯 비구와 헤어

---

6) 孝家院 : 충청남도 公州郡에 있다. 「孝家里院 在州東十里 鄭樞詩 黃葉成堆院落空 山前古碣夕陽紅 割髀孝子令何在 夜夜銀蟾落鏡中」([勝覽] 卷17 公州牧 驛院 孝家里院條).

7) 河率 : 江陵의 옛이름. 「河瑟羅」([勝覽] 卷44 江陵大都護府 郡名條). 「阿瑟羅州 今溟州」([遺] 卷1 紀異 智哲老王條).

8) 省烏坪 : 「紅桃坪」(『頭陀山三和寺事蹟』 信孝居士傳).

진 뒤에야 바로 이들이 다섯 성중[9]의 화신임을 알았다.

이 월정사(月精寺)[10]는 자장이 처음에 띠집을 짓고, 다음 신효거사가 와서 살았고, 그 다음에 범일(梵日)[11]의 문인 신의(信義)[12] 두타(頭陁)[13]가 와서 암자를 세우고 살았다. 그후 수다사(水多寺)[14]의 장로(長老) 유연(有緣)이 와서 살았다. 그리하여 점차로 큰 절이 되었다. 절의 다섯 성중과 9층 석탑[15]은 모두 성자의 자취이다. 지관이 말하기를, "국내의 명산 중에서 이 땅이 가장 좋은 땅이므로 불법(佛法)이 길이 흥할 곳이다.…"고 하였다.

---

9) 五類聖衆 : 五臺山의 五臺에 각각 상주한다고 관념한 觀音(東臺)·大勢至(西臺)·地藏(南臺)·釋迦(北臺)·文殊(中臺) 등의 불보살을 가리킨다.「五僧旣去 始認五類大聖之化身也 五大聖者 北臺釋迦 東坮觀音 中臺文殊 西坮大勢至 南坮地藏是也 故於是寺有五尊像」(『五臺山事迹』「信孝居士親見五類聖事蹟」).

10) 月精寺 : 신라 제28대 善德王 12년(643) 唐에서 귀국한 慈藏이 文殊菩薩의 지시로 五臺山 毘盧峰 아래에 석가의 頂骨舍利 37顆를 봉안하고, 寂滅寶宮을 창건하였다. 2년 뒤에 五臺山 東臺인 滿月山 아래 月精寺를 창건하고, 뜰 가운데 8각9층의 舍利塔(국보 제48호)을 세우고, 여기에 불사리를 봉안하였다. 탑 앞에 석조보살좌상(보물 제139호)이 탑을 향해 왼쪽 무릎을 세우고 앉은 모습이 불탑에 대한 공양을 나타내고 있는 듯하다.『朝鮮王朝實錄』등의 사서를 보관하였던 사고(사적 제37호. 옛 靈鑑寺 자리)가 가까이에 있고, 조선 世祖 때의『五臺山上院寺重創勸善文』(보물 제140호) 2책이 보관되어 있다. 현재 조계종 4교구의 본사로서 약 60여 개의 말사와 암자를 두고 있다.

11) 梵日 : [遺] 卷3 塔像 洛山二大聖 觀音 正趣 調信條 주석 22) 참조.

12) 信義 : [遺] 卷3 塔像 臺山五萬眞身條 주석 17) 참조.

13) 頭陁 : Dhūta. 煩惱의 티끌을 떨어 없애고, 衣·食·住에 貪着하지 않으며, 淸淨하게 佛道를 수행하는 것으로, 이에는 12조의 행법이 있다. 여기서는 僧 信義를 말하는데, 그는 아마도 이 행법을 닦던 수행자였던 듯하다.

14) 水多寺 : [遺] 卷3 塔像 臺山五萬眞身條 주석 19) 참조.

15) 九層石塔 : 月精寺 大寂光殿 앞에 있는 8각 9층 석탑(국보 제48호). 閔漬의 奉安舍利開建寺庵第一祖師傳記(『五臺山事迹』)에 의하면, 신라 慈藏이 五臺山의 地爐峰(中臺)에 佛腦 및 頂骨을 봉안했다고 한다. 이로 인하여 月精寺를 짓고, 9층탑을 세워 사리 37顆를 탑신 중에 봉안했다고 한다. 그러나 현재의 8각 9층탑은 그 양식수법상 자장의 創寺 당시의 것으로 보기는 어렵다.

91. 南月山〈亦名甘山寺〉

寺在京城東南二十許里 金堂主彌勒尊像火光後記云 開元七年己未二月十五日 重阿喰[1]金志誠[2] 爲[3]亡考仁章一吉干[4] 亡妣[5]觀肖里夫人 敬造甘山寺一所[6]石彌勒[7]一軀 兼及愷元伊喰[8] 弟[9]良[10]誠小舍 玄度師 姊古巴里[11] 前妻古老[12]里 後妻阿好里 兼庶兄[13]及漢[14]一吉喰[15] 一幢薩喰[16] 聰敬[17]大[18]舍 妹首肹買里[19] 同營

1) 喰 : [品][浩][民] 湌.
2) 金志誠 : [正][六] 全忘誠. [品][斗][浩] 金志誠. 「甘山寺阿彌陁如來造像記」 金志全. 「甘山寺彌勒菩薩造像記」 金志誠.
3) 爲 : 이 앞에 「甘山寺彌勒菩薩造像記」에는 '奉'을 추가함.
4) 干 : 「甘山寺彌勒菩薩造像記」 湌.
5) 妣 : [正][品][斗][六] 妃. [浩] 妣. 「甘山寺彌勒菩薩造像記」 妣.
6) 所 : 이 뒤에 「甘山寺彌勒菩薩造像記」에는 '石阿彌陁像一軀'를 추가함.
7) 彌勒 : 「甘山寺彌勒菩薩造像記」 彌勒像.
8) 喰 : [品] 湌.
9) 弟 : [正][六] 第. [品][斗][浩][民] 弟. 「甘山寺阿彌陁如來造像記」「甘山寺彌勒菩薩造像記」 弟.
10) 良 : [正][品][六] 懇. [斗] 良. [浩] 良 또는 梁. 「甘山寺阿彌陁如來造像記」 梁. 「甘山寺彌勒菩薩造像記」 良.
11) 姊古巴里 : 「甘山寺阿彌陁如來造像記」 亡妹古寶里.
12) 老 : 「甘山寺阿彌陁如來造像記」와 본조의 뒷부분에서는 '路'라고 함.
13) 兄 : [正][品][六] 族. [斗][浩] 兄. 「甘山寺阿彌陁如來造像記」「甘山寺彌勒菩薩造像記」 兄.
14) 漢 : [正][品][斗][六] 漠. [浩] 漢. 「甘山寺阿彌陁如來造像記」「甘山寺彌勒菩薩造像記」 漢.
15) 喰 : [品][斗][浩] 湌. 「甘山寺彌勒菩薩造像記」 湌.

其[20]善[21] 亡妣官[22]肖里夫人[23] 古人成之東海欣[24]支[25]邊散也[26]

〈古人成之以下 文未詳其意 但存古文而已 下同〉

彌陁佛火光後記云 重阿喰[27]金志全[28] 曾以尙衣[29]奉御 又執事侍郞 年六十七 致仕閑居 奉爲國主大王 伊喰[30]愷元[31] 亡考仁章一吉干[32] 亡妣[33] 亡弟小舍梁[34]誠 沙門玄度 亡妻古路[35]里 亡妹古巴[36]里 又爲妻阿好里等 捨甘山莊田建[37]伽藍 仍造石彌陁[38]一

---

16) 喰 : [品][浩] 湌. 「甘山寺彌勒菩薩造像記」 湌.
17) 敬 : [正][品][斗][浩][六] 敏. 「甘山寺彌勒菩薩造像記」 敬.
18) 大 : [正] 七. [品][斗][浩][六][民] 大.
19) 首肹買里 : [正][品][斗][浩][六] 首肹買等. 「甘山寺彌勒菩薩造像記」 首肹買里.
20) 其 : [正][品][斗][浩][六] 玆. 「甘山寺彌勒菩薩造像記」 其.
21) 善 : 「甘山寺彌勒菩薩造像記」 善因.
22) 官 : [正][品][斗][六] 없음. [浩] 觀. 본조의 앞부분에서는 '觀'이라고 함. 「甘山寺彌勒菩薩造像記」 官.
23) 人 : 이 뒤에 「甘山寺彌勒菩薩造像記」에는 '年六十六'를 추가함.
24) 欣 : [正][浩][六] 攸. [品][斗] 欣. 「甘山寺彌勒菩薩造像記」 欣.
25) 支 : [正][浩][六] 友. [品][斗] 支. 「甘山寺彌勒菩薩造像記」 支.
26) 也 : [品][浩] 之. 「甘山寺彌勒菩薩造像記」 之.
27) 喰 : [品][斗][浩][民] 湌. 「甘山寺阿彌陁如來造像記」 湌.
28) 金志全 : [浩][民] 金志誠. 「甘山寺阿彌陁如來造像記」「甘山寺彌勒菩薩造像記」 金志全.
29) 衣 : 「甘山寺阿彌陁如來造像記」 舍.
30) 喰 : [品][斗][浩] 湌. 「甘山寺阿彌陁如來造像記」 湌.
31) 愷元 : 「甘山寺阿彌陁如來造像記」 愷元公.
32) 仁章一吉干 : 「甘山寺阿彌陁如來造像記」 없음.
33) 妣 : [正][品][斗][六] 妃. [浩] 妣. 「甘山寺阿彌陁如來造像記」 妣.
34) 梁 : [正]의 본조 앞부분에서는 '懇'이라고 함. 「甘山寺彌勒菩薩造像記」 良. 「甘山寺阿彌陁如來造像記」 梁.
35) 路 : 「甘山寺彌勒菩薩造像記」와 본조의 앞부분에서는 '老'라고 함.
36) 巴 : 「甘山寺阿彌陁如來造像記」 寶.
37) 建 : 「甘山寺阿彌陁如來造像記」 建此.
38) 彌陁 : 「甘山寺阿彌陁如來造像記」 彌陁像.

軀 奉爲亡考仁章一吉干[39] 古人成之[40]東海欣[41]支[42]邊散也[43]〈按帝系 金愷元乃太[44]宗春秋之第[45]六[46]子愷元角干也 乃文姬[47]之所生也 金志全[48]乃仁章一吉干[49]之子 東海欣[50]支[51] 恐法敏葬東海也〉

---

39) 干 :「甘山寺阿彌陁如來造像記」湌. 이 뒤에 '年卌七'을 추가함.
40) 之 : [浩][六] 云.
41) 欣 : [正][浩][六] 攸. [品][斗] 欣.「甘山寺阿彌陁如來造像記」欣.
42) 支 : [正] 反. [浩][六] 友. [品][斗] 支.「甘山寺阿彌陁如來造像記」支.
43) 也 : [品] 之.
44) 太 : [正] 大. [順] 太(가필). [品][斗][浩][六][民] 太.
45) 第 : [正][品][浩][六] 弟. [斗] 第.
46) 六 : [正] 大. [順] 太(가필). [品][浩][六][民] 太. [斗] 六.
47) 姬 : [正][品][斗][六] 熙. [浩][民] 姬.
48) 金志全 : [正][品][斗][六] 誠志全. [浩] 金志誠. [正]의 본조 앞부분에서는 '全忘誠'이라고 함.
49) 干 :「甘山寺阿彌陁如來造像記」湌.
50) 欣 : [正][斗][浩][六] 攸. [品] 欣.「甘山寺阿彌陁如來造像記」欣.
51) 支 : [正][斗][浩][六] 反. [品] 支.「甘山寺阿彌陁如來造像記」支.

남월산〈감산사라고도 한다.〉

[이] 절은 서울의 동남쪽 20리 가량 되는 곳에 있다. 금당(金堂)의 주불 미륵존상화광후기(彌勒尊像火光後記)[1]에는 다음과 같이 기록되어 있다.

「개원(開元)[2] 7년 기미(己未, 719) 2월 15일에 중아찬(重阿喰)[3] 김지성(金志誠)[4]이 돌아가신 아버지 인장(仁章)[5] 일길간(一吉干)[6]

---

1) 彌勒尊像火光後記 : 光背의 銘이다. 佛・菩薩의 머리나 몸에서 발하는 빛을 광배 또는 화광이라고 한다. 火光後記는 광배 뒤에 새긴 글이다.

2) 開元 : 중국 唐 玄宗 때의 연호(713-741). 그 7년은 신라 聖德王 18년(719)에 해당한다.

3) 重阿喰 : 阿喰은 신라 17관등 중의 제6관등으로, 6두품이 오를 수 있는 최고의 관등이었다. 아찬에는 重阿湌에서 四重阿湌까지 있었다.

4) 金志誠 : 「甘山寺彌勒菩薩造像記」에는 '金志誠'으로, 「甘山寺阿彌陁如來造像記」에는 '金志全'으로 되어 있다. [正]의 '全忘誠'은 金志誠의 誤記이고, 金志誠과 金志全은 동일인에 대한 한자 표기를 달리한 것으로 생각된다. 『唐書』 및 『冊府元龜』에 의하면, 聖德王의 諱 또한 金志誠이었으나, 중아찬 김지성과는 동일인이 아니었다. 『冊府元龜』 권970에는 「神龍元年三月 新羅王金志誠遣使來朝」라고 하였다. 그러나 末松保和는 이를 '新羅王遣金志誠來朝'로 고치는 것이 옳다고 하였다.(末松保和, 「甘山寺彌勒尊像及び阿彌陀佛の火光後記」, 『新羅史の諸問題』, 東洋文庫, 1954, p.459) 김지성은 신라 聖德王 때의 관리. 重阿湌의 관등에 올랐으며, 67세에 집사부 시랑직에서 물러났다. 甘山寺를 창건하고 아미타불과 미륵보살상을 조성해서 봉안하였다. 벼슬에서 물러난 뒤 감산사에서 『瑜伽論』과 『莊子』 등을 읽으면서 만년을 보냈다.

5) 仁章 : 신라의 관리. 金志誠의 아버지. 벼슬은 一吉湌. 仁章이라는 이름은 본조에서 언급한 대로 「甘山寺彌勒菩薩造像記」・「甘山寺阿彌陀如來造像記」에서 확인할 수 있다. 다른 기록에는 찾아볼 수 없다.

과 돌아가신 어머니 관초리(觀肖里) 부인을 위하여 감산사(甘山寺)[7] 한 채와 돌미륵 한 구를 정성껏 조성하고, 겸하여 개원(愷元)[8] 이찬(伊飡),[9] 아우 양성(良誠) 소사(小舍),[10] 현도사(玄度師),[11] 누이 고파리(古巴里),[12] 전처 고로리(古老里),[13] 후처 아호리(阿好里)[14]와 또한 서형(庶兄) 급한(及漢)[15] 일길찬(一吉飡), 일당(一幢)[16] 살찬

---

6) 一吉干 : 신라 17관등 중의 제7관등. 一吉湌·乙吉干이라고도 하였다.

7) 甘山寺 : 경상북도 월성군 내동면 신계리에 있었던 절. 신라 聖德王 18년(719)에 金志誠이 돌아가신 부모의 명복을 빌고, 국왕과 그 일족의 안녕을 기원하기 위하여 창건하였다. 그리고 어머니를 위해서 미륵보살을, 아버지를 위해서 아미타불을 조성하여 봉안하였다. 이 불상은 1915년에 서울로 옮겼는데, 지금은 국보로 지정되어 국립중앙박물관에 있다. 이 절터에는 작은 불당 2채와 3층석탑 1기가 있다.

8) 愷元 : 생몰년 미상. 아버지는 太宗武烈王이고 어머니는 文明王后이다. 文武王 7년(667)에 唐 高宗이 勅命으로 將軍을 삼아 遼東의 役에 나아가게 하여 大阿湌이 되었고, 이듬해에는 大幢摠管에 임명되었다. 신라의 삼국통일전쟁에 참여하여 크게 활약하였고, 孝昭王 4년(695)에 上大等이 되었다.([史] 卷5·6 新羅本紀 참조)

9) 伊飡 : 신라 17관등 중 제2관등. 伊尺湌·伊干支라고도 한다.

10) 弟良誠小舍 : [正]에서는 '第懇誠小舍', 「甘山寺彌勒菩薩造像記」에서는 '弟良誠小舍', 「甘山寺阿彌陀如來造像記」에서는 '弟小舍梁誠'라고 하였다. 따라서 第는 弟의 잘못이고, 懇誠은 良誠 또는 梁誠의 잘못인 듯하다. 良과 梁은 음이 같다. 小舍는 신라 17관등 중의 제13관등으로 舍知라고도 한다.

11) 玄度師 : 「甘山寺阿彌陀如來造像記」와 본조 후기에서는 '沙門玄度'라고 하였다. 다른 기록에는 나타나 있지 않다.

12) 姉古巴里 : 「甘山寺阿彌陀如來造像記」에는 '亡妹古寶里'로 되어 있다. 지금 巴와 寶의 음은 다르나, 당시에는 두 글자의 음이 통했을 가능성도 없지 않다. [遺] 卷4 義解 蛇福不言條에서 蛇福을 蛇巴라고 했던 예도 참고가 된다.

13) 古老里 : 본조 후기와 「甘山寺阿彌陀如來造像記」에서는 '古路里'로 되어 있다. 다른 기록에는 나타나 있지 않다.

14) 阿好里 : 「甘山寺阿彌陀如來造像記」에서도 보인다. 다른 기록에는 나타나 있지 않다.

15) 庶兄及漢 : [正]에는 '庶族及漢'으로 되어 있으나, 「甘山寺阿彌陀如來造像記」와 「甘山寺彌勒菩薩造像記」에는 '庶兄及漢'으로 되어 있다.

16) 一幢 : 「甘山寺彌勒菩薩造像記」에서도 확인할 수 있다.

(薩喰),[17] 총경(聰敬) 대사(大舍),[18] 누이동생 수힐매리(首肹買里)를 위하여 함께 이 선한 일을 경영하였다. 돌아가신 어머니 관초리(官肖里) 부인은 고인이 되어서, 동해(東海) 흔지(欣支)가에 [뼈를] 흩었다.」〈고인성지(古人成之) 이하는 그 글의 뜻을 알 수 없지만, 다만 옛날 글 그대로 적어둔다. 아래도 같다.〉

미타불화광후기(彌陁佛火光後記)[19]에는 다음과 같이 기록되어 있다.

「중아찬 김지전(金志全)[20]은 일찍이 상의(尙衣)[21]로서 임금을 모셨고, 또 집사시랑(執事侍郎)[22]으로 있다가 나이 67세에 벼슬을 그만

17) 薩喰 : 신라 17관등 중 제8등. 沙湌 · 沙咄干 · 沙干이라고도 한다. 진골 외에 6두품도 받을 수 있었으며, 흔히 제1급 행정관부의 차관직에 보임되었다.

18) 大舍 : 신라 17관등 중의 제12관등. 韓舍라고도 하였다. 4두품 출신이 받을 수 있는 최고의 관등이었다.

19) 彌陁佛火光後記 : 甘山寺阿彌陀立像에 있는 「阿彌陀造像記」를 가리킨다. 이 미타입상은 통일신라시대의 불상(국보 제82호)으로 1915년 甘山寺址에서 彌勒菩薩立像과 함께 발굴되었다. 身高 174.5cm, 頭高 38cm, 臺座高 85cm이며, 재료는 화강석이다. 光背에 총 21行 391字(缺字포함)가 刻書되어 있으며, 미륵상과 아미타상 명문에 각각 기록된 내용을 보면 甘山寺의 건립사유와 불상봉안 동기는 동일한 것임을 알 수 있다. 그러나 체제와 인명 표기 등에 차이점이 있다. 719년에 金志誠의 발원으로 彌勒菩薩立像과 함께 조성되었다.(「甘山寺彌勒菩薩造像記」, 『朝鮮金石總覽』 上. 文明大, 「新羅 法相宗(瑜伽宗)의 成立問題와 그 美術(上)」, 『歷史學報』 62, 1974, p.82. 金英美, 「聖德王代 專制王權에 대한 一考察」, 『梨大史苑』 22 · 23, 1988, pp.370-375)

20) 金志全 : [正]과 「甘山寺阿彌陀如來造像記」에는 '金志全'으로 되어 있으나 앞에서 지적한 대로 金志誠과 동일인물로 생각된다.

21) 尙衣 : 「甘山寺阿彌陀如來造像記」에는 '尙舍'로 되어 있다. 관명으로 궁중에서 의복 등을 관장하는 직책이다.

22) 執事侍郎 : 執事省의 차관급 관리. 집사성은 국가 기밀과 서정을 맡은 최고의 행정기관으로 그 장은 中侍이고, 그 밑에 典大等 2인을 두었다가 景德王 6년(747)에 侍郎으로 고쳤다.([史] 卷38 職官志(上)) 따라서 執事侍郎이라는 관직명은 金志誠의 생존시기와는 맞지 않는다. 이 사실에 주목하여 김지성이 719년에 불상 조성을 시작했으나, 얼마 후에 돌아가고 30여 년 뒤인 719년 이후에

두고 한가하게 지냈다. 국주대왕(國主大王)과 이찬 개원, 돌아가신 아버지 인장 일길간, 돌아가신 어머니, 죽은 동생 소사 양성(梁誠), 사문(沙門) 현도(玄度), 죽은 아내 고로리(古路里), 죽은 누이동생 고파리, 또 처 아호리 등을 위하여 감산(甘山)의 장전(莊田)을 희사하여 절을 세웠다. 또 석미타(石彌陁) 한 구를 조성하여 돌아가신 아버지 인장 일길간을 받들어 위하였다. 고인이 되자 동해 흔지가에 [뼈를] 흩었다.」〈임금의 계보를 살펴보면, 김개원(金愷元)은 곧 태종춘추(太宗春秋)의 여섯째 아들인 태자 개원 각간이니 바로 문희(文姬)[23]가 낳은 이다. 김지전은 곧 인장 일길간의 아들이다. 동해 흔지는 아마 법민(法敏)[24]을 동해에 장사지낸 것을 말한 것 같다.〉

아미타상이 조성된 것으로 보는 견해도 있다. 이에 의하면, 불상 양식 또한 719년경의 미륵상보다 아미타상이 시대가 떨어진다고 한다.(文明大, 「新羅 法相宗의 成立과 그 美術(下)」, 『歷史學報』 63, 1974, p.143)

23) 文姬 : 角干 金舒玄의 딸이며, 金庾信의 누이동생이다. 文姬는 신라 제29대 太宗武烈王의 妃인 文明王后이며, 시호를 訓帝夫人이라고 한다. 무열왕과의 사이에 자식으로는 文武王인 태자 法敏을 비롯하여 角干 仁問·文王·老且·智鏡·愷元이 있다.([史] 卷5·6 新羅本紀, [遺] 卷1 紀異 太宗春秋公條 참조)

24) 法敏 : 文武王. [遺] 卷2 紀異 文虎王法敏條 참조.

92. 天龍寺

東都南山之南 有一峰屹起 俗云高位山 山之陽有寺 俚云高寺 或云天龍寺 討論三韓集云 雞林土內 有客水二條 逆水一條 其逆水客水二源 不鎭天災 則致天龍覆沒之災

俗傳云 逆水者 州之南 馬等烏村南流川是 又是水之源 致[1]天[2]龍寺 中國來使 樂鵬龜來見云 破此寺 則國亡無日矣

又相傳云 昔有檀越有二女 曰天女龍女 二親爲二女創寺因名之 境地異常助道之場 羅季殘破久矣 衆生寺大聖所乳崔殷誠[3]之子承魯[4] 魯[5]生肅 肅生侍中齊顔 顔乃重修起廢 仍置釋迦萬日道場 受朝旨 兼有信書願文 留于寺 旣卒 爲護伽藍神 頗著靈異

其信書略曰 檀越內史侍郎同內史門下平章事柱國崔齊顔狀 東京高位山天龍寺殘破有年 弟子特爲聖壽天長民國安泰之願 殿堂廊閣房舍廚庫 已來興構畢 具石造泥塑佛聖數軀 開置釋迦萬日道場 旣爲國修營 官家差定主人亦可 然當遞[6]換交代之時 道場僧衆不得安

1) 致 : [品] 到.
2) 天 : [正][晩][順][鶴] 大. [品][斗][浩][六][民] 天.
3) 誠 : [麗史] 卷93 列傳 崔承老傳에는 '含'.
4) 魯 : [麗史] 卷93 列傳 崔承老傳에는 '老'.
5) 魯 : 주 4)와 같음.
6) 遞 : [正][晩][順][鶴][品] 遆. [斗][浩][六][民] 遞.

心 側觀入田 稠足寺院 如公山地藏寺 入田二百結 毗[7]瑟山道仙寺入田二十結 西京之四面山寺 各田二[8]十結例 皆勿論有職無職 須擇戒備才高者 社中衆望 連次住持焚修 以爲恒規 弟子聞風而悅 我此天龍寺 亦於社衆之中 擇選才德雙高大德 兼爲棟梁 差主人鎭長焚修 具錄文字 付在剛司 自當時主人爲始 受留守官文通 示道場諸衆 各宜知悉 重熙九年六月日

具銜[9]如前署 按重熙乃契丹興宗年號 本朝靖宗七[10]年庚辰歲也.

---

7) 毗 : [勝覽] 卷27 玄風縣 山川條에는 '琵'.
8) 二 : [斗] 一.
9) 銜 : [正] 衘(銜의 속자). [品][斗][六] 衙. [浩] 銜.
10) 七 : [品][浩][民] 六.

천룡사

동도(東都)[1]의 남산(南山) 남쪽에 한 봉우리가 우뚝 솟아 있는데, 세상에서는 고위산(高位山)[2]이라고 한다. 그 산의 양지쪽에 절이 있는데, 속칭 고사(高寺)[3] 혹은 천룡사(天龍寺)[4]라고도 한다. 『토론삼한집(討論三韓集)』[5]에는 다음과 같이 기록되어 있다.

「계림(雞林)의 땅에는 객수(客水)[6] 두 줄기와 역수(逆水)[7] 한 줄기가 있는데, 그 역수와 객수의 두 근원이 천재(天災)를 진압하지 못

---

1) 東都 : 고려의 王都 開京에 대하여 옛 신라의 왕도를 東都 또는 東京으로 불렀다.
2) 高位山 : 경상북도 경주 남산의 서남쪽에 솟아 있는 높이 494m의 산으로 수리산 또는 天龍山이라고도 한다. 수리는 정수리를 뜻하는 말로 제일 높은 곳이라는 의미다. 이 산의 여러 계곡에는 절터 15곳이 있는데, 서쪽의 넓은 고원에 天龍寺가 있다.
3) 高寺 : 南山 최고봉인 高位山頂에서 가까운 지리적으로 매우 중요한 20여 만평의 분지에 이 절이 있었다. 이 때문에 이렇게 불린 것으로 추측된다.(金吉雄, 「天龍寺塔址發掘調査報告書」, 『新羅文化』 7, 東國大學校 新羅文化研究所, 1990, p.231)
4) 天龍寺 : 경상북도 경주시 내남면 용장리 高位山 天龍谷에 있는 절. 삼국시대에 창건되었고, 신라 말에 허물어진 것을 고려 靖宗 6년(1040)에 崔齊顔이 중창하였다. 조선 후기에 폐사가 되었는데, 최근에 옛터 북쪽에 법당과 요사채를 중건하였다. 현존 유물로 3층석탑, 석등대석, 석조, 귀부, 맷돌, 연화대좌 등이 있다. 3층석탑은 폐탑의 석재를 중심으로 1991년에 복원한 것이다.
5) 討論三韓集 : 우리 나라 고대에 관한 책. 여기에만 보일 뿐 자세히 알 수 없다.
6) 客水 : 여기서는 다른 곳에서 흘러오는 물을 말한다.
7) 逆水 : 지세와 거꾸로 흐르는 물.

하면 천룡사가 뒤집혀 무너지는 재앙에 이른다.」

속전(俗傳)에는 이르기를, 「역수는 고을의 남쪽 마등오촌(馬等烏村)[8] 남쪽으로 흐르는 내가 이것이다」고 하였다. 또 「이 물의 근원이 천룡사에 이른다」고 하였다. 중국 사신 악붕귀(樂鵬龜)[9]가 와서 보고 말하기를, "이 절을 파괴하면 며칠 안에 나라가 망할 것이다"고 하였다.

또 서로 전하는 말에 이르기를, 「옛날 단월(檀越)[10]에게 두 딸이 있어 천녀(天女)와 용녀(龍女)라고 하였는데, 양친이 두 딸을 위하여 절을 세우고 딸의 이름으로 절이름을 삼았다」고 하였다. 경내가 특이하여 불도를 돕는 도량이었는데, 신라 말에 파괴된 지 이미 오래되었다. 중생사(衆生寺)[11]의 [관음]대성(大聖)[12]이 젖을 먹여 기른 최은

---

8) 馬等烏村 : [遺] 卷1 紀異 新羅始祖 赫居世王條에 의하면, '突山高墟村'에 속하며 고려시대에는 南山部였다. 이곳의 정확한 위치에 대해서는 다양한 견해가 있다. 末松保和는 경주 內南面·남면과 울산군 두서면으로(末松保和, 「新羅六部考」, 『新羅史の諸問題』, 東洋文庫, 1954, pp.254-272), 李鍾旭은 오릉·알영정·나정을 포함한 경주시내의 남부평야로(李鍾旭, 『新羅國家形成史研究』, 一潮閣, 1982, pp.20-40), 李丙燾는 사정동 南川 이북·西川 이동, 北川 이남으로(李丙燾, 『韓國史』 古代篇, 震檀學會, 1959, pp.365-369), 金元龍은 仙桃山의 경사면 서악동 일대이며 교동-노서동으로(金元龍, 「新羅六村과 慶州古墳」, 『韓國考古學研究』, 一志社, 1987, pp.558-561), 金哲埈은 突山을 현재의 青山으로, 高墟村을 尙州로(金哲埈, 「新羅上代社會의 Dual Organization」, 『韓國古代社會研究』, 서울大學校出版部, 1990, p.140), 姜仁求는 塔洞 이남·內南面 두서면의 구량리까지로 보고 있다.(姜仁求, 「斯盧六村과 國家의 成立段階 試考」, 『考古學으로 본 韓國古代史』, 학연문화사, 1997, p.366)

9) 樂鵬龜 : 중국 唐나라의 사신. [遺] 卷2 紀異 文虎王法敏條에 의하면, 禮部侍郎으로서 신라에는 文武王 11년(671)에 高宗의 명으로 파견되었다. 당시 그는 신라에서 창건한 四天王寺를 살펴보기 위해서 왔었다.

10) 檀越 : 施主. 곧 보시를 행하는 사람. 혹은 불교에 귀의한 신자로 절의 후원자를 뜻하기도 한다. 梵語로는 Dānapati이며 檀家라고도 한다. 檀은 檀那의 약칭으로 施主로 번역하며 六度 가운데 布施를 행하는 사람을 의미한다.

11) 衆生寺 : 경상북도 경주시에 있었던 절로 추정되나 현재 자세한 위치를 알 수 없다. 이 절에 관해서는 [遺] 卷3 塔像 三所觀音衆生寺條 참조.

함(崔殷諴)[13]의 아들 승로(承魯)[14]가 숙(肅)[15]을 낳고, 숙이 시중(侍中)[16] 제안(齊顔)[17]을 낳았는데, 제안이 바로 [이 절을] 중수하여 다시 일으켰다. 이에 석가만일도량(釋迦萬日道場)[18]을 설치하고 조정의 뜻을 받았고, 겸하여 신서(信書)와 원문(願文)을 절에 남겨두었다. [그는] 죽어서 절을 수호하는 신이 되었는데, 자못 신령스럽고 이상한 일을 보여주었다.

그 신서의 대략은 다음과 같다.

---

12) 大聖 : 부처님의 尊號로도 사용되고 階位가 높은 보살을 부르는 말로도 쓰인다.

13) 崔殷諴 : 崔承老의 아버지. 慶州人이며 신라에 벼슬하여 元甫에 이르렀다. [遺] 卷3 塔像 三所觀音衆生寺條에 의하면, 신라 말기 天成연간(926-929)에 泰封의 正甫 벼슬을 지냈다고 한다. [麗史] 卷93 列傳 崔承老條 참조.

14) 衆生寺…承魯 : 承魯는 곧 崔承老(927-989)이다. 崔은 衆生寺에서 기도하여 아들을 얻었다. 아이가 태어난 지 석 달도 되기 전에 후백제 甄萱의 침입으로 위기에 처하게 되자 殷諴은 아이를 중생사 관음상 사자좌 밑에 감춰두고 피난했다가 보름 후에 찾아보니 그대로 살아 있었다고 한다. 자세한 내용은 [遺] 卷3 塔像 三所觀音衆生寺條에 전한다.

15) 肅 : 崔肅. 고려의 관인. 본관은 慶州이고 崔承老의 아들이며 崔齊顔의 아버지이다. 관직은 문하시중에까지 이르렀으며 顯宗 18년(1027)에 穆宗의 묘정에 배향되었고 德宗 2년(1033) 太師에 추증되었다. 시호는 원래 仁孝였으나 宣宗 2년(1085)에 文宗의 시호를 피하여 忠懿로 고쳤다.([麗史] 卷93 列傳 崔承老條)

16) 侍中 : 고려시대의 수상직. 中書門下省의 최고관직으로 품계는 종1품이다. 고려시대에는 成宗 때 內史門下省의 설치와 동시에 처음으로 시중을 두었다.

17) 齊顔 : 崔齊顔. ?-1046. 고려의 문신. 본관은 경주이며 崔承老의 손자이고 崔肅의 아들이다. 顯宗 11년(1020)에 千齡節을 하례하기 위해 거란에 다녀와서 太子右庶子가 되었고, 1030년에 中樞使를 거쳐서 德宗 3년(1034) 호부상서가 되었으며, 이해 靖宗 즉위 후 이부상서가 되었다. 1036년 尙書左僕射中樞使에 오르고, 이듬해에는 參知政事를 겸하였으며 靖宗 9년(1043) 門下侍郎同內史門下平章事判尙書戶部事에 임명되었고 뒤에 太師門下侍中을 역임하였다. 文宗의 廟庭에 배향되었으며 시호는 順恭이다.([麗史] 卷93 列傳 崔承老條)

18) 釋迦萬日道場 : 道場의 일차적 의미는 부처가 성도한 장소를 뜻하나, 차츰 사원의 별칭으로 사용되기도 했고, 특정한 불교의식을 행하는 장소와 그 의식이 포함되기도 하였다. 여기서는 법회의 의미로 사용되었다. 釋迦萬日道場은 석가불신앙을 목적으로 하는 법회를 만 일 동안 계속하는 것이다.

「단월 내사시랑(內史侍郎) 동내사(同內史) 문하평장사주국(門下平章事柱國) 최제안(崔齊顔)은 쓴다. 동경(東京) 고위산의 천룡사가 쇠잔하고 파괴된 지 여러 해가 되었다. 제자는 특히 성수(聖壽)가 무강하시며 백성과 나라가 편안하고 태평하시기를 발원하여 전당・회랑・방・주방・창고를 와서 모두 이룩하고, 석조불과 니소불(泥塑佛) 몇 구를 조성하여 석가만일도량을 개설하였다. 이는 나라를 위해서 이룩한 것이니, 관가(官家)[19]에서 주지를 정하는 것도 역시 옳겠지만, [주지가] 바뀌어 교대될 때는 도량의 승려들이 안심하기가 어렵다. 희사한 토지로 사원을 충족하게 한 예를 보면, 팔공산[公山][20] 지장사(地藏寺)[21] 같은 곳은 입전(入田)[22]이 2백 결이고, 비슬산(毗瑟山)[23] 도선사(道仙寺)[24]는 입전이 20결이며, 서경(西京)의 사방에 있는 산사

---

19) 官家 : 天子 또는 政府의 뜻이다.

20) 公山 : 父岳이라고도 한다. 지금의 八公山(높이 1,193m)이다. 대구직할시와 경상북도 군위군, 영천군, 칠곡군, 경산군의 경계에 있다. 이 산에는 桐華寺, 銀海寺, 符仁寺, 把溪寺 등의 절이 있다.

21) 地藏寺 : [勝覽]에 의하면, 지금의 대구시 수성구인 壽城縣에 있었으며 고려의 金黃元이 쓴 기문이 있었다고 한다.(卷26 大邱都護府 佛宇條)

22) 入田 : 사원에 납입한 토지, 즉 納入田일 것으로 추정된다. 대체적으로 삼국시대 이래로 재화나 田地의 사원 기증이 시작된 후, 고려시대에는 寺院이 대규모의 토지를 소유하였다. 토지를 주로 한 사원경제의 확장은 통일신라 말기부터 사회・경제적인 문제로 대두하게 되었다. 고려시대가 되면 사원은 더욱 광대한 토지를 소유하게 되는데 그 확대과정은 왕으로부터 내려지는 賜給과 귀족을 비롯한 일반 신도들에 의한 施納 및 가렴주구를 피하기 위한 寄託, 그리고 사원의 적극적인 매입과 점탈을 통해 이루어졌다. 한편, 이러한 사원전은 免稅免役의 특권을 누리고 있었으므로 사원전의 지나친 확대는 조세수입의 감소로 국가재정의 파탄을 가져오는 등의 폐단을 초래하였다.(柳正秀, 「高麗 寺院田 硏究」, 『中央史論』 7, 1991, pp.34-55)

23) 毗瑟山 : 경상북도 청도군 각북면과 달성군 가창면, 옥포면, 유가면 사이에 솟아 있는 산. 苞山이라고도 한다. 높이 1,084m. 이 산에는 瑜伽寺, 消災寺, 龍門寺, 湧泉寺 등 많은 절이 산재해 있다.

도 각기 20결씩이다. 모두 유직(有職)・무직(無職)을 막론하고 반드시 계를 갖추고 재주가 뛰어난 이를 뽑아서 사중(社衆)의 중망(衆望)에 의하여 차례를 이어 주지로 삼아 분향수도[焚修]함을 상례로 삼았다.

제자는 이 풍습을 듣고 기뻐하여 우리 천룡사도 역시 사중에서 재주와 덕이 함께 뛰어난 대덕(大德)을 골라 뽑아 동량(棟梁)으로 삼아 주지로 임명하여 길이 분향수도하게 한다.[25] 문자를 자세히 기록하여 강사(剛司)[26]에게 맡기니, 당시의 주지로부터 시작해서 유수관(留守官)[27]의 공문을 받아 도량의 여러 대중들에게 보일 것이며, 각자 자세히 알아야 할 것이다. 중희(重熙)[28] 9년(1040) 6월 일」

[그리고] 관직을 갖추어 이상과 같이 서명하였다. 살펴보면, 중희는 거란(契丹) 홍종(興宗)[29]의 연호이니, 본조(本朝) 정종(靖宗)[30] 7년

---

24) 道仙寺 : 위치를 알 수 없고 다른 기록에도 보이지 않는다.

25) 鎭長焚修 : 국가의 鎭護와 長久를 기원하며 향을 사르고 독경 수행하는 것.

26) 剛司 : 절에서 법회의 式事를 맡은 승직.

27) 留守官 : 수도 이외의 別都에 두던 특수한 지방장관. 고려시대에는 西京, 東京, 南京의 三京에 두었다. 成宗 14년(995)에 서경에는 知西京留守使를, 동경에는 留守使를 처음으로 두었다. 그후 文宗 21년(1067)에 楊州를 南京으로 삼아 역시 유수를 두었다. 이로써 고려 삼경의 유수제도가 확립되었다.

28) 重熙 : 중국 遼 興宗의 연호(1032-1054). 그 9년은 고려 靖宗 6년(1040)에 해당한다.

29) 興宗 : 중국 遼의 제7대 황제. 재위 1016-1055. 성은 耶律, 諱는 宗眞, 字는 夷不董, 諡號는 神聖孝章皇帝이다. 興宗은 廟號이다. 聖宗의 長子로서 1016년의 聖宗 사후에 즉위하였으나 생모인 法天太后가 섭정이 되어 권력을 휘두르면서 홍종을 폐하고자 하였으므로 태후를 유폐하고 이후에 친정하였다. 홍종은 유능한 예술가로도 알려져 있으나 성종의 치세를 이어서 內治에 노력하였고 또 대외적으로는 宋과 西夏와의 분쟁을 이용하여 송나라에 압력을 가하여 송나라로부터 歲幣를 증가시키는데 성공하였고 서하에 대해서도 2번에 걸친 원정군을 파견하여 조공하게 하였다.(『遼史』 卷18-20 本紀 第18-20 興宗)

30) 靖宗 : 고려의 제10대 왕. 재위 1035-1046. 이름은 亨, 자는 申照이다. 顯宗의 둘째 아들로 德宗의 동생이며 어머니는 元成王后 金氏이고 비는 容信王后 韓

경진년(庚辰歲, 1040)이다.[31]

氏·容穆王后 李氏·容懿王后 韓氏이다. 현종 13년(1022)에 內史令 平壤君에 봉해졌고 1027년 開府義同三司檢校太史兼內史令이 되었으며 1034년에 동복형인 덕종이 승하하면서 즉위하였다. 즉위년 12월에 팔관회를 열어 송나라 등 외국 상인들에게도 예식을 관람시키는 상례를 만들었고 1036년 변경의 방비를 강화하였으며 東西大悲院을 수리하여 구휼에도 힘썼다. 1037년 압록강 일원에서 거란의 침입을 받고 이듬해부터 그 연호를 사용함으로써 거란으로부터 책봉을 받았다. 1039년 奴婢從母法을 제정하고 1045년에는 樂工과 雜流들의 자손이 과거에 나가는 것을 금지하였고 다음해 長子相續法을 제정한 반면, 대외적으로는 1044년에 千里長城을 완성하여 외침에 대비하였다. 능은 개성에 있는 周陵이며 시호는 容惠이다.([麗史] 世家 卷6 靖宗)

31) 靖宗七年庚辰歲也 : 庚辰年(1040)은 靖宗 6년에 해당한다. [麗史]에는 踰年稱元法을 사용했기에 경진년은 정종 6년이 되나, [遺]에서는 卽位年稱元法에 의해 7년이라고 했을 수도 있다.

93. 鍪[1]藏寺彌陁殿

京城之東北二十許里 暗谷村之北[2] 有鍪[3]藏寺 第三十八元聖大王之考大阿干孝讓追封明德大王之爲叔父波珍喰[4]追崇所創也 幽谷逈絶 類似削成 所寄冥奧 自生虛白 乃息心樂道之靈境也 寺之上方 有彌陁古殿 乃昭成〈一作聖〉大王之妃桂花王后 爲大王先逝 中宮乃充充焉 皇皇焉 哀戚之至 泣血棘心 思所以幽贊明休 光啓玄福者 聞西方有大聖 曰彌陁 至誠歸仰 則善救來迎 是眞語者 豈欺我哉 乃捨六衣之盛服 罄九府之貯財 召彼名匠 敎造彌陁像一軀 幷造神衆以安之

先是 寺有一老僧 忽夢眞人坐於石塔東南岡上 向西爲大衆說法 意謂此地 必佛法所住也心秘之而不向人說 嵓石巉崒 流澗激[5]迅 匠者不顧 咸謂不臧 及乎辟地 乃得平坦之地 可容堂宇 宛似神基 見者莫不愕然稱善 近古來殿則壞圮 而寺獨在 諺傳太宗統三已後 藏兵鍪[6]於谷中 因名之

1) 鍪 : [斗] 鏊(鍪와 동자).
2) 北 : [正][晩] 此. [順] 北(가필). [鶴][品][斗][浩][六][民] 北.
3) 鍪 : 주 1)과 같음.
4) 喰 : [品][浩] 湌.
5) 激 : [品] 邀.
6) 鍪 : 주 1)과 같음.

무장사의 미타전

서울의 동북쪽 20리쯤 되는 암곡촌(暗谷村)의 북쪽에 무장사(鍪藏寺)[1]가 있었다. 제38대 원성대왕(元聖大王)[2]의 아버지 대아간(大阿干)[3] 효양(孝讓),[4] [즉] 추봉된 명덕대왕(明德大王)이 숙부 파진찬(波珍喰)[5]을 추모하기 위하여 세운 절이다. 그윽한 골짜기가 몹시 험준해서 마치 깎아 세운 듯하며, 깊숙하고 침침한 그곳은 저절로 허백

1) 鍪藏寺 : 경상북도 경주시 暗谷洞에 있었던 절. 신라 제38대 왕인 元聖王의 아버지 孝讓이 그의 숙부를 추모하여 창건했다고 한다. 현재 이 절터에는 「阿彌陀佛造像事蹟碑」의 이수와 귀부(보물 제125호), 3층 석탑(보물 제126호) 등이 전해오고 있다. 석탑은 숲속에 방치되어 있던 폐탑을 1963년에 복원한 것이다. 洪良浩가 慶州府尹으로 있던 英祖 38년(1760)에 사적비의 깨진 반쪽을 찾았는데, 신라 翰林 金陸珍의 글씨였다고 한다.(「題鍪藏寺碑」, 『耳溪集』) 그 뒤 純祖 17년(1817)에 金正喜가 또 2개의 비편을 발견하여 절 뒤편의 회랑에 옮겨두었다. 그리고 1914년에 조선총독부의 출장원이었던 金漢睦, 中里伊十郎이 또 다른 비편을 발견하여 이듬해 총독부박물관으로 옮겼다. 현재는 3개의 비편이 국립중앙박물관에 보관되어 있다.

2) 元聖大王 : 신라 제38대 왕. 재위 785-794. [遺] 卷2 紀異 元聖大王條 참조.

3) 大阿干 : 신라 17관등 중의 제5관등. 大阿湌이라도 한다. 의복은 黃衣를 착용한다.([史] 卷38 職官志(上)·卷33 色服志) 그런데 [遺] 卷2 紀異 元聖大王條에는 孝讓의 관위를 大角干, [史] 卷10 新羅本紀 元聖王條에는 一吉湌이라고 하여 서로 다르다.

4) 孝讓 : 元聖王의 아버지. 부인은 繼烏夫人이고, 아버지는 魏文. 孝讓은 뒤에 추봉하여 明德大王이라고 한다. [遺] 卷2 紀異 元聖大王條에서는 大角干 孝讓이 祖宗의 萬波息笛을 元聖王에게 전하였다고 한다. 孝讓은 叔父 波珍湌(이름 미상)을 위하여 鍪藏寺를 창건하였다. [遺] 卷2 紀異 元聖大王條 참조.

5) 波珍喰 : [遺] 卷2 紀異 萬波息笛條 참조.

(虛白)[6]이 생길 만하고, 마음을 쉬고[7] 도를 즐길 만한 신령스러운 곳이었다. 절의 윗쪽에 미타고전(彌陁古殿)이 있는데, 곧 소성(昭成)〈성(聖)이라고도 한다.〉대왕[8]의 비 계화왕후(桂花王后)[9]는 대왕이 먼저 세상을 떠났으므로 근심스럽고[10] 창황하여[11] 지극히 슬퍼하며 피눈물을 흘리면서 마음이 상하였다. 이에 [그는] 밝고 아름다운 일을 돕고[12] 명복[13]을 빌 일을 생각하였다. 서방에 아미타[彌陁]라는 대성(大聖)이 있어 지성으로 귀의하면 잘 구원하여 와서 맞아준다는 말을 듣고, "이 말이 진실이라면 어찌 나를 속이겠는가?"라고 하고, 6의(六衣)[14]의 화려한 옷을 희사하고 9부(九府)[15]에 쌓아두었던 재물을 다

---

6) 虛白 : '虛室生白'의 약칭. 방이 비면 절로 밝아진다는 뜻으로 마음이 비면 도를 깨닫는다는 말이다.

7) 息心 : 沙門을 번역한 말로 마음을 편안히 쉬면서 수행에 몰두하는 사람이라는 뜻이다.

8) 昭成〈一作聖〉大王 : 신라의 제39대 왕. 재위 799-800. [遺] 卷1 王歷 昭聖王條 참조.

9) 昭成〈一作聖〉大王之妃桂花王后 : [史] 卷10 新羅本紀 昭聖王條에는 「妃金氏桂花夫人 大阿飡叔明女也」, 哀莊王條에는 「母金氏桂花夫人」이라고 하였다. 그런데 哀莊王 6년(805)에 唐에서 보내온 順宗의 冊命書에는 桂花夫人의 성을 叔氏라고 하였고, 『冊府元龜』에는 和氏라고 하였다. [史] 卷10 新羅本紀 哀莊王 6年條에는 「王母父叔明 奈勿王十三世孫 則母姓金氏 以父名爲叔氏誤也」라고 註記하였다. 곧 왕모인 계화부인의 성은 김씨인데 아버지의 이름인 叔明의 叔을 따라 叔氏라고 한 것은 잘못이라는 것이다. 그런데 계화부인의 성을 숙씨라고 한 것은 眞姓이 아니라 신라 왕실이 동성간의 혼인사실을 당에 밝히기 꺼려서 숙명에서 임시로 숙자를 취하여 성으로 삼아 당에 알렸기 때문일 것이라는 견해도 있다.(井上秀雄, 「新羅朴氏王系の成立」, 『新羅史基礎研究』, 東出版, 1974, p.357)

10) 充充 : 마음에 근심이 많아서 절도를 잃은 상태.

11) 皇皇 : 마음이 안정되지 못한 상태.

12) 幽贊 : 남이 모르게 도와줌.

13) 玄福 : 명복과 같은 뜻.

14) 六衣 : 중국 周나라 때 王后가 입던 6가지 옷. 여기서는 왕후가 입던 6가지 옷은 褘衣, 揄狄, 闕狄, 鞠衣, 展衣, 緣衣 등이다.

내어 이름난 공인들을 불러서 미타상 한 구를 만들게 하고, 아울러 신중(神衆)[16]도 만들어 모셨다.

이보다 앞서 [이] 절에 한 노승이 있었는데, 홀연히 꿈에 진인(眞人)[17]이 석탑의 동남쪽 언덕 위에 앉아서 서쪽을 향해 대중에게 설법하는 것을 보고, 이곳은 반드시 불법(佛法)이 머무를 곳이라고 생각했으나 마음에 숨겨두고 남에게 말하지 않았다. [그곳은] 바위가 우뚝 솟고 물이 급하게 흐르므로 장인들은 [그곳을] 돌아보지도 않고 모두 좋지 않다고 하였다. 그러나 터를 개척하자 평탄한 곳을 얻어서 집을 세울 만하고 신령스러운 터전임이 완연했으므로 보는 이들은 깜짝 놀라면서 좋다고 칭찬하지 않는 이가 없었다. 근래에 와서 불전은 무너졌으나 절만은 남아 있다. 세상에 전하는 말에 의하면, 태종(太宗)[18]이 삼국을 통일한 뒤에 병기와 투구를 [이] 골짜기 속에 감추어 두었기 때문에 무장사라고 이름했다고 한다.

---

15) 九府 : 周代에 財幣를 관리한 9개의 관청. 大府・玉府・內府・外府・泉府・天府・職內・職金・職幣를 말한다.

16) 神衆 : 불교를 수호하고 모든 재난을 막아주는 신들, 곧 梵天王, 四天王, 八部神衆, 道場神, 龍神 등이다.

17) 眞人 : 진리를 증득한 사람이란 뜻으로, 흔히 阿羅漢 또는 佛을 가리키는 말로 사용된다.

18) 太宗 : 太宗武烈王. [遺] 卷1 紀異 太宗春秋公條 참조.

94. 伯嚴寺石塔舍利

開運三年丙午十月二十九日 康州界任道大監柱貼云 伯嚴禪寺坐草八縣〈今草溪〉 寺僧侃[1]遊上座 年三十九云 寺之經始則不知

但古傳云 前代新羅時 北宅廳基捨置玆寺 中間久廢 去丙寅年中沙木谷陽孚和尙 改造住持 丁丑遷化 乙酉年 曦陽山兢讓和尙 來住十年 又乙未年 却返曦陽 時有神卓[2]和尙 自南原白嵓藪 來入當院 如法住持 又咸雍元年十一月 當院住持得奧微定大師釋秀立定院中常規十條 新竪五層石塔 眞身佛舍利四十二粒安邀 以私財立寶 追年供養條第[3]一 當寺護法敬僧 嚴欣伯欣兩明神 及近岳等三位前 立寶供養條〈諺傳 嚴欣伯欣二人 捨家爲寺 因名曰伯嚴 仍爲護法神〉金堂藥師前 木鉢月朔遞[4]米條等 已下不錄

---

1) 侃 : [正][品][斗][六] 偘(侃과 동자). [浩] 侃.
2) 卓 : [正] 판독미상. [順] 卓(가필). [晩][鶴][品][斗][浩][六][民] 卓.
3) 第 : [正] 弟. [品][斗][浩][六][民] 第.
4) 遞 : [正][品] 遆. [斗][浩][六][民] 遞.

백엄사의 석탑과 사리

개운(開運)[1] 3년 병오(丙午, 946) 10월 29일 강주(康州)[2] 땅 임도대감(任道大監)[3]의 주첩(柱貼)[4]에 이르기를, 「백엄선사(伯嚴禪寺)[5]는 초팔현(草八縣)[6]〈지금의 초계(草溪)〉에 있는데, 절의 스님 간유(侃遊)[7] 상좌(上座)[8]는 나이가 39세라고 하였고, 절을 처음 세운 때는[9]

1) 開運 : 중국 後晋 出帝의 연호(944-946). 개운 3년은 고려 定宗 원년(946).
2) 康州 : 지금의 경상남도 晋州.
3) 任道大監 : 지방에 파견된 임시관직으로 짐작된다. 大監은 신라 때 兵部·侍衛府·浿江鎭典에 두었던 무관직. 兵部大監은 623년(진평왕 45년)에 설치하여 두 명이 정원이었으나 文武王 때 한 명을 증원하였다. 위계는 병부의 경우 阿湌까지였고, 시위부는 大奈麻에서 아찬까지 6명, 패강진전은 舍知에서 重阿湌까지의 7명이었다. 또 고려시대에는 대감을 村長과 村正으로 고친 것으로 보아 邑長으로도 짐작된다. 「春正月 始置船府署大監弟監 各一員」([史] 卷4 新羅本紀 眞平王 5年條). 「春正月 置兵部大監二員」(同王 45年條). 「春正月 置侍衛府大監六員」(同王 46年條). 「文武王十五年加一人 位與兵部大監同」([史] 卷38 職官志 調府條). 「九月戊辰 改諸村大監·弟監 爲村長·村正」([麗史] 卷3 成宗 6年條).
4) 柱貼 : 고려시대 상부에서 발행하는 布告文 또는 通達文을 貼이라고 하였는데, 柱貼은 이를 기둥에 貼付하여 설치하였던 것으로 짐작된다. 즉 [遺] 卷4 義解 寶壤梨木條와 卷5 神呪 明朗神印條에도 柱貼公文 또는 柱貼注脚이라고 기록한 것이 참조된다. 또한 1085년에 설치된 通度寺 國長生石標 역시 이러한 유에 속한다. 「通度寺孫仍川國長生一坐段寺所報尙書戶部乙丑五月日牒前判皃如改立令是於爲了等以立大安元年乙丑十二月日記」(『朝鮮金石總覽』上, p.291).
5) 伯嚴禪寺 : 伯嚴寺. 경상남도 합천군 초계에 있던 신라 때의 절.
6) 草八縣 : 「八谿縣 本草八兮縣 景德王改名 今草谿縣」([史] 卷34 地理志 康州條).

알지 못한다」고 하였다.

다만 고전(古傳)에는 다음과 같은 글이 있다.

「앞 왕조인 신라 때 북택청(北宅廳)[10] 터를 희사하여 이 절을 세웠더니 중간에 오랫동안 폐사되었고, 지난 병인년(丙寅年, 1026)[11]에 사목곡(沙木谷)[12]의 양부(陽孚)[13] 화상이 고쳐지어 주지가 되었다가 정축(丁丑, 1037)에 세상을 떠났다. 을유년(乙酉年, 1045)에 희양산(曦陽山)[14]의 긍양(兢讓)[15] 화상이 와서 10년을 살다가 또 을미년(乙未年, 1055)에 다시 희양산으로 돌아갔는데, 그때 신탁(神卓) 화상이 남원(南原) 백암수(白嵓藪)[16]로부터 이 절에 와서 법을 따라 주

---

7) 侃遊 : 알 수 없다.
8) 上座 : 三綱의 하나. 절 안의 승려들을 통솔하고 온갖 사무를 총람하는 직명. 대체로 덕이 높고 나이 많은 이가 임명된다.
9) 經始 : 創始와 같은 말. 건축을 처음 시작한다는 말.
10) 北宅廳 : 北宅의 廳舍. [遺] 卷1 紀異 辰韓條의 35金入宅 가운데 나오는 北宅으로 짐작된다.
11) 去丙寅年 : 뒤의 咸雍 元年(1065)으로 보아 앞의 병인년, 즉 1026년으로 짐작된다.
12) 沙木谷 : 알 수 없다.
13) 陽孚 : 문경 鳳巖寺靜眞大師塔碑에 따르면 9山禪門 중 南岳系의 道憲으로부터 법을 이었고, 康州의 伯嚴寺에 주석하였으며, 이후 봉암사의 정진 대사의 스승이 되었다. 이곳에서는 楊孚禪師라고 하였다.(「鳳巖寺靜眞大師圓悟塔碑」, 『朝鮮金石總覽』 上, p.196)
14) 曦陽山 : 9山禪門 가운데 하나인 道憲開山의 曦陽山門, 곧 聞慶 鳳巖寺가 위치한 산. 「在加恩縣北十五里 有古城 三面皆石壁 古有軍倉」([勝覽] 卷29 聞慶縣 山川條). 「鳳巖寺 一名陽山寺 在曦陽山 有崔致遠所撰僧智澄碑 及李夢遊所撰僧眞靜碑」(同書 佛宇條).
15) 兢讓 : 878-956. 靜眞大師 圓悟의 法諱. 속성은 王씨. 公州사람으로 어려서 공주의 南穴院 如解의 제자가 되어 수도하고, 후에 西穴院에서 楊孚 화상을 만나 법을 받았다. 나이 79세, 법랍 60세, 諡號는 靜眞大師이며, 塔號는 圓悟碑이이다.(鳳巖寺靜眞大師圓悟塔碑)
16) 白嵓藪 : 전라북도 남원군에 있던 절. 藪는 절.

지가 되었다.

또 함옹(咸雍)[17] 원년(1065) 11월 [이] 절의 주지인 득오미정대사(得奧微定大師) 석(釋) 수립(秀立)[18]이 이 절의 상규(常規) 10조를 정하였는데, 새로 5층 석탑을 세워 진신 불사리 42낱을 맞아 봉안하고, 사재로 보(寶)[19]를 적립하여 해마다 공양할 것이 제1조였다. 이 절에서 불법을 수호하던 공경하는 스님인 엄흔(嚴欣)·백흔(伯欣)[20] 두 명신(明神)[21]과 근악(近岳)[22] 등 세 분 앞으로 보를 세워 공양할 것〈세간에 전하기를, 엄흔·백흔 두 사람이 집을 희사하여 절을 만들었으므로 이로 인하여 [절] 이름을 백엄이라고 했으며, 이에 호법신이 되었다고 한다.〉, 금당의 약사여래[藥師] 앞의 나무 바리때에는 매월 초하루마다 공양미를 갈아 드릴 것 등이었다. 이하의 조목은 기록하지 않는다.」

17) 咸擁 : 중국 遼 道宗의 연호(1065-1074). 咸擁 원년은 고려 文宗 19년(1065).
18) 得奧微定大師 釋秀立 : 여기에만 나타날 뿐 알 수 없다.
19) 寶 : 신라·고려시대에 공공사업을 운영하기 위하여 기본 錢穀을 저축하여 그 이익으로 경비를 지출하던 공적인 利息機關. 신라 圓光法師가 613년(眞平王 35년)에 설립한 占察寶가 가장 오래고, 779년(惠恭王 15년) 金庾信의 명복을 빌기 위하여 설립된 功德寶가 있었고, 고려 때는 국가의 보호 아래 奬學·育英을 위한 學寶, 승려들의 勸學을 위한 廣學寶, 佛名經의 유포를 위한 佛名經寶, 八關會를 위한 八關寶, 內庄宅 및 여러 宮院의 경비 충당을 위한 內庄宅寶·諸宮院寶, 빈민 구제를 위한 濟危寶 등이 있었다.
20) 嚴欣伯欣 : 전하는 말에는 이 두 사람이 집을 내놓아 절을 삼았으므로 절 이름을 두 사람의 이름에서 한 자씩 따서 伯嚴寺라고 하였으며, 또 두 사람이 護法神이 되었다고 하나 자세한 내력은 알 수 없다.
21) 明神 : 여기서는 護法神을 말하는 것으로 여러 천신과 귀신을 덕스럽게 부르는 말이다. 일본 京都의 三井寺에는 신라 明神像이 전래되는 것으로서 유명하다.
22) 近岳 : 여기에만 보일 뿐 자세히 알 수 없다.

95. 靈鷲寺

寺中古記云 新羅眞骨第[1]三[2]十一主神文王代 永淳二年癸未〈本文云元年誤〉 宰相忠元公 萇山國〈卽東萊縣 亦名萊山國〉溫井沐浴 還城次 到屈井驛桐旨野駐歇 忽見一人放鷹而逐雉 雉飛過金岳 杳無蹤迹 聞鈴尋之 到屈井縣官北井邊 鷹坐樹上 雉在井中 水渾血色 雉開兩翅[3]抱二雛焉 鷹亦如相惻隱而不敢攫也 公見之惻然有感 卜問此地 云可立寺 歸京啓於王 移其縣於他所 創寺於其地 名靈鷲寺焉

1) 第 : [正] 苐. [品][斗][浩][六] 第.
2) 三 : [晚][斗] 二.
3) 翅 : [正] 翅. [品][斗][浩][六] 翅.

영축사

절의 고기(古記)에 다음과 같은 글이 있다.

「신라 진골(眞骨) 제31대 왕 신문왕(神文王)[1] 때인 영순(永淳)[2] 2년 계미(癸未, 683)〈본문에 원년이라고 한 것은 잘못이다.〉에 재상 충원공(忠元公)[3]이 장산국(萇山國)〈곧 동래현(東萊縣)이니 또는 내산국(萊山國)이라고도 한다.〉 온천에 목욕하고 성으로 돌아올 때 굴정역(屈井驛)[4] 동지야(桐旨野)에 이르러 쉬었더니, 홀연히 한 사람이 매를 놓아 꿩을 쫓으니 꿩이 날아 금악(金岳)을 넘어가는데 간 곳을 알 수 없었다. [공이 매의] 방울소리를 듣고 찾아가 굴정현(屈井縣)[5] 관가 북쪽 우물가에 이르니 매는 나무 위에 앉아 있고, 꿩은 우물 속에 있는데 물이 핏빛과 같았다. 꿩은 두 날개를 벌려 새끼 두 마리를 안고 있었으

---

1) 神文王 : 신라의 제31대 왕. 재위 681-692. [遺] 卷2 紀異 萬波息笛條 참조.

2) 永淳 : 중국 唐 高宗의 연호(682-683). 永淳 2년은 弘道 원년이며, 신라 神文王 3년(683)이다.

3) 忠元公 : 신라 神文王 때의 재상. 이 외에 더 이상은 알 수 없다.

4) 屈井驛 : 뒤의 屈井縣과 함께 이는 [勝覽] 卷22 蔚山郡 驛院條에 보이는 堀火 또는 建置沿革條의 屈阿火村으로 추정된다. 「本新羅屈阿火村 新羅地名多稱火 火乃弗之轉 弗又伐之轉 婆娑王始置縣 景德王改名河曲 或作河西 爲臨關郡領縣云云」([勝覽] 卷22 蔚山郡 建置沿革條), 「堀火驛 在郡西十五里 古之河曲縣遺址」([勝覽] 卷22 蔚山郡 驛院條). 따라서 東萊에서 慶州에 이르는 중간의 蔚山, 곧 堀火(井)驛으로 볼 수 있는데, 이는 경주의 동북방에 있는 경상북도 영일군 長鬐로 迂回할 수는 없기 때문이다.

5) 屈井縣 : 위의 주석 참조.

며, 매도 또한 측은히 여기는지 잡지 않았다. 공은 이것을 보고 측은한 느낌이 있어 그 땅을 점쳐 물으니, 절을 세울 만하다고 하므로 서울로 돌아와 왕에게 아뢰어 그 현청(縣廳)을 다른 곳으로 옮겨 그곳에 절을 세워 영축사(靈鷲寺)[6]라고 하였다.」

---

6) 靈鷲寺 : 李丙燾는 長鬐, 李在浩는 東萊에 있던 절이라고 하였으나 모두 잘못이다. 靈鷲寺는 울산 靑良面 栗里에 있던 절로서 현재 금당지 전방에 3층 석탑이 도괴되어 있다.

96. 有德寺

新羅太大[1]角干崔有德 捨私第[2]爲寺 以有德名之 遠孫三韓功臣[3]崔彦撝 掛安眞影 仍有碑云

1) 太大 : [正][晩][順][斗] 大夫. [鶴][六] 大大. [品][浩][民] 太大.
2) 第 : [正] 苐. [品][斗][浩][六] 第.
3) 臣 : [斗] 孫.

유덕사

신라의 태대각간(太大角干)[1] 최유덕(崔有德)이 자기의 집을 내놓아 절로 삼고 이름을 유덕(有德)[2]이라고 하였다. [그의] 먼 후손인 삼한공신(三韓功臣)[3] 최언위(崔彦撝)[4]는 [유덕의] 진영을 걸어 모시고 이어 비를 세웠다고 한다.

---

1) 太大角干 : [正]에는 '大夫角干'이라고 하였다. 신라의 관직에 大夫는 없으므로 太大角干으로 보는 것이 순리이다. 그러나 崔有德의 角干職에 있었던 시기 등에 대해서는 알 수 없다.

2) 有德 : 有德寺. 「황해도 遂安郡 甑山에 있다」(『梵宇攷』), 「甑峰에 있으니 郡의 서쪽 40리라」(『伽藍考』)고 하였으나, 그의 私第가 멀리 황해도의 甑峰에 있었다고 보기도 어렵다. 혹은 경주의 移車寺址, 또는 동방의 신라 석탑 1기가 무너져 있는 폐사지를 유덕사지라는 전언이 있으나 자세하지 않다.

3) 三韓功臣 : 고려 王建의 후삼국 통일에 참가한 공신에게 주는 칭호.

4) 崔彦撝 : 868-944. 신라・고려의 문신. 경주 사람이며, 愼之・仁渷으로도 기록한다. 885년(憲康王 11년) 18세로 唐에 유학하여 문과에 급제하였고, 909년 귀국하여 執事省侍郎 瑞書院學士가 되었고, 935년(太祖 18년) 신라 멸망 후 고려의 太子師傅가 되었다. 벼슬은 平章事에 이르렀고 여러 비문을 지었는데, 楊平 菩提寺大鏡大師塔碑(太祖 22년, 939)・豊基 毘盧庵眞空大師塔碑(太祖 22년, 939)・江陵 地藏禪院朗圓大師塔碑(太祖 23년, 940)・忠州淨土寺法鏡大師塔碑(太祖 26년, 943)・寧越 興寧寺澄曉大師塔碑(惠宗 원년, 944)・康津 無爲寺先覺大師塔碑(定宗 원년, 946)・奉化 太子寺朗空大師塔碑(光宗 5년, 954年立) 등 상당수에 달한다.

97. 五臺山文殊寺石塔記

庭畔石塔 蓋新羅人所立也 制作雖淳朴不巧 然甚有靈響 不可勝記 就中一事 聞之諸古老云 昔連谷縣人具船沿海而漁 忽見一塔隨逐舟楫[1] 凡水族見其影者 皆逆散四走 以故漁人一無所得 不堪憤恚 尋影而至 蓋此塔也 於是共揮斤斫之而去 今此塔四隅皆缺者以此也

予驚嘆無已[2] 然怪其置塔 稍東而不中 於是仰見一懸板云 比丘處玄曾住[3]此院 輒[4]移置庭心 則二十餘年間寂無靈應 及日者求基抵此 乃嘆曰 是中庭地 非安塔之所 胡不移東乎 於是衆僧乃悟 復移舊處 今所立者是也 余非好怪者 然見其佛之威神 其急於現迹利物如此 爲佛子者詎可默而無言耶 時正豐[5]元年丙子十月 日白雲子記

三國遺事 卷第三

---

1) 楫 : [正] 揖. [品][斗][浩][六] 楫.
2) 已 : [正] 巳. [品] 己. [斗][浩][六] 已.
3) 住 : [正] 판독미상. [品][斗][浩][六][民] 住.
4) 輒 : [正][品][斗] 輙(輒의 속자). [斗][浩][六] 輒.
5) 豐 : [浩] 豐. [品][民] 隆. 고려 世祖의 이름 '隆'의 피휘.

오대산 문수사[1]의 석탑기

뜰가의 석탑[2]은 아마 신라 사람이 세운 것 같다. 제작은 비록 순박하여 정교하지는 못하나 매우 영험[3]이 있어 이루 다 기록할 수 없다. 그 중에서도 한 가지 일을 여러 옛 노인들에게서 들었는데, 다음과 같다.

「옛날 연곡현(連谷縣)[4] 사람이 배를 타고 바닷가에서 고기잡이를 하고 있었다. 갑자기 탑 하나가 나타나서 배를 따라오는데, 모든 물속의 동물들[5]이 그 그림자를 보고 모두 흩어져 달아나고 이 때문에 어부는 고기를 한 마리도 잡지 못하였다. [어부가] 분함을 참지 못하고 그림자를 찾아가보니 이 탑이었다. 이에 도끼를 휘둘러 그 탑을 쳐부수고 가버렸다. 지금 이 탑의 네 귀퉁이가 모두 떨어진 것은 이 까닭이다.」

---

1) 文殊寺 : 강원도 평창군 五臺山에 있는 절. [遺] 卷3 塔像 臺山五萬眞身條 참조.
2) 石塔 : 지금의 上院寺에 있는 폐탑으로 추정된다.
3) 靈響 : 靈驗과 같은 뜻. 「土無札傷 人無夭惡 物無疵厲 鬼無靈響焉」(『列子』).
4) 連谷縣 : 옛날 江陵府의 屬縣. 「支山縣 本高句麗縣 景德王改名 今連谷縣」([史] 卷35 地理志 溟州條). 「連谷縣 在府北三十里 本高句麗支山縣 一云陽谷 新羅 景德王時 爲溟州領縣 高麗顯宗改今名 仍屬」([勝覽] 卷44 江陵大都護府 屬縣條).
5) 水族 : 물 속에서 생활하는 동물의 족속.

나는 [이 말에] 놀라고 감탄해 마지 못하였으나 그 탑의 위치가 조금 동쪽에 있고 중앙에 있지 않음을 괴이히 여겨 이에 현판 하나를 쳐다보니 거기에는 다음과 같이 써 있었다.

「비구 처현(處玄)[6]이 일찍이 이 절에 있으면서 문득 탑을 뜰 한 가운데로 옮겼더니 [그후] 20여 년 동안 잠잠하여 아무런 영험이 없었다. [후에] 일관[日者]이 터를 구하여 이곳까지 와서 탄식하여 말하기를, "이 뜰 가운데는 탑을 안치할 곳이 아닌데 어째서 동쪽으로 옮기지 않습니까?"라고 하였다. 이에 여러 스님들이 깨닫고 다시 옛자리로 옮겼으니 지금 서있는 곳이 바로 이곳이다.

나는 괴이한 것을 좋아하는 사람은 아니나, 부처님의 위신력을 보건대 그 자취를 나타내어 만물을 이롭게 함이 이와 같이 빠르니 불자(佛子)[7]된 사람으로서 어찌 잠자코 말하지 않겠는가?

때는 정풍(正豊)[8] 원년 병자(丙子, 1156) 10월 일에 백운자(白雲子)[9]는 기록한다.」

삼국유사 권제3

---

6) 處玄 : 여기에만 보일 뿐 알 수 없다.

7) 佛子 : 佛弟子.

8) 正豊 : 正隆. 중국 金 海陵王의 연호(1156-1161). 고려 太祖의 아버지 世祖의 諱 '隆'을 피하여 '豊'으로 개칭한 것이다. 正隆 元年은 고려 毅宗 10년(1156)이다.

9) 白雲子 : 고려 毅宗 때의 학자. 유교를 버리고 불교에 귀의하여 명산을 遊行하였던 文士. 「白雲子神駿 掛冠神虎 歸隱公州山莊 郡守遣其子 受業有年 云云」, 「白雲子棄儒冠 學浮屠氏教 包腰遍遊名山 云云」(『破閑集』 下). 「不幸毅王季年 武人變起 玉石俱焚 其脫身虎口者 逃遯窮山 蛻冠帶而蒙伽梨 以終餘年 若神駿 悟生之類是也 云云」([麗史] 列傳 卷23 李齊賢傳).

三國遺事 卷第三

影印原文

興法 第三 / 塔像 第四

三國遺事

三國遺事卷第三

興法第三

順道肇麗 道公之次亦有法深義淵曇嚴之流相繼而興敎然古傳無文今亦不敢編次詳見僧傳

高麗本記云小獸林王卽位二年壬申乃東晉咸安三年孝武帝卽位之年也前秦符堅遣使及僧順道送佛像經文 時堅都關中卽長安 又四年甲戌阿道來自晉明年乙亥二月創肖門寺以置順道又創伊弗蘭寺以置阿道此高麗佛法之始 僧傳作二道來自魏云者誤矣實自前秦而來又云肖門寺今興國伊弗蘭寺今興福者亦誤按麗時都安市城一名安丁忽在遼水之北遼水一

鴨渌今云安民江豈有松京之興國寺名譜曰鴨渌春深渚草鮮白沙鷗鷺等閑眠忽驚柔櫓一聲遠何處漁舟客到烟

難陁闢濟

百濟本記云第十五（僧傳云十四誤）枕流王即位甲申（東晋孝武帝大元九年）胡僧摩羅難陁至自晋迎置宮中禮敬明年乙酉創佛寺於新都漢山州度僧十人此百濟佛法之始又阿莘王即位大元十七年二月下教崇信佛法求福摩羅難陁譯云童學（其異迹詳見僧傳）讃曰 天造從來草昧間大都爲伎也應難翁翁自解呈歌舞引得旁人借眼看

阿道基羅 一作我道 又阿頭

新羅本記第四云第十九訥祗王時沙門墨胡子自高麗至一善郡郡人毛禮 或作毛祿 於家中作堀室安置時梁遣使賜衣着香物 高得相詠史詩云梁遣使僧曰元表宣送溟檀及經像 君臣不知其香名與其所用遣人齎香徧問國中墨胡子見之曰此之謂香也焚之則香氣芬馥所以達誠於神聖神聖未有過於三寶若燒此發願則必有靈應 訥祗在晉宋之世而云梁遣使恐誤 時王女病革使召墨胡子焚香表誓王女之病尋愈王喜厚加賚貺俄而不知所歸又至二十一毗處王時有我道和尚與侍 三人亦來毛禮家儀表似墨胡子住

數年無疾而終其侍者三人留住講讀經律往往有信
奉者(有注云與本碑及諸傳記殊異又高僧傳云西竺人或云從吳來)按我道本碑云
我道高麗人也母高道寧正始間曹魏人我(姓我也)崛摩
奉使句麗私之而還因而有娠師生五歲其母令出家
年十六歸魏省覲崛摩投玄彰和尚講下就業年十九又
歸寧於母母謂曰此國于今不知佛法爾後三千餘月
雞林有聖王出大興佛教其京都内有七處伽藍之墟
一曰金橋東天鏡林(今興輪寺金橋謂西川之橋俗訛呼云松橋也寺自我道始基而中
廢至法興王丁未草創乙卯大開真興王畢成)二曰三川歧(今永興寺與興輪開同代)三曰
龍宮南(今皇龍寺真興王癸酉始開)四曰龍宮北(今芬皇寺善德甲午始開)五曰

沙川尾(今靈妙寺 善德王乙未始開) 六曰神遊林(今天王寺 文武王己卯開) 七曰婿請田(今曇嚴寺) 皆前佛時伽藍之墟 法水長流之地 爾歸彼而揭揚大敎 當東嚮於釋祀矣 道稟敎至雞林 寓止王城西里 今嚴莊寺 于時末雛王卽位二年癸未也 詣闕請行敎法 世以前所未見爲嫌 至有將殺之者 乃逃隱于續林(今一善縣)毛祿家(祿與禮形近之訛 古記云 法師初來毛禮家 時天地震驚 時人不知僧名 而云阿頭彡麼 彡麼者 乃鄕言之稱僧也 猶言沙彌也) 三年時 成國公主疾 巫醫不効 勅使四方求醫 師率然赴闕 其疾遂理 王大悅 問其所須 對曰 貧道百無所求 但願創佛寺於天鏡林 大興佛敎 奉福邦家爾 王許之 命興工 俗方質儉 編茅

葺屋住而講演時或天花落地号興輪寺毛禄之妹名史氏投師爲尼亦於三川歧創寺而居名永興寺未幾未雛王即世國人將害之師還毛禄家自作塚閉户自絶遂不復現因此大教亦廢至二十三法興大王以蕭梁天監十三年甲午登位乃興釋氏距未雛王癸未之歲二百五十二年道寧所言三千餘月驗矣據此本記與本碑二説相戾不同如此嘗試論之梁唐二僧傳及三國本史皆載麗濟二國佛教之始在晉末大元之間則二道法師以小獸林甲戌到高麗明矣此傳不誤若以毗處王時方始到羅則是阿道留高麗百餘歲乃來

也雖大聖行止出沒不常未必皆爾抑亦新羅奉佛非
晩甚如此又若在宋雛之世則却超先於到麗甲戌百
餘年矣于時雞林未有文物禮敎國号猶未定何暇阿
道來請奉佛之事又不合高麗未到而越至于羅也設
使暫興還廢何其間寂寥無聞而尙不識香名哉一何
大後一何大先揆夫東漸之勢必始于麗濟而終乎羅
則訥祇旣與獸林世相接也阿道之辭麗抵羅宜在訥
祇之世又王女救病皆傳爲阿道之事則所謂墨胡者
非真名也乃指目之辞如梁人指達摩爲碧眼胡晋謂
釋道安爲桼道人類也乃阿道危行避諱而不言名姓

故也蓋國人隨其所聞以墨胡阿道二名分作二人爲傳爾
況云阿道儀表似墨胡則以此可驗其一人也道寧之
序七處直以創開先後預言之而傳失之故今以沙川
尾蹯於五次三千餘月未必盡信書自訥祗之世抵辛
丁未无慮一百餘年若曰一千餘月則殆幾矣姓我單
名疑贋難詳又按元魏釋曇始一云惠始傳云始關中人自
出家已後多有異迹晉孝武大元年末賫經律數十部
往遼東宣化現授三乘立以歸戒蓋高麗聞道之始也
義熙初復還關中開導三輔始足白於面雖涉泥水未
嘗沾濕天下咸稱白足和尚云晉末朔方凶奴赫連勃

勃破獲關中斬戮無數時始亦遇害刀不能傷勃勃嗟
嘆之普赦沙門悉皆不殺始於是潛遁山澤修頭陀行
拓拔燾復尅長安擅威關洛時有博陵崔皓小習左道
猜嫉釋教既位居偽輔為燾所信乃與天師寇謙之說
燾佛教無益有傷民利勸令廢之云云大平之末始方
知燾將化時至乃以元會之日忽杖錫到宮門燾聞令
斬之屢不傷燾自斬之亦無傷飼北園所養虎亦不敢
近燾大生慙懼遂感癘疾崔寇二人相次發惡病燾以
過由於彼於是誅滅二家門族宣下國中大弘佛法始
後不知所終　議曰曇始以太元末到海東義熙初還

關中則留此十餘年何東史無文始旣恢詭不測之人
而與阿道墨胡難陁年事相同三人中疑一必其變諱
也讚曰 雪擁金橋凍不開雞林春色未全迴可怜青
帝多才思先著毛郎宅裏梅

原宗興法 距訥祗世一百餘年 猒髑滅身

新羅本記法興大王即位十四年小臣異次頓爲法滅身
即蕭梁普通八年丁未西竺達摩來金陵之歲也是年
朗智法師亦始住靈鷲山開法則大教興衰必遠近相
感一時於此可信元和中南澗寺沙門一念撰髑香墳
禮佛結社文載此事甚詳其略曰昔在法興大王垂拱

紫極之殿俯察扶桑之域以謂昔漢明感夢佛法東流
寡人自登位願爲蒼生欲造修福滅罪之處於是朝臣
(鄉傳云工目謁恭等)未測深意唯遵理國之大義不從建寺之神
略大王嘆曰於戲寡人以不德丕承大業上虧陰陽之
化下無黎庶之歡萬機之暇留心釋風誰與爲伴粤
有內養者姓朴字猒髑(或作異次或云伊處方音之別也譯云猒也髑頓道覩獨等皆
猶書者之便乃助辭也今譯上不譯下故云猒髑又猒覩等也)其父未詳祖阿珎宗即
習寶葛文王之子也(新羅官爵凡十七級其第四曰波珎喰亦云阿珎喰也宗其名也習
寶亦名也羅人凡追封王者皆稱葛文王其實史臣亦云未詳又按金用行撰阿道碑舍人時年二十六父吉升祖
功漢曾祖乞解大王)挺竹栢而爲質抱水鏡而爲志積善曾孫

望宮內之爪牙 聖朝忠臣企河淸之登侍時年二十二
當充舍人 羅爵有大舍小舍等蓋下士之秩 瞻仰龍顔知情擊目奏云
臣聞古人問策蒭蕘願以危罪啓諮王曰非爾所爲舍
人曰爲國亡身臣之大節爲君盡命民之直義以謬傳
辭刑臣斬首則萬民咸伏不敢違敎王曰解肉枰軀將
贖一鳥洒血摧命自怜七獸朕意利人何殺無罪汝雖
作功德不如避罪舍人曰一切難捨不過身命然小臣
夕死大敎朝行佛日再中聖主長安王曰鸞鳳之子幼
有凌霄之心鴻鵠之兒生懷截波之勢爾得如是可謂
大士之行乎於爲大王權整威儀風刀東西霜仗南北

以召郡臣乃問卿等於我欲造精舍故作留難鄕傳云髑爲以
王命傳下興工創寺之意群臣來諫王乃責怒於髑刑以僞傳王命於是群臣戰戰兢懼
傯侗作誓指手東西王喚舍人而詰之舍人失色無辭
以對大王忿怒勑令斬之有司縛到衙下舍人作誓獄
吏斬之白乳湧出一丈鄕傳云舍人誓曰大聖法王欲興佛教不顧身命多却結緣天
垂瑞祥遍示人庶於是其頭飛出落於金剛山頂云云天四黯黲斜景爲之晦明
地六震動雨花爲之飄落聖人哀戚沾悲淚於龍衣冢
宰憂傷流輕汗於蟬冕甘泉忽渴魚鼈爭躍直木先折
猿猱群鳴春宮連鑣之侶泣血相顧月庭交袖之朋斷
腸惜別望柩聞聲如喪考妣咸謂子推割股未足比其

苦節弘演刳腹詎能方其壯烈此乃扶丹墀之信力成阿道之本心聖者也遂乃葬北山之西嶺(即金剛山也僧云頭髮落處因葬其地今不言何也)內人哀之卜勝地造蘭若名曰刺楸寺於是家家作禮必獲世榮人人行道當曉法利真興大王即位五年甲子造大興輪寺(按國史與鄉傳實法興王十四年丁未始開二十一年乙卯大伐天鏡林始興工梁棟之材皆於其林中取足而階礎石龕皆有之至真興王五年甲子寺成故云甲子僧傳云七年誤)大清之初梁使沈湖將舍利天壽六年陳使劉思幷僧明觀奉內經幷次寺寺星張塔塔鴈行竪法幢懸梵鐘龍象釋徒爲寰中之福田大小乘法爲京國之慈雲他方菩薩出現於世(謂芬皇之陳那浮石寶盖以至洛山五臺等是也)西

域名僧降臨於境由是併三韓而爲邦掩四海而爲家
故書德名於天鎭之樹影神迹於星河之水豈非三聖
威之所致也(謂我道法興厭髑也)降有國統惠隆法主孝圓金相
郞大統鹿風大書省真怒波珍喰金嶷等建舊塋樹
豊碑元和十二年丁酉八月五日卽第四十一憲德大王九
年也興輪寺永秀禪師(于時瑜伽諸德皆稱禪師)結湊斯塚禮佛
之香徒每月五日爲魂之妙願營壇作梵又鄕傳云鄕
老每當忌旦設社會於興輪寺則今月初五乃舍人猒
軀順法之晨也嗚呼無是君無是臣無是臣無是切
可謂劉葛魚水雲龍感會之美歟法興王旣擧廢立寺

寺成謝冕旒披方袍施宮戚爲寺隷(寺隷至今稱王孫後至大宗王時宰輔金
良圖信向佛法有二女曰花寶蓮寶捨身爲此寺婢又以逆臣毛尺之族沒爲隷二族之裔至今不絶)主
住其寺躬任弘化眞興乃繼德重聖承袞職處九五威
率百僚号令畢備因賜額大王興輪寺前王姓金氏出
家法雲字法空(僧傳与諸說亦以王妃出家名法雲又眞興王爲法雲又以爲眞興之妃名法
雲頗多混疑)冊府元龜云姓募名秦初興役之乙卯歲王妃亦
創永興寺慕史氏之遺風同王落彩爲尼名妙法亦住
永興寺有年而終國史云建福三十一年永興寺塑像
自壞未幾眞興王妃比丘尼卒按眞興乃法興之姪子
妃思刀夫人朴氏牟梁里英失角干之女亦出家爲尼

而非永興寺之創主也斯恐真字當作法謂法興之妃巴刁夫人為尼者之卒也乃創寺立像之主故也二興捨位出家史不書非經世之訓也又於大通元年丁未為梁帝創寺於熊川州名大通寺熊川即公州也時屬新羅故也然恐非丁未也乃中大通元年己酉歲所創也始創興輪之丁未未暇及於他郡立寺也讃曰 聖智從來萬世謀區區輿議謾秋毫法輪解逐金輪轉舜日方將佛日高 右原宗 徇義輕生已足驚天花白乳更多情俄然一釼身亡後院院鐘聲動帝京 右猒髑

法王禁殺

百濟第二十九主法王諱宣或云孝順開皇十年己未

即位是年冬下詔禁殺生放民家所養鷹鷂之類焚漁獵之具一切禁止明年庚申度僧三十人創王興寺於時都泗沘城（今扶餘）始立栽而升遐武王繼統父基子構歷數紀而畢成其寺亦名彌勒寺附山臨水花木秀麗四時之美具焉王每命舟沿河入寺賞其形勝壯麗（與古記所載小異武王是貧母與池龍通交而所生小名薯蕷即位後謚号武王初與王妃草創也）讚曰

詔寬羽毛千丘惠澤洽豚魚四海仁莫道聖君輕下世上方兜率正芳春

寶藏奉老　普德移庵

高麗本記云麗季武德貞觀間國人爭奉五斗米敎唐

高祖聞之遣道士送天尊像來講道德經王與國人聽之即第二十七代榮留王即位七年武德七年甲申也明年遣使往唐求學佛老唐帝(謂高祖也)許之及寶藏王即位(貞觀十六年壬寅也)亦欲併興三教時寵相蓋蘇文說王以儒釋並熾而黃冠未盛特使於唐求道教時普德和尚住盤龍寺憫左道匹正國祚危矣屢諫不聽乃以神力飛方丈南移于完山州(今全州也)孤大山而居焉即永徽元年庚戌六月也(又本傳云乾封二年丁卯三月三日也)未幾國滅(以摠章元年戊辰國滅則計距庚戌十九年矣)今景福寺有飛來方丈是也云云(已上國史)眞樂公留詩在堂文烈公著傳行世又按唐書云先是隋

煬帝征遼東有裨將羊皿不利於軍將死有誓曰必爲寵臣滅彼國矣及蓋氏擅朝以盖爲氏乃以羊皿是之應也又按高麗古記云隋煬帝以大業八年壬申領三十萬兵渡海來征十年甲戌十月高麗王時第二十六代嬰陽王立二十五年也上表乞降時有一人密持小弩於懷中隨持表使到煬帝舡中帝奉表讀之弩發中帝胷帝將旋師謂左右曰朕爲天下之主親征小國而不利萬代之所嗤時右相羊皿奏曰臣死爲高麗大臣必滅國報帝王之讎帝崩後生於高麗十五聰明神武時武陽王聞其賢國史榮留王名建武或云建成而此云武陽未詳徵入爲臣自稱姓蓋名金位

至蘇文乃侍中職也(唐書云蓋蘇文自謂莫離支猶中書令又按神誌秘詞序云蘇文大英弘序并注則蘇文乃職名有文證而傳云文人蘇英弘序未詳孰是)金奏曰鼎有三足國有三教臣見國中唯有儒釋無道教故國危矣王然之奏唐請之太宗遣叙達等道士八人(國史云武德八年乙酉遣使入唐求佛老唐帝許之據此則羊皿自甲戌年死而托生于此則才年十餘歲矣而云罷宰說主遣請其年月必有一誤今兩存)王喜以佛寺爲道館尊道士坐儒士之上道士等行鎮國內有名山川古平壤城勢新月城也道士等呪勑南河龍加築爲滿月城因名龍堰城作讖曰龍堰堵且云千年寶藏堵或鑿破靈石(俗云都帝嵓亦云朝天石盖昔聖帝騎此石朝上帝故也)蓋金又奏築長城東北西南時男役女耕役至

十六年乃畢及寶藏王之世唐大宗親統以六軍來征又不利而還高宗總章元年戊辰右相劉仁軌大將軍李勣新羅金仁問等攻破國滅擒王歸唐寶藏王庶子率四千餘家投于新羅與國史小殊故幷錄大安八年辛未祐世僧統到孤大山景福寺飛來方丈禮普聖師之真有詩云涅槃方等教傳受自吾師云云至可惜飛房後東明古國危殆云高麗藏王惑於道教不信佛法師乃飛房南至此山後有神人現於高麗馬嶺告人云汝國敗亡無日矣具如國史餘具載本傳與僧傳師有高弟十一人無上和尚與弟子金趣等創金洞寺寂滅義融二師創

珎丘寺智藪創大乘寺一乘與心正大原等創大原寺
水淨創維摩寺四大與契育等創中臺寺開原和尚創
開原寺明德創燕口寺開心與普明亦有傳皆如本傳
讚曰　釋氏汪洋海不窮百川儒老盡朝宗麗王可笑
封沮洳不省滄溟徙臥龍

　東京興輪寺金堂十聖

東壁坐庚向泥塑　我道　猒髑　惠宿　安含
義湘　西壁坐甲向泥塑　表訓　蛇巴　元曉
惠空　慈藏

塔像

迦葉佛宴坐石

玉龍集及慈藏傳與諸家傳紀皆云新羅月城東龍宮南有迦葉佛宴坐石其地即前佛時伽藍之墟也今皇龍寺之地即七伽藍之一也按國史眞興王即位十四開國三年癸酉二月築新宮於月城東有皇龍現其地王疑之改爲皇龍寺宴坐石在佛殿後面嘗一謁焉石之高可五六尺來圍僅三肘幢立而平頂眞興創寺已來再經災火石有折裂處寺僧貼鐵爲護乃有讚曰惠日沉輝不記年唯餘宴坐石依然桑田幾度成滄海可惜巍然尚未遷既而西山大兵已後殿塔煨燼而此石

亦衰沒而僅與地平矣按阿含經伽葉佛是賢劫第三
尊也人壽二萬歲時出現於世據此以增減法計之每
成劫初皆壽無量歲漸減至壽八萬歲時爲住劫之初
自此又百年減一歲至壽十歲時爲一減又增至人壽
八萬歲時爲一增如是二十減二十增爲一住劫此一
住劫中有千佛出世今本師釋迦是第四尊也四尊皆
現於第九減中自釋尊百歲壽時至迦葉佛二萬歲時
已得二百萬餘歲若至賢劫初第一尊拘留孫佛時又
幾萬歲也自拘留孫佛時上至劫初無量歲壽時又幾
何也自釋尊下至于今至元十八年辛巳歲已得二千

二百三十矣自拘留孫佛歷迦葉佛時至于今則亘幾萬歲也有本朝名士吳世文作歷代歌從大金貞祐七年己卯逆數至四萬九千六百餘歲爲盤古開闢戊寅又延禧宮錄事金希寧所撰大一歷法自開闢上元甲子至元豐甲子一百九十三萬七千六百四十一歲又纂古圖云開闢至獲麟二百七十六萬歲按諸經且以迦葉佛時至于今爲此石之壽尙距於劫初開闢時爲兒子矣三家之說尙不及蕞兒石之年其於開闢之說疎之遠矣

遼東城育王塔

三寶感通錄載高麗遼東城傍塔者古老傳云昔高麗聖王按行國界次至此城見五色雲覆地往尋雲中有僧執錫而立旣至便滅遠看還現傍有土塔三重上如覆釜不知是何更往覓僧唯有荒草掘尋一丈得杖幷履又掘得銘上有梵書侍臣識之云是佛塔王委曲問詰答曰漢國有之彼名蒲圖王（本作休屠王祭天金人）因生信起木塔七重後佛法始至具知始末今更損高本塔朽壞育王所統一閻浮提洲處處立塔不足可怪又唐龍朔中有事遼左行軍薛仁貴行至隋主討遼古地乃見山像空曠蕭條絶於行往問古老云是先代所現便圖寫

來京師具在若函按西漢與三國地理志遼東城在鴨綠之外屬漢幽州高麗聖王未知何君或云東明聖帝疑非也東明以前漢元帝建昭二年即位成帝鴻嘉壬寅升遐于時漢亦未見貝葉何得海外陪臣已能識梵書乎然稱佛爲蒲圖王似在西漢之時西域文字或有識之者故云梵書爾按古傳育王命鬼徒每於九億人居地立一塔如是起八萬四千於閻浮界內藏於巨石中今處處有現瑞非一蓋眞身舍利感應難思矣讚曰
育王寶塔遍塵寰雨濕雲埋蘚纈斑想像當年行路眼幾人指點祭神墦

金官城婆娑石塔

金官虎溪寺婆娑石塔者昔此邑爲金官國時世祖首
露王之妃許皇后名黃玉 以東漢建武二十四年甲申
自西域阿踰陁國所載來初公主承二親之命泛海將
指東阻波神之怒不克而還白父王父王命載玆塔乃
獲利涉來泊南涯有緋帆茜旗珠玉之美今云主浦初
解綾袴於岡上處曰綾峴茜旗初入海涯曰旗出邊首
露王聘迎之同御國一百五十餘年然于時海東未有
創寺奉法之事蓋像敎未至而土人不信伏故本記無
創寺之文逮第八代銍知王二年壬辰置寺於其地又

創王后寺在阿道訥祇王之世法興王之前至今奉福焉兼以鎮南倭
具見本國本記塔方四面五層其彫鏤甚奇石微赤班
色其質良脆非此方類也本草所云點雞冠血爲驗者
是也金官國亦名駕洛國具載本記讚曰　載厭緋帆
茜旆輕乞靈遮莫海濤驚豈徒到岸扶黃玉千古南倭
遏怒鯨

高麗靈塔寺

僧傳云釋普德字智法前高麗龍岡縣人也詳見下本
傳常居平壤城有山方老僧來請講經師固辭不免赴
講涅槃經四十餘卷罷席至城西大寶山嵓穴下禪觀有

神人來請宜住此地乃置錫杖於前指其地曰此下有八面七級石塔掘之果然因立精舍曰靈塔寺以居之

皇龍寺丈六

新羅第二十四眞興王即位十四年癸酉二月將築紫宮於龍宮南有黃龍現其地乃改置爲佛寺号黃龍寺至己丑年周圍墻宇至十七年方畢未幾海南有一巨舫來泊於河曲縣之絲浦(今蔚州谷浦也)撿看有牒文云西竺阿育王聚黃鐵五萬七千斤黃金三萬分(別傳云鐵四十万七千斤金一千兩恐誤或云三万七千斤)將鑄釋迦三尊像未就載船泛海而祝曰願到有緣國土成丈六尊容幷載模樣一佛二菩

薩像縣吏具狀上聞勅使卜其縣之城東爽塏之地創東竺寺邀安其三尊輸其金鐵於京師以大建六年甲午三月寺中記云癸巳十月十七日鑄成丈六尊像一鼓而就重三萬五千七斤入黃金一萬一百九十八分二菩薩入鐵一萬二千斤黃金一萬一百三十六分安於皇龍寺明年像淚流至踵沃地一尺大王升遐之兆或云像成在眞平之世者謬也別本云阿育王在西竺大香華國生佛後一百年間恨不得供養眞身斂化金鐵若干斤三度鑄成無功時王之太子獨不預斯事王使詰之太子奏云獨力非功曾知不就王然之乃載舡泛海南閻浮

提十六大國五百中國十千小國八萬聚落靡不周旋
皆鑄不成最後到新羅國真興王鑄之於文仍林像成
相好畢備阿育此飜無憂後大德慈藏西學到五臺山
感文殊現身授訣仍囑云汝國皇龍寺乃釋迦與迦葉
佛講演之地宴坐石猶在故天竺無憂王聚黃鐵若干
斤泛海歷一千三百餘年然後乃到而國成安其寺蓋
威緣使然也與別記所載同像成後東竺寺三尊亦移安寺
中寺記云真平五年甲辰金堂造成善德王代寺初主
真骨歡喜師第二主慈藏國統次國統惠訓次廂律師云
今兵火已來大像與二菩薩皆融沒而小釋迦猶存焉

讚曰 塵方何處匪真鄉香火因緣最我邦不是育王
難下手月城來訪舊行藏

皇龍寺九層塔

新羅第二十七善德王即位五年貞觀十年丙申慈藏
法師西學乃於五臺感文殊授法(詳見本傳)文殊又云汝國
王是天竺刹利種王預受佛記故別有因緣不同東夷
共工之族然以山川崎嶮故人性麁悖多信邪見而時
或天神降禍然有多聞比丘在於國中是以君臣安泰
萬庶和平矣言已不現藏知是大聖變化泣血而退經
由中國大和池邊忽有神人出問胡爲至此藏答曰求

菩提故神人禮拜又問汝國有何留難藏曰我國北連
靺鞨南接倭人麗濟二國迭犯封陲隣寇縱橫是為民梗
神人云今汝國以女為王有德而無威故隣國謀之宜
速歸本國藏問歸鄉將何為利益乎神曰皇龍寺護法
龍是吾長子受梵王之命來護是寺歸本國成九層塔
於寺中隣國降伏九韓來貢王祚永安矣建塔之後設
八關會赦罪人則外賊不能為害更為我於京畿南岸
置一精廬共資予福予亦報之德矣言已遂奉玉而獻
之忽隱不現(寺中記云於終南山圓香禪師處受建塔因由)貞觀十七年癸卯
十六日將唐帝所賜經像袈裟幣帛而還國以建塔之

事聞於上善德王議於群臣群臣曰請工匠於百濟然後方可乃以寶帛請於百濟匠名阿非知受命而來經營木石伊干龍春一云龍樹幹蠱率小匠二百人初立刹柱之日匠夢本國百濟滅亡之狀匠乃心疑停手忽大地震動晦冥之中有一老僧一壯士自金殿門出乃立其柱僧與壯士皆隱不現匠於是改悔畢成其塔刹柱記云鐵盤已上高四十二尺已下一百八十三尺慈藏以五臺所授舍利百粒分安於柱中并通度寺戒壇及大和寺塔以副池龍之請大和寺在阿曲縣南今蔚州亦藏師所創也樹塔之後天地開泰三韓爲一豈非塔之靈蔭乎後高麗王

將謀伐羅乃曰新羅有三寶不可犯也何謂也皇龍丈
六并九層塔與真平王天賜玉帶遂寢其謀周有九鼎
楚人不敢北窺此之類也讚曰 鬼拱神扶壓帝京輝
煌金碧動飛甍登臨何啻九韓伏始覺乾坤特地平
又海東名賢安弘撰東都成立記云新羅第二十七代
女王爲主雖有道無威九韓侵勞若龍宮南皇龍寺建
九層塔則隣國之災可鎮第一層日本第二層中華第
三層吳越第四層托羅第五層鷹遊第六層靺鞨第七
層丹國第八層女狄第九層穢貊又按國史及寺中古
記真興王癸酉創寺後善德王代貞觀十九年乙巳塔

初成三十二孝昭王卽位七年聖曆元年戊戌六月霹
靂寺中古記云聖德王代誤也聖德王代無戊戌第三十三聖德王代庚申
歲重成四十八景文王代戊子六月第二霹靂同代第
三重修至本朝光宗卽位五年癸丑十月第三霹靂現
宗十三年辛酉第四重成又靖宗二年乙亥第四霹靂
文宗甲辰年第五重成又憲宗末年乙亥第五霹靂
肅宗丙子第六重成又高宗十六年戊戌冬月西山兵
火塔寺丈六殿宇皆災

皇龍寺鍾　芬皇寺藥師　奉德寺鍾

新羅第三十五景德大王以天寶十三甲午鑄皇龍寺

鍾長一丈三寸厚九寸入重四十九萬七千五百八十一斤施主孝貞伊王三毛夫人匠人里上宅下典肅宗朝重成新鍾長六尺八寸又明年乙未鑄芬皇藥師銅像重三十万六千七百斤匠人本彼部强古乃末又捨黃銅一十二万斤爲先考聖德王欲鑄巨鍾一口未就而崩其子惠恭大王乾運以大曆庚戌十二月命有司鳩工徒乃克成之安於奉德寺寺乃孝成王開元二十六年戊寅爲先考聖德大王奉福所創也故鍾銘曰聖德大王神鍾之銘聖德乃景德之考典光大王也鍾本景德爲先考所施之金故称云聖德鍾尒朝散大夫前大子司議郞翰林郞金弼奧奉教撰鍾

辭文煩不錄

靈妙寺丈六

善德王創寺塑像因緣具載良志法師傳景德王即位二十三年丈六改金租二万三千七百碩良志傳作像之初成之費今兩存之

四佛山 掘佛山 万佛山

竹嶺東百許里有山屹然高峙眞平王九年甲申忽有一大石四面方丈彫四方如來皆以紅紗護之自天墜其山頂王聞之命駕瞻敬遂創寺嵓側額曰大乘寺請比丘亡名誦蓮經者主寺灑掃供石香火不廢號曰亦

德山或曰四佛山比丘卒既葬塚上生蓮 又景德王
遊幸栢栗寺至山下聞地中有唱佛聲命掘之得大石
四面刻四方佛因創寺以掘佛爲号今訛云掘石 王
又聞唐代宗皇帝優崇釋氏命工作五色氍毹又彫沉
檀木與明珠美玉爲假山高丈餘置氍毹之上山有巉
嵓恠石澗穴區隔每一區內有歌舞伎樂列國山川之
狀微風入戶蜂蝶翺翔鷰雀飛舞隱約視之莫辨真假
中安萬佛大者逾方寸小者八九分其頭或巨黍者或
半菽者螺髻白毛眉目的皪相好悉備只可髣髴莫得
而詳因号萬佛山更鏤金玉爲流蘇幡蓋菴羅薝蔔花

果莊嚴百步樓閣臺殿堂榭都大雖微勢皆活動前有
旋遶比丘像千餘軀下列紫金鍾三簴皆有閣有蒲牢
鯨魚爲撞有風而鍾鳴則旋遶僧皆仆拜頭至地隱隱
有梵音蓋關棙在乎鍾也雖号萬佛其實不可勝記既
成遣使獻之代宗見之嘆曰新羅之巧天造非巧也乃
以九光扇加置嵓岫間因謂之佛光四月八日詔兩街
僧徒於内道場禮万佛山命三藏不空念讃密部真詮
千遍以慶之觀者皆嘆伏其巧讃曰　天粧满月四方
裁地湧明毫夜開妙手更煩彫萬佛真風要使遍三才

生義寺石弥勒

善德王時釋生義常住道中寺夢有僧引上南山而行令結草爲標至山之南洞謂曰我埋此處請師出安嶺上旣覺與友人尋所標至其洞掘地有石弥勒出置於三花嶺上善德王十二年甲辰歲創寺而居後名生義寺（今訛言性義寺忠談師每歲重三重九烹茶獻供者是此尊也）

興輪寺壁畫普賢

第五十四景明王時興輪寺南門及左右廊廡災焚未修靖和弘繼二僧募緣將修貞明七年辛巳五月十五日帝釋降于寺之左經樓留旬日殿塔及草樹土石皆發異香五雲覆寺南池魚龍喜躍跳擲國人聚觀嘆未

曾有王帛梁稻施積丘山工匠自來不日成之工既畢天帝將還二僧白曰天若欲還宮請畫寫聖容至誠供養以報天恩亦乃因茲留影永鎮下方焉帝曰我之願力不如彼普賢菩薩遍垂玄化畫此菩薩像虔設供養而不廢宜矣二僧奉敎敬畫普賢菩薩於壁間至今猶存其像

三所觀音　衆生寺

新羅古傳云中華天子有寵姬美艷無雙謂古今圖畫鮮有如此者乃命善畫者寫眞(畫工傳失其名或云張僧繇則是吳人也梁天監中爲武陵王國侍郎直秘閣知畫事歷右將軍吳興太守則乃中國梁陳間之天子也而傳云唐帝者海東

人凡諸中國爲唐爾其實未詳何代帝王兩存之 其人奉勅畫成誤落筆汙赤
毁於臍下欲改之而不能心疑赤誌必自天生功畢獻
之帝目之曰形則逼眞矣其臍下之誌乃所內秘何得
知之并寫帝乃震怒下圓扉將加刑丞相奏云所謂伊
人其心且直願赦宥之帝曰彼旣賢直朕昨夢之像畫
進不差則宥之其人乃畫十一面觀音像呈之協於所
夢帝意解赦之其人旣免乃與博士芬節約曰吾
聞新羅國敬信佛法與子乘桴于海適彼同修佛事廣
益仁邦不亦益乎遂相與到新羅國因成此寺大悲像
國人瞻仰禳禱獲福不可勝記羅季天成中正甫崔殷

誠久無胤息詣茲寺大慈前祈禱有娠而生男未盈三
朔百濟甄萱襲京師城中大潰殷諴抱兒來告曰隣
兵奄至事急矣赤子累重不能俱免若誠大聖之所賜
願借大慈之力覆養之令我父子再得相見涕泣悲惋
三泣而三告之裹以襁褓藏諸猊座下眷眷而去經半
月寇退來尋之肌膚如新浴兒軀嬛好乳香尚痕於口
抱持歸養及壯聰惠過人是為丞魯位至正匡丞魯生
郎中崔甫肅生郎中齊顏爲自此繼嗣不絕殷諴隨敬
順王入本朝爲大姓又統和十年三月主寺釋性泰跪
於菩薩前白言弟子久住茲寺精勤香火晝夜匪懈然

以寺無田出香祀無継將移他所故來辭爾是日假寐
夢大聖謂曰師且住無遠離我以緣化充齋費僧忻然
感寤遂留不行後十三日忽有二人馬載牛馱到於門
前寺僧出問何所而來曰我等是金州界人向有一比
丘到我云我住東京衆生寺久矣欲以四事之難緣化
到此是以歛施隣閭得米六碩塩四碩負載而來僧曰
此寺無人緣化者爾輩恐聞之誤其人曰向之比丘率
我輩而來到此神見井邊曰距寺不遠我先往待之我
輩隨逐而來寺僧引入法堂前其人瞻禮大聖相謂曰
此緣化比丘之像也驚嘆不已故所納米塩追年不廢

又一夕寺門有大哭閭里奔救外堂見像不知所在視之已立在庭中矣問其出者誰皆曰不知乃知大聖靈威也又大定十三年癸巳聞有僧白崇得住茲寺不解文字性本純粹精勤火香有一僧欲奪其居訴於觀衣天使曰茲寺所以國家祈恩奉福之所宜選會讀文疏者主之天使然之欲試其人乃倒授疏文白崇應手披讀如流天使服膺退坐房中俾之再讀崇鉗口無言天使曰上人良由大聖之所護也終不奪之當時與崇同住者處士金仁夫傳諸鄉老筆之于傳

栢栗寺

鷄林之北岳曰金剛嶺山之陽有栢栗寺寺有大悲之
像一軀不知作始而靈異頗著或云是中國之神匠塑
衆生寺像時幷造也諺云此大聖曾上忉利天還來入
法堂時所履石上脚迹至今不刓或云救夫禮郞還來
時之所視迹也天授三年壬辰九月七日孝昭王奉大
玄薩喰之子夫禮郞爲國仙珠履千徒親安常尤甚天
授四年長壽二年癸巳暮春之月領徒遊金蘭到北溟之
境被狄賊所掠而去門客皆失措而還獨安常追迹之
是三月十一日也大王聞之驚駭不勝曰先君得神笛
傳于朕躬今與玄琴藏在內庫因何國仙忽爲賊俘爲

之柰何（琴笛事具載別傳）時有瑞雲覆天尊庫王又震懼使檢之庫內失琴笛二寶乃曰朕何不予昨失國仙又亡琴笛乃囚司庫吏金貞高等五人四月募於國曰得琴笛者賞之一歲租五月十五日郎二親就栢栗寺大悲像前禋祈累夕忽香卓上得琴笛二寶而郎常二人來到於像後二親顚喜問其所由來郎曰予自被掠為彼國大都仇羅家之牧子放牧於大烏羅尼野（一本作都仇家奴牧於大磐野）之忽有一僧容儀端正手携琴笛來慰曰憶桑梓乎予不覺跪于前曰眷戀君親何論其極僧曰然則宜從我來遂率至海壖又與安常會乃批笛為兩分與二人

各乘一隻自乗其琴浪浪歸來儀然至此矣於是具事馳聞王大驚使迓郞隨琴笛入内施鑄金銀五器二副各重五十兩摩衲袈裟五領大綃三千疋田一萬頃納於寺用答慈庥焉大赦國内賜人爵三級復民租三年主寺僧移住奉聖封郞爲大角干(羅之冢宰爵名)父大玄阿喰爲大大角干母龍寶夫人爲沙梁部鏡井宮主安常師爲大統司庫五人皆免賜爵各五級六月十二日有彗星孛于東方十七日又孛于西方日官奏曰不封爵於琴笛之瑞於是册号神笛爲萬萬波波息彗乃滅後多靈異文煩不載世謂安常爲俊永郞徒不之審也永郞

之徒唯眞才懷完等知名皆亦不測人也詳見別傳

敏藏寺

禺金里貧女寶開有子名長春從海賈而征久無音耗其母就敏藏寺寺乃敏藏角干捨家爲寺觀音前克祈七日而長春忽至問其由緒曰海中風飄舶壞同侶皆不免予乘隻板歸泊吳涯吳人收之俾耕于野有異僧如鄉里來弔慰勤勤率我同行前有深渠僧掖我跳之昏昏間如聞鄉音與哭泣之聲見之乃已届此矣日晡時離吳至此纔戌初即天寶四年乙酉四月八日也景德王聞之施田於寺又納財幣焉

前後所將舍利

國史云眞興王大淸三年己巳梁使沈湖送舍利若干粒善德王代貞觀十七年癸卯慈藏法師所將佛頭骨佛牙佛舍利一百粒佛所著緋羅金點袈裟一領其舍利分爲三一分在皇龍塔一分在大和塔一分幷袈裟在通度寺戒壇其餘未詳所在壇有二級上級之中安石蓋如覆鑊諺云昔在本朝相次有二廉使禮壇擧石鑊而敬之前感脩蟒在函中後見巨蟾蹲石腹自此不敢擧之近有上將軍金公利生庾侍郞碩以高廟朝受旨指揮江東仗節到寺擬欲擧石瞻禮寺僧以往事難之

二公令軍士固舉之內有小石函函裏之中貯以瑠璃
筒筒中舍利只四粒傳示瞻敬筒有小傷裂處於是庚
公適畜一水精函子遂奉施兼藏焉識之以記後御近
都四年乙未歲也古記稱百枚分藏三處今唯四顆旣
隱現隨人多小不足怪也又諺云其皇龍寺塔災之日
石鑊之東面始有大斑至今猶然即大遼應曆三年癸
丑歲也本朝光廟五載也塔之第三災也曹溪無衣子
留詩云聞道皇龍災塔日連燒一面示無間是也自至
元甲子已來大朝使佐本國皇華爭來瞻禮四方雲水
輻湊來參或舉不舉眞身四枚外變身舍利碎如砂礫

現於礁之外而異香郁烈旅日不歇者比比有之此末季
一方之奇事也唐大中五年辛未入朝使元弘所將佛
牙(今未詳所在新羅文聖王代)後唐同光元年癸未本朝大祖卽位
六年入朝使尹質所將五百羅漢今在北崇山神光
寺大宋宣和元年己卯(睿廟十五年)入貢使鄭克永李之美
等所將佛牙今內殿置奉者是也相傳云昔義湘法師
入唐到終南山至相寺智儼尊者處隣有宣律師常受
天供每齋時天廚送食一日律師請湘公齋湘至坐定
既久天供過時不至湘乃空鉢而歸天使乃至律師問
今日何故遲天使曰滿洞有神兵遮擁不能得入於是

律師知湘公有神衛乃服其道勝仍留其供具翌日又
邀儼湘二師齋具陳其由湘公從容請宣曰師旣被天
帝所敬嘗聞帝釋宮有佛四十齒之一牙爲我等輩請
下人間爲福如何律師後與天使傳其意於上帝帝限
七日送與湘公致敬訖邀安大内後至大宋徽宗朝崇
奉左道時國人傳圖讖曰金人敗國黄巾之徒諷日官
奏曰金人者佛敎之謂也將不利於國家議將破滅釋
氏坑諸沙門焚燒經典而別造小舡載佛牙泛於大海
任隨緣流泊于時適有本朝使者至宋聞其事以天花
茸五十領紵布三百疋行賂於押舡内史密授佛牙

因流空舡使臣等乃得佛牙來奏於是睿宗大喜奉
于十員殿左掖小殿常鑰匙殿門施香燈于外每親幸
日開殿瞻敬至壬辰歲移御次內官忽遽中忘不收撿
至丙申四月御願堂神孝寺釋蘊光請致敬佛牙聞于
上勑令內臣遍撿宮中無得也時栢臺侍御史崔冲命
薛伸急徵于諸謁者房皆未知所措內臣金承老奏曰
壬辰年移御時紫門日記推看從之記云入內侍大府
卿李白全受佛牙函云召李詰之對曰請歸家更尋私
記到家撿看得左番謁者金瑞龍佛牙函准受記來呈
召問瑞龍無辭以對又以金承老所奏云壬辰至今丙

申五年閒御佛堂及景靈殿上守等因葬門富依違
未決蒲三日夜中瑞龍家園墻裏有設擲物看以大蓋着
乃佛牙函也函本內一重沉香合次重純金合次外重
白銀函次外重瑠璃函次外重螺鈿函各幅子安之今
但瑠璃函爾喜得之入達于內有司識金瑞龍及兩殿
上守者誅晉陽府奏云因佛事不合多傷人比見之更
勅十員殿中庭特造佛牙殿安之令將士守之擇吉日
請神孝寺上房溫光領徒三十人入內設齋設之其日
入直承宣崔弘上將軍崔公衍事令長內侍茶房等侍
立于殿庭以次頂戴敬之佛牙區乃開含利不知數晉

陽府以白銀合貯而安之時主上謂臣下曰朕自亡佛
牙已來自生四疑一疑天宮七日限滿而上天矣二疑
國亂如此牙旣神物且移有緣無事之邦矣三疑貪財
小人盜取幽幅弃之溝壑矣四疑盜取珎利而無計自
露匿藏家中矣今第四疑當之矣乃放聲大哭滿庭皆
洒涕獻壽至有煉頂燒臂者不可勝計得此實錄於當
時内殿焚修前祗林寺大禪師覺猷言親所眼見使予
錄之又至庚午出都之亂顚沛之甚過於壬辰十員殿
監主禪師心鑑忘身佩持獲免於賊難達於大内大賞
其功移授名刹今住氷山寺是亦親聞於彼真興王代

天嘉六年乙酉陳使劉思與僧明觀載送佛經論一千
七百餘卷貞觀十七年慈藏法師載三藏四百餘函來
安于通度寺興德王代大和元年丁未入學僧高麗釋
丘德賫佛經若干函來王與諸寺僧徒出迎于興輪寺
前路大中五年入朝使元弘賫佛經若干軸來羅末普
耀禪師再至吳越載大藏經來即海龍王寺開山祖也
大宋元祐甲戌有人真讚云偉哉初祖巍乎真容再至
吳越大藏成功賜銜普耀鳳詔四封若問其德白月清
風又大定中漢南管記彭祖逖留詩云水雲蘭若住空
王況是神龍穩一塲畢竟名藍誰得似初傳像教自南

方有跋云昔普耀禪師始求大藏於南越泊旋返次海
風忽起扁舟出沒於波間師即言曰意者神龍欲留經
耶遂呪願禮乃誠并奉龍歸焉於是風靜波息旣得還國
遍賞山川求可以安邀處至此山忽見瑞雲起於山上
乃與高弟弘慶經營蘭社然則像敎之東漸實始乎此
漢南管記彭祖逖題寺有龍王堂頗多靈異乃當時隨
經而來止者也至今猶存又天成三年戊子默和尚入唐
亦載大藏經來本朝睿廟時慧照國師奉詔西學市遼
本大藏三部而來一本今在定惠寺（海印寺有一本許叅政宅有一本）
大安二年本朝宣宗代祐世僧統義天入宋多將天台

教觀而来此外方用所不載高僧信士往来所貴不可
詳記大教東漸洋洋乎慶矣哉讚曰 華月夷風尚隔
烟鹿園鶴樹二千年流傳海外真堪賀東震西乾共一
天
按此録義湘傳云永徽初入 唐謁智儼然據浮石本碑
湘武德八年生丱歲出家永徽元年庚戌與元曉同伴
欲西入至高麗有難而迴至龍朔元年辛酉入唐就學
於智儼總章元年儼遷化咸亨二年湘來還新羅長安
二年壬寅示滅年七十八則疑與儼公齋於宣律師處
請天宮佛牙在辛酉至戊辰七八年間也本朝高廟入

江都壬辰年疑天宮七日限滿者誤矣忉利天一日夜當人間一百歲且從湘公初入唐辛酉計至高宗壬辰六百九十三歲也至庚子年始滿七百年而七日限已滿矣至出都至元七年庚午則七百三十年若如天言而七日後還天宮則禪師心鑑出都時佩持出獻者恐非真佛牙也於是年春出都前於大內集諸宗名德乞佛牙舍利精勤雖切而不得一枚則七日限滿上天者幾矣二十一年甲申修補國淸寺金塔國主與莊穆王后幸妙覺寺集衆慶讚訖右佛牙與洛山水精念珠如意珠君臣與大衆皆瞻奉頂戴後幷納金塔內予亦預

斯會而親見所謂佛牙者長三寸許而無舍利焉無極記

弥勒仙花 未尸郎 真慈師

第二十四真興王姓金氏名彡麦宗一作深麦宗以梁大同六年庚申即位慕伯父法興之志一心奉佛廣興佛寺度人爲僧尼又天性風味多尚神仙擇人家娘子美艶者捧爲原花要聚徒選士欲之以孝悌忠信亦理國之大要也乃取南毛娘姣貞娘兩花聚徒三四百人姣貞者嫉妬毛娘多置酒飲毛娘至醉潛舁去北川中擧石埋殺之其徒罔知去處悲泣而散有人知其謀者

作歌誘街巷小童唱於街其徒聞之尋得其尸於北川
中乃殺姣貞娘於是大王下令廢原花累年王又念欲
興邦國須先風月道更下令選良家男子有德行者改
爲花娘始奉薛原郞爲國仙此花郞國仙之始故竪碑
於溟州自此使人悛惡更善上敬下順五常六藝三師
六正廣行於代(國史眞智王大建八年庚申始奉花郞恐史傳乃誤)及眞智王代
有興輪寺僧眞慈(一作貞慈也)每就堂主弥勒像前發原誓
言願我大聖化作花郞出現於世我常親近晬容奉以
周旋其誠懇至禱之情日益弥篤一夕夢有僧謂曰
汝往熊川州(今公)水源寺得見弥勒仙花也慈覺而驚喜

尋其寺行十日程一步一禮及到其寺門外有一郎襛
纖不爽盼倩而迎引入小門邀致賓軒慈且升且揖曰
郎君素昧平昔何見待殷勤如此郎曰我亦京師人也
見師高蹈遠届勞来之尒俄而出門不知所在慈謂偶
爾不甚異之但與寺僧叙曩昔之夢與來之之意且曰
暫寓下榻欲待弥勒仙花何如寺僧欺其情蕩然而見
其懃恪乃曰此去南隣有千山自古賢哲寓止多有冥
感盍歸彼居慈從之至於山下山靈變老人出迎曰到
此奚爲答曰願見弥勒仙花尒老人曰向於水源寺之
門外已見弥勒仙花更来何求慈聞即驚汗驟還本寺

居月餘眞智王聞之徵詔問其由曰郞旣自稱京師人
聖不虛言盍覔城中乎慈奉宸旨會徒衆遍於閭閻
物色求之有一小郞子斷紅齊具眉彩秀麗靈妙寺之
東北路傍樹下婆娑而遊慈迓之驚曰此彌勒仙花也
乃就而問曰郞家何在願聞芳氏郞答曰我名未尸兒
孩時爺孃俱沒未知何姓於是肩輿而入見於王王敬
愛之奉爲國仙其和睦子弟禮義風敎不類於常風流
耀世幾七年忽亡所在慈哀懷殆甚然飮沐慈澤昵承
淸化能自悔改精修爲道晩年亦不知所終說者曰未
與彌聲相近尸與力形相類乃託其近似而相謎也大

聖不獨感慈之誠歟也抑有縁于茲土故比比示現焉
至今國人稱神仙曰弥勒仙花凡有媒係於人者曰未
尸皆慈氏之遺風也路傍樹至今名見郎 又俚言似
如樹一作印如樹 讃曰 尋芳一步一瞻風到處栽培一様
功暴地春歸無覓處誰知頃刻上林紅

南白月二聖 努肹夫得 怛怛朴朴

白月山兩聖成道記云白月山在新羅仇史郡之北古
屈自郡今義安郡 峰巒奇秀延袤數百里真巨鎮也古老相傳
云昔唐皇帝嘗鑿一池每月望前月色滉朗中有一山
嵒石如師子隠映花間之影現於池中 上命畫工圖其

帝遣使搜索天下至海東見此山有大師子嵓山之西南二步許有三山其名花山(其山一体三首故云三山)與畫相近然未知眞僞以隻履懸於師子嵓之頂使還奏聞履影亦現池帝乃異之賜名曰白月山(望前白月影現故以名之)然後池中無影山之東南三千步許有仙川村村有二人其一曰努肹夫得(一作等)父名月藏母味勝其一曰怛怛朴朴父名修梵母名梵摩(鄕傳云雉山村誤矣二士之名方言家名以二士心行騰騰苦節二義名之爾)皆風骨不凡有域外遐想而相與友善年皆弱冠往依村之東北嶺外法積房剃髮爲僧未幾聞西南雉山村法宗谷僧道村有古寺可以栖眞同往大佛田小

佛田二洞各居焉夫得寓懷眞庵一云壤寺(今懷眞洞有古寺基是也)朴朴居瑠璃光寺(今梨山上有寺基是也)皆挈妻子而居經營
産業交相來往棲神安養方外之志未常暫廢觀身世
無常因相謂曰腴田美歲良利也不如衣食之應念而
至自然得飽煖也婦女屋宅情好也不如蓮池花藏千
聖共遊鸚鵡孔雀以相娛也況學佛當成佛修眞必得
眞今我等旣落彩爲僧當脫略纏結成無上道豈宜汩
沒風塵與俗輩無異也遂唾謝人間世將隱於深谷夜
夢白毫光自西而至光中垂金色臂摩二人頂及覺說
夢與之符同皆感嘆久之遂入白月山無等谷(今南藪洞也)

朴朴師占北嶺師子嵓作板屋八尺房而居故云板房
夫得師占東嶺磊石下有水處亦成方丈而居焉故云
磊房(鄕傳云夫得處山北瑠璃洞今板房朴朴居山南法精洞磊房與此相反以今驗之鄕傳誤矣)
各庵而居夫得勤求弥勒朴朴禮念弥陁未盈三載景
龍三年己酉四月八日聖德王即位八年也日將夕有
一娘子年幾二十姿儀殊妙氣襲蘭麝俄然到北庵(鄕傳云南庵)
請寄宿焉因投詞曰行逢日落千山暮路隔城遙
絶四隣今日欲投庵下宿慈悲和尙莫生嗔朴朴曰蘭
若護淨爲務非爾所取近行矣無滯吾所閉門而入(記云我百念灰冷無以血囊見試)
娘歸南庵(傳曰北庵)又請如前夫得曰汝從

何處犯戒向來娘答曰雖然與太虛同體何有往來但
聞賢士志願深重德行高堅將欲助成菩提 因投一
偈曰日暮千山路行行絶四隣竹松陰轉邃洞響猶
新乞宿非迷路尊師欲指津願惟從我請且莫問何
人 師聞之驚駭謂曰此地非婦女相汚然隨順衆生亦
菩薩行之一也况窮谷夜暗其可忽視歟乃迎揖菴中
而置之 至夜清心礪操微燈半壁誦念厭厭及夜將艾
娘呼曰予不幸適有産憂乞和尚排備苫草 夫得悲矜
莫逆燭火殷勤 娘旣産又請浴弩肹慙懼交心然哀憫
之情有加無已又備盆槽坐娘於中薪湯以浴之旣而

槽中之水香氣郁烈變成金液努肹大駭娘曰吾師亦
宜浴此肹勉强從之忽覺精神爽凉肌膚金色視其傍
忽生一蓮臺娘勸之坐因謂曰我是觀音菩薩來助大
師成大菩提矣言訖不現朴朴謂肹今夜必染戒將歸
听之既至見肹坐蓮臺作彌勒尊像放光明身彩檀金
不覺扣頭而禮曰何得至於此乎肹具叙其由朴朴嘆
曰我乃障重幸逢大聖而反不遇大德至仁先吾著鞭
願無忘昔日之契事須同攝肹曰槽有餘液但可浴之
朴朴又浴亦如前成無量壽二尊相對儼然山下村民
聞之競來瞻仰嘆曰希有希有二聖爲說法要全身躡

雲而逝天寶十四年乙未新羅景德王即位(古記云天鑑二十四年乙未法興即位何先後倒錯之甚如此)聞斯事以丁酉歲遣使創大伽藍号白月山南寺廣德二年(古記云大曆元年亦誤)甲辰七月十五日寺成更塑弥勒尊像安於金堂額曰現身成道弥勒之殿又塑弥陁像安於講堂餘液不足塗浴未周故弥陁像亦有斑駁之痕額曰現身成道無量壽殿議曰娘可謂應以婦女身攝化者也華嚴經摩耶夫人善知識寄十一地生佛如幻解脫門今娘之桷産微意在此觀其投詞哀婉可愛宛轉有天仙之趣嗚呼使娘婆不解隨順衆生語言陁羅尼其能若是乎其末聯宜云清風

一揆莫乎噴然不爾玄者豈不欲同乎流俗讚曰

澗翠岩前剝啄聲何人日暮扣雲扃南庵且近宜尋

去莫踏蒼苔汚我庭　右北庵　谷暗何歸已暝煙

南窓有簟且流連夜闌百八深深轉只恐成喧惱客眠

右南庵　十里松陰一徑迷訪僧來試夜　提三槽

浴罷天將曉　生下雙兒擲向西　右聖娘

芬皇寺千手大悲　盲兒得眼

景德王代漢歧里女希明之兒生五稔而忽盲一日其

母抱兒詣芬皇寺左殿北壁畫千手大悲前令兒作歌

禱之遂得明　其詞曰　膝肹古召旀　二尸掌音毛

乎攴內良 千手觀音叱前良中 祈以攴白屋尸置
內乎多 千隱手 叱千隱目肹 一等下叱放一等
肹除惡攴 二于萬隱吾羅 一等沙隱賜以古只內
乎叱等邪阿邪也 吾良遺知攴賜尸等焉 放冬矣
用屋尸慈悲也根古 讚曰 竹馬葱笙戲陌塵 一朝雙
碧失瞳人 不因大士迴慈眼 虛度楊花幾社春

洛山二大聖 觀音 正趣 調信

昔義湘法師始自唐來還 聞大悲眞身住此海邊崛內
故因名洛山 盖西域寶陁洛伽山 此云小白華 乃白衣
大士眞身住處 故借此名之 齋戒七日 浮座具晨水上

龍天八部侍從引入崛內叅禮空中出水精念珠一貫
之湘領受而退東海龍亦獻如意寶珠一顆師捧出
更齋七日乃見真容謂曰於座上山頂雙竹湧生當其
地作殿宜矣師聞之出崛果有竹從地湧出乃作金堂
塑像而安之圓容麗質儼若天生其竹還沒方知正是真
身住也因名其寺曰洛山師以所受二珠鎭安于聖殿
而去後有元曉法師繼踵而來欲求瞻禮初至於南郊
水田中有一白衣女人刈稻師戲請其禾女以稻荒戲荅
之又行至橋下一女洗月水帛師乞水女酌其穢水獻
之師覆弃之更酌川水而飮之時野中松上有一靑鳥

吁曰休醍 和尚忽隱不現其松下有一隻脫鞋師既
到寺觀音座下又有前所見脫鞋一隻方知前所遇聖
女乃真身也故時人謂之觀音松師欲入聖崛更觀真
容風浪大作不得入而去後有崛山祖師梵日大和年
中入唐到明州開國寺有一沙彌截左耳在衆僧之末
與師言曰吾亦鄉人也家在溟州界翼嶺縣德耆坊師
他日若還本國須成吾舍既而遍遊叢席得法於塩官
本傳具在 以會昌七年丁卯還國先創崛山寺而傳教大中
十二年戊寅二月十五日夜夢昔所見沙彌到窓下曰
昔在明州開國寺與師有約既蒙見諾何其晩也祖師

驚覺押數十人到翼嶺境尋訪其居有一女居洛山下
村問其名曰德耆女有一子年才八歲常出遊於村南
石橋邊告其母曰吾所與遊者有金色童子母以告于
師師驚喜與其子尋所遊橋下水中有一石佛舁出之
截左耳類前所見沙彌即正趣菩薩之像也乃作簡子
卜其營構之地洛山上方吉乃作殿三間安其像古本載梵
日事在前相曉二師在後然按湘曉二師在於高宗
之代梵日在於會昌之後相去一百七十餘歲故今前
却而編次之或云梵日
為相之門人謬妄也後百餘年野火連延到此山唯
二聖殿獨免其災餘皆煨燼及西山大兵已來癸丑甲
寅年間二聖真容及二寶珠移入襄州城大兵來攻

甚急城將陷時住持禪師阿行(古名希玄)以銀合盛二珠佩
持將逃逸寺奴名乞升奪取深埋於地誓曰我若不免
死於兵則二寶珠終不現於人間人無知者我若不死
當奉二寶獻於邦家矣甲寅十月二十二日城陷阿行
不免而乞升獲免兵退後掘出納於溟州道監倉使時
郎中李祿綏爲監倉使受而藏於監倉庫中每交代傳
受至戊午十一月本業老宿祗林寺住持大禪師覺猷
奏曰洛山二珠國家神寶襄州城陷時寺奴乞升埋於
城中兵退取納監倉使藏在溟州營庫中今溟州城殆
不能守矣宜輸安御府主上允可發夜別抄十人率乞

外取於溟州城入安於內府時使介十人各賜銀一斤米五石昔新羅爲京師時有世逵寺(今興教寺也)之莊舍在溟州㮈李郡(按地理志溟州無㮈李郡惟有㮈城郡本㮈生郡今寧越又牛首州領縣有㮈靈郡本㮈已郡今剛州牛首州今春州今言㮈李郡未知孰是)本寺遣僧調信爲知莊信到莊上悅 守金昕公之女惑之深屢就洛山大悲前潛祈得幸方數年間其女已有配矣又往堂前怨大悲之不遂己哀泣至日暮情思倦憊俄成假寢忽夢金氏娘容豫入門粲然啓齒而謂曰兒早識上人於半面心乎愛矣未嘗暫忘迫於父母之命強從人矣今願爲同穴之友故來爾信乃顚喜同歸鄕里計活四十餘

霜有兒息五家徒四壁藜藿不給遂乃落魄扶携糊其口於四方如是十年周流草野懸鶉百結亦不掩体適過滇州蟹縣嶺大兒十五歲者忽饉死痛哭收瘞於道從卒餘四口到羽曲縣今羽縣也 結茅於路傍而舍夫婦老且病飢不能興十歲女兒巡乞乃爲里嫠所嗤號痛卧於前父母爲之歔欷泣下數行婦乃 謚拭涕倉卒而語曰予之始遇君也色美年芳衣袴稠鮮一味之甘得與子分之數尺之煖得與子共之出處五十年情鍾莫逆恩愛綢繆可謂厚緣自比年來衰病歲益深飢寒日逼迫傍舍盡將衆人不容乞千門之耻重似丘山兒寒兒

飢未遑計補何暇有愛悅夫婦之心哉紅顏巧笑草上
之露約束芝蘭柳絮飄風君有我而爲累我爲君而足
憂細思昔日之歡適爲憂患所階君乎予乎奚至此極
與其衆鳥之同餧焉知隻鸞之有鏡寒棄炎附情所不
堪然而行止非人離合有數請從此辭信聞之大喜各
分二兒將行女曰我向桑梓君其南矣方分手進途而
形開殘燈翳吐夜色將闌及旦鬢髮盡白惘惘然殊無
人世意已厭勞生如飫百年辛苦貪染之心洒然氷釋
於是慚對聖容懺滌無已歸撥蟹峴所埋兒塚乃石彌
勒也灌洗奉安于隣寺還京師免莊任傾私財創淨土

寺懃修白業後莫知所終議曰讀此傳掩卷而追繹之何必信師之夢爲然今皆知其人世之爲樂欣欣然役役然特未覺尒乃作詞誡之曰　快適須臾意已閑暗從愁裏老蒼顔不須更待黃粱熟方悟勞生一夢閒

治身臧否先誠意鰥夢蛾眉賊夢藏何似秋來清夜夢時時合眼到清涼

魚山佛影

古記云萬魚寺者古之慈成山也又阿耶斯山當作摩耶斯此云魚也傍有呵囉國昔天卵下于海邊作人御國即首露王當此時境內有玉池池有毒龍焉方魚山有五羅刹

女往來交通故時降雹雨歷四年五穀不成王呪禁不
能稽首請佛說法然後羅刹女受五戒而無後害故東
海魚龍遂化爲滿洞之石各有鍾磬之聲已上古記又按大
定十二年庚子卽明宗十一年也始創萬魚寺棟梁寶
林狀奏所稱山中奇異之迹與北天竺訶羅國佛影事
符同者有三一山之側近地梁州界玉池亦毒龍所蟄
是也二有時自江邊雲氣始出來到山頂雲中有音樂
之聲是也三影之西北有盤石常貯水不絕云是佛浣
濯袈裟之地是也已上皆寶林之說今親來瞻禮亦乃
彰彰可敬信者有二洞中之石九三分之二皆有金玉

之聲是一也遠瞻卽現近瞻不見或見覓等是一也
北天之文具錄於後可凾觀佛三昧經第七卷云佛
到耶乾訶羅國古仙山薝蔔花林毒龍之側青蓮花
泉北羅刹穴中阿那斯山南尒時彼穴有五羅刹化
作女龍與毒龍通龍復降雹羅刹亂行飢饉疾疫已
歷四年王驚懼禱祀神祇於事無益時有梵志聰明
多智白言大王伽毗羅淨飯王子今者成道号釋迦
文王聞是語心大歡喜向佛作禮曰云何今日佛日
已出不到此國尒時如來勑諸比丘得六神通者隨
從佛後受那乾訶羅王弗婆浮提請尒時世尊頂放

光明化作一萬諸大化佛徃至彼國尒時龍王及羅刹女五體投地求佛受戒佛即爲說三歸五戒龍王聞已長跪合掌勸請世尊常住此間佛若不在我有惡心無由得成阿耨菩提時梵天王復來禮佛請婆伽婆爲未來世諸衆生故莫獨偏爲此一小龍百千梵王皆作是請時龍王出七寶臺奉上如來佛告龍王不須此臺汝今但以羅刹石窟持以施我龍歡喜云尒時如來安慰龍王我受汝請坐汝窟中經千五百歲佛湧身入石猶如明鏡人見面像諸龍皆現佛在石内映現於外尒時諸龍合掌歡喜不出其地常見佛日尒時世尊結加趺

坐在石壁內衆生見時遠望即現近則不現諸天供養
佛影影亦說法又云佛蹴巖石之上即便成金玉之聲
高僧傳云慧遠聞天竺有佛影昔爲龍所留之影在北
天竺月支國那竭呵城南古仙人石室中云又法現西
域傳云至那竭國界那竭城南半由旬有石室博山西
南面佛留影此中去十餘步觀之如佛真形光明炳著
轉遠轉微諸國王遣工摹寫莫能髣髴國人傳云賢劫
千佛皆當於此留影影之西百步許有佛在時剃髮剪
爪之地云云星函西域記第二卷云昔如來在世之時此
龍爲牧牛之士供王乳酪進奏失宜既獲譴責心懷恚

悵以金錢買花供養授記窣堵婆願爲惡龍破國害王特趣石壁投身而死遂居此窟爲大龍王適起惡心如來鑑此變神通力而來至此龍見佛毒心遂止受不殺戒因請如來常居此窟常受我供佛言吾將寂滅爲汝留影汝若毒忿常觀吾影毒心當止攝神獨入石室遠望即現近則不現又令石上蹴爲七寶云云已上皆經文大略如此海東人名此山爲阿那斯當作摩那斯此飜爲魚盖取彼北天事而稱之爾

臺山五萬眞身

按山中古傳此山之署名眞聖住處者始自慈藏法師

初法師欲見中國五臺山文殊真身以善德王代貞觀十年丙申(唐僧傳云十二年今從三國本史)入唐初至中國大和池邊石文殊處虔祈七日忽夢大聖授四句偈覺而記憶然皆梵語罔然不解明旦忽有一僧將緋羅金點袈裟一領佛鉢一具佛頭骨一片到于師邊問何以無聊師答以夢所受四句偈梵音不解為辭僧譯之云呵囉婆佐曩是曰了知一切法達㘑哆佉嘢云自性無所有曩伽呬伽曩云如是解法性達㘑盧舍那云即見盧舍那仍以所將袈裟等付而囑云此是本師釋迦尊之道具也汝善護持又曰汝本國艮方溟州界有五臺山一萬文殊

常住在彼汝往見之言已不現遍尋靈迹將欲東還大和池龍現身請齋供養七日乃告云昔之傳偈老僧是眞文殊也亦有叮囑創寺立塔之事具載別傳師以貞觀十七年來到此山欲覩眞身三日晦陰不果而還復住元寧寺乃見文殊云至葛蟠處今淨嵓寺是亦載別傳後有頭陀信義乃梵日之門人也來尋藏師憩息之地創庵而居信義旣卒庵亦久廢有水多寺長老有緣重創而居今月精寺是也藏師之返新羅淨神大王太子寶川孝明二昆弟按國史新羅無淨神寶川孝明三父子明文然此記下文云神龍元年開土立寺則神龍乃聖德王即位四年乙巳也王名興光本名隆基神文之第二子也聖德之兄孝照名理恭一作洪亦神

文之子神文政明字日照則淨神恐政明神文之訛也
孝明乃孝照一作昭之訛也記云孝明卽位而神龍年
開土立寺云者亦不細詳言之神龍年立寺者乃聖德王也到河西府今溟州亦有河西郡是也一作河曲縣今蔚州非是也世獻角干之家留一宿翌日過大嶺各
領千徒到省烏坪遊覽累日忽一夕昆弟二人密約方
外之志不令人知逃隱入五臺山古記云太和元年戊申八月初王隱山中
恐此文大誤按孝照一作昭以天授三年壬辰卽位時
年十六長安二年壬寅崩壽二十六聖德以是年卽位
年二十二若曰太和元年戊申則先於孝照卽位甲辰
已過四十五歲乃太宗文武王之世也以此知此文爲
誤故不取之侍衛不知所歸於是還國二太子到山中青蓮
忽開地上兄太子結庵而止住是曰寶川庵向東北行
六百餘步北臺南麓亦有青蓮開處弟太子孝明又

結庵而止各勲修業一日同上五峯瞻禮次東臺滿月
山有一萬觀音真身現在南臺騏驎山八大菩薩爲首
一萬地藏西臺長嶺山無量壽如來爲首一萬大勢至
北臺象王山釋迦如來爲首五百大阿羅漢中臺風盧
山亦名地盧山毗盧遮那爲首一萬文殊如是五萬真
身一一瞻禮每日寅朝文殊大聖到真如院今上院變
現三十六種形或時現佛面形或作寶珠形或作佛眼形
或作佛手形或作寶塔形或萬佛頭形或作萬燈形或作
金橋形或作金鼓形或作金鍾形或作神通形或作金
樓形或作金輪形或作金剛杵形或作金甕形或作金

鈿形或五色光明形或五色圓光形或吉祥草形或青蓮花形或作金田形或作銀田形或作佛足形或作雷電形或來湧出形或地神湧出形或作金鳳形或作金烏形或馬産師子形或雞産鳳形或作青龍形或作白象形或作鵝鳥形或牛産師子形或作遊猪形或作青虵形二公每汲洞中水煎茶獻供至夜各庵修道淨神王之弟與王爭位國人廢之遣將軍四人到山迎之先到孝明庵前呼萬歲時有五色雲七日垂覆國人尋雲而畢至排列鹵簿將邀兩太子而歸寶川哭泣以辭乃奉孝明歸即位理國有年（記云在位二十餘年蓋崩年壽二十六之訛也）

在位但十年矣又神文之弟爭位事国史無文未詳以神龍元年乃唐中宗復位之年聖德王即位四年也乙巳三月初四日始改創眞如院大王親率百寮到山營構殿堂并塑泥像文殊大聖安于堂中以知識靈卞等五員長轉華嚴經仍結爲華嚴社長年供費每歲春秋各給近山州縣倉租一百石淨油一石以爲恒規自院西行六千步至牟尼岾古伊峴外柴地十五結栗枝六結坐位二結創置莊舍焉寶川常汲服其靈洞之水故晚年肉身飛空到流沙江外蔚珍國掌天窟停止誦隨求陁羅尼日夕爲課窟神現身白云我爲窟神已二千年今日始聞隨求眞詮請受菩薩戒既受已翌

日窟亦無形寶川驚異留二十日乃還五臺山神聖窟
又修真五十年忉利天神三時聽法淨居天衆烹茶供
献四十聖騰空十尺常時護衛所持錫杖一日三時作
聲遶房三匝用此爲鍾磬隨時修業文殊或灌水摩川
頂爲授成道記莂川将圓寂之日留記後來山中所行
輔益邦家之事云此山乃白頭山之大脉各臺真身常
住之地青在東臺北角下北臺南麓之末宜置觀音房
安圓像觀音及青地畫一万觀音像福田五員晝讀八
卷金經仁王般若千手呪夜念觀音礼懺称名圓通社
赤任南臺南面置地藏房安圓像地藏及赤地畫八大

菩薩爲首一萬地藏像福田五員晝讀地藏經金剛般
若夜　念禮懺稱金剛社白方西臺南面置孫陁房安
圓像無量壽反白地晝無量壽如來爲首一萬大勢至
福田五員晝讀八巻法華夜念孫陁禮懺稱水精社黑
地北臺南面置羅漢堂安圓像釋迦及黑地晝釋迦如
來爲首五百羅漢福田五員晝讀佛報恩經涅槃經夜
念涅槃禮懺稱白蓮社黃處中臺眞　院中安泥像文
殊不動後壁安黃地晝毗盧遮那爲首三十六化形福
田五員晝讀華嚴經六百般若夜念文殊禮懺稱華嚴
社寶川庵改創華藏寺安圓像毗盧遮那三尊及大藏

經福田五員長門藏經夜念華嚴神衆每年設華嚴會
一百日稱名法輪社以此華藏寺爲五臺社之本寺堅
固護持命淨行福田鎭長香火則國王千秋人民安泰
文虎和平百穀豊穰矣又加排下院文殊岬寺爲社之
都會福田七員晝夜常行華嚴神衆禮懺上件三十七員
齋料衣費以河西府道内八州之税充爲四事之資代
代君王不忘遵行幸矣

溟州（古河西府也）五臺山寶叱徒太子傳記

新羅淨神太子寶叱徒與弟孝明太子到河西府世獻
角干家一宿翌日踰大嶺各領一千人到省烏坪累日

遊翫大和元年八月五日兄弟同隱入五臺山徒中侍衛等推覔不得並皆還國兄太子見中臺南下真如院基下山末青蓮開其地結草菴而居弟孝明見北臺南山末青蓮開亦結草菴而居兄弟二人禮念修行五臺進敬禮拜青在東臺滿月形山觀音真身一萬常住南臺騏麟山八大菩薩爲首一萬地藏菩薩常住白方西臺長嶺山無量壽如來爲首一萬大勢至菩薩常住黑掌北臺相王山釋迦如來爲首五百大阿羅漢常住黃處中臺風爐山亦名地爐山毗盧遮那爲首一萬文殊常住真如院地文殊大聖每日寅朝化現三十六形三十六形

見臺山五萬眞身傳兩太子並禮拜每日早朝汲于洞水煎茶供
養一萬眞身文殊淨神太子弟副君在新羅爭位誅滅
國人遣將軍四人到五臺山孝明太子前呼萬歲即
是有五色雲自五臺至新羅七日七夜浮光國人尋光
到五臺欲陪兩太子還國寶叱徒太子涕泣不歸陪孝
明太子歸國即位在位二十餘年神龍元年三月八日
始開眞如院云云寶叱徒太子常服于洞靈水肉身登空
到流沙江入蔚珍大國掌天窟修道還至五臺神聖窟
五十年修道云云五臺山是白頭山大根脈各臺眞身常
住云云

臺山月精寺五類聖衆

按寺中所傳古記云慈藏法師初至五臺欲覩眞身於山麓結茅而住七日不見而到妙梵山創淨岩寺後有信孝居士或云幼童菩薩化身家在公州養母純孝母非肉不食士求肉出行山野路見五鶴射之有一鶴落一羽而去士執其羽遮眼而見人人皆是畜生故不得肉而因割股肉進母後乃出家捨其家爲寺今爲孝家院士自慶州界至河率見人多是人形因有居住之志路見老婦問可住處婦云過西嶺有北向洞可居言訖不現士知觀音所教因過省烏坪入慈藏初結茅處

而往俄有五比丘到云彼之持來袈裟一幅今何在士茫然比丘云汝所執見人之羽是也士乃出呈比丘乃置羽於袈裟闕幅中相合而非羽乃布也士與五比丘別後方知是五類聖衆化身也此月精寺慈藏初結茅次信孝居士來住次梵日門人信義頭陁來創庵而住後有水多寺長老有緣來住而漸成大寺寺之五類聖衆九層石塔皆聖跡也相地者云國內名山此地最勝佛法長興之處云云

南月山亦名甘山寺

寺在京城東南二十許里金堂主弥勒尊像火光後記

云開元七年己未二月十五日重阿喰金志誠爲亡考仁章一吉干亡妃觀肖里夫人敬造甘山寺一所石彌勒一軀兼及愷元伊飡弟懇誠小舍玄度師姊古巴里前妻古老里後妻阿好里兼庶族及漠一吉飡一幢薩喰聰敏七舍妹首肸買等同營茲善亡妣肖里夫人古人成之東海攸友邊散也(古人成之以下文未詳其意但存古文而已下同)孫隨佛及光後託玄重阿喰金志全曾以尙衣奉御又執事侍郞年六十七致仕閑居奉爲國主大王伊飡愷元亡考仁章一吉干亡妃亡弟小舍梁誠沙門玄度亡妻古路里亡妹古巴里又爲妻阿好里等捨甘山莊田建

伽藍仍造石彌陁一軀奉爲亡考仁章一吉干亡入成
之東海彼反邊散也按帝系金愷元乃大宋春秋之第六子愷元角干也乃文熙之所生也誌云全乃仁章一吉干之妻東海欲反聚墳散葬東海也

天龍寺

東都南山之南有一峰屹起俗云高位山山之陽有寺
俚云高寺或云天龍寺討論三韓集云雞林土內有客
水二條逆水一條其逆水客水二源不鎮天災則致天
龍覆没之災俗傳云逆水者州之南馬等烏村南流川
是又是水之源致天龍寺中國來使樂鵬龜來見云破
此寺則國亡無日矣又相傳云昔有檀越有二女曰天

女龍女二親爲二女創寺因名之境地異常助道之場
羅季殘破久矣衆生寺大聖所乳崔殷諴之子承魯
生肅肅生侍中齊顏顏乃重修起廢仍置釋迦万日道
場受朝旨兼有信書願文留于寺旣卒爲護伽藍神頗
著靈異其信書略曰檀越内史侍郎同内史門下平章
事柱國崔齊顏状東京高位山天龍寺殘破有年弟子
特爲聖壽天長民國安泰之願殿堂廊閣房舍廚庫已
來興構畢具石造泥塑佛聖數軀開置釋迦万日道場
旣爲國修營官家差定主人亦可無當遞換交代之時
道場僧衆不得安心側覩入田稠足寺院如公山地藏

寺入田二百結毗瑟山道仙寺入田二十結西京之四
面山寺畓二十結例皆勿論有職無職須擇戒備才高
者社中衆望遵次住持焚修以爲恒規弟子聞風而悅
我此天龍寺亦於社衆之中擇選才德雙高大德無爲
棟梁差主人鎮長焚修具錄文字付在剛司自當時主
人爲始受留守官文通示道場諸衆各宜知悉重熙九
年六月日具銜如前署押重熙乃契丹興宗年号本
朝靖宗七年庚辰歲也

鍪藏寺弥陁殿

京城之東北二十許里暗谷村之北有鍪藏寺第三十

八元聖大王之考大阿干孝讓追封明德大王之爲叔
父波珍喰追崇所創也幽谷逈絶類似削成所寄冥奧
自生虛白乃息心樂道之靈境也寺之上方有彌陁古
殿乃昭成(一作聖)大王之妃桂花王后爲大王先逝中宮
乃充充焉皇皇焉哀戚之至泣血棘心思所以幽贊明
休光啓玄福者聞西方有大聖曰彌陁至誠歸仰則善
救來迎是真語者豈欺我哉乃捨六衣之盛服罄九府
之財財召彼名匠教造彌陁像一軀并造神衆以安之
先是寺有一老僧忽夢真人坐於石塔東南岡上向西
爲大衆說法意謂此地必佛法所住也心秘之而不向

人說嵓石巉崪流㵎激迅匠者不顧咸謂不臧及乎辟
地乃得平坦之地可容堂宇宛似神基見者莫不愕然
稱善近古來發則壞圮而寺獨在諺傳太宗統三已後
藏五鍪於谷中因名之

伯嚴寺石塔舍利

開運三年丙午十月二十九日康州界任道大監柱貼
云伯嚴禪寺坐草八縣今虞草寺僧偘遊上座年三十九
云寺之經始則不知但古傳云前代新羅時北宅廳基
捨置茲寺中間久廢去丙寅年中沙木谷陽孚和尙改
造住持丁丑遷化乙酉年曦陽山兢讓和尙來住十年

又乙未年却返義陽時有神孝和尚自南原白嵓數來入當院如法住持又咸雍元年十一月當院住持得奥微定大師釋秀立定院中常規十條新竪五層石塔眞身佛舍利四十二粒安邀以私財立寶追年供養條第一當寺護法敬僧嚴欣伯欣兩明神及近岳等三位前立寶供養條(諺傳嚴欣伯欣二人捨家爲寺因名曰伯嚴仍爲護法神)金堂藥師前木鉢月朔遞米條等已下不錄

靈鷲寺

寺中古記云新羅眞骨第三十一主神文王代永淳二年癸未(本文云元年誤)宰相忠元公萇山國(即東萊縣亦名萊山國)温井

沐浴還城次到屈弗驛桐旨野駐馭忽見一人放鷹而逐雉雉飛過金岳杳無蹤迹聞鈴尋之到屈弗縣官北井邊鷹坐樹上雉在井中水渾血色雉開兩翅抱二雛焉鷹亦如相惻隱而不敢攫也公見之惻然有感卜問此地云可立寺歸京啓於王移其縣於他所創寺於其地名靈鷲寺焉

有德寺

新羅大夫角干崔有德捨私第為寺以有德名之遠孫三韓功臣崔彦撝掛安真影仍有碑云

五臺山文殊寺石塔記

庭畔石塔盖新羅人所立也制作雖淳朴不巧然甚有
靈響不可勝記就中一事聞之諸古老云昔連谷縣人
具舡沿海而漁忽見一塔隨逐舟楫凡水族見其影者
皆逆散四走以故漁人一無所得不勝憤恚尋影而至
盖此塔也於是共揮斤斫之而去今此塔四隅皆缺者
以此也予驚嘆無已然怪其置塔稍東而不中於是仰
見一懸板云比丘處玄曾住此院輒移置庭心則二十
餘年間寂無靈應及日者求基抵此乃嘆曰是中庭地
非安塔之所胡不移東乎於是衆僧乃悟復移舊處今
所立者是也余非好怪者然見其佛之威神其急於現

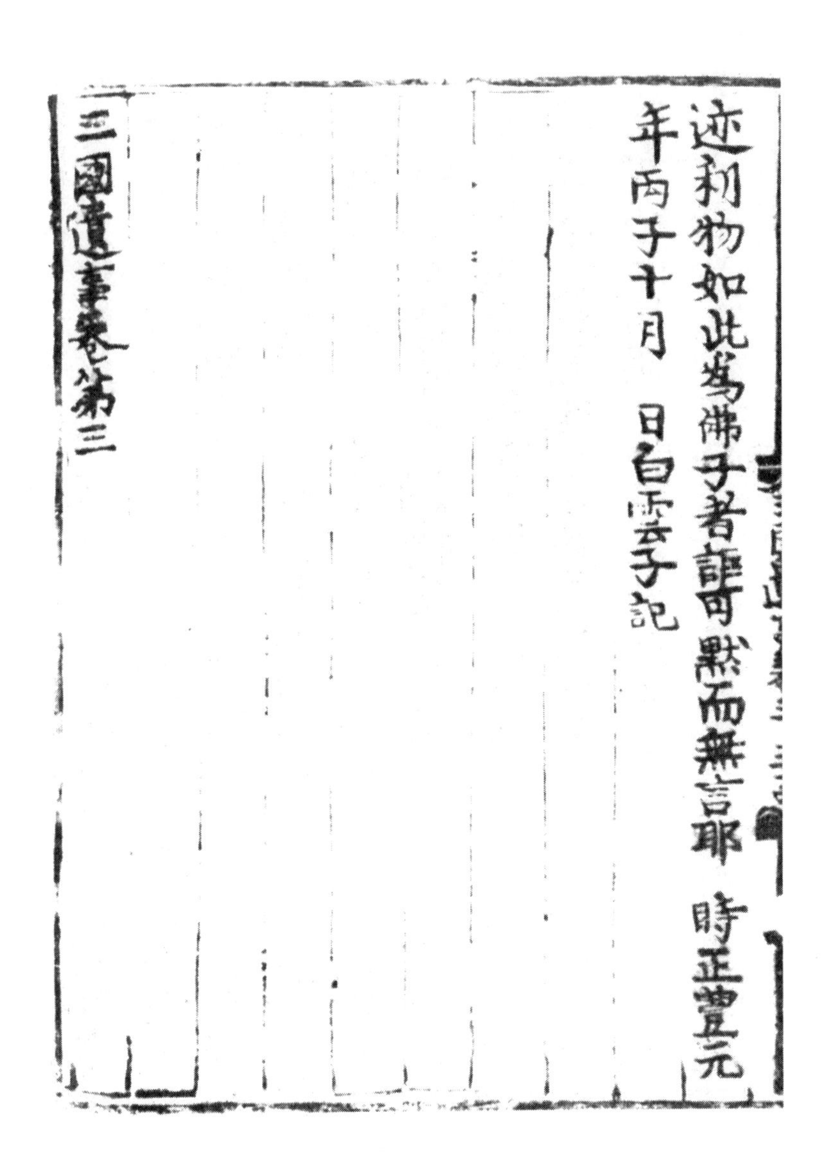
迹利物如此爲佛子者詎可默而無言耶　時正豊元
年丙子十月　日白雲子記

三國遺事卷之第三

◇ 연 구 자 ◇

姜仁求(韓國精神文化硏究院 名譽敎授)
金杜珍(國民大學校 國史學科 敎授)
金相鉉(東國大學校 史學科 敎授)
張忠植(東國大學校大學院 美術史學科 敎授)
黃浿江(檀國大學校 名譽敎授)

◇ 연구보조원 ◇

趙景徹(韓國精神文化硏究院 韓國學大學院 博士課程)
文銀順(韓國精神文化硏究院 韓國學大學院 博士課程)
尹琇姬(韓國精神文化硏究院 韓國學大學院 博士課程)

韓國精神文化硏究院

譯註 三國遺事 Ⅲ

2003년 6월 25일 초판 인쇄
2003년 6월 30일 초판 발행

발 행 인 | 송 미 옥
편 집 인 | 한국정신문화연구원
발 행 처 | 以會文化社

주 소 | 서울시 동대문구 답십리동 488-338 부영B/D 503
전 화 | 02-2244-7912~3
팩 스 | 02-2244-7914
전자우편 | ih7912@chollian.net
등 록 | 제6-0532 (1992. 5. 2)

ISBN 89-8107-250-7 (세트)
89-8107-253-1 94910

정가 25,000원